Oberstufen-Wissen

Geschichte

Timo Schuh / Anke Söller

Klett Lerntraining

Timo Schuh ist Gymnasiallehrer für die Fächer Gemeinschaftskunde, Geschichte, Latein und Wirtschaft. Außerdem ist er als Mittelstufenkoordinator und Beratungslehrer tätig.

Anke Söller unterrichtet die Fächer Englisch, Gemeinschaftskunde, Wirtschaft und Geschichte. Außerdem leitet sie die Pädagogische Stabsstelle und ist für die Berufs- und Studienorientierung an ihrer Schule zuständig.

Aus Gründen der besseren Lesbarkeit wird meistens auf die gleichzeitige Verwendung der Sprachformen männlich, weiblich und divers (m/w/d) verzichtet. Sämtliche Personenbezeichnungen gelten gleichermaßen für alle Geschlechter.

Bibliografische Information der Deutschen Nationalbibliothek
Die Deutsche Nationalbibliothek verzeichnet diese Publikation in der Deutschen Nationalbibliografie; detaillierte bibliografische Daten sind im Internet über http://dnb.dnb.de abrufbar.

3. Auflage 2024

www.klett-lerntraining.de

Hinweis: Der Online-Zugang zu den Videos ist mindestens bis drei Jahre nach Ersterscheinen des Buches gewährleistet.

Umschlagfoto: Shutterstock (anyaivanova), New York
Satz: DTP-Studio Andrea Eckhardt, Göppingen
Druck: Gebr. Geiselberger GmbH, Altötting
Printed in Germany
ISBN 978-3-12-949671-8

Nationalsozialismus und Zweiter Weltkrieg 1933 bis 1945 163

9

Die Welt nach 1945 211

10

Deutschland und Europa seit 1990 306

Liebe Abiturientin, lieber Abiturient,

dieses Buch erklärt Ihnen **ausführlich** den **kompletten** Abiturstoff. Es ist der **ideale Begleiter** für die gesamte Oberstufenzeit und bestens geeignet für eine gründliche Wiederholung des Prüfungswissens. Schaffen Sie mit diesem Buch die Basis für eine **gute Note** und gehen Sie **sicher** durch jede Klausur und die Abiturprüfung!

Hilfreiche **Elemente** strukturieren den Lernstoff. Sie machen das Lernen mit diesem Buch komfortabel und sorgen für einen **optimalen**, **nachhaltigen Lernerfolg**.

Kurzinfo Jedes Kapitel beginnt mit einer kurzen Zusammenfassung. Sie führt ins Thema ein und nennt das Wichtigste.

Randspaltentexte enthalten Erklärungen zu Begriffen, Angaben zu Personen etc.

Grafiken und Tabellen bringen wichtige Ereignisse und Informationen anschaulich auf den Punkt.

Chronologien fassen am Ende des Kapitels die Ereignisse chronologisch zusammen.

Geschichte kontrovers schildert wichtige Kontroversen, die oft in Klausuren oder mündlichen Prüfungen diskutiert werden müssen.

Zusätzlich können Sie sich kostenlos passende Lernvideos ansehen. Sie stützen den nachhaltigen Lernerfolg durch die visuelle Aufbereitung. Zum Ansehen der Videos scannen Sie einfach mit einer QR-Code-App den Code. Sie gelangen dann zur Video-Übersicht. Alternativ können Sie auch die Seite www.abitur.klett-lerntraining.de aufrufen und in der Reihe „Oberstufen-Wissen" Ihr Buch anklicken. Sie sehen die Video-Übersicht und können dann per Klick ein Video starten.

Viel Erfolg im Abitur wünscht Ihnen
Ihr Team von Klett Lerntraining!

1 Die USA: Von der Kolonie zur Weltmacht

Die Vereinigten Staaten von Amerika entwickelten sich von einem vorerst lockeren Zusammenschluss aus 13 Kolonien des britischen Weltreichs binnen eines Jahrhunderts zu einer Weltmacht.

Die Unabhängigkeitserklärung von 1776, in der die Gründerväter der USA festschrieben, dass „alle Menschen gleich geboren und mit unveräußerlichen Rechten ausgestattet" seien, wurde ein Meilenstein in der Geschichte der Menschen- und Bürgerrechte.

Dennoch war das Land, vor allem im Süden, wirtschaftlich und kulturell lange durch die brutale Versklavung und Ausbeutung der schwarzen Bevölkerung geprägt. Die Abschaffung dieser „besonderen Einrichtung" (*Peculiar Institution*) sollte erst 1865 nach dem blutigsten Krieg in der amerikanischen Geschichte, dem Bürgerkrieg zwischen Nord und Süd, gelingen.

Für die Ausbildung und Formung der amerikanischen Identität war die Frontier im Westen, nach dem Selbstverständnis der Amerikaner die Grenze zur Zivilisation, grundlegend. Die Eroberung des „Wilden Westens" führte zur rücksichtslosen Verdrängung und teilweisen Vernichtung der indigenen Bevölkerung. Landhunger und unermessliche Bodenschätze lockten Menschen aus aller Welt in die fast unbewohnten Territorien. Im 19. Jahrhundert wanderten jährlich fast 1 Mio. Menschen in das Land ein. Das Wirtschaftswachstum verstärkte zugleich die enormen Gegensätze zwischen Arm und Reich. Millionenschwere Tycoone (Großindustrielle) und verelendete Slums sind Zeichen dieser schroffen Gegensätze.

Mit dem Eintritt in den Ersten Weltkrieg 1917 stiegen die USA, nun auch die größte Wirtschaftsmacht, endgültig zur globalen Macht auf.

1.1 Kolonialisierung und Unabhängigkeit

Erste Siedlungen

Die Gründung der ersten **13 Kolonien** erstreckte sich über einen Zeitraum von 125 Jahren. 1776 erlangten diese 13 **Gründungsstaaten der USA** ihre Unabhängigkeit. Die erste dauerhafte Siedlung entstand bereits 1607 in **Jamestown/Virginia** durch britische Soldaten und Abenteurer. Ihr Ausbau verlief zu Beginn jedoch schleppend. Die ersten Jahre waren durch Hungerzeiten geprägt. 1732 wurde Georgia, die letzte der 13 Kolonien, gegründet. Die nördlichen Kolonien werden auch als **Neuengland** bezeichnet. Zu ihnen gehören Maine, New Hampshire, Vermont, Massachusetts, Connecticut und Rhode Island.

1620 verließen 102 **Puritaner** (***Pilgrim Fathers***) an Bord der ***Mayflower*** von Plymouth aus England. Die Puritaner setzen sich für eine strikte christliche Lehre im Sinne des Calvinismus ein. Die Lehre des Schweizer Theologen Johannes Calvin (1509 bis 1564) prägte besonders die reformierten Kirchen in Kontinentaleuropa. Im Zentrum stand die Prädestinationslehre, nach der Gott das Leben der Menschen vorbestimmt hat (ewige Seligkeit versus ewige Verdammnis). Die Puritaner lehnten katholische Rituale ab und traten für eine strikte Trennung von Kirche und Staat ein.

Von der englischen Krone als Oberhaupt der anglikanischen Kirche wurden die Calvinisten als Dissidenten (= Abweichler) bezeichnet und verfolgt. Mit ihrer Flucht nach Amerika verbanden sie die Hoffnung, dort als **Auserwählte** (*saints*) in einer freien Gemeinde Christi leben zu können. Neuengland sollte *God's own country*, das *New Jerusalem* sein.

Noch an Bord wurde am 21.11.1620 der ***Mayflower Compact*** unterzeichnet, ein Vertrag, der das politische Leben der neuen Gemeinschaft regelte. Der *Mayflower Compact* gilt als **erstes Dokument** der **Selbstverwaltung** und **Demokratie**. Er sieht für alle Kolonisten die gleichen Rechte vor. Die Kolonie sollte in Loyalität zu Gott und dem englischen König durch eine bürgerliche Regierung, basierend auf dem Mehrheitsmodell, verwaltet werden.

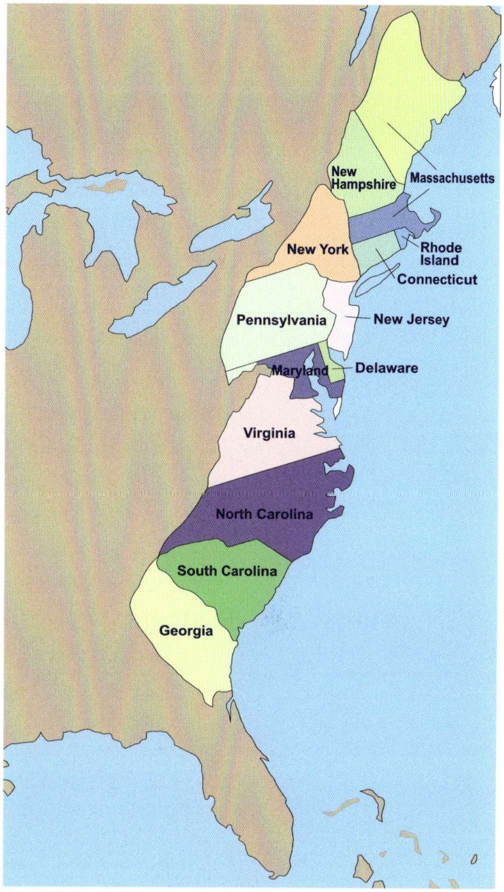

Die ersten 13 amerikanischen Kolonien entstanden im Osten der USA.

Aus der Vorstellung der Kolonisten, auserwählt zu sein, entwickelte sich der Anspruch, eine Nation zu sein, deren Bestimmung (*Manifest Destiny*) es sei, die Expansion voranzutreiben und der Welt ihre Werte – Demokratie und Freiheit – zu bringen. Bis heute prägt dieser Anspruch das Selbstbild der Amerikaner.

1681 wurde **Pennsylvania** als Privatkolonie von William Penn, einem Mitglied der in England verfolgten **Quäker**, gegründet. Penn lud Quäker sowie Verfolgte anderer Religionen aus Kontinentaleuropa ein, sich ihm anzuschließen. In Pennsylvania sollte ein „Heiliges Experiment" entstehen. Es sah den Aufbau eines Gemeinwesens, das auf Gewissen- bzw. Religionsfreiheit basierte, und die strikte Trennung zwischen Staat und Kirche vor. Die Demokratie galt als die der Gewissensfreiheit angemessenste Regierungsform. Es sollte somit ein Ort entstehen, an dem Menschen unterschiedlicher Religionen und Herkunft friedlich zusammenleben konnten.

Quäker
religiöse Gruppe mit christlichen Wurzeln im England der 1650er-Jahre, die glaubt, dass das Licht Gottes jedem Menschen innewohnt, religiöse Wahrheit im Inneren zu suchen sei

Die Verwaltung der Kolonien

Während sich die Kolonien in ihrer Entwicklung und in ihrer Rechtsform unterschieden, ähnelten sie sich hinsichtlich ihrer politischen Verhältnisse.

Rechtsformen
Grundsätzlich lassen sich drei Formen von Kolonien unterscheiden:

- **Kronkolonien**, die von einem Gouverneur als Stellvertreter der britischen Krone verwaltet wurden.
- **Eigentümer**- und **Handelsgesellschaftskolonien**, bei denen das Rechtsverhältnis zwischen dem König und der Kolonie durch eine Charta (Urkunde von verfassungsmäßigem Rang) geregelt wurde.

Politische Verhältnisse

- Wie für die Engländer galten auch für die Siedler der Kolonien die Rechtsgarantien der ***Magna Charta*** (1215) und der ***Bill of Rights*** (1689).
- Dadurch hatten sie Anspruch auf eine unabhängige Rechtsprechung, auf die Unverletzlichkeit des Eigentums, Volksvertretungen, d.h. sogenannte *Assemblies*, die bei der Gesetzgebung und Steuerbewilligung mitsprechen durften.
- Die ***Glorious Revolution*** in England (1688/89) stärkte auch in den Kolonien die Position der Assemblies gegenüber den von der Krone bestimmten Gouverneuren.

Bill of Rights
In der *Glorious Revolution* (1688/89) gewannen die Gegner des königlichen Absolutismus in England den Machtkampf mit dem Königtum. In den *Bill of Rights* setzten sie Rechte des Parlaments durch und schränkten die Macht des Königtums ein. König und Parlament sind seither zusammen Träger der Staatssouveränität.

Da die Kolonisten noch keine Identität als Amerikaner ausgebildet hatten, einte sie zunächst vor allem die gemeinsame Bindung an das Mutterland. Weitere verbindende Faktoren waren die englische Sprache und das englische Rechts- und Zweikammersystem.

Das englische Königshaus begann erst ab den 1760er-Jahren die Siedlungspolitik in Nordamerika zu koordinieren. Zuvor war die britische Politik durch das Prinzip der **Nichteinmischung** (*Salutary Neglect*) gekennzeichnet. Dieser Zustand ermöglichte den Kolonien zunächst weitgehende Autonomie. Mit dem Ende des Siebenjährigen Krieges 1763 wurde diese Phase der „heilsamen Vernachlässigung" beendet, als die Kolonien besteuert werden sollten.

Diese Politik förderte das Bestreben der Kolonien, sich während der Amerikanischen Revolution in der zweiten Hälfte des 18. Jahrhunderts vom Mutterland loszulösen (→ S. 11).

Wirtschaft und Politik

Die Handelsbeziehungen zwischen dem Vereinigten Königreich und seinen Kolonien waren von der merkantilistischen Wirtschaftspolitik der Engländer geprägt.

Der **Merkantilismus** basiert auf der Idee eines geschlossenen Wirtschaftskreislaufs, bei dem die Wirtschaftsleistung England zugutekommen sollte. Der Handel der Kolonien war ganz auf England ausgerichtet, und die Handelsbeziehungen gingen zulasten der Kolonien (asymmetrische Handelsbeziehungen).

Unter anderem bestanden folgende Ziele bzw. Regelungen: Die Kolonien dienten als **Siedlungsraum** für die wachsende englische Bevölkerung, als **Lieferanten** von **Rohstoffen** und **Agrarprodukten** (Dreieckshandel) und als Absatzmärkte für die eigenen Produkte.

Dreieckshandel
Erklärungsmodell für den Handel zwischen Amerika, Afrika und Europa im 16. bis 19. Jh. Europäische Händler brachten per Schiff Waren an die Häfen Westafrikas und tauschten diese gegen von Sklavenhändlern an die Küste gebrachte Menschen ein. Die Sklaven wurden nach Amerika gebracht und dort verkauft. Mit den Erlösen wurden Güter gekauft, die in Europa gefragt waren (Zucker, Reis, Gewürze, Kakao, Tabak).

Die Kolonien durften nur mit britischen Schiffen Handel treiben (britisches **Handelsmonopol**): Zucker, Tabak und Farbstoffe durften ausschließlich nach England transportiert werden, denn lediglich England durfte die Kolonien als Absatzmarkt für die eigenen Waren nutzen. Auch untereinander durften die Kolonien keine direkten Wirtschaftsbeziehungen unterhalten. Der Export von Gütern nach Europa war ihnen nur über England gestattet. Darüber hinaus konnten sie keine eigenen **Manufakturen** einrichten, um Güter wie Kleidung oder Eisen herzustellen. Auch die Erhebung von **Steuern** war den Kolonien nicht gestattet; sie erfolgte allein durch England.

Die Gründung der USA

1763 endete der **Siebenjährige Krieg** zwischen Großbritannien und Frankreich um die Vorherrschaft in Nordamerika. In diesem auch als *French and Indian War* bezeichneten Krieg wurden die Großmächte von den jeweils mit ihnen verbündeten indigenen Völkern unterstützt. Der Sieg der Briten stoppte das französische Vordringen von Kanada aus ins Ohio-Tal.

Mit dem Ende des Siebenjährigen Krieges beendete England die Politik der Nichteinmischung. Fortan wurde die Politik in den Kolonien stärker aus London koordiniert. Dies widersprach dem bis 1770 geltenden Recht der Selbstregierung der Kolonien, das sich aus den englischen Verfassungsdokumenten ableiten ließ, und machte den Grundkonflikt zwischen dem Anspruch auf Selbstregierung der Kolonien und dem auf imperiale Vorherrschaft des Mutterlandes sichtbar. Da sich die englische **Staatsverschuldung** infolge des Krieges verdoppelt hatte, sollten die Kolonien, deren Steuerlast bislang gering war und die vom Frieden profitierten, am Abbau der Staatsverschuldung beteiligt werden. Die hierfür erlassenen neuen Steuergesetze führten zum Konflikt zwischen den Kolonien und Großbritannien, der in den **Unabhängigkeitskrieg** mündete (1775 bis 1783).

Am Ende des Krieges anerkannten die unterlegenen Briten die Unabhängigkeit der USA (Frieden von Paris 1783).

Die Gründung der USA im Überblick

1756–1763	**Siebenjähriger Krieg** zwischen Großbritannien (GB) und Frankreich (F) um die Vorherrschaft in Nordamerika. Beide Kolonialmächte wurden durch die jeweilige indigene Bevölkerung unterstützt. Zwar siegt Großbritannien, durch den Krieg kommt es jedoch zu einer Verdopplung der Staatsverschuldung. Dadurch werden wirtschaftliche Maßnahmen zur Erhöhung der Einnahmen aus den Kolonien notwendig.
1763	Die ***Proclamation Line*** untersagte die Neusiedlungen „weißer Siedler" westlich des Appalachenkamms, um die endgültige Befriedung der Grenze zwischen Siedlern und indigener Bevölkerung sicherzustellen. → Es regte sich Widerstand bei den Kolonisten, ein weiterer Schritt zur Entfremdung zwischen den Kolonisten und der britischen Regierung war getan.
1764	Verbot der Ausgabe von **Papiergeld** in den Kolonien. Mit der Einführung des ***Sugar Acts*** wurde zudem ein Importzoll auf ausgewählte Handelsgüter wie Kaffee, Zucker u.a. erhoben. → Widerstand nach der Einführung des Sugar Acts. Er wurde in den Kolonien aus Angst vor finanziellen Einbußen, z.B. bei Alkoholbrennereien, als „getarnte Verbrauchssteuer" abgelehnt. Die Maßnahmen fielen mit einer beginnenden Rezession in den Kolonien zusammen.
1770	**Bostoner „Massaker"**: Das britische Militär erschoss nach Auseinandersetzungen fünf Zivilisten. → Die Unabhängigkeitsbewegung erstarkte.
1773	***Tea Act***: Das britische Parlament senkte die Einfuhrzölle auf Tee der englischen East India Company. → Dies erzeugte erneut Widerstand bei den Kolonisten, da mit den Einnahmen die Gouverneure bezahlt und zumindest symbolisch die finanzielle Loyalität der Kolonien gesichert wurde.
16.12.1973	***Boston Tea Party***: Als „Indianer" verkleidete Bürger von Boston (***Sons of Liberty***) warfen Teekisten im Hafen von Boston ins Wasser. → Großbritannien schließt den Hafen und kontrolliert alle *town meetings* (Bürgerversammlungen) → Radikalisierung des Widerstandes und Kooperation der Kolonien. Das britische Parlament erließ infolgedessen als Strafmaßnahmen Gesetze, die sogenannten ***Coercive Acts***, die in den Kolonien abgelehnt wurden. Der britische Lord Dunmore bot allen Sklaven, die sich der britischen Armee anschlossen, die Freilassung an. → Erste Sklavenbefreiung im größeren Stil in Nordamerika und Wendepunkt zur Unabhängigkeit.
1775	Mit der **Schlacht von Lexington und Concord** begann am 19.04.1775 der Unabhängigkeitskrieg.
1775–1781	Mit der „Darlegung für die Gründe und Notwendigkeit, zu den Waffen zu greifen", rechtfertigte der **Zweite Kontinentalkongress** (Versammlung von Delegierten der 13 Kolonien) den Beginn des Unabhängigkeitskrieges.

1776	Das von Thomas Paine, einem der Gründerväter der USA, zunächst anonym veröffentlichte Pamphlet ***Common Sense*** legte die Notwendigkeit der Trennung vom Mutterland sowie demokratische und naturrechtliche Vorstellungen dar. → Die Befürworter der Unabhängigkeit sahen sich bestärkt.
02.07.1776	Der Zweite Kontinentalkongress beschloss als provisorische Regierung die Unabhängigkeit.
04.07.1776	In der ***Declaration of Independence*** (Unabhängigkeitserklärung) proklamierten die dreizehn britischen Kolonien ihre Loslösung von Großbritannien und ihr Recht, einen eigenen Staatenbund zu bilden. Die *Declaration of Independence* wurde überwiegend von Thomas Jefferson verfasst und vom Zweiten Kontinentalkongress verabschiedet. Die Unabhängigkeitserklärung schreibt ein neues Verständnis von Regierung und Staat fest: • Der Staat ist Garant für die Freiheit und Menschenrechte. Sie sind unveräußerliche Rechte, die jeder Mensch besitzt, nämlich das Recht auf Leben, Freiheit, Streben nach Glück. • Die Regierung benötigt die Legitimation des Volkes (Volkssouveränität). Ferner entband die Erklärung die freien und unabhängigen Staaten Amerikas von der Treuepflicht gegenüber der britischen Krone. George Washington wurde Oberbefehlshaber der Kontinentalarmee.
1776–1780	Die Einzelstaaten gaben sich republikanische Grundordnungen.
1781	Der Kongress ratifizierte die *Articles of Confederation* als erste Verfassung der USA. Die Amerikaner siegten mit Unterstützung der Franzosen bei Yorktown.
1783	**Frieden von Paris**: Großbritannien erkannte die amerikanische Unabhängigkeit an; das britische Herrschaftsgebiet südlich von Kanada und nördlich von Florida ging an die USA (= Verdopplung des Territoriums).

Ursachen der Amerikanischen Revolution

Die Ereignisse von 1763 bis 1783 werden oft als **Amerikanische Revolution** bezeichnet. Sie hatte neben den unmittelbaren Auslösern auch mittelbare Ursachen:

- **Kulturelle Unterschiede** zwischen den Briten und den Kolonisten: Bis Mitte des 18. Jahrhunderts fühlten sich die Kolonisten hauptsächlich englisch. In der Phase der ***Salutary Neglect*** (1713 bis 1763) entwickelte sich aber eine eigene politische Kultur und das Gefühl einer gemeinsamen Identität verblasste.
- **Wirtschaftliche Gründe**: Die asymmetrischen Handelsbeziehungen zwischen den Kolonien und dem Mutterland behinderten die wirtschaftliche Entwicklung in den Kolonien und führten dort zu einem Handelsbilanzdefizit.
- **Religiöse Aspekte**: Großen Einfluss hatten die **Puritaner**, die in der Revolutionszeit ca. 75 % der Amerikaner erreichten. Sie vertraten die Vorstellung, dass in einem Staat der Einzelne den Willen Gottes umsetzen müsse, was nur möglich sei, wenn die Puritaner den Staat führten. Darüber hinaus folgten die Kolonisten einem „freiheitsliebenden Protestantismus", der die Gedanken- und Meinungsfreiheit forderte. Damit war die Vorstellung verbunden, dass die Demokratie dem Willen Gottes am nächsten kommt.
- **Politisch-ideologische Unterschiede**: Die Kolonien verwalteten sich seit mehreren Generationen durch Repräsentativversammlungen als Gegengewicht zu den royalen Gouverneuren selbst. Folglich musste die Abkehr Englands von der Politik der Nichteinmischung zu Spannungen führen. Die Einwanderer aus Großbritannien waren es zudem gewohnt, dass die Macht der Exekutive durch das Parlament begrenzt wird (→ *Magna Charta* S. 10). Weiterhin herrschten zwischen den Kolonien und dem Mutterland unterschiedliche Vorstellungen hinsichtlich der **politischen Repräsentation**: Während sich die englischen Parlamentarier als Vertretung der Gesamtbevölkerung und damit auch als Vertretung der Kolonien („virtuelle Vertretung") ansahen, vertraten die Kolonisten die Ansicht, dass die Parlamentarier nur ihren Wählenden unmittelbar verpflichtet waren. Steuern sollten nur mit Zustimmung der Betroffenen erhoben werden können; die Kolonisten hatten jedoch keine Möglichkeit der Einmischung im Londoner Parlament.

Virtuelle Vertretung war die Vorstellung, dass die Mitglieder des britischen Parlaments das Recht hätten, für die Interessen aller britischen Untertanen zu sprechen, auch für die Kolonialisten in Übersee.

- **Gedankengut der Aufklärung**: Die Aufklärung lieferte die theoretischen Grundlagen der Amerikanischen Revolution. Beispielsweise beeinflussten die Naturrechtsideen von John Locke oder die Idee der Gewaltenteilung des Baron de Montesquieu die Verfassungsväter. In der zweiten Hälfte des 18. Jahrhunderts wurden in Europa und Amerika die Legitimität weltlicher wie geistlicher Herrscher und die Privilegien der Ständegesellschaft infrage gestellt. Neue Vorstellungen von universellen Rechten und von Freiheit und Gleichheit entwickelten sich.

  Das letzte Drittel des 18. Jahrhunderts wird daher auch als **Zeitalter der Unzufriedenheit mit dem Ancien Régime** und als **Zeitalter der demokratischen Revolutionen** bezeichnet.

Dass der Unabhängigkeitskrieg trotz erlittener Niederlagen gegen die Briten am Ende für die Kolonisten siegreich war, hatte folgende Gründe:

- Die Unterstützung der Amerikaner durch Frankreich und Spanien war zur Sicherstellung von Nachschub wichtig.
- Die Persönlichkeit des Oberbefehlshabers George Washington sowie anderer politischer Führer vermochten die Zeitgenossen von den Unabhängigkeitsbestrebungen zu überzeugen.
- Große Teile der Bevölkerung unterstützten die Forderungen der Revolutionäre nach Menschenrechten und garantierten Freiheitsrechten und waren bereit, für diese Ideale zu kämpfen.

Die Verfassung der Vereinigten Staaten von Amerika 1787

Der Verfassungskonvent tagte von Mai bis September 1787 in Philadelphia. Seine ursprüngliche Aufgabe war es, die in den ***Articles of Confederation*** festgeschriebenen Regierungsprinzipien der 13 Kolonien von 1777 zu reformieren. Diese gelten als **erste verfassungsrechtliche Grundlage** der USA und damit als Vorläufer der amerikanischen Verfassung.
Die Delegierten erkannten allerdings schnell, dass eine neue Verfassung entwickelt werden musste, um die wirtschaftlichen und sozialen Probleme zu lösen. Denn sowohl die Ausgestaltung eines einheitlichen Binnenmarktes als auch die militärische Vertretung nach außen wurde durch eine fehlende zentrale Gewalt erschwert. Zudem sollte ein Eingreifen der Exekutive in die Einzelstaaten ermöglicht werden, wenn dort das Recht und die soziale Ordnung in Gefahr waren.
Die neue Verfassung wurde am 17.9.1787 verabschiedet und ist bis heute gültig.

Der Streit um die richtige Verfassung

Die Beratungen der Delegierten brachten jedoch unterschiedliche Vorstellungen hinsichtlich der künftigen Staatsorganisation zutage. Im Kern ging es dabei um die Frage, ob der Staat als Bundesstaat oder als Staatenbund organisiert sein soll. Beide Staatsformen unterscheiden sich im Hinblick auf die Machtbefugnisse. Beim Bundesstaat hat der Bund die Souveränität inne, beim Staatenbund dagegen die einzelnen Staaten, die rechtlich wie wirtschaftlich autonom sind.

Thomas Jefferson, (1743–1826)
einer der Gründerväter der USA, Demokratischer Republikaner, von 1801 bis 1809 dritter amerikanischer Präsident, Hauptverfasser der Unabhängigkeitserklärung

- **Föderalisten** wie Alexander Hamilton, John Adams und James Madison forderten das Modell eines **Bundesstaates** und somit eine **starke Zentralgewalt** mit weitreichenden Kompetenzen in der Wirtschafts- und Finanzpolitik. Die Ernennung der Gouverneure sollte durch die Bundesregierung erfolgen, der Präsident mit einem Veto und einer langen Amtszeit ausgestattet sein, direkte Einwirkungsmöglichkeiten des Volkes über die Verfassung sollten weitestgehend verhindert werden.
- **Anti-Föderalisten (Republikaner)** wie Thomas Jefferson forderten die weitgehende Autonomie der Einzelstaaten. Das Ziel sollte ein **Staatenbund** aus agrarisch und demokratisch strukturierten Einzelstaaten sein, die in einer lockeren Konföderation verbunden sind. George Mason forderte zudem einen Katalog von Grundrechten.

Die Ausgestaltung der Verfassung

Die Verfassung von 1787 stellt einen **Kompromiss** zwischen den Föderalisten und Republikanern dar. Sie ist durch folgende Merkmale gekennzeichnet:

- Revolutionär war die strikte Verwirklichung der **Gewaltenteilung** (***Checks and Balances***), die fortan als Fundament moderner demokratischer Verfassungen galt, sowie die Aufteilung der Kompetenzen zwischen Bund und Einzelstaaten.
- Die **Legislative** (Kongress) besteht aus zwei Häusern, dem **Senat** und dem **Repräsentantenhaus**. Jeder Staat entsendet unabhängig von seiner Größe und Bevölkerungszahl zwei Senatoren in den Senat, dadurch sollen auch die Rechte insbesondere der kleineren Einzelstaaten abgesichert werden. Die Zahl der Vertreter im Repräsentantenhaus ist von der Bevölkerungszahl abhängig (Bevölkerungsproporz).
- **Exekutive**: Die Wahl des Präsidenten erfolgt über **Wahlmänner** (*Electoral College*). Dieses Verfahren bringt das Misstrauen der Verfassungsväter gegenüber dem Volk zum Ausdruck: Eine Gruppe vertrauenswürdiger Bürger, die Wahlmänner, sollte entscheiden, wer Präsident wird, nicht das Volk direkt.
  Der **Präsident** verfügt über eine starke Stellung. Er hat den Oberbefehl über das Militär und ein Vetorecht bei Gesetzen, er kann jedoch von einer Zweidrittelmehrheit im Kongress überstimmt werden. Er ernennt mit Zustimmung des Senats die Richter des Obersten Bundesgerichts (*Supreme Court*) auf Lebenszeit. Seit 1951 gibt es eine Beschränkung der Amtszeit des Präsidenten auf zwei Perioden. Ein Sturz des Präsidenten ist nur durch ein **Impeachment-Verfahren** möglich.
- **Oberstes Bundesgericht**: Mit dem Supreme Court wird die Bundesgerichtsbarkeit in der Verfassung verankert. Er übt die verfassungsrechtliche Kontrolle aus. Daneben verfügen die Bundesstaaten über eine eigene Gerichtsbarkeit.

Die Verfassung sieht eine Aufteilung der Kompetenzen zwischen Bund (Wirtschaft, Währung, Handel und Verteidigung) und den Einzelstaaten vor, allerdings liegt ein Übergewicht der Zentralgewalt vor.

George Washington (1732–1799)
1756 bis 1763 Soldat im Siebenjährigen Krieg, ab 1759 Abgeordneter in Virginia, 1775 bis 1783 Oberbefehlshaber der Kontinentalarmee; 1787 Präsident des Verfassungskonvents, 1789 bis 1797 erster US-Präsident; 1798 Oberbefehlshaber der Streitkräfte

Elemente direkter Demokratie, wie sie die Föderalisten wollten, fehlen in der Bundesverfassung. Die Anti-Föderalisten setzten als Ergänzung der Verfassung (***Amendments***) eine Menschenrechtserklärung (***Bill of Rights***) durch, die Rechte wie die Presse-, Rede- und Religionsfreiheit sowie das Recht auf Waffenbesitz beinhaltet.

Finanzminister Alexander Hamilton gelang es 1790 durch einen Kompromiss, die Kompetenzen des Bundes weiter zu stärken. Der Staat erklärte sich zur Übernahme der Schulden aus den Bundesstaaten bereit und erhielt im Gegenzug finanzpolitische Kompetenzen: Eine Nationalbank wurde eingerichtet und eine nationale Währung ausgegeben (**zweite Geburtsstunde der USA**).

Als erster Präsident der Vereinigten Staaten ging **George Washington** 1789 in die Geschichte ein, der von der neu erbauten Hauptstadt Washington aus regierte.

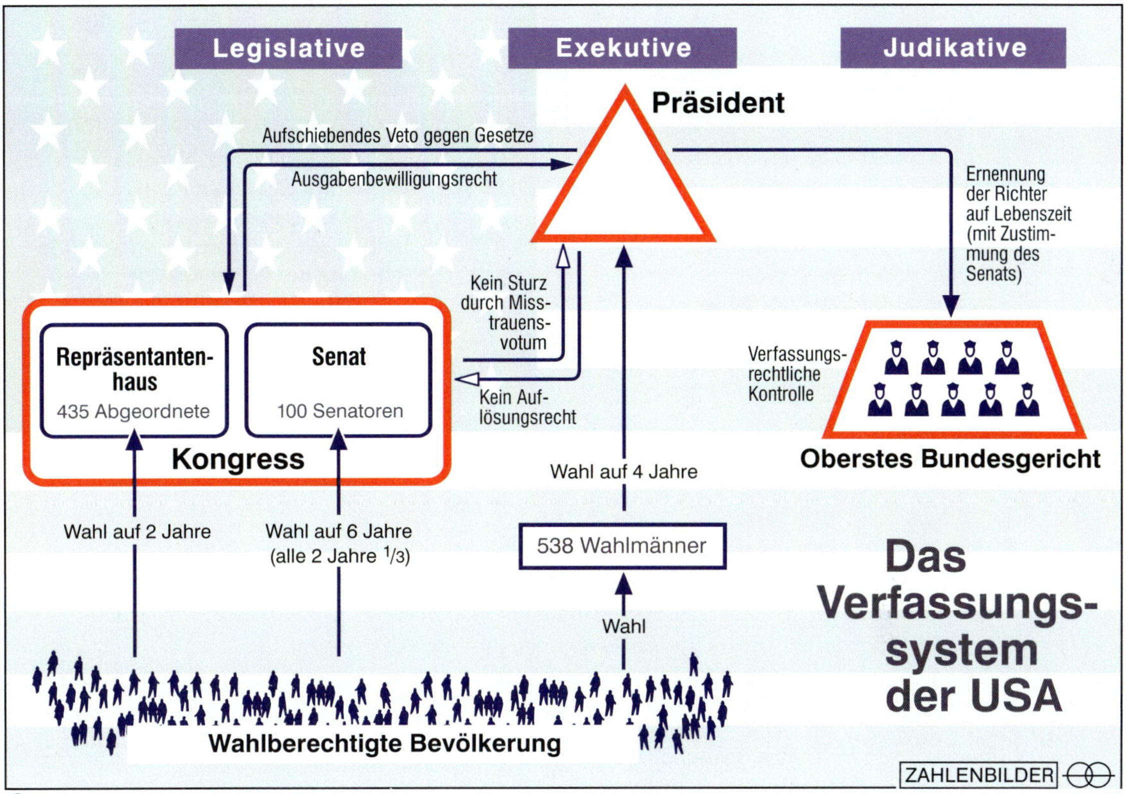

 854 511

Die Etablierung eines Parteiensystems

Die entstehenden Parteien richteten sich an den Interessen der Föderalisten und der Anti-Föderalisten (Republikaner) aus:

- **Föderalisten**: Sie vertraten die Handels- und Kapitalinteressen der **Wirtschaftseliten** in großen Handelsstädten. Ziele: Stärkung der Kompetenzen des Bundes und die Förderung der wirtschaftlichen Entwicklung. Sie sind die Vordenker der heutigen *Republicans* in den USA.
- **Anti-Föderalisten**: Sie vertraten die gewerbliche und agrarische Mittelschicht. Ziel: Verwirklichung republikanischer Werte wie individuelle Freiheit und Gleichheit, auch gegen den Staat. Sie sind die Vordenker der heutigen *Democrats* in den USA.

Entwicklung des Parteiensystems in der USA

Föderalisten (Federalist Party)

- Ziel: **Bundesstaatsmodell; starke Bundesregierung** mit Finanzpolitik, um Unternehmen/Banken zu begünstigen, Steuern einzunehmen; Nationalbank und Wirtschaftsreformen
- Vertreter: George Washington, John Adams
- 1812: Zerfall der Partei infolge des britisch-amerikanischen Krieges

↔

Anti-Föderalisten (Republican Democrats)

- bis 1798: *Republican Party*, danach *Democratic-Republican Party*
- Ziel: **Staatenbund**; begrenzte Befugnisse für die Bundesregierung; **Stärkung der Einzelstaaten**, Vertretung der ländlichen Gebiete
- Vertreter: Thomas Jefferson, James Madison, James Monroe

One Party Area

mit den Republikanern nach dem Zerfall der Föderalisten

1824: **Spaltung** bei den Präsidentenwahlen, bei denen vier Kandidierende der Partei antraten. Andrew Jackson verlor die Wahl knapp gegen John Adams.

National Republicans

- sind Anhänger Adams; Vertreter: G. Washington, J. Adams
- Anhänger der National Republicans organisierten sich 1833/1834 als Whigs
- 1854: **Gründung Republikanische Partei**

Democratic Party

- Vertreter: A. Jackson
- Zerfall nach der Wahl 1834
- Demokratische Republikaner, danach **Demokratische Partei**

Moderne Republikaner

- konservativ, wirtschaftsliberal, kritisch gegenüber Umweltschutz und Sozialstaat
- gehen gegen illegale Einwanderer vor
- für freien Waffenbesitz, gegen Abtreibung,
- für harte Strafen inkl. Todesstrafe
- kaum Wählende unter schwarzer Bevölkerung, sie kommen oft aus kleineren Staaten im Nordwesten/Süden, Great Plains (George W. Bush, Donald Trump)

Moderne Demokraten

- im 20. Jh. Hinwendung zur Arbeiterschaft, Ausbau des Sozialstaats
- ab 60er-Jahre schwarze Bürgerrechtsbewegung, 2008 Obama Präsident
- für einen stärkeren Staat
- für Gleichberechtigung, Krankenversicherung, Umweltschutz, Recht auf Abtreibung (Barack Obama, Joe Biden)

Die Amerikanische Revolution – eine Revolution?

Eine Revolution führt zu tiefgreifenden Veränderungen in der Politik, der Wirtschaft und der Gesellschaft – so lautet eine klassische Definition in den Sozialwissenschaften. In der Forschung besteht Einigkeit darüber, dass die Ereignisse in Amerika 1763 bis 1783 diese Bestimmung nicht ganz erfüllen. Sie lassen sich auch nicht mit den Umwälzungen während der Französischen oder Russischen Revolution vergleichen.

Für die Bezeichnung „Revolution" spricht:

- Die Kolonisten lehnten die britische Herrschaft ab; es kam zur Loslösung vom Mutterland durch einen Krieg.
- **Veränderungen in der Gesellschaft**: Die Entscheidung für bzw. gegen einen bewaffneten Widerstand spaltete die koloniale Oberschicht: 80 000 bis 100 000 königliche Gouverneure, Beamte, Offiziere wurden vertrieben und verließen das Land Richtung Großbritannien und Kanada. Zwischen 1774 bis 1783 wurde ca. die Hälfte der Oberschicht ausgetauscht. Eine neue Elite konstituierte sich, bei der Vermögen und Bildung weniger entscheidend für ein politisches Amt waren als die Fähigkeit zu regieren.
- Das in den Kolonien teilweise noch gegenwärtige **ständisch-monarchische Weltbild** wurde zerstört, wodurch Hierarchien und Statuszuweisungen der ständischen Gesellschaft (*deferential society*) infrage gestellt wurden.
- **Universelle Grund- und Menschenrechte** wurden als Grundlage von Staat und Gesellschaft eingeführt.
- Eine **Verfassung**, die auf dem Prinzip der Volkssouveränität beruht, wurde entwickelt. Es begann der Kampf um die Institutionalisierung der Volkssouveränität in modernen Verfassungsstaaten.

Gegen die Bezeichnung „Revolution" spricht:

- Die Forderungen und Ziele waren nichts Neues, da sie im Mutterland bereits galten, die Revolutionäre forderten damit nur geltendes Recht ein.
- Die Umwälzungen waren moderat. Die Bundesverfassung sorgte dafür, dass die Interessen der alten Eliten und die Sklaverei in der Gesellschaft zementiert wurden.
- Es fehlte ein radikaldemokratischer Gedanke, die Bewegung griff nicht auf die Straße über (kein systematischer Terror wie in Frankreich). Das Ziel der Revolutionäre war primär nur der Schutz des Eigentums und der Freiheit, da diese das Eigentum bedingte.
- Es kam zu keinem vollständigen Austausch der alten Eliten. 30 % der kolonialen Amtsinhaber behielten ihre Stellung.
- Es gab keine tiefgreifenden politischen Veränderungen, da die Kolonien sich bereits zuvor selbst verwaltet hatten.
- Die Veränderungen wurden von keiner breiten Protestbewegung aus der Bevölkerung getragen wie bei der Revolution in Frankreich 1789.
- Diskriminierungen waren noch lange Zeit präsent, z. B. von Sklaven und Bevölkerungsgruppen bestimmter Hautfarbe oder Kirchenzugehörigkeit.

- Die Verknüpfung von Vermögen an Rechte: In New York hatten von 10 000 Einwohnerinnen und Einwohnern nur 1303 einen Eigentumsnachweis und damit das Wahlrecht (*Property and Liberty*). Erst mittelfristig kam es zur weitgehenden Beseitigung der Einschränkungen im Wahlrecht.

Einige Historiker, z. B. Hans-Christoph Schröder, bezeichnen die „Amerikanische Revolution" als „**Verfassungsrevolution**", die eine alte Verfassungsordnung überwand und eine neue Verfassung mit einer neuen Legitimationsgrundlage schuf. Mit der amerikanischen Verfassung wurde erstmals die **Volkssouveränität** das Fundament der staatlichen Ordnung. Ein Verfassungskonvent wurde eingesetzt, in dem das Volk als Souverän zum Verfassungsgeber wurde. Der moderne Verfassungsstaat setzte sich durch, mit einer klaren Trennung der Gewalten. Mit der ***Bill of Rights*** wurde die Vorstellung von unveräußerlichen Menschenrechten verwirklicht.

Wenn man die Ereignisse von 1763 bis 1783 nicht rückblickend beurteilt, sondern Revolutionsbegriffe aus dem 18. und 19. Jahrhundert als Maßstab verwendet, kann man sie als Revolution bezeichnen. So nannte beispielsweise der Historiker Leopold Ranke 1854 die Ereignisse in Amerika eine „Revolution". Und der Abgeordnete Benjamin Rush aus Pennsylvania äußerte in diesem Zusammenhang: „Der Amerikanische Krieg ist vorbei, aber nicht die Amerikanische Revolution."

Die Amerikanische Revolution und ihre historische Bedeutung

Die Amerikanische Revolution markierte den Beginn einer **Reihe von Revolutionen** in Europa, die bis 1848/49 andauerten und zu denen auch die Französische Revolution gehörte. Die Amerikanische Revolution gilt als erster erfolgreicher kolonialer Befreiungskampf. Im Ergebnis vollzog sie die Gründung eines **demokratisch organisierten Flächenstaates** (Republik, Volkssouveränität, Rechtsstaat, Gewaltenteilung, Menschen- und Bürgerrechte) und verankerte die **Ideale der Aufklärung** in der Verfassung.

Basierend auf einem Wertekonsens begründete sie eine pluralistische politische Kultur, in der Sachthemen friedlich diskutiert werden konnten (z. B. im Verfassungskonvent).

Zwar zementierte sie die Sklavenpolitik im Süden, da die indigene und die schwarze Bevölkerung von den Freiheits- und Gleichheitspostulaten ausgeschlossen waren. Später konnten sich Frauen, die indigene und schwarze Bevölkerung bei ihren Forderungen nach politischen Rechten und Freiheiten aber wieder auf die Amerikanische Revolution berufen.

1.2 „Go West" – die Erschließung des amerikanischen Kontinents

Frontier: die Geschichte der territorialen Expansion

Die erste Hälfte des 19. Jahrhunderts war für die USA hinsichtlich ihrer territorialen Expansion, ihrer Bevölkerungsentwicklung und ihrer ökonomischen Kapazitäten die Phase des größten Wachstums. Die USA entwickelten sich von einem kleinen Küstenstaat (1610: 350 Einwohner) zu einem großen Flächenstaat (1890: 63 Mio. Einwohner). Bis 1850 existierten 30, bis 1890 bereits 44 Bundesstaaten. Vor allem während der ersten Hälfte des Jahrhunderts erfolgte die territoriale Ausdehnung durch Kauf (z.B. Alaska von Russland 1867), Annexion, Kriege (Sieg gegen Mexiko 1848 mit Abtretungen der Gebiete nördlich des Rio Grande und Kaliforniens), Verträge und Abtretungen. Die Besiedlung des Kontinents fand vermehrt in der zweiten Hälfte des Jahrhunderts statt.

Folgende Aspekte spielten bei der territorialen Entwicklung der USA eine Rolle:

- ***Louisiana Purchase*** 1803: Der Verkauf von Louisiana durch Napoleon I. an die USA verdoppelte das amerikanische Staatsgebiet: Es dehnte sich nun bis zu den Rocky Mountains aus. Die **„Go West"-Bewegung** begann. Sie beinhaltete die Aufforderung, durch Besiedlung das westliche Gebiet des Kontinents in amerikanischen Besitz zu bringen, was mit dem Erreichen des Pazifiks 1890 abgeschlossen war. Die **Frontier**, die imaginäre Grenze zwischen dem besiedelten, „zivilisierten" und dem noch unbesiedelten Gebiet, verschob sich jährlich rund 30 Kilometer Richtung Westen. Das Ziel war die Erschaffung eines einheitlichen Wirtschaftsraums und einer Infrastruktur zur Verbindung der Landesteile. 1845 wurde Texas annektiert, zuvor Teile Mexikos.
- **Masseneinwanderung** ab 1814 bis 1914: Das Bevölkerungswachstum führte zu einer erhöhten Nachfrage nach Land.
- ***Homestead Act*** (Heimstättengesetz): Präsident Lincoln unterzeichnete 1862 ein Gesetz zur staatlichen Siedlungspolitik. Für eine Registrierungsgebühr von zehn Dollar konnten 65 Hektar Land erworben werden, wenn dieses innerhalb von fünf Jahren bebaut wurde. Der Landerwerb der Einwanderer ging auf Kosten der indigenen Bevölkerung.
- Staatlich geförderte Expeditionen und der Entdeckungsdrang Einzelner
- **Rohstoff-Funde**, z.B. von Gold, führten zum *California Gold Rush* ab 1848 mit 80 000 Einwanderern und zum *Colorado Gold Rush* ab 1858.
- **Innovationen**, z.B. neue agrarische Verfahren, ermöglichten die Erschließung der regenarmen Präriegebiete zwischen dem Mississippi und den Rocky Mountains. Dies bedrohte allerdings die indigene Bevölkerung, deren Existenz von den Büffelherden in diesem Gebiet abhing. Hinzu kam die Entwicklung der Dampfmaschine und der Bau der ersten transkontinentalen Eisenbahn (1869 beendet).

Frontier-These
These des US-Historikers Frederick Jackson Turner von 1893, der damit die Unterschiede zwischen der amerikanischen und europäischen Entwicklung erklärt. Er sieht einen Zusammenhang zwischen der Expansion nach Westen und der Prosperität in Amerika. An der Frontier, der Übergangszone zwischen Zivilisation und Wildnis, hätten sich die Amerikaner immer weiter vom europäischen Einfluss entfernt und den Charakter Amerikas ausgebildet. Es sei dort immer wieder zu einer Neugeburt Amerikas gekommen, denn die Siedler seien stets aufs Neue auf einen „primitiveren Entwicklungsstand" zurückgeworfen worden und hätten dort für die Sicherung ihrer Lebensgrundlagen sorgen müssen.

Das amerikanische Selbstverständnis

Im amerikanischen Selbstbewusstsein ist bis heute der Glaube verwurzelt, dass die USA gegenüber anderen Nationen eine **Sonderstellung** einnehme, die sich aus den Besonderheiten ihrer Geschichte erklären lasse. Dazu gehören die europäische Einwanderung, die späte Besiedlung des Kontinents, die Revolution, die strikte Trennung zwischen Staat und Religion (Laizismus) und der amerikanische Bürgerkrieg. Die Vorstellung von einer Sonderstellung wird auch als ***American Exceptionalism*** (Exzeptionalismus) bezeichnet.

Der wirtschaftliche Erfolg, die Demokratisierung und der Glaube an den American Exceptionalism haben bei den Amerikanern folgende Überzeugungen verstärkt:

- Die USA sind ein Land, das jedem Menschen die Möglichkeit des sozialen Aufstiegs und damit der materiellen Sicherheit bietet (***American Dream***).
- Die USA sind den **europäischen Systemen überlegen**, da sie die Glaubens- und Religionsfreiheit sichern und wirtschaftliche und politische Freiheit bieten.
- Die Vorstellung eines **zivilisatorischen Sendungsbewusstseins** (***Manifest Destiny***), mit der Folge, den Kontinent besiedeln und erschließen zu müssen.

Historiker und Sozialwissenschaftler wie z. B. Peter Lösche sind der Frage nachgegangen, was die Amerikaner eint. Sie verweisen dabei auf die amerikanische Ideologie, die sie als eine Art ***Civil Religion*** (weltliche Religion) bezeichnen. Diese beruhe auf folgenden Aspekten und habe mit den amerikanischen Gründungsvätern, den Puritanern, begonnen:

- **Demokratie** und die Verbindung aus repräsentativen (Parlamente in den Einzelstaaten, Kongress, Präsidentenwahl ...) mit plebiszitären Elementen (direkte Wahl/Abwahl von Richtern, Sheriffs, Bürgermeistern in einigen Staaten). Zudem: Rechtstaatsprinzip und republikanische Staatsform.
- ***Freedom and Liberty***: Trennung und damit Freiheit von England; im weiteren Sinne: Freiheit des Einzelnen vor staatlicher Gewalt, Recht auf Widerstand.
- **Fundamentale Skepsis gegen jede Art der Machtanhäufung**: Dies leitet sich aus dem Freiheitsverständnis der Amerikaner sowie den Erfahrungen mit den absolutistischen Staaten in Europa ab.
- **Individualismus** und die puritanisch geprägte Vorstellung, die eigene Persönlichkeit konstituiere sich über **Eigentum**, das vor Übergriffen anderer zu schützen sei.
- **Fortschrittsglaube** und die Vorstellung, das von Gott ausersehene Land (*New Jerusalem*) zu sein; in Verbindung mit der Frontier-Bewegung dient dies der Legitimation des amerikanischen Imperialismus und Expansionismus.
- ***American Dream***, d. h. der Glaube an die Möglichkeiten des sozialen Aufstiegs (*from rags to riches*).
- **Pioniergeist und Frontier-Bewegung**, die den Amerikanern an der „Grenze" stets einen Neubeginn des gesamtgesellschaftlichen Lebens abverlangte und damit eine permanente Innovationsbereitschaft forderte. Sie sorgte dafür, dass die „Zivilisierung der Wildnis" eine wesentliche Erfahrung der Amerikaner wurde, so der Historiker Jackson Turner, die sie bis heute prägt.

Indigene und schwarze Bevölkerungsminderheiten

Die Unabhängigkeitserklärung vom 4.7.1776 besagt, dass „alle Menschen gleich geschaffen sind; dass sie von ihrem Schöpfer mit gewissen unveräußerlichen Rechten ausgestattet sind". Neben dem Freiheitsgedanken wurde der **Gleichheitsgedanke** eine zentrale Säule in der amerikanischen Verfassung. Allerdings wurde der Gleichheitsgedanke nicht auf Frauen und Sklaven angewandt. Auch für die indigene Bevölkerung, die Ureinwohner Amerikas also, die von den Kolonialmächten als „Indianer" bezeichnet wurden, galt er nicht.

Die indigene Bevölkerung

Leidtragende der Frontier-Bewegung war die indigene Bevölkerung. Während zu Beginn der Besiedelung ca. eine Million Ureinwohner in 500 Stämmen lebten, sank ihre Zahl bis 1890 (Ende der Frontier-Bewegung) auf 250 000.

Bis zum Beginn des Einwanderungsstroms und der damit verbundenen Frontier-Bewegung im frühen 19. Jahrhundert war zwischen den Siedlern und der indigenen Bevölkerung noch weitgehend eine **Verständigung** möglich. In den 1790er-Jahren erkannte der Kongress die indigenen Stämme westlich der Appalachen noch als eigenständige Nation an und sah vertragliche Regelungen zwischen ihnen und der USA vor. Gleichzeitig wurde versucht, die Stämme zu **christianisieren** und die halbnomadischen Stämme als **Bauern zu integrieren**.

Die Siedler wiesen den Ureinwohnern rassistische Stereotype zu und sahen sie als „edle Wilde", aber auch als „unzivilisierte, grausame Barbaren" an, die dem Vorwärtsdrang der amerikanischen Nation weichen sollten (die Frontier als Grenze zwischen der Zivilisation und dem ungezähmten, wilden Land).

Folgende Gesetze bzw. Entwicklungen hatten weitreichende Folgen für die indigene Bevölkerung:
- Mit dem Zustrom weißer Siedler stieg der Bedarf an Land. Mit dem ***Indian Removal Act*** (1830) unter Präsident Andrew Jackson wurde entschieden, dass der Präsident die indigene Bevölkerung auch gewaltsam „umsiedeln" durfte (Aufbau von Reservaten).
- Der Bau der **transkontinentalen Eisenbahn** vernichtete die **Lebensgrundlage** der indigenen Bevölkerung, da Bisons nahezu ausgerottet wurden (Reduktion von 30 bis 50 Mio. auf 1000 Tiere).
- Die **Sioux** in Wyoming weigerten sich, ihr Gebiet an die Regierung zu verkaufen. Diese setzte ihnen ein Ultimatum, sich bis Ende Januar 1876 in dem ihnen zugewiesenen Reservat einzufinden, was aufgrund der Jahreszeit unmöglich war (Widerstand am *Little Bighorn*). Ein Feldzug der Armee gegen die zahlenmäßig überlegenen Sioux unter Colonel Cluster endete mit einer Niederlage der US-Armee.

- **Massaker von Wounded Knee (29.12.1890)**: 1890 fand die Frontier-Bewegung ihr Ende. Im gleichen Jahr ermordete das siebte Kavallerie-Regiment am Wounded Knee Creek 300 Männer, Frauen und Kinder, die auf dem Weg ins Pine-Ridge-Reservat waren. Es handelte sich dabei um einen Racheakt für die Niederlage am Little Bighorn.
- 1924 wurde der indigenen Bevölkerung die **amerikanische Staatsbürgerschaft** und damit allgemeine Bürgerrechte und das Wahlrecht zugesprochen. Für ihre Belange und Reservate wurde zudem das ***Bureau of Indian Affairs*** gegründet.
- ***Indian Reorganization Act* (1934)**: Ein Gesetz, das der indigenen Bevölkerung mehr Eigenständigkeit zugestand. Ihr sollte Land zurückgegeben werden, sie konnte eigene lokale Regierungen bilden und durfte Unternehmen gründen. Bei der Ausbildung ihrer Kinder sollte sie eigenen Werten und Traditionen folgen können.
- ***Urban Indian Relocation Program* (1952)**: Da die Regierung Angst vor dauerhaften Hilfsgeld- und Schadensersatzansprüchen hatte, ermutigte sie die indigenen Stämme, ihre Reservate zu verlassen und in die Städte zu ziehen. Beginnende Landflucht: 75 % der fünf Millionen nordamerikanischen indigenen Menschen leben heute in Städten. Von den 500 Stämmen betreiben mehr als 200 erfolgreich Spielcasinos und Vergnügungsparks.

Bis heute fordert die indigene Bevölkerung ihre Rechte durch Schadensersatzklagen für geraubtes Land ein.

Sklaverei

Indentur
Eine Form der Vertragsknechtschaft zwischen einem *indentured servant* und einer Person, für die er eine gewisse Zeit arbeitet und von der er – oft anstelle von Lohn – Unterkunft, Lebensmittel oder den Transport in ein anderes Land erhält. Viele Kolonisten aus Europa, die sich die Fahrt nach Amerika nicht leisten konnten, schlossen solche Verträge ab.

Die Sklaverei entwickelte sich aus der **Indentur**. Bis Ende des 17. Jahrhunderts wurde die Arbeit auf den Plantagen vorwiegend von Schuldknechten (*indentured servants*) aus Europa verrichtet. 1619 kamen die ersten Afrikaner auch als Schuldknechte nach Nordamerika. Erst gegen Ende des 17. bzw. zu Beginn des 18. Jahrhunderts setzte sich in Amerika das System der „**rassischen Sklaverei**“ durch: Afrikanische Sklavenarbeiter wurden zu lebenslangen Sklaven, europäische Schuldknechte blieben davon ausgenommen. Hintergrund dieser Entwicklung war die Absicherung der **strukturellen Ausbeutung** auf den Plantagen durch die Schaffung eines stabilen Systems sozialer Kontrolle. Dies basierte auf dem Gedanken einer **Suprematie** (Vorherrschaft) der weißen Bevölkerung (*White Supremacy*). Weiße Schuldknechte wurden von den Afrikanern getrennt und als Miliz zu ihrer Bewachung eingesetzt.
In Amerika entwickelte sich rasch eine Sklavenhaltergesellschaft. Die Wirtschaft in den Südstaaten war auf die Sklaverei angewiesen und verteidigte die Einrichtung der Sklaverei (***Peculiar Institution***) strikt. Allerdings besaßen nur wenige Grundbesitzer mehr als 300 Sklaven, zwei Drittel von ihnen hatten keine Sklaven. Sklaven waren hauptsächlich auf **Plantagen** tätig. Baumwolle war wichtigstes Produkt (*King Cotton*, „Baumwolle regiert“). Sie machte die Hälfte der Exporterlöse vor dem Sezessionskrieg aus. Der Handel mit Sklaven aus Afrika war Teil des **Dreieckshandels** (→ S. 11). Als die Einfuhr von Sklaven 1808 vom Kongress verboten wurde, waren bereits 15 Mio. Sklaven in die USA gebracht worden.

Die Sklaverei wurde gerechtfertigt

- als kulturelle Verbesserung: Arbeit bringe der als „primitiv" bezeichneten schwarzen Bevölkerung Zivilisation bei;
- durch Textstellen der Bibel: Noahs Fluch über seinen Sohn Ham, der als Stammvater schwarzer Menschen gilt („Der niedrigste Knecht soll er seinen Brüdern sein", 1. Buch Mose, 9,25).

Die Folgen bzw. Auswirkungen der Sklaverei waren:

- Sklaven wurden nicht als Menschen, sondern als Sachen betrachtet.
- Im Süden herrschte eine Gewaltgesellschaft mit rassistischer Prägung: Misshandlungen und Missbrauch, Zerstörung von Familien durch Sklavenmärkte.
- Der Rassismus gegenüber der schwarzen Bevölkerung hatte, in einer heterogenen weißen Bevölkerung, eine integrierende Wirkung.
- Anerkennung der Sklaverei in der Verfassung, z. B. in der Auslieferungsklausel. Sie besagt, dass ein entflohener Sklave seinem Besitzer zurückgebracht werden muss.

Nach dem Ende des Sezessionskrieges (→ S. 27f.) wurde die Sklaverei 1865 unter Präsident Abraham Lincoln und mit republikanischer Kongressmehrheit durch das *13. Amendment* (13. Zusatzartikel zur Verfassung) abgeschafft. Der schwarzen Bevölkerung wurden alle Bürgerrechte verliehen.

Die Situation der schwarzen Bevölkerung nach dem Ende der Sklaverei 1865

Mit der Abschaffung der Sklaverei veränderte sich die rechtliche Situation der Sklaven in den USA. Folgende Schwierigkeiten prägten dennoch ihren Alltag:

- Die **Wahrnehmung ihrer Rechte** erwies sich aufgrund ihrer finanziellen Abhängigkeit von Großgrundbesitzern als schwierig.
- Terror durch den **Ku-Klux-Klan (KKK)**, dessen Ziel die Aufrechterhaltung der *White Supremacy* war. Der Ku-Klux-Klan wurde Ende 1865 von ehemaligen Südstaatensoldaten gegründet und wuchs bis 1869 auf 500 000 Mitglieder an. Nach seinem Verbot 1870/71 wurde er 1915 neu gegründet. Er hat zahlreiche Lynchmorde zu verantworten. Charakteristisch für den Klan ist seine weiße Kapuzentracht.
- Die Zementierung der „Rassentrennung" (**Segregation**) durch die sogenannten ***Jim Crow Laws*** (1877 bis 1964). Es handelte sich dabei um etliche Gesetze, die die getrennte Benutzung öffentlicher Einrichtungen vorschrieben, z. B. Restaurants, Toiletten, aber auch Schulen etc., z. B. in Alabama. Bis heute wird *„Jim Crow"* als Bezeichnung für das System verwendet, das die „Rassenhierarchie" auf allen Ebenen aufrechterhält.

Um ein Auseinanderbrechen des amerikanischen Bundestaats zu verhindern, wurden vom Obersten Gerichtshof Urteile gefällt, die das System der „Rassentrennung" unterstützten. Darunter z. B.

- 1883: Das Diskriminierungsverbot der Verfassung ist für den Staat und die Kommunen, nicht aber für Unternehmen bindend.
- 1896 Fall Plessy versus Ferguson: Homer Plessy klagte gegen ein Gesetz, das getrennte Zugabteile für schwarze und weiße Personen vorschrieb, verlor den Prozess jedoch. Das Gerichtsurteil etablierte das Prinzip ***„separate but equal"*** als Grundlage der Trennung in den Südstaaten. Demnach war die Rassentrennung in Zügen, Schulen, Theater etc. legitim, wenn für schwarze wie weiße Personen gleichwertige (*equal*) separate Einrichtungen vorhanden waren.
- Durch die Einführung von Wahlsteuern in einigen Staaten konnten nicht alle schwarzen Wahlberechtigte ihr Wahlrecht wahrnehmen.

In den 1950er-Jahren entstand in den USA eine **Bürgerrechtsbewegung**. Sie begann mit Rosa Parks, die sich 1955 geweigert hatte, für einen weißen Fahrgast ihren Platz im Bus zu räumen. Bereits 1954 entschied der Oberste Gerichtshof, dass die „Rassentrennung" verfassungswidrig und somit die Segregation in Bussen beendet werden muss. 1964 verkündete Präsident Lyndon B. Johnson die Aufhebung der „Rassentrennung" – ein Jahr nach Martin Luther Kings bekannter Rede *„I have a dream"* (Marsch nach Washington 28.8.1963). 1965 wurden mit dem ***Voting Rights Act*** alle Maßnahmen abgeschafft, die dazu beigetragen hatten, dass die schwarze Bevölkerung ihr Wahlrecht nicht wahrnehmen konnte (Wahlsteuer, Tests). Damit verdoppelte sich innerhalb von vier Jahren die Zahl der aktiv Wählenden der schwarzen Bevölkerung.

Black Lives Matter
Bewegung, die bereits 2013 mit dem Hashtag #BlackLivesMatter entstand nach dem Todesfall des schwarzen Teenagers Trayvon Martin. Sie gelangte nach der Erschießung des schwarzen Schülers Michael Brown durch einen weißen Polzisten 2014 in die Öffentlichkeit und hat sich mittlerweile zu einer internationalen Bewegung entwickelt. Sie setzt sich gegen Gewalt gegen *People of Color* und für ein Ende rassistischer Vorurteile ein.

Mit **Barack Obama** wurde 2008 erstmals ein Afroamerikaner Präsident der USA, der mit seinem Versprechen *„Hope and Change"* die Spannungen zwischen den „Rassen" in seinem Land abmildern wollte. Allerdings haben sich in den vergangenen Jahren rassistische Vorurteile und Konflikte zwischen der schwarzen und weißen Bevölkerung verschärft. Polizeieinsätze gegen schwarze Personen lösen immer wieder Proteste und Unruhen in den USA aus, beispielsweise der Tod von Michael Brown, der 2014 in Ferguson/Missouri von einem Polizisten erschossen wurde und die *Black Lives Matter*-Bewegung anfachte.

1.3 Der Sezessionskrieg 1861 bis 1865

Ursachen und Verlauf des Bürgerkrieges

Die wirtschaftlichen, sozialen und politischen Gegensätze zwischen Nord- und Südstaaten führten 1861 zum **Bürgerkrieg** bzw. **Sezessionskrieg**, der mit einem Sieg der Nord- über die Südstaaten und der Befreiung der Sklaven endete.

Nordosten

- **höhere Bevölkerungszahl** (22 Mio.) und **Wirtschaftskraft**
- seit 1820 schnell wachsende **Industrie**; Ziel: **Schutzzölle** zum Schutz eigener Güter
- **Verzicht auf Sklavenarbeit**; da alle Menschen frei geboren sind
- Befürworter einer starken Zentralgewalt (Bundesstaat)
- **Wahrnehmung des Südens** als vormoderne Feudalgesellschaft, die der ganzen Nation Sklaverei aufzwingen möchte
- Nordstaaten sehen sich als Verteidiger der vereinigten amerikanischen Staaten (Union) gegen die Verschwörung der „Sklavenhalter“

↔

Süden

- **bevölkerungsärmer** (9 Mio.)
- 1860 viertreichstes Land der Welt, **agrarisch** geprägt, Spezialisierung auf Baumwolle
- größte **Sklavenhaltergesellschaft** der Welt
- bezog Konsumgüter aus dem Norden, die wegen Schutzzöllen über Weltmarktpreisen lagen. Folge: Süden ist gegen Schutzzölle, für Freihandel
- Befürworter der Souveränität der Einzelstaaten (Staatenbund)
- hofften auf Großbritannien als Verbündeten
- **Wahrnehmung der Bevölkerung des Nordens** als Kapitalisten (Lohnsklaverei/Yankees)

↓

- Die wirtschaftlichen, sozialen und politischen Gegensätze entluden sich an der **Sklavenfrage**, die mit der Aufnahme neuer Territorien in die Union an Bedeutung gewann (Veränderung der Zahl an Abgeordneten im Senat).
- 1860: Der mögliche Wahlsieg der Republikaner und ihres Kandidaten Lincoln wurde von radikalen Südstaatlern als Gefahr angesehen (Sorge vor der Einschränkung der Rechte der Einzelstaaten).

↓

- ab Dezember 1860: Austritt (Sezession) mehrerer Südstaaten aus der Union
- 1861: Zusammenschluss von elf Südstaaten zu den Konföderierten Staaten von Amerika

↓

- **Nordstaaten**: Sezession ist ein Verfassungsbruch, die Union ist den Einzelstaaten übergeordnet.
- **Südstaaten**: *Compact Theory* = der freiwillige Eintritt souveräner Einzelstaaten in die Union beinhaltet das Recht zum Austritt

↓

- April 1861: Scheitern einer Verhandlungslösung; Konföderierte beginnen mit der Beschießung von Fort Sumter → Beginn des Sezessionskrieges
- 1863: Lincoln proklamiert die **Sklavenbefreiung** (***Emancipation Proclamation***).
- 1865: Kapitulation des Südens und Wiederaufnahme in die Union

Bewertung des Bürgerkrieges

Der Sezessionskrieg gilt als **erster moderner Krieg**, da erstmals Schützengräben, Stacheldraht, Maschinengewehre, U-Boote, Panzerschiffe und Eisenbahnen zum Einsatz kamen. Er wies teilweise Elemente eines **totalen Krieges** auf, wie z.B. eine allgemeine Wehrpflicht, die Aufhebung des Unterschieds zwischen Militärs und Zivilisten und die Taktik der verbrannten Erde. Er endete mit dem Sieg des Nordens und 600000 gefallenen Soldaten.

Abraham Lincoln (1809–1865)
Von 1861 bis 1865 war er der 16. Präsident der Vereinigten Staaten von Amerika und der erste aus den Reihen der Republikanischen Partei. Er führte die Nordstaaten erfolgreich durch den Sezessionskrieg. Nach dem Bürgerkrieg setzte er sich für die Versöhnung zwischen Nord- und Südstaaten ein. Am 15.4.1865 wurde er von einem fanatischen Südstaatler erschossen.

Wichtige Folgen des Sezessionskrieges waren:

- ***Reconstruction***: In der Phase der *Reconstruction* 1865 bis 1877 wurden die Südstaaten wieder in die Union eingegliedert. Neben der Beseitigung der Kriegsschäden ging es auch um eine staatliche Neuordnung der Südstaaten.
- **Entstehung der *Lost-Cause*-Legende**: Die Tugenden und die Wirtschaftsordnung des aristokratischen Südens vor dem Krieg wurden durch die weiße Bevölkerung der Südstaaten glorifiziert. Man glaubte, dass die Motivation der Konföderierten Staaten richtig gewesen war, ebenso die Sklaverei, weil sie Wohlstand gebracht hatte und damit auch für die schwarze Bevölkerung ein guter Zustand gewesen sei. Diese Argumentation wurde lange Zeit herangezogen, um rassistische Machtstrukturen im Süden zu rechtfertigen.
- **Abschaffung der Sklaverei 1865** (→ S. 24 f.): Die schwarze Bevölkerung erhielt das Bürger- und Wahlrecht, aber keine volle Gleichberechtigung. Es gab auch keine Landreform. Die Rassentrennung und die „weiße Vorherrschaft" (*White Supremacy*) hatten weiter Bestand, der Ku-Klux-Klan wurde gegründet. Zwischen 1865 und 1918 kam es zu ca. 3000 Lynchmorden an der schwarzen Bevölkerung im Süden.

Geschichte kontrovers

Abraham Lincoln, ein Menschenfreund?

Abraham Lincolns Präsidentschaft gilt als eine der bedeutendsten in der Geschichte der USA. Nach dem Sezessionskrieg trieb er die Abschaffung der Sklaverei erfolgreich voran, 1865 wurde sie endlich abgeschafft.

Was motivierte Lincoln zu diesem Schritt? 1862 hatte er sich zu seiner Politik mit diesen Worten geäußert: „Mein höchstes Ziel in diesem Kampf ist die Rettung der Union, nicht der Schutz oder die Vernichtung der Sklaverei. Wenn ich die Union erretten könnte, ohne einen einzigen Sklaven zu befreien, würde ich es tun." Lincolns Einsatz für die Befreiung der Sklaven erfolgte also nicht aus humanen, sondern vor allem aus taktischen Gründen (Rettung der Union). Der Einsatz der Südstaaten für die Sklaverei gab dem Krieg eine moralische Dimension und hielt England und Frankreich davon ab, aufseiten des Südens einzugreifen.

1.4 Der Aufstieg Amerikas zur Weltmacht

Der republikanische Senator Albert Beveridge (1862 bis 1927) sagte 1900 vor dem amerikanischen Kongress: "Self-government and internal development have been the dominant notes of our first century; administration and the development of other lands will be the dominant notes of our second century." Während der Fokus im 19. Jahrhundert also auf dem eigenen Kontinent gelegen habe (Selbstverwaltung, innere Entwicklung), würde er im 20. Jahrhundert auf anderen Kontinenten liegen. In seiner Rede deutete Beveridge bereits den Hegemonieanspruch an, der die amerikanische Außenpolitik im 20. Jahrhundert prägte.

Hegemonie
Vormachtstellung eines Staates bzw. einer Staatengruppe, sie kann sich in militärischer Stärke, aber auch als politische oder wirtschaftliche Führungsrolle zeigen.

Amerikas Aufstieg zu einer Weltmacht im 20. Jahrhundert ging insbesondere auf wirtschaftliche Faktoren zurück: Ein starkes Bevölkerungswachstum sowie eine dynamisch verlaufende Industrialisierung schufen erst die materielle Voraussetzung für den machtpolitischen Anspruch der Amerikaner.

Industrialisierung

Der Industrialisierungsprozess in den USA lässt sich in zwei Phasen unterteilen:
- eine **Anfangsphase**, die um 1800 begann und bis in die 1850er-Jahre reichte,
- und eine zweite Phase zwischen dem Bürgerkrieg (1861 bis 1865) und den 1920er-Jahren, in der Amerika zur **Weltwirtschaftsmacht** aufstieg.

Für den wirtschaftlichen Aufschwung sorgten folgenden Faktoren:
- das starke **Bevölkerungswachstum** (Einwanderer als leistungsfähige Arbeitskräfte),
- der Rohstoffreichtum,
- das Entstehen eines großen, durch Telegrafen vernetzten **Binnenmarktes**,
- die aufkommende **Konsumgesellschaft**,
- die Transportrevolution (Kanalsystem und Eisenbahn),
- die produktive **Landwirtschaft** auf riesigen Flächen (Kapital für die Industrie),
- das amerikanische **Produktionssystem** (z. B. Fließbandtechnik in den Schlachthöfen), Innovationsbereitschaft und Innovationen mit 500 000 Industriepatenten 1860 bis 1890, z. B. Glühbirne (Thomas Alva Edison), Telefon (Alexander Graham Bell).

Die **wirtschaftlichen Leitsektoren** in der Phase der Hochindustrialisierung waren:
- Der **Eisenbahnbau**, bereits 1900 war das amerikanische Schienennetz größer als das gesamte europäische Streckennetz.
- Die **Stahlindustrie**, die United States Steel Corporation von J. P. Morgan, beherrschte drei Fünftel der US-Stahlindustrie und entwickelte sich zum ersten Unternehmen der Welt mit einem Wert von 1 Mrd. Dollar und damit zum größten Industrieunternehmen der Welt.

Die Unternehmen lagen in den Händen weniger großer Konzerne:

- **Monopole**: Die *Standard Oil Company* von John D. Rockefeller kontrollierte 1877 90% des amerikanischen Ölmarkts. Sein Ziel war die komplette Übernahme der Konkurrenz.
- Trend zum **Big Business**: Diktatur des Marktes durch wenige, sehr große Konzerne (*corporations*). Durch Absprachen über Preise und Quoten in informellen Kartellen (*pools*) konnten sich die Unternehmen Marktanteile sichern.
- **Trusts** (Unternehmenszusammenschlüsse): Andrew Carnegie fasste in seinem Stahlimperium von der Gewinnung der Ressourcen bis zum Verkauf alle Produktionsstufen zusammen, wodurch er den Zulieferern wie Abnehmern die Preise vorschreiben konnte.

Während sich in Europa zur Zeit der Jahrhundertwende erste Anfänge des Sozialstaates andeuteten, galt in den USA das Credo der **freien Marktwirtschaft**, in der der Staat darauf baute, dass das freie Spiel der Kräfte zu einem Ausgleich zwischen Arbeitgebern und Arbeitnehmern führt. Staatliche Eingriffe wurden auf ein Minimum reduziert. Dennoch gab es z. B. folgende Eingriffe in den Markt:

- 1887: Gründung der ***Interstate Commerce Commission*** (**ICC**), eine unabhängige Bundesbehörde zur Regulierung des Eisenbahnverkehrs (z. B. gerechte Frachtraten, Verbot diskriminierender Preisgestaltungen); später auch Regulierung des Lastwagenverkehrs und ab 1910 (bis 1934) der Telefondienste;
- 1890: ***Sherman Anti-Trust Act*** mit dem Ziel, die Marktmacht marktbeherrschender Trusts, Kartelle und Monopole zu begrenzen (Zerschlagung der *Standard Oil Company* unter Präsident Roosevelt ab 1906).

Der Autor Mark Twain bezeichnete die Zeit zwischen dem Bürgerkrieg ab ca. 1870 bis zur Jahrhundertwende als „***Gilded Age***", als „**Vergoldetes Zeitalter**". Dieser Begriff weist darauf hin, dass es trotz des wirtschaftlichen Aufschwungs und technischen Fortschritts große Armut, Ungleichheit und Korruption, insbesondere in den Städten gab. So besaßen 10% der Amerikaner zwei Drittel und nur 1% der Bevölkerung sogar 40% des Vermögens.

Die USA als imperiale Macht bis zum Beginn des 20. Jahrhunderts

In seiner Jahresbotschaft 1823 legte Präsident James Monroe (Amtszeit 1817 bis 1825) die Leitsätze der amerikanischen Außenpolitik fest (**Monroe-Doktrin**). Darin sah er vor, dass sich Amerika nicht in die Interessen europäischer Staaten einmischen sollte (**Isolationismus**), wenn bestimmte Bedingungen erfüllt waren. Dazu gehörte, dass sich die europäische Expansion nicht auf den nord- und südamerikanischen Kontinent erstreckte. Ebenso sah die Monroe-Doktrin vor, dass die Unterschiede zwischen den politischen und gesellschaftlichen Systemen der USA und der Europäer zu akzeptieren seien und dass man sich von der traditionellen europäischen Machtpolitik distanzieren wolle. Amerika, das seine Freiheit im Kampf gegen die Kolonialmacht Großbritannien erstritten hatte, lehnte die koloniale Tradition ab. Dennoch war es der Überzeugung, dass es im imperialen Kampf um Macht und Einflusssphären nicht zurückstecken dürfe.

Eine **Abkehr von der Monroe-Doktrin** wurde nach der **Wirtschaftskrise** von 1893 gefordert, als sich Anhänger einer **Politik des Imperialismus** dafür einsetzten, dass die USA in Übersee neue Absatzmärkte erschließen sollten. Eine wichtige Rolle spielte bei diesen Überlegungen erneut das Sendungsbewusstsein der Amerikaner, das *Manifest Destiny*, das die Amerikaner dazu „verpflichtete", der Welt Zivilisation und Fortschritt zu bringen.

Imperialismus
= zielstrebiger Ausbau des wirtschaftlichen, politischen oder kulturellen Machtbereiches eines Staates.
Der Kolonialismus ist eine Form des Imperialismus. Die Zeit zwischen 1880 und 1914 gilt als Zeitalter des Imperialismus.

Die Hauptexpansion der Amerikaner fand im Pazifik, Ostasien und in Zentralamerika statt. Wichtige Etappen waren:
- 1898: Spanisch-amerikanischer Krieg, Annexion der Philippinen und Hawaii;
- Intervention in Kuba, als die US-Investitionen in der Zuckerindustrie in Gefahr geraten. Kuba gerät unter das Protektorat der USA, Puerto Rico wird Territorium der USA;
- 1903: Annexion der Kanalzone in Panama.

Die Amerikaner setzten aufgrund der enormen Kosten einer direkten Kolonialherrschaft auf das Modell eines ***„Informal Empire"***, bei dem die wirtschaftliche Durchdringung des Landes im Vordergrund stand, das dadurch von den Amerikanern auch politisch abhängig wurde. Hierfür hat sich auch der Begriff des **„Dollarimperialismus"** etabliert, der insbesondere in Zentralamerika und in der Karibik entstand. Amerikanische Banken und amerikanische Unternehmen investierten dort in Plantagen, den Abbau von Rohstoffen oder sorgten dafür, dass neue Technologien eingeführt wurden. Da die Gewinne der Amerikaner nach Amerika abflossen, war in den jeweiligen Ländern keine eigenständige Entwicklung möglich.

Ende des 19. Jahrhunderts war **China** Ziel der Amerikaner, um dort amerikanische Konsumgüter verkaufen zu können. Da der chinesische Markt von den Europäern in Einflusssphären aufgeteilt werden sollte, formulierten die Amerikaner gegenüber Europa sowie Japan die ***„Open Door Policy"***. Diese sah vor, dass alle Großmächte die gleichen wirtschaftlichen Rechte und den gleichen Zugang zum chinesischen Markt haben sollten.

Seit Präsident Theodore Roosevelt (Amtszeit 1901 bis 1909) erfolgten amerikanische Interventionen, wenn amerikanische **Kapitalinteressen** bedroht waren, z. B. Dominikanische Republik, Nicaragua, Haiti und Kuba. Den Amerikanern gelang es 1903 durch eine inszenierte Revolution, dass sich Panama von Kolumbien löste und der Panamakanal gebaut werden konnte, der die Strecke zwischen dem Atlantik und dem Pazifik für die Amerikaner stark verkürzt.

CHRONOLOGIE

Amerikanische Revolution und Geschichte der USA

1607	Jamestown erste dauerhafte englische Siedlung in Nordamerika
1619	Erste schwarze Sklaven erreichen Neuengland.
1620	Die **Mayflower** mit den ersten Puritanern landet in Plymouth Colony.
1756–1763	**Siebenjähriger Krieg** (England gegen Frankreich)
1764/65	Einführung von Zöllen (*Sugar Act* 1764, Stempelsteuer 1765)
1773	***Boston Tea Party***
1774	**Erster Kontinentalkongress**
19.05.1775	**Beginn des Unabhängigkeitskrieges**
10.01.1776	Thomas Paine fordert in seiner Flugschrift *Common Sense* die Unabhängigkeit Nordamerikas von Großbritannien.
1775–1783	**Amerikanischer Unabhängigkeitskrieg**; der Friede von Paris beendet den Krieg zwischen Großbritannien und seinen ehemaligen 13 nordamerikanischen Kolonien.
04.07.1776	***Declaration of Independence*** (Unabhängigkeitserklärung)
1781	*Articles of Confederation* (erste Verfassung: Staatenbund)
17.09.1787	(Zweite) **Verfassung der USA**. Aus dem Staatenbund wird ein Bundestaat.
1789–1797	George Washington ist erster Präsident der USA.
15.12.1791	***Bill of Rights*** (zehn Zusatzartikel zur Verfassung) tritt in Kraft.
1808	Einfuhrverbot von Sklaven
02.12.1823	**Monroe-Doktrin**: US-Präsident James Monroe verkündet den Grundsatz der Nicht-einmischung.
1848	Berichte über Goldfunde führen zum *California Gold Rush*.
1861	Abraham Lincoln wird Präsident.
1861–1865	**Sezessionskrieg**
1865	**Abschaffung der Sklaverei**, Gründung des Ku-Klux-Klans
09.04.1866	***Civil Rights Act*** gewährt allen in den USA Geborenen Bürgerrechte. Dies gilt auch für Sklaven, nicht aber für die Ureinwohner.

Krieg gegen die indigene Bevölkerung

1830	***Indian Removal Act***: Vertreibung aus Gebieten östlich des Mississippis
1831–1839	***Trail of Tears***: Vertreibung aus den fruchtbaren Gebieten im Südosten ins karge Oklahoma
1876	Schlacht am Little Bighorn in Montana
1890	**Massaker von Wounded Knee**
1924	Gewährung voller Bürgerrechte
1934	*Indian Reorganization Act*: Ureinwohnern wird größere Eigenständigkeit zugestanden.
1952	*Urban Relocation Act*: Ermutigung zum Verlassen der Reservate

2 Die Industrialisierung in England und Deutschland

Die Industrialisierung begann in der zweiten Hälfte des 18. Jahrhunderts in England und breitete sich von dort auf immer mehr Länder aus. In Deutschland setzte dieser Prozess rund 70 Jahre später, um ca. 1840, ein. Manche Historiker sprechen angesichts der tiefgreifenden Veränderungen, die mit dem industriellen Wandel einhergingen, auch von der Industriellen Revolution.

Der Historiker Hans Ulrich Wehler beschreibt den epochalen Übergang von einer agrarisch geprägten zu einer industriellen Produktionsweise als die „tiefste Zäsur der Menschheitsgeschichte seit dem Neolithikum". Dabei kam es nicht nur im Bereich der Wirtschaft zu erheblichen Umwälzungen. Auch die Gesellschaft, die sozialen Verhältnisse und die Lebens- und Arbeitsbedingungen der Menschen veränderten sich: Produkte wurden nicht mehr in Handwerksbetrieben oder Manufakturen hergestellt, sondern in Fabriken industriell gefertigt. Die Arbeit wurde in effiziente Arbeitsschritte aufgeteilt und konnte nun auch von Ungelernten ausgeführt werden. Traditionelle Strukturen auf dem Land zerfielen, weil neue Industriestädte entstanden, die immer mehr Menschen anzogen (Urbanisierung). In den großen Industriemetropolen bildete sich bald eine Klasse von Lohnarbeitern heraus, das sogenannte Proletariat, das oftmals unter erbärmlichen Bedingungen lebte.

Produktivitätszuwächse und soziale Reformen sorgten nach und nach für eine breitere Wohlstandsbasis. Die Steigerung der Kaufkraft und die Vernetzung der Weltwirtschaft leitete die Ära des Massenkonsums ein.

2.1 England als Vorreiter der Industrialisierung

Die Industrialisierung begann in der zweiten Hälfte des 18. Jahrhunderts in England. Es gilt als **Pionierland** der Industrialisierung. Zwar gab es zu dieser Zeit auch in Frankreich technische und wissenschaftliche Neuerungen, Holland besaß hohe Kapitalinvestitionen und ein ausgeprägtes Kanalsystem und auch das Gebiet des heutigen Belgiens und Luxemburgs verfügte über Kohle- und Eisenerzvorkommen. Doch nur in England trafen diese und eine Reihe weiterer Faktoren zusammen, beeinflussten einander wechselseitig und begünstigten so den Wandel von der Agrar- zur Industriegesellschaft.

Bevölkerungswachstum

Verbesserte Ernährungs- und Hygienebedingungen führten zu einem Rückgang der Sterblichkeit und zu einem **überproportionalen Bevölkerungswachstum** auch in den ländlichen Gebieten. Da die Landbevölkerung in England nicht an die Scholle, d.h. an ein bestimmtes Stück Land, gebunden war, zog sie zahlreich in die Städte und deckte den dort **steigenden Bedarf an Arbeitskräften**. Zugleich verstärkte das Bevölkerungswachstum die Nachfrage an Gütern (Nahrung, Kleidung) und erhöhte mittelfristig die Kaufkraft der Bevölkerung.

Agrarrevolution

Dass die Nahrungsmittelproduktion mit dem Bevölkerungswachstum Schritt halten konnte, gelang nur durch Ertragssteigerungen. Sie gingen zurück auf:

Subsistenzwirtschaft Wirtschaftsform, deren Ziel in erster Linie die Selbstversorgung und der Lebensunterhalt der eigenen Familie ist.

- **Rechtliche Änderungen**: Die Aufhebung der Grundherrschaft zwang die Bauern dazu, Steuern fortan an den Staat zu zahlen. Dafür mussten sie als Unternehmer Überschüsse erwirtschaften (Ende der Subsistenzwirtschaft).
- **Innovationen**: Neue Pflanzen (Kartoffel, Mais) und der Einsatz von Mäh- und Dreschmaschinen erhöhten die Nahrungsmittelproduktion. Auch die nun beginnende Verwendung von künstlichen Düngemitteln ermöglichte eine intensive Nutzung sogar von ertragsarmen Böden.
- **Neue Anbaumethoden**: Die Ablösung der Dreifelderwirtschaft durch die Fruchtwechselwirtschaft ermöglichte die dauerhafte Nutzung der Böden und führte somit zu Ertragssteigerungen.
- **Reformen der Agrarverfassung**: Flächen, die ursprünglich im Besitz der Allgemeinheit, z.B. eines Dorfes, waren und gemeinsam genutzt werden konnten (**Allmende**), wurden zugunsten adeliger Großunternehmer privatisiert und dem Zugriff der Allgemeinheit durch Heckenzäune entzogen (***Enclosure*-Bewegung**). Das einst in viele Kleinparzellen geteilte Ackerland konnte nun zusammengelegt und wirtschaftlicher genutzt werden. Im Zuge dieser Flurbereinigung entstanden große, ertragreiche Agrarbetriebe.

Enclosure = Einzäunung

Die Reformen förderten eine **gewinnorientierte Ausrichtung** der Landwirtschaft und schufen damit eine Voraussetzung für die **Bildung von Kapital**, denn die Adelsschicht suchte für ihre erwirtschafteten Überschüsse rentable Anlagemöglichkeiten.

Kleinere Bauern, die sich den Erwerb großer Flächen nicht leisten konnten, scheiterten allerdings an der Konkurrenz der großen Betriebe. Viele von ihnen verarmten, mussten ihr Land verkaufen und zogen in die Städte (**Landflucht und Urbanisierung**), wo sie beispielsweise als Lohnarbeiter tätig wurden.

Geografie und Infrastruktur

Neben seinem **Ressourcenreichtum** (z. B. Kohle, Erz) verfügte England über einen einheitlichen **Binnenmarkt** und ein ausgebautes **Kanalsystem**. Die **Insellage**, wodurch kein Ort mehr als ca. 120 km vom Meer entfernt ist, und die Häfen begünstigten die Entstehung globaler Handelsbeziehungen. So konnte England als erstes Land auch die Kaufkraft der ausländischen Märkte nutzen.
Die Erfindung der Dampfeisenbahn und der Dampfschifffahrt ermöglichte es, dass die neuen Fabriken mit großen Mengen an Rohstoffen und Materialien versorgt werden konnten.
Fabriken wurden oft in der Nähe der Steinkohlevorkommen errichtet, die Arbeiter wohnten in Werkssiedlungen in der Nähe, wodurch **Industriestädte** wie beispielsweise Sheffield entstanden.

Wissenschaftliche und technische Voraussetzungen

Zur schnelleren und besseren Produktion waren besonders im Textilsektor technische Innovationen notwendig.
Zu diesen gehörten:

- Die Erfindung der ersten **handbetriebenen Spinnmaschinen** („Spinning Jenny" 1764) durch James Hargreaves, die dank Richard Arkwright bereits ab 1769 mit **Wasserkraft** betrieben werden konnten. Sie wurden 1785 zu **mechanischen Webstühlen** weiterentwickelt, die durch Dampfmaschinen angetrieben wurden.
- Die Erfindung der **Dampfmaschine**: Erste Anfänge durch Thomas Newcomen zu Beginn des 18. Jahrhunderts, James Watt entwickelte sie schließlich weiter und ließ sie 1769 patentieren.

Eine Frau arbeitet an der 1764 erfundenen „Spinning Jenny" (Holzstich um 1880).

Durch den Einsatz der Dampfmaschine in der Textilproduktion ab 1780 entwickelte sich die Manufaktur zur Fabrik. Dies führte zu einer Verzehnfachung der Arbeitsproduktivität und einer extremen Preissenkung, auch aufgrund der niedrigen Energiekosten für diese Industrieprodukte und der hohen Nachfrage. Der hohe Wirkungsgrad der Dampfmaschinen durch die Verfeuerung von Steinkohle ermöglichte zudem die Produktion auf kleinem Raum. Wenige, aber große Produktionsstandorte entstanden.
In der **Landwirtschaft** ermöglichte die Dampfkraft ab 1890 den Einsatz von Dampfpflügen, Traktoren waren ab 1920 in Gebrauch.
Entscheidend für die Entwicklung in England war, dass das aufgeklärte Bürgertum technologischen Neuerungen positiv gegenüberstand und, wie der Adel, in diese investierte, denn die Vermögensbildung bedeutete für das Bürgertum den Aufstieg in den Adelsstand. Zusätzlich wurden die Innovationen und die Kapitalbildung durch ein **Patent- und Markenrecht**, eine **verlässliche Rechtsprechung**, **Polizeipräsenz** sowie den Verzicht auf eine Reichensteuer begünstigt.

Manufaktur
Sie war eine Frühform des industriellen Betriebs. Die Produktionsform des Handwerks blieb erhalten und der Einsatz von Maschinen war noch vergleichsweise gering, doch wurde bereits nach dem Prinzip der Arbeitsteilung und der seriellen Produktionsherstellung gearbeitet.

Wirtschaftliche Gründe

Adam Smith (1723–1790)
schottischer Philosoph
und Volkswirtschaftler

Adam Smith als Vordenker des Kapitalismus

Der schottische Nationalökonom **Adam Smith** (1723 bis 1790) entwickelte die theoretischen Grundlagen einer **kapitalistischen Wirtschaftsordnung** und damit die der Industrialisierung.

Adam Smith („Der Wohlstand der Nationen", 1776) gilt als **Vater der klassischen Nationalökonomie** und begründete den **Wirtschaftsliberalismus**. In seinem Werk thematisiert Smith u.a. die Bedeutung der Arbeitsteilung, des freien Marktes und die Rolle des Staates. Seine Theorie entwickelt er als Kritik am Merkantilismus, bei dem der Staat durch Zollmauern und Exportsubventionen in die Wirtschaft eingreift. Adam Smiths zentrale Annahme lautet: Bei vollständiger Konkurrenz und dem freien Spiel der Kräfte sorgen Angebot und Nachfrage (Preismechanismus) wie eine **unsichtbare Hand** für maximalen Wohlstand und ein Gleichgewicht auf den Märkten.

Das bedeutet, dass es eine natürliche Harmonie zwischen dem Eigennutz der Individuen (Privatinteressen) und dem Gemeinwohl gibt, da der Egoismus und die Konkurrenz der Einzelnen zu einem steigenden Allgemeinwohl führen.

Unsichtbare Hand

Bei vollständiger Konkurrenz und dem freien Spiel der Kräfte sorgt der Preismechanismus für maximalen Wohlstand und ein Gleichgewicht auf den Märkten.

↓

Individuum

- Ziel: Gewinnmaximierung, Selbsterhalt, Existenzsicherung
- daher: Investition des Kapitals in ertragreiche Unternehmungen
- produziert wird nur das, wofür es Abnehmer gibt

→

Allgemeinwohl

Das eigennutzorientierte Handeln des Einzelnen fördert das Allgemeinwohl, was für alle eine **Win-Win-Situation** bedeutet.

←

Staat

- hält sich aus der Wirtschaft heraus
- **Nachtwächterstaat**: betreibt keine aktive Wirtschaftspolitik, setzt nur Rahmenbedingungen (Verteidigung, Infrastruktur, Justiz …)

↑ ↑

Das Heraushalten aus den Privatangelegenheiten der Bürger ermöglicht die größtmögliche Entfaltung der individuellen Freiheit.

Der **Staat** soll die rechtlichen **Rahmenbedingungen** für ökonomisches Handeln schaffen. Er soll Gewerbefreiheit und das Eigentum der Bürger garantieren, sich ansonsten aber aus der Wirtschaft heraushalten (**Nachtwächterstaat**).

Nachtwächterstaat
Bezeichnung, die auf Ferdinand Lassalle (1825–1864) zurückgeht. Der Staat folgt dem Laissez-faire-Prinzip und greift nicht in die Wirtschaft ein.

Fortschrittliche wirtschaftliche Situation in England

- Im England des 19. Jahrhunderts herrschte ein **liberales Wirtschaftssystem** im Sinne Adam Smiths, wodurch die Freizügigkeit von Arbeit und Kapital gefördert wurde. Das **Banken- und Kreditsystem** war bereits weit entwickelt und **innerstaatliche Zollbarrieren** fehlten.
- **Startkapital** ist die Voraussetzung für Gründungen und Investitionen. Durch den **Außen- und Kolonialhandel** konnte ein großes **Kapitalvermögen** angehäuft werden und ein relativ breiter Mittelstand entstehen.
- England unterschied sich bei der Bildung von Kapitalvermögen durch Außenhandel beispielsweise nicht von Frankreich. Unterschiede gab es allerdings bei der **Einstellung zu Besitz und Kapital**. Im Gegensatz zu den Kontinentaleuropäern investierten die Engländer ihr Kapital in expandierende Industriezweige, trotz des vergleichsweise hohen Risikos.

Gesellschaftliche und politische Faktoren

- Die parlamentarische Monarchie unterstützte die wirtschaftliche Entwicklung durch Absatzmärkte in den Kolonien und eine Politik der Nichteinmischung.
- Der englische Staat förderte zudem unternehmerische Eigeninitiative durch ein verlässliches und effizientes Rechtssystem.
- Zwischen den einzelnen **Ständen** herrschte eine vergleichsweise **hohe Durchlässigkeit**. Da beim Hochadel (*Peers*) nur der Erstgeborene den Titel und Besitz des Vaters erbte, waren die Nachgeborenen oft auf eine bürgerliche Erwerbstätigkeit angewiesen.
- Die englische **Gesellschaft** war von bürgerlichem und kaufmännischem Streben geprägt, gepaart mit Profiterwartungen und Risikobereitschaft. Die Engländer investierten daher ihr Kapital in expandierende Industriezweige, während man auf dem europäischen Festland vor allem auf den agrarischen Sektor ausgerichtet war.
- Die **Auflösung des Feudalsystems** befreite die Bauern von Abhängigkeiten, denen sie zuvor unterworfen waren. Verarmte Bauern zogen in die Städte und gerieten dort als Fabrikarbeiter erneut in Abhängigkeit. Zusammen mit kleinen Handwerksmeistern und -gesellen, denen Aufstiegschancen verwehrt blieben, bildete sich mit dem **Industrieproletariat** ein neuer sozialer Stand heraus.

2.2 Verspätete Industrialisierung in Deutschland

In Deutschland setzte die Industrialisierung erst ab ca. 1840 und damit rund 70 Jahre später ein als in England. **Deutschland** gilt im Vergleich zu England darum als **Nachzügler** bei der Industrialisierung. Die Verzögerung lässt sich durch die **ungünstigeren Ausgangsbedingungen** erklären, die in Deutschland herrschten. Dazu gehörten folgende Faktoren:

- **Geografische Lage**: Zentral in der Mitte Europas gelegen, wurde Deutschland immer wieder Schauplatz kriegerischer Konflikte.
- Fehlen eines **Binnenmarktes**: Deutschland war wirtschaftlich und politisch zersplittert (Partikularismus). Der Deutsche Bund bestand aus 35 souveränen Staaten und vier freien Städten, hatte mehr als 300 territoriale Einheiten mit unterschiedlichen Gewichts-, Währungs- und Maßsystemen und ca. 1800 Zollschranken.
- **Infrastruktur**: Schlecht erschlossene Verkehrsverbindungen bzw. fehlende Verkehrswege behinderten den Güteraustausch und damit die wirtschaftliche Expansion.
- **Kolonialismus**: Deutschland war keine See- und Handelsmacht. Fehlende Kolonien bedeuteten fehlende Absatzmärkte und Ressourcenquellen.
- Deutschland hatte im Vergleich zu England eine **wenig produktive Landwirtschaft**: Um 1800 waren ca. 70 bis 80 % der Höfe Subsistenzbetriebe (→ S. 34), deren Betreiber zur Existenzsicherung teilweise noch anderen gewerblichen Tätigkeiten nachgehen mussten.
- **Fehlende Mobilität** in der Gesellschaft: Die spätabsolutistischen Herrschaftssysteme, die sich durch Verfassungen nur langsam reformieren ließen, basierten zumeist auf einer vorindustriellen Sozialstruktur mit wenig Mobilität. So war die bäuerliche Bevölkerung von Gutsherren abhängig (**Feudalgesellschaft**) und konnte dadurch beispielsweise nicht in den Städten nach Arbeit suchen. Eine starre **Zunftordnung** im Handwerk und die ebenso starre Ständegesellschaft verhinderten individuelles Erfolgsstreben und Innovationen.
- Zwar gab es ein gewinnorientiertes und risikofreudiges **Bürgertum**. Es konnte sich gegen die traditionellen Einstellungen von Adel, Bauern und Handwerkerschaft aber nur schwer behaupten.
- Das Festhalten an **merkantilistischen Konzepten** durch die absolutistischen Fürsten mit zahlreichen Beschränkungen und Eingriffen in die Wirtschaft erwies sich für die Entwicklung der Wirtschaft als nachteilig.
- Staatliche Steuern, die Feudalabgaben der Bauern und die ungleiche Verteilung des Wohlstands in der Gesellschaft **behinderten** das Entstehen einer **Massenkaufkraft** (Armut → fehlende Nachfrage → fehlende Industrie).

Feudalismus
Adelsgesellschaft auf der Grundlage mittelalterlicher Lehentradition (von lat. *feudum* = Lehen)

Die Rolle des Staates

Anders als in England musste in Deutschland der Staat erst Voraussetzungen für die Industrialisierung schaffen. Durch **Reformen** („Reformen von oben“) wurden Hemmnisse beseitigt und die Liberalisierung der Agrar- und Gewerbeverfassung, der Abbau von Zollschranken und die Vereinheitlichung des Rechts- und Finanzwesens durchgesetzt.

Vorreiter dieser Entwicklung waren die Reformen in **Preußen**, die 1807 vom preußischen König mit dem **Oktoberedikt** eingeleitet wurden (→ S. 52). Diese schufen die entscheidenden Grundlagen und kamen einer „Revolution von oben“ gleich. Zu den Reformen gehörten u.a. die **Bauernbefreiung** (1807 bis 1811), die z.B. die Abschaffung von Fron- und Naturaldiensten, die Aufhebung der Erbuntertänigkeit und das Recht auf freie Berufswahl beinhaltete. Eine **Wirtschaftsreform** führte die **Gewerbefreiheit** ein, die Kapitalanlegern die Möglichkeit gab, in Fabriken zu investieren. Außerdem hob sie ständische Schranken, Ortsbindungen, Ausbildungsbeschränkungen und den Zunftzwang auf. Die Ständegesellschaft, die jedem Menschen aufgrund seiner Geburt einen festen Platz in der Gesellschaft zuteilte, wurde von einer mobilen Marktgesellschaft abgelöst.

Darüber hinaus wurde das **preußische Zollsystem**, das 1818 alle Handelsschranken innerhalb Preußens abschaffte, zum Vorbild für das Zollsystem in den anderen deutschen Staaten. Durch die Initiative Preußens kam es zunächst zu Handelsverträgen mit den süd- und mitteldeutschen Staaten. Am 1. Januar 1834 wurde durch den Zusammenschluss von 18 Staaten der **Deutsche Zollverein** auf Initiative Friedrich Lists gegründet. So entstand ein **einheitlicher Binnenmarkt**, der eine einheitliche Wirtschaftspolitik nach außen ermöglichte und die deutschen Produkte gegenüber ausländischen konkurrenzfähiger machte. Bis 1854 traten mit Ausnahme Österreichs, Mecklenburgs und der Hansestädte Hamburg, Lübeck und Bremen alle anderen deutschen Staaten dem Deutschen Zollverein bei. Der Zollverein stärkte die Vormachtstellung Preußens und war für das Entstehen der kleindeutschen Lösung (→ S. 67) förderlich.

In der 1820er-Jahren kam es zur Gründung gewerblicher und technischer **Fachschulen** in den deutschen Staaten. Banken gewährten in der Folgezeit Kredite an Handelsgesellschaften und gaben Zinsgarantien beim Bau privater Eisenbahnlinien. Investitionen in die Infrastruktur wurden z.B. durch die badische Regierung zur Regulierung des Rheins getätigt. Das Netz an Wasserstraßen erweiterte sich von rund 1300 km im Jahr 1800 auf 35 000 km in der Mitte des 19. Jahrhunderts.

Gründe für die Rückständigkeit Deutschlands

Wirtschaft

- Merkantilismus, d.h. Ein- und Ausfuhrverbote
- Zersplitterung in Territorialstaaten (Partikularismus), Zollschranken, uneinheitliche Maß-, Münz- und Gewichtssysteme
- gehemmte Eigeninitiative der Unternehmer
- schlechte Infrastruktur
- überwiegend ertragsschwache Kleinbetriebe in der Landwirtschaft
- starke Bindung der Bauern an die Gutsherren verhindert Mobilität, die zur Bildung freier Arbeitsmärkte notwendig ist
- feudale Abgaben, staatliche Steuern, ungleiche Verteilung des Wohlstands behindern das Entstehen von Massenkaufkraft

Politik und Gesellschaft

- Verharren im spätabsolutistischen Herrschaftssystem
- feudale Ständegesellschaft, starre Standesschranken
- obrigkeitsstaatliches Denken
- Fehlen eines selbstständigen Bürgertums
- konservative Grundeinstellungen (z.B. Festhalten an den Zunftverfassungen, veraltete Zunftfassung im Handel)

↓

Weichenstellung durch den Staat durch **Reformen von oben**, z.B. durch Schaffung rechtsstaatlicher Verhältnisse, Bauernbefreiung, Veränderungen des Eigentumsrechts, Schaffung des Deutschen Zollvereins 1834

2.3 Entwicklung der deutschen Industrialisierung

Phasen der deutschen Industrialisierung

Der amerikanische Ökonom und Wirtschaftstheoretiker **Walt Whitman Rostow** (1916 bis 2003) veröffentlichte 1960 ein Modell der wirtschaftlichen Entwicklung in westlichen Industriestaaten. Er unterscheidet fünf Entwicklungsstufen und geht davon aus, dass die wirtschaftliche Entwicklung durch den Einsatz von Technik linear und nach bestimmten Gesetzmäßigkeiten verläuft. Folgende Stufen sieht er vor, mit denen sich auch die Entwicklung in Deutschland beschreiben lässt.

- **Stufe 1 Traditionelle Gesellschaft**: vornehmlich agrarisch geprägt, wenig technischer Einsatz, wenig vertikale Mobilität zwischen sozialen Schichten, hierarchische Sozialstruktur.
- **Stufe 2 Übergangsgesellschaft/Vorbedingungen des Take-offs**: Phase, in der die Voraussetzungen für das Wirtschaftswachstum entstehen, d.h. steigende Investitionen, neue Techniken im agrarischen und industriellen Bereich (in Deutschland von 1800 bis ca. 1830/50). Zu beachten ist, dass die industrielle Entwicklung in Deutschland regional unterschiedlich früh und schnell voranschritt.

- **Stufe 3 Take-off-Phase**: Anstieg der Investitionen auf 10 % und mehr; Entwicklung einer oder mehrerer industrieller Sektoren mit hohem Wachstum, Entwicklung eines institutionellen, politischen und sozialen Rahmens (in Deutschland von 1830/50 bis ca. 1873).
- **Stufe 4 Reifestadium**: Effiziente Nutzung von Ressourcen durch neue Technologie; dies wurde in Deutschland ca. 60 Jahre nach der Take-off-Phase erreicht. Deutschland wurde dann in wichtigen Produktionsbereichen führend vor England und den USA.
- **Stufe 5 Zeitalter des hohen Massenverbrauchs**: Zentrale Bedürfnisse sind befriedigt (z. B. Kleidung, Nahrung), daher Streben nach Konsumgütern, aber auch Streben beispielsweise nach einem Wohlfahrtsstaat mit Massenkonsum, einer Freizeit- oder Bildungsgesellschaft (ca. seit Beginn des 20. Jahrhunderts).

Entwicklung von Industrie, Wirtschaft und Bankenwesen

Während in England die Textilindustrie die **Schrittmacherindustrie** war, die die Industrialisierung vorantrieb, kam in Deutschland der **Eisenbahn** diese Rolle zu. Der Eisenbahnbau wirkte sich auf andere Produktionszweige aus und machte den Steinkohlebergbau, die Eisen- und Stahlindustrie und den Maschinenbau zu den Leitsektoren der Industrialisierung. Der Betrieb und Bau des Eisenbahnnetzes benötigte Stahl, Steinkohle und Eisenbahnen. Die Stahlindustrie war auf Steinkohle angewiesen, dessen Förderung Maschinen, Werkzeuge etc. benötigte. Diese Produktionszweige benötigten die Eisenbahn für den Transport, was wiederum den Ausbau des Netzes vorantrieb.

Die erste Eisenbahn nahm 1835 ihren Betrieb auf der sechs Kilometer langen Strecke zwischen Nürnberg und Fürth auf. Während Deutschland zu Beginn noch auf die Hilfe der Engländer angewiesen war, Lokomotive und Eisenbahnpersonal waren englischer Herkunft –, konnte der weitere Ausbau zügig und ohne fremde Hilfe stattfinden. Bereits um 1850 vergrößerte sich das Streckennetz auf 600 km. Die Maschinenfabrik Borsig aus Berlin (Gründung 1837) verkaufte zwischen 1850 und 1860 mehr als 1600 Lokomotiven.

Der Ausbau des Eisenbahnnetzes und der Aufbau von Fabriken benötigte so viel Kapital, dass dies die Möglichkeiten einzelner Investoren überstieg. Allerdings entwickelte sich gleichzeitig ein **Bankensystem**. Anfangs sahen private Bankhäuser wie Sal. Oppenheim aus Köln ihre Chance in den Wachstumsbranchen und gewährten langfristige Kredite. Die Finanzierung durch Privatbanken wurde aber angesichts des steigenden Finanzbedarfs immer schwieriger. Nachdem das Aktiengesetz des Norddeutschen Bundes 1870 liberalisiert worden war, wurde ein Großteil des Kapitals von Aktienkreditbanken aufgebracht. Zwischen 1870 und 1872 entstanden Bankhäuser wie die Dresdner Bank, die Commerzbank und die Deutsche Bank, die nun im großindustriellen Kreditgeschäft bis 1900 tonangebend waren.

Einen deutlichen Entwicklungsschub erfuhr die Industrialisierung in der Phase des **Gründerbooms** nach dem deutsch-französischen Krieg (1870 bis 1871) und der Reichsgründung 1871 (→ S. 78). Zurückzuführen ist dies auf die Rüstungsaufträge für den Krieg und die Reparationszahlungen, die Frankreich als Verlierer des Krieges an Deutschland zahlen musste (5 Mrd. Francs, was ca. einem Drittel des deutschen Volkseinkommens von 1870 entsprach). Die Reparationszahlungen bewirkten einen **Fortschrittsoptimismus** und förderten eine schnell wachsende Konjunktur, in der Aktienkurse und Investitionen rasant zunahmen. Diese Spekulationsblase platzte beim sogenannten **Gründerkrach** (Börsenkrach 1873). Die Ursachen waren Gerüchte in Paris über eine bevorstehende Börsenpanik, die die österreichische Creditanstalt Ende April 1873 zum sofortigen Verkauf von 20 Mio. Gulden in Wertpapieren animierte. Die Aktienkurse stürzten ab, 120 Unternehmen in Österreich-Ungarn meldeten Insolvenz an, die Wiener Börse brach zusammen. Die Krise erfasste im Sommer 1873 London und New York und im Herbst schließlich auch Berlin.

Unter dem Gründerkrach litt in Deutschland vor allem das mittelständische Bürgertum, das sein Vermögen in Aktien investiert hatte und dem Entlassungen drohten. Diese Phase war gekennzeichnet durch einen Produktionsrückgang und Preisverfall und dauerte bis Mitte der 1890er-Jahre an. Sie wird auch als **Große Depression** bezeichnet.

Als Folge der Gründerkrise wurde in Deutschland der Ruf nach Protektionismus und einer Schutzzollpolitik laut. Die 1879 eingeführten **Zollgesetze** führten Zölle auf Eisen- und Industriewaren sowie Getreide ein. Zwar konnte die englische Konkurrenz nicht ausgeschaltet werden, doch konnte sich die wirtschaftliche Lage in Deutschland verbessern.

Geschichte kontrovers

Wann begann die Industrialisierung in Deutschland?

Einige Historiker gehen davon aus, dass die Industrialisierung in Deutschland bereits in den 1830er-Jahren begann. Sie führen dies auf den Beginn des Eisenbahnbaus (1835), die Gründung des Deutschen Zollvereins (1834), einen Anstieg an Lohnarbeitern, der zu einer Veränderung der Gesellschaftsstruktur führte, eine Zunahme an verfügbarem Investitionskapital und den Einsatz von Technik als Ersatz für manuelle Arbeit zurück.

Die Mehrheit der Historiker setzt den Beginn erst 1850 an und verweist darauf, dass erst ab diesem Zeitpunkt von großen Investitionen in die Industrie gesprochen werden kann und erst ab der Mitte des Jahrhunderts genügend Eisenbahnverbindungen entstanden waren. Erst ab den 1950er-Jahren erfuhr das Wirtschaftswachstum durch führende Wirtschaftszweige eine beachtliche Beschleunigung und ließ einen politischen und gesellschaftlichen Rahmen entstehen, der die Entwicklung beschleunigte (z. B. Investitionen durch den Staat).

2.4 Die Soziale Frage und Lösungsansätze

In der frühen Phase der Industrialisierung gerieten vor allem Industriearbeiter in eine soziale Notlage, die auch als Soziale Frage bezeichnet wird. Sie entstand, da der Anteil der Lohnarbeiter an der erwerbstätigen Bevölkerung stark anstieg, das industrielle Wachstum im 19. Jahrhundert lange Zeit jedoch nicht ausreichte, um die Arbeiter angemessen zu versorgen. Zudem gelang es der Agrargesellschaft zu Beginn des Jahrhunderts noch nicht, für die wachsende Bevölkerung Nahrung bereitzustellen. Die Massenarmut (**Pauperismus**) war von der Mitte der 1820er-Jahre bis 1848 allgegenwärtig (→ S. 61).

Gründe für die prekäre Lage der Arbeiter waren lange Arbeitszeiten, niedrige Löhne, unsichere Arbeitsplätze und Arbeitslosigkeit, Kinderarbeit, keine Absicherung im Falle einer Krankheit oder bei Invalidität, beengte Wohnverhältnisse und eine Knappheit an Lebensmitteln. Da die Löhne der Fabrikarbeiter bis gegen Ende des 19. Jahrhunderts am Rande des Existenzminimums lagen, waren die Familien im Arbeitermilieu darauf angewiesen, dass Frauen und Kinder zum Familieneinkommen beitrugen. Zur Lösung der Sozialen Frage wurden im 19. Jahrhundert unterschiedliche Lösungsansätze entwickelt.

Kernaussagen des Marxismus

Für Karl Marx (1818 bis 1883) und Friedrich Engels (1820 bis 1895) ist die Geschichte der Menschheit eine Geschichte von **Klassenkämpfen**, d. h. eine ständige **Auseinandersetzung** zwischen einer **herrschenden** und einer **beherrschten Klasse**. Der Übergang von einer Klasse zur nächsthöheren wird nach Marx durch eine Revolution vollzogen. Die Auseinandersetzungen steuern schlussendlich auf eine Weltrevolution und eine **klassenlose Gesellschaft** zu.

Marx-Engels-Denkmal, Berlin

Gesellschaftsordnung	Konfliktparteien
Urgesellschaft	Einführung des Eigentums als Produktionsmittel. Wer Eigentum an Produktionsmitteln hat, kann den anderen ausbeuten.
Sklavenhaltergesellschaft	Sklavenhalter ↔ Sklaven
Feudalismus	Feudalherr ↔ Leibeigener
Kapitalismus	Kapital ↔ Arbeit Bourgeois ↔ Proletarier
Kommunismus (Sozialismus)	klassenlose Gesellschaft

Gesetzmäßige Abfolge der Klassenkämpfe nach Marx (historischer Materialismus)

Ihre Theorie zur weltweiten Befreiung der Proletarier und der Abschaffung von Ausbeutung und Unterdrückung haben Marx und Engels in ihrem Werk „**Das kommunistische Manifest**“ (1848) dargelegt. Es enthält die Grundpositionen des Marxismus.

Kommunismus
Gesellschaftsordnung, in der die bürgerliche Gesellschaft mit Besitz an Produktionsmitteln durch eine klassenlose Gesellschaft ersetzt wird. Das Privateigentum an Produktionsmitteln geht in Gemeineigentum über und der Staat zerfällt langsam. Da der Staat laut Marx Ausdruck der vormals politisch-wirtschaftlichen Verhältnisse und der politischen Klassenherrschaft sei, werde er in einer klassenlosen Gesellschaft überflüssig.

Marx und Engels gehen von diesen Annahmen aus:

- Im Kapitalismus wird der Arbeiter **ausgebeutet**. Er besitzt keine Produktionsmittel (d.h. keine Maschinen, Rohstoffe oder Gebäude) und ist deshalb gezwungen, seine Arbeitskraft dem Unternehmer zu verkaufen.
- Der Arbeiter enthält Lohn, der jedoch nicht dem Wert seiner Arbeitskraft entspricht, da das Produkt durch seine Arbeit an Wert gewonnen hat.
- Den daraus entstehenden **Mehrwert** eignet sich der Unternehmer an. Marx zufolge entsteht die Ausbeutung durch die Aneignung von Mehrwert. Dabei ist es unerheblich, wie hoch die Löhne der Arbeiter sind.
- Mit der Aneignung des Mehrwerts eignen sich die Unternehmer Kapital an, das sie in neue Produktionsmittel investieren können. Dem Arbeiter gelingt der Kapital- und Vermögensaufbau aufgrund seines geringen Lohnes nicht.
- Durch die Aneignung des Mehrwerts erfolgt eine Akkumulation (Anhäufung) von Kapital in den Händen weniger (Monopolisierung). Folgen: Kleinere Unternehmen können der Konkurrenz nicht standhalten (Akkumulationstheorie). Es gibt immer weniger, aber immer größere Unternehmen (Konkurrenztheorie).
- Da die Unternehmen nur durch eine Verbesserung der Produktionsmittel ihren Profit steigern können, kommt es zum Einsatz arbeitssparender Maschinen, die Arbeitskräfte freisetzen. Die Folgen sind steigende Arbeitslosigkeit („industrielle Reservearmee“), Absatzkrisen (Krisentheorie), Massenelend (Verelendungstheorie).

Verbesserung der Produktionsmittel → Einsatz von Maschinen → Entlassungen, Arbeitslosigkeit, sinkende Kaufkraft → sinkender Absatz, weitere Entlassungen

- Die Anzahl an Unternehmen reduziert sich und ihnen steht ein immer größeres „Heer“ an Arbeitern gegenüber. Während die Unternehmer immer reicher werden, werden die Arbeiter immer ärmer. Die immer größer werdenden Spannungen zwischen Besitzenden und Besitzlosen führen zu Klassenkämpfen und schließlich zur Revolution.
- Als Ergebnis der Revolution befinden sich die Produktionsmittel in den Händen der Arbeiter. Es entsteht eine klassenlose Gesellschaft.

Die Arbeiterbewegung

- Die Sozialdemokraten vertraten die Annahme, dass die Soziale Frage nur in einem **demokratischen Staat** zu lösen sei, d.h. auf dem Weg über das Parlament und nicht durch eine Revolution, wie es der Marxismus annahm. Die Lösung der Sozialen Frage setzte nach Meinung der Sozialdemokraten einen **politischen Kampf** voraus.
- Sie forderten die Einführung eines demokratischen Wahlrechts, die Vergesellschaftung der Produktionsmittel, die Verbesserung der Lebens- und Arbeitsverhältnisse.
- 1863 erfolgte die Gründung des „**Allgemeinen Deutschen Arbeitervereins**" (ADAV) durch Ferdinand Lassalle, der sich zur **ersten Massenpartei** der deutschen Arbeiterbewegung entwickelte. 1875 schloss sie sich mit der „Sozialdemokratischen Arbeiterpartei" (SDAP) unter August Bebel und Wilhelm Liebknecht zur „**Sozialistischen Arbeiterpartei**" (SAP) zusammen. Das auf dem Vereinigungskongress vereinbarte **Gothaer Programm** sah einen Kompromiss aus marxistischer Theorie und reformorientierter Praxis vor. Von Marx wurde die SAP als zu kompromissbereit und reformistisch kritisiert. Erst 1890 mit der Umbenennung in „**Sozialdemokratische Partei Deutschlands**" (**SPD**) und dem Erfurter Programm gab sich die Partei eine an Marx ausgerichtete, revolutionär-marxistische Richtung.
- Die deutsche **Gewerkschaftsbewegung** setzte sich für die Situation ihrer Mitglieder ein, z.B. für die Einführung des Achtstundentages. Allerdings wurde ihre Aktivität durch die Sozialistengesetze (→ S. 87) unter Bismarck stark eingeschränkt.

Unternehmer verbessern die Situation ihrer Arbeiter

Unternehmer wie **Alfred Krupp** (1812 bis 1887, Gussstahlfabrikant) versuchten, die Lage der Arbeiter zu verbessern.

- Laut Krupp hatte ein Unternehmer als „Herr im Haus" (**patriarchalische Betriebspolitik**) eine soziale Führsorgepflicht und ethische Verantwortung gegenüber seinen Arbeitern.
- Sein Ziel war dabei die Bindung der Arbeiter an den Betrieb, was durch die **Einführung von Sozialleistungen** (Betriebskrankenkassen und Pensionskassen), die Einrichtung u.a. von Wohnhäusern, Schulen, Verkaufsstellen für preiswerte Lebensmittel gelingen sollte.
- Von den Arbeitern verlangte er dafür Strebsamkeit, Treue, Unterordnung und Pflichterfüllung. Sie sollten sich von der Politik, insbesondere von radikal sozialistischem Gedankengut und der Sozialdemokratie, fernhalten. In ihrer Freizeit sollten sie sich dem Privaten widmen.

Nur wenige Unternehmer betrieben eine private Sozialpolitik. Neben Krupp taten dies auch Robert Bosch oder Ernst Abbe (1840 bis 1905). Abbe gründete die Carl-Zeiss-Stiftung und führte neben bezahltem Urlaub eine Gewinnbeteiligung, Pensionsansprüche und ab 1900 den Achtstundentag ein.

Kirchen ergreifen Partei für die Arbeiter

Sowohl die katholische als auch die evangelische Kirche nahmen sich der Sozialen Frage an. Sie gingen beide davon aus, dass das Elend in der **Entfremdung** der Gesellschaft und großer Teile der Arbeiterschaft **von der Kirche** und im ungehemmten kapitalistischen Streben nach Gewinn zu sehen sei. So nahm der Mainzer **Bischof von Ketteler** (1811 bis 1877) an, dass die Entfremdung vom Christentum und der Kirche christliche Werte wie Bescheidenheit und Fürsorge ins Gegenteil verkehre und mangelnde Sittlichkeit und Mäßigung hervorriefe. Um die Missstände zu beheben, müsse im Inneren, bei der **Rückkehr zum Glauben**, angesetzt werden. Weitere Antworten auf die sozialen Fragen waren z. B.:

- Auf **katholischer Seite** gründete der Priester **Adolph Kolping** (1813 bis 1865) 1849 den ersten katholischen Gesellenverein, der später mit anderen Vereinen zum **Kolpingwerk** zusammengefasst wurde. Der Gesellenverein war eine Heimatstätte für familienlose Männer. Die Forderungen von Bischof von Ketteler erhielten 1891 Eingang in die Enzyklika „Rerum Novarum" von Papst Leo XIII., in der die Haltung der Kirche zur Sozialen Frage und zur Eigentumsordnung dargelegt wurde, an der sich die christlich-soziale Bewegung orientierte.
- Auf **protestantischer Seite** organisierte **Pastor Johann Hinrich Wichern** (1808 bis 1881) die **Innere Mission** (1848), eine innere Reformbewegung. Sie sollte das Evangelium mit sozialer Verantwortung und Reden mit Handlungen verknüpfen, um so eine Antwort auf die Soziale Frage zu finden und die Missstände der Industriegesellschaft zu verändern. Zur Inneren Mission gehörte auch das bereits 1833 gegründete **Rauhe Haus**, eine Unterbringung und Ausbildungsstätte für arme und verwaiste Kinder. Die Innere Mission ist der Vorläufer des Diakonischen Werkes.

Staatliche Sozialpolitik

Die schnell fortschreitende Industrialisierung und das Erstarken der Arbeiterschaft zwangen den Staat in den 1880er-Jahren, Maßnahmen zur Verbesserung der Sozialen Frage zu verabschieden. So wurden 1883 die **Kranken-**, 1884 die **Unfall-** und 1889 die **Invaliditäts- und Altersversicherung** eingeführt. Die Einführung dieser **Sozialversicherungen** durch Reichskanzler Otto von Bismarck sollte die Arbeiterschaft in den monarchisch-autoritären Staat des Kaiserreiches integrieren und so die Sozialdemokratie schwächen (Bismarcks Doppelstrategie → S. 88).

2.5 Folgen der Industrialisierung

- Das schnelle Bevölkerungswachstum und der Zuzug in die industriellen Zentren ab 1850 führte zu einer **Urbanisierung**, d.h. einer Vergrößerung der Städte, und **veränderten Lebensformen**. Hierzu gehörten die Möglichkeit, das eigene Leben individuell zu gestalten, ein verbessertes Bildungs- und Kulturangebot und der intellektuelle Austausch. In den Städten wurden zudem einst gewachsene, regionale, familiäre sowie konfessionelle Bindungen abgeschwächt.
- Veränderte Lebensformen zeigten sich auch in der Ablösung der Lebens- und Wirtschaftsform „**Ganzes Haus**", in der das Familien- und Arbeitsleben in einem Haus stattfand. Dies war nicht mehr möglich, wenn der Arbeit außer Haus in der Fabrik nachgegangen wurde. Der Historiker Thomas Nipperdey spricht diesbezüglich von einer „Revolution der Ehe- und Familienbeziehungen".
- Von der Bevölkerungszunahme profitierten ausschließlich die Städte. Während 1849 28,1% in Preußen in Städten lebten, sind es 1910 bereits 61,5% (Deutsches Reich 1871: 36,1%; 1910: 60%). Rund ein Fünftel lebte in Städten mit mehr als 100 000 Einwohnern.
- Der Zuzug in die Städte führte zu einer eklatanten **Wohnungsnot** und **Slumbildung**. Mehrstöckige Mietskasernen wurden errichtet, in denen Familien oft sehr beengt lebten. Mit zunehmender Wohndichte häuften sich Krankheiten wie Typhus, Cholera oder auch Tuberkulose.
- Die Industrialisierung zog **Umweltschäden** nach sich: Verschmutzung von Flüssen und Seen durch Abwässer; Verunreinigungen der Luft durch starken Rauch der Industrieanlagen.

Die industrielle Entwicklung wird häufig in vier Phasen eingeteilt:

Industrie 1.0
- Mechanisierung
- Dampfkraft
- Webstuhl

Industrie 2.0
- Massenproduktion
- Fließband
- Elektroenergie

Industrie 3.0
- Automatisierung
- Computer, Elektronik

Industrie 4.0
- Cyberphysische Systeme
- Internet der Dinge
- Netzwerke

2.6 Industrialisierung und Modernisierung

Im 19. Jahrhundert entstand angesichts der Veränderungen, die sich im Zuge der Industrialisierung eingestellt hatten, der Begriff der **Moderne**. Damit wurden zunächst lediglich positive Aspekte verbunden (technischer Fortschritt, Wachstum, Innovationen), bald gerieten aber auch negative Folgen in den Blick (Verschlechterung der Lebensumstände, Existenzängste etc.). In der Soziologie wird der **Prozess der Modernisierung** in unterschiedliche Teilprozesse unterteilt, die sich gegenseitig verstärken, aber auch aufheben können. Es handelt sich dabei um einen offenen, nach wie vor andauernden Prozess mit diesen Kennzeichen:

- **Individualisierung**: Übergang von der Fremd- zur Selbstbestimmung, eigene Entscheidungsfreiheit, Verantwortung für die eigene Lebensführung (Beruf, Familie, politische und religiöse Ausrichtung, Wohnort etc.).
- **Differenzierung**: In der Gesellschaft bilden sich unterschiedliche Lebensstile, soziale Positionen, Lebenslagen heraus. Folge: Zunahme an Spezialisierung und Heterogenität in der Gesellschaft.
- **Rationalisierung**: Ziel ist, mit dem geringsten Einsatz den größtmöglichen wirtschaftlichen Nutzen zu erreichen.
- **Domestizierung**: Das Individuum setzt sich gegenüber den biologischen und natürlichen Grenzen durch, domestiziert, also „zähmt“ diese.
- **Bürokratisierung**: Arbeitsprozesse werden entpersonalisiert, formalisiert, standardisiert.
- **Globalisierung**: weltweite Verflechtung in Bereichen der Wirtschaft, Politik, Kultur und Kommunikation
- **Integration**: Eingliederung beispielsweise von Personen oder Bevölkerungsgruppen anderer ethnischer Zugehörigkeit, Sprache, Religion etc.

Geschichte kontrovers

Industrialisierung oder Industrielle Revolution?

Angesichts der enormen Veränderungen, die die Industrialisierung mit sich brachte, kritisieren einige Wissenschaftler die Verwendung des Begriffs „Industrialisierung“. Der britische Historiker Eric J. Hobsbawm (1917 bis 2012) spricht von der „gründlichsten Umwälzung menschlicher Existenz in der Weltgeschichte, die jemals in schriftlichen Dokumenten festgehalten wurde“. Er hält daher den Begriff Industrielle Revolution für treffender, da dieser den radikalen Wandel in Politik und Gesellschaft deutlicher herausstelle.

Industrialisierung

um 1760	Beginn der **Agrarrevolution in England**
1764	Erfindung der „**Spinning Jenny**" (erste industrielle Spinnmaschine)
1764/65	Entwicklung der ersten leistungsfähigen **Dampfmaschine** durch James Watt
um 1770	Beginn der Industriellen Revolution in England
1776	**Adam Smith** veröffentlicht sein Werk „The Wealth of Nations". Er gilt als Begründer der klassischen Nationalökonomie und des Wirtschaftsliberalismus.
ab 1780	Die Manufaktur entwickelt sich durch den Einsatz der Dampfmaschine zur **Fabrik**: Verzehnfachung der Arbeitsproduktivität vor allem in der Textilindustrie.
1785	Entwicklung des **mechanischen Webstuhls**
1807	**Oktoberedikt** des preußischen Königs leitet **Reformen in Preußen** ein (u.a. Bauernbefreiung, Gewerbefreiheit).
1834	**Gründung des Deutschen Zollvereins** (Binnenmarkt, Wegfall von Zöllen)
1835	Eröffnung der **ersten Eisenbahnstrecke** (Nürnberg - Fürth)
um 1840	Beginn der Industriellen Revolution in Deutschland
1848	„Kommunistisches Manifest" von **Karl Marx** und **Friedrich Engels**
ab 1848/49	**Kirchen** ergreifen Partei für Arbeiter (Kolpingwerk, Innere Mission).
1863	Gründung des Allgemeinen Deutschen Arbeitervereins (ADAV) durch Ferdinand Lassalle
1869	Gründung der „Sozialdemokratischen Arbeiterpartei" (SDAP) unter August Bebel und Wilhelm Liebknecht
1871	Deutsche **Reichsgründung**, Hochindustrialisierung
1875	Vereinigung der Deutschen Arbeiterparteien zur „Sozialistischen Arbeiterpartei" (SAP); ab 1890 **Sozialdemokratische Partei (SPD)** mit revolutionär-marxistischer Ausrichtung (Erfurter Programm)
1873	**Gründerkrach**: erste moderne Wirtschaftskrise, die bis Mitte der 1890er-Jahre andauert (**Große Depression**)
ab 1878	**Sozialistengesetze** zur Unterdrückung der Sozialdemokratie
ab 1883	Einführung von **Sozialversicherungen**: Krankenversicherung (1883), Unfallversicherung (1884), Invaliditäts- und Altersversicherung (1889)

3 Deutschland 1800 bis 1848: Neuordnung, Vormärz, Revolution

Der gemeinsame Kampf der Deutschen gegen Napoleon I. in den Befreiungskriegen 1813 bis 1815 hatte bei vielen Deutschen erste Anfänge eines Nationalbewusstseins hervorgerufen.

Die Forderungen nach Einheit und Freiheit wurden auf dem Wiener Kongress 1814/15, zu dem Vertreter der europäischen Länder zur Neuordnung Europas zusammenkamen, jedoch nicht erfüllt. Stattdessen gründeten die Fürsten den Deutschen Bund, einen lockeren Zusammenschluss von vier freien Städten und 34 souveränen Fürstentümern.

Die mit dem Wiener Kongress einsetzende restaurative Politik traf im Deutschen Bund auf Kritik und Widerstand, der insbesondere von Studenten ausging und von den Fürsten mit Repressionen beantwortet wurde. Die Zeit zwischen dem Wiener Kongress und der Märzrevolution 1848 wird als Vormärz bezeichnet. In ihr wurden die Forderungen nach Freiheits- und Grundrechten und einem deutschen Nationalstaat zunehmend lauter geäußert. Als Symbol dieser Forderungen gilt das Hambacher Fest 1832.

Mit den revolutionären Erhebungen in Frankreich im Frühjahr 1848 bekam die revolutionäre Bewegung in Deutschland und weiteren europäischen Ländern neuen Aufwind. Die Revolutionäre erzwangen liberale Zugeständnisse von den Fürsten (Verfassungen), in der Paulskirche in Frankfurt tagte eine Nationalversammlung, um dem neu zu gründenden Staat eine Verfassung zu geben (1848/49).

Allerdings ließen die Unerfahrenheit der Abgeordneten, ihre Uneinigkeit bei zahlreichen politischen Fragen, aber auch das Fehlen von militärischen Machtmitteln die Fürsten wieder erstarken und die Revolution scheitern. Die erarbeitete Verfassung wurde nicht umgesetzt.

3.1 Der Einfluss Napoleons I.

Die **napoleonischen Kriege** (1792 bis 1815) waren kriegerische Auseinandersetzungen zwischen den Mächten Europas und Frankreich. Da in diesen Kriegen unterschiedliche Bündnisse (Koalitionen) gegen Frankreich kämpften, werden sie auch **Koalitionskriege** genannt.

Die territoriale Neuordnung

Im Zuge der ersten fünf Koalitionskriege (1792 bis 1809) kam es zu einer **territorialen Neuordnung** des in viele Einzelstaaten zersplitterten Heiligen Römischen Reiches Deutscher Nation und 1806 schließlich zu dessen Auflösung.

Seit 1793 hatte die Pariser Revolutionsregierung versucht, den **Rhein** als **natürliche Grenze** zwischen Frankreich und dem Heiligen Römischen Reich Deutscher Nation durchzusetzen. Bis 1794/95 gelang es Frankreich, die linksrheinischen Gebiete militärisch zu besetzen. Im **Frieden von Lunéville** 1801 bestätigten Preußen und Österreich Frankreich offiziell den bereits in den Jahren zuvor vollzogenen Abtritt dieser Gebiete. Die Fürsten, die dadurch enteignet worden waren, sollten entschädigt werden, womit sich der auf Initiative Napoleons I. 1803 eingerichtete **Reichsdeputationshauptschluss** befasste.

Frankeichs Interesse war es, die deutschen Mittelstaaten als Gegengewicht zu den rivalisierenden Vormächten Österreich und Preußen zu stärken (Dualismus). Daher erhielten Napoleon I. nahestehende Fürsten, v. a. Baden, Bayern und Württemberg, Entschädigungen für die abgetretenen linksrheinischen Gebiete. Kleine selbstständige Territorien wie Reichsstädte und kleinere Herrschaften wurden aufgelöst (**Mediatisierung**) und den Fürstentümern zugesprochen. Ebenso gingen geistliche Herrschaftsgebiete und Kirchengüter (Bistümer, Abteien, Klöster etc.) an diese weltlichen Fürstentümer (**Säkularisation**). Mediatisierung und Säkularisation führten dazu, dass die territoriale Zersplitterung im Südwesten Deutschlands weitestgehend aufgehoben wurde: 112 Kleinstaaten (Reichsstände) verloren ihre Selbstständigkeit.

Mediatisierung
Bisher reichsunmittelbare Reichsstände (z. B. Reichsstädte, Grafschaften) wurden in ein anderes, größeres Territorium integriert und damit der Landeshoheit eines anderen weltlichen Reichsstandes unterstellt.

Entscheidenden Einfluss auf die territoriale Neuordnung und das Ende des Heiligen Römischen Reiches Deutscher Nation hatte die Unterzeichnung der **Rheinbundakte** und die **Gründung des Rheinbundes** durch Napoleon I. im Juli 1806. 16 süd- und westdeutsche Fürsten verbündeten sich unter dem Protektorat Napoleons I. Sie anerkannten seine Herrschaft und traten aus dem Heiligen Römischen Reiche Deutscher Nation aus. Dies bedeutete das **Ende des Heiligen Römischen Reiches Deutscher Nation**. Reformunfähig wie es war, hatte es sich nicht gegen Napoleons I. Hegemoniebestrebungen wehren können. Am 6. August 1806 legte Kaiser Franz II. als letzter Kaiser des Heiligen Römischen Reiches die Kaiserkrone nieder.

Napoleon I. versprach sich durch den Rheinbund einen Puffer zwischen Frankreich und Österreich bzw. Preußen sowie militärische Unterstützung bei der Ausdehnung seiner Herrschaft in Europa und Russland. Preußen fühlte sich durch diese Entwicklungen und die Machtausweitung Napoleons I. bedroht und begann im Oktober 1806 den Vierten Koalitionskrieg. 1807 war der Krieg für Preußen verloren und damit gut die Hälfte des preußischen Staatsgebietes sowie Preußens Vormachtstellung in Deutschland.

Reformen in den Rheinbundstaaten und in Preußen

Rheinbundstaaten

Um die Rheinbundstaaten an Frankreich zu binden und die Überlegenheit des französischen Systems zu demonstrieren, sollten die inneren Strukturen in den Rheinbundstaaten an diejenigen Frankreichs angeglichen werden. Napoleon I. führte daher **Reformen** in Staat, Verwaltung und Gesellschaft durch, die für einen **Modernisierungsschub** in den Rheinbundstaaten sorgten und ein Zusammengehörigkeitsgefühl und ein nationales Bewusstsein entstehen ließen.
Zu diesen Reformen gehörten, neben der Mediatisierung und Säkularisation, auch die folgenden:

Code Napoléon bzw. Code civil
Liberales, zivilrechtliches Gesetzeswerk von Napoleon I. von 1804: Freiheit für jeden, Gleichheit vor dem Gesetz, Gewerbefreiheit, Abschaffung des Zunftzwangs, Trennung von Staat und Kirche, Schutz des Privateigentums

- **Staats- und Verwaltungsreformen** (u.a. Einführung von Verfassungen in einigen Rheinbundstaaten);
- **Justizreformen** (z.B. die Einführung des **Code civil**, auch Code Napoléon, in einigen linksrheinischen Gebieten);
- **Wirtschaftsreformen** (Abschaffung bzw. Einschränkung des Zunftwesens, beginnende Gewerbefreiheit, Auflösung des Feudalsystems);
- **Bildungsreformen** (Verstaatlichung und Reformierung des Schulwesens);
- **Agrarreformen** (z.B. Bauernbefreiung, durch die Leibeigene persönliche Rechte erhielten und Freizügigkeit gewannen).

Preußen

Die Folgen der Auflösung des Heiligen Römischen Reiches Deutscher Nation und die Niederlage im Vierten Koalitionskrieg in der Schlacht bei Jena und Auerstedt waren für Preußen einschneidend. Mit dem Frieden von Tilsit 1807 musste Preußen Kriegskontributionen an Frankreich zahlen und seine Armee reduzieren. Seine Gebiete und die Zahl seiner Untertanen wurden um die Hälfte reduziert. Preußen hatte seinen **Großmachtstatus** verloren.

Bei den politisch Verantwortlichen setzte sich die Überzeugung durch, dass ein Wiedererstarken Preußens nur durch **tiefgreifende Reformen** in Staat und Gesellschaft erreicht werden konnte. Die **Preußischen Reformen** (1807 bis 1811) legten dafür den Grundstein. Sie sorgten für einen Modernisierungsschub, waren eine Voraussetzung für die Industrialisierung in Preußen und zudem Vorbild für andere deutsche Staaten.

Der preußische König Friedrich Wilhelm III. erließ 1807 das vom Juristen und Reformpolitiker Freiherr vom und zum Stein verfasste **Oktoberedikt**, das fortan allen, nicht nur dem Adel, erlaubte, Grundbesitz zu erwerben. Es war der Beginn einer Reihe von Reformen. Neben Stein gehörte Fürst Karl August von Hardenberg zu den führenden Reformpolitikern der Zeit. Sie begründeten ihr politisches Handeln mit den Idealen der Aufklärung, dem Bildungsideal der Klassik (ganzheitliche Ausbildung in den Wissenschaften und Künsten), der Wirtschaftslehre von Adam Smith (→ S. 36) und den Ideen der Französischen Revolution. Die Reformen (auch Stein-Hardenbergsche Reformen genannt) kamen einer **Revolution von oben** gleich.

Die preußischen Reformen im Überblick

Freiherr vom und zum Stein wurde 1807 auf Betreiben Napoleons I. Erster preußischer Minister. Er setzte, zeitgleich zu den Reformen in den Rheinbundstaaten, folgende Reformen durch, die von seinem Nachfolger Hardenberg (preußischer Staatskanzler ab 1810) fortgeführt und zum Abschluss gebracht wurden.

- **Bauernbefreiung** (1807 bis 1811): Erbuntertänigkeit, Leibeigenschaft, Fron- und Naturaldienste wurden abgeschafft. Die Bauern erhielten das Recht auf freien Eigentumserwerb und konnten Eigentümer von Höfen werden.
- **Heeresreform** (ab 1807): Einführung der allgemeinen Wehrpflicht (ab 1813/14), Erneuerung des Offizierskorps und Wegfalls des Adelsprivilegs, wodurch die Offizierslaufbahn auch Bürgerlichen offenstand.
- **Verwaltungsreform** (ab 1808) zur Schaffung eines leistungsfähigen, sparsamen, aber auch bürgernahen Staates. Die Reform beinhaltete die Abschaffung zahlreicher konkurrierender Behörden im Staat und die Einführung des „klassischen Kabinetts" aus fünf Ministerien (Inneres, Auswärtiges, Finanzen, Krieg, Justiz). Die Ministerien waren zwar dem König verantwortlich, konnten aber dennoch relativ selbstständig arbeiten. Die Verwaltung wurde zentralisiert durch die Aufteilung des Staates in Regierungsbezirke und Kreise. Patrimonialgerichte (Gerichte des Gutsherrn) wurden abgeschafft und die polizeilichen Rechte der Gutsherren durch die Schaffung einer staatlichen, militärisch organisierten Polizei eingeschränkt.
- **Städteordnung** (1808): Mit der Einführung einer neuen Städteordnung wurde den Städten die Selbstverwaltung ihrer Angelegenheiten erlaubt. Dadurch wurde der Grundstein für die bis heute vorhandene kommunale Selbstverwaltung in Deutschland gelegt.
- **Bildungsreform** (ab 1809): Sie wurde durch **Wilhelm von Humboldt** vorangetrieben. Der Reform lag die Annahme zugrunde, dass eine neue Nation einen neuen Typus von Bürger benötige, der selbstverantwortlich handeln könne (Umerziehung des „Untertanen" zum „Bürger des Staates"). Die Reformmaßnahmen beinhalteten u. a. die Einführung des dreigliedrigen Schulsystems unter staatlicher Aufsicht anstelle privater, kirchlicher und ständischer Schulen; die Reformierung der Lehrerausbildung und der Universitäten (Freiheit der Lehre und Forschung an Universitäten).
- **Wirtschaftsreform** (ab 1810): Aufhebung der Zünfte; damit ging die freie Berufswahl und die Einführung der Gewerbefreiheit einher. Diese Maßnahmen bildeten neben der Bauernbefreiung die wesentlichen Voraussetzungen für die Industrialisierung in Preußen.
- **Emanzipationsedikt** (1812): Jüdische Bürger wurden als preußische Staatsbürger anerkannt.

Befreiungskriege

Zunächst akzeptierte die europäische Bevölkerung die französische Fremdherrschaft. Dies änderte sich, als die Franzosen den Wehrdienst einführten und die Bevölkerung dazu zwangen, bei der Versorgung französischer Truppen mitzuhelfen. Nach der Niederlage der napoleonischen Armee im **Russlandfeldzug 1812**, die den Mythos der unbesiegbaren französischen Grande Armée zerstörte, strebten die europäischen Mächte danach, die französische Fremdherrschaft in den **Befreiungskriegen** (1813 bis 1815) zu beenden. Die Befreiungskriege werden mitunter auch als Sechster und Siebter Koalitionskrieg bezeichnet.

Preußen wandte sich nach dem Russlandfeldzug von Napoleon I. ab und trat einer Koalition gegen ihn bei. Dieser gelang es, das militärische Kräfteverhältnis so zu verschieben, dass die vereinten Armeen **Preußens**, **Österreichs und Russlands** die französische Armee 1813 in der **Völkerschlacht bei Leipzig** besiegen konnten. Noch während der Schlacht hatten sich die letzten deutschen Verbündeten von Napoleon I. abgewandt. Der sich bereits im Zusammenbruch befindende Rheinbund wurde 1813 endgültig aufgelöst, die französische Besetzung von Teilen Deutschlands beendet und die französische Armee gezwungen, sich hinter den Rhein zurückzuziehen. Nach gescheiterten Friedensverhandlungen und dem Einmarsch alliierter Truppen in Paris endete der Krieg mit der Abdankung Napoleons I. 1814, der sich ins **Exil nach Elba** begab. Die siegreiche Koalition verhalf **Ludwig XVIII.** auf den Thron und erneuerte damit die Monarchie. Im Mai 1814 schlossen die Siegermächte mit Frankreich den Ersten Frieden von Paris und stellten Frankreich in den Grenzen von 1792 wieder her.

Noch während sich Vertreter aus fast allen europäischen Ländern zwischen September 1814 und Juni 1815 in Wien zur Neuordnung Europas versammelten (→ Wiener Kongress, S. 55), kehrte Napoleon I. im März 1815. Er wollte seine verlorene Macht zurückerobern (**Herrschaft der 100 Tage**). Daraufhin kam es erneut zu einer Koalition zwischen Preußen, Österreich, Russland und Großbritannien. Ihr gelang es, Napoleon I. in der **Schlacht bei Waterloo** (18. Juni 1815) endgültig zu besiegen. Er wurde auf die Atlantikinsel **St. Helena** verbannt, wo er 1821 starb. Mit dem Zweiten Frieden von Paris wurden Frankreich hohe Reparationsleistungen und Gebietsabtretungen auferlegt.

Durch die Befreiungskriege und den Kampf der Deutschen gegen den gemeinsamen Feind Napoleon I. entstand ein **Gemeinschaftsgefühl** und damit erstmals ein **deutsches Nationalbewusstsein**.

3.2 Der Wiener Kongress 1814/15

Napoleons I. Europapolitik trug dazu bei, dass sich die Ideen der Französischen Revolution über Frankreich hinaus verbreiteten. Den Forderungen nach Freiheit, Menschenrechten und Volkssouveränität schloss sich insbesondere das europäische Bürgertum an. Erklärtes Ziel der europäischen Monarchen war es dagegen, nach dem Sieg über Napoleon I. 1813 und seiner Abdankung 1814, die alte, vorrevolutionäre Ordnung wiederherzustellen. Der Wiener Kongress 1814/15, auf dem die europäischen Machthaber unter Leitung des österreichischen Außenministers **Fürst von Metternich** zusammenkamen, um Europa neu zu ordnen, stand im Zeichen dieser konservativen Rückwendung. Unter den 200 Teilnehmern spielten die Großmächte Großbritannien, Frankreich, Österreich, Preußen und Russland eine führende Rolle. Sie bildeten die sogenannte **Pentarchie** („Herrschaft der Fünf"), die für ein europäisches **Mächtegleichgewicht** und dauerhaften Frieden sorgen sollte.

Klemens Fürst von Metternich (1773–1859)
Österreichischer Außenminister und Staatskanzler 1809 bis 1848, der beim Wiener Kongress und der Neuordnung Europas eine entscheidende Rolle spielte. Metternich betrieb eine restaurative Politik und ging rigide gegen oppositionelle und revolutionäre Bestrebungen vor („System Metternich").

Ziele und Beschlüsse des Wiener Kongresses

Zu den Leitlinien und Vereinbarungen des Kongresses gehörten:

- **Territoriale Neuordnung Europas** unter weitgehender Schonung Frankreichs und ohne die Schaffung eines starken, einheitlichen Deutschen Reiches. Österreich verlor dabei seine Gebiete am Ober- und Niederrhein, erhielt dafür die Lombardei und Venezien in Oberitalien. Preußen erhielt mit Westfalen und dem nördlichen Rheinland neue Gebiete, verlor dafür Gebiete im Osten an Russland und bestand fortan aus zwei voneinander getrennten Territorien. Großbritannien verzichtete auf Gebiete, und Frankreich, obwohl Verlierer des Krieges, erhielt die Anerkennung als Großmacht.
- Verwirklichung dreier politischer Prinzipien:
  - **Restauration**: Wiederherstellung der vorrevolutionären politischen und sozialen Ordnung;
  - **Legitimität**: Gottesgnadentum als Grundlage der Herrschaft (→ Volkssouveränität);
  - **Solidarität**: Zusammenarbeit der Fürsten im Kampf gegen revolutionäre Freiheitsbewegungen.
- Gründung des **Deutschen Bundes 1815**: Der Deutsche Bund war ein Staatenbund unter österreichischer Führung, der aus 35 Einzelstaaten und vier freien Städten bestand. Er hatte als Defensivbündnis die Aufgabe, über gemeinsame Maßnahmen hinsichtlich der äußeren und inneren Sicherheit zu entscheiden. Die **Deutsche Bundesakte**, mit der die Beschlüsse des Kongresses im Juni 1815 verabschiedet wurden, sah zudem die Einführung von landständischen Verfassungen in allen Mitgliedsstaaten vor (→ S. 57).
- Gründung der **Heiligen Allianz** im Anschluss an den Kongress im September 1815: Der russische Zar, der preußische König und der österreichische Kaiser vereinbarten einen Beistandspakt, der eine gegenseitige Unterstützung und ein Interventionsrecht bei revolutionären Bedrohungen vorsah.

Der Deutsche Bund: Staatenbund statt Bundesstaat

Es war Ziel des Wiener Kongresses, den **alten**, **vorrevolutionären Ordnungsvorstellungen** in Europa wieder Geltung zu verschaffen, wobei auch die absolutistische Herrschaft der Fürsten stabilisiert werden sollte. So entstand mit dem Deutschen Bund nur ein loser Zusammenschluss souveräner Fürstenstaaten und freier Städte (**Staatenbund**) ohne eine starke Zentralgewalt. Die Bundesversammlung (Deutscher Bundestag), die in Frankfurt zusammentrat und einziges Organ des Deutschen Bundes war, verfügte weder über eine mächtige gesamtdeutsche Exekutive, noch war eine echte Volksvertretung vorgesehen. Sie war lediglich eine Zusammenkunft weisungsgebundener Gesandter unter dem Vorsitz Österreichs und kaum handlungsfähig.

Die Beschlüsse des Wiener Kongresses enttäuschten die Erwartungen der fortschrittlichen Kräfte in Deutschland. Sie hatten auf einen Einheitsstaat (**Bundesstaat**) gehofft, da sie die nationale Einheit als Voraussetzung für einen freiheitlichen Rechtsstaat begriffen.

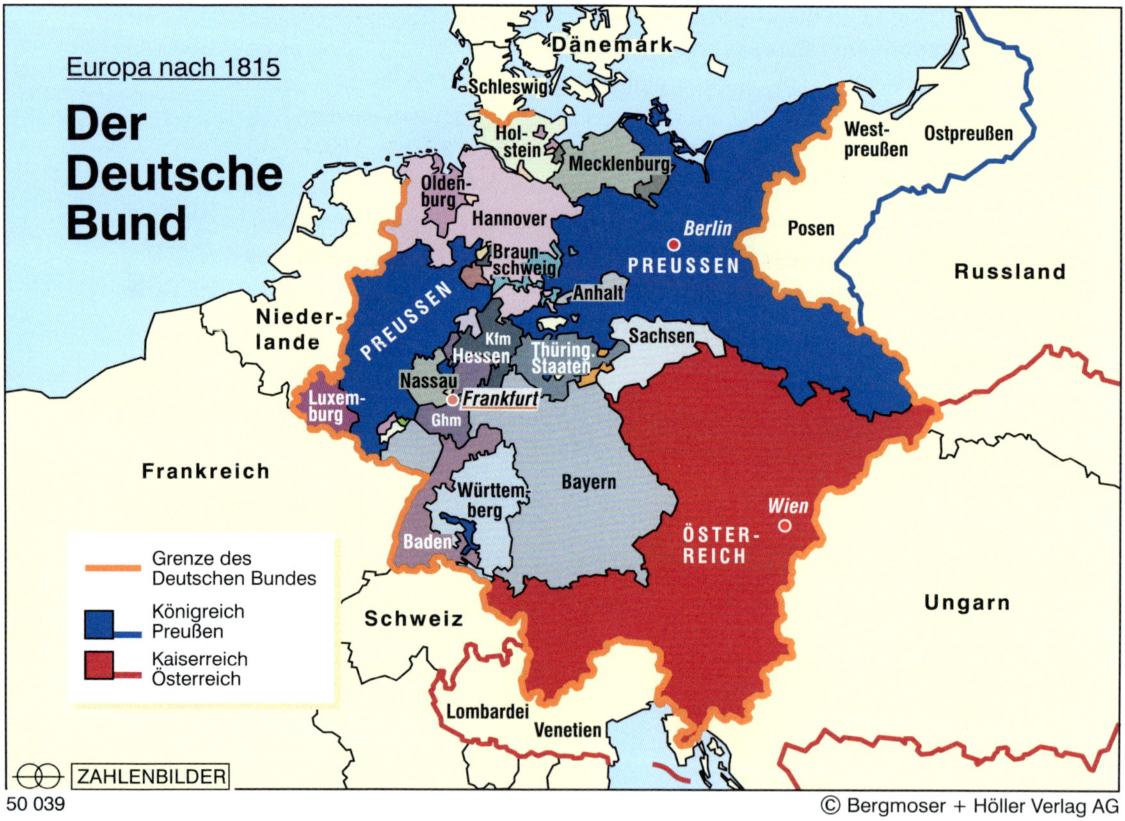

Erste Verfassungen

Die **Deutsche Bundesakte**, die noch während des Wiener Kongresses verabschiedet worden war, sah in **Artikel 13** die Einführung **landständischer Verfassungen** für alle Bundesländer vor. Um den Entscheidungen der Fürsten nicht vorzugreifen und um ihre Souveränität zu wahren, wurde allerdings nicht näher ausgeführt, was „landständisch" bedeutet. Ebenso wenig wurde festgelegt, welche Merkmale eine Verfassung aufweisen musste und bis wann sie einzuführen war. Nicht alle Staaten setzten bis 1848 überhaupt Verfassungen ein, und die eingesetzten Verfassungen wiesen große Unterschiede auf.

Insbesondere in den süd- und einigen mitteldeutschen Staaten wurden bald nach dem Wiener Kongress Verfassungen verwirklicht (**Frühkonstitutionalismus**). In Sachsen-Weimar-Eisenach setzte der Weimarer Großherzog Carl August 1816 eine Verfassung ein, die folgende Regelungen festlegte:

- Der Herrscher war verpflichtet, bei Amtseintritt einen **Eid auf die Verfassung** zu leisten.
- Anstelle des Begriffs „Untertan" wurde der Begriff **Staatsbürger** verwendet.
- Der **Landtag** setzte sich aus den drei Ständen der Rittergutsbesitzer, Bürger und Bauern zusammen.
- Es galt eine **unparteiische Rechtspflege** und **Pressefreiheit**.

Die Verfassung sah **keine Gewaltenteilung** vor. Im Übrigen besaßen nur **Vermögende** das **passive Wahlrecht** (3 % der Bevölkerung).

Das Großherzogtum Sachsen-Weimar-Eisenach war das erste Land des Deutschen Bundes, dass eine Verfassung bekam. 1818 folgten Bayern und Baden, 1819 Württemberg. Nach der Julirevolution in Frankreich (1830) schlossen sich Kurhessen, Sachsen und Hannover an.

In Österreich und Preußen wurde der Konstitutionalismus nicht verwirklicht. Friedrich Wilhelm IV. lehnte die Verfassung mit den Worten ab: „Zwischen mir und mein Volk soll sich kein Blatt Papier drängen."

3.3 Protestbewegungen und wirtschaftliche Krisen im Vormärz

Der Zeitabschnitt zwischen dem Ende des Wiener Kongresses 1815 und der Märzrevolution 1848/49 wird auch **Vormärz** genannt. Während dieses Zeitraums kam es zu Auseinandersetzungen zwischen den konservativen, restaurativen Kräften, die auf dem Wiener Kongress wieder erstarkt waren, und revolutionären, nationalliberalen **Protestbewegungen**. Sie kämpften gegen die reaktionäre Fürstenherrschaft und für individuelle Freiheitsrechte, die nationale Einheit und die Einlösung des Verfassungsversprechens von 1815.

Liberale und nationale Forderungen im Vormärz

Naturrechtslehre
Lehre aus der Zeit der Aufklärung, nach der Menschen von Natur aus bestimmte unveräußerliche Freiheits- und Unverletztlichkeitsrechte besitzen (Menschenrechte)

Der Liberalismus ist eine Weltanschauung, die auf der Vertrags- und Naturrechtslehre der Aufklärung basiert. Er entwickelte sich als Gegenbewegung zum Absolutismus des 17. und 18. Jahrhunderts. Anhänger des Liberalismus wandten sich **gegen** die **staatliche Bevormundung** des Menschen und setzten sich für die **Freiheit des Individuums** in geistiger, politischer und wirtschaftlicher Hinsicht ein.

Wichtige Forderungen der Liberalen im Vormärz waren:
- Meinungs-, Gewissens- und Glaubensfreiheit;
- Begrenzung der absolutistischen Macht durch eine Verfassung;
- Rechtsstaatlichkeit und Gewaltenteilung;
- Zweikammersystem mit Volksvertretung;
- Volksbewaffnung (gegen das adelige Offiziersmonopol gerichtet);
- freie wirtschaftliche Entfaltung ohne Einmischung des Staates;
- Recht auf Privateigentum.

Die **deutsche Nationalbewegung** wandte sich während der napoleonischen Kriege gegen die französische Besatzung, sie konnte sich dabei auf Ideale der Französischen Revolution berufen: Auch die Anhänger des deutschen Nationalismus sahen eine **selbstbestimmte**, **geeinte Nation** im Prinzip der **Volkssouveränität** verankert. Während des Vormärz richtete sich die Forderung nach nationaler Einheit dann vor allem gegen Gegner im eigenen Land. Die Nationalbewegung lehnte sich gegen die deutschen Fürsten, deren Absolutismus und Partikularismus auf (→ S. 38). Dabei ging sie eine enge Bindung mit dem **Liberalismus** ein. **Gemeinsames Ziel** war ein geeinter **deutscher Nationalstaat**, der den Charakter eines liberalen Verfassungs- und Rechtsstaates haben sollte.

Absolutismus
Herrschaftsform, in der der Monarch die uneingeschränkte Machtbefugnis hat

Liberalismus und Nationalismus wurden im Vormärz vor allem vom **Besitz- und Bildungsbürgertum**, teils auch von der Beamtenschaft (Beamtenliberalismus) getragen. Zu den Anhängern gehörten Studenten und Professoren, die sich in Burschenschaften, Vereinen und Bünden versammelten. Auch die **Republikaner** (zumeist aus kleinbürgerlichen Schichten) und **Frühsozialisten** organisierten sich in Klubs und liberalen Zirkeln.

Wartburgfest und Karlsbader Beschlüsse

Als Reaktion auf die restaurativen Beschlüsse des Wiener Kongresses organisierten sich seit 1815 zahlreiche Studenten in **Burschenschaften**, die sich als politische Organisationen sahen und demokratische Reformen (politische Freiheit) sowie die nationale Einheit forderten.

Beim **Wartburgfest** am 18. Oktober **1817** traten die Burschenschaften öffentlich in Erscheinung: Rund 500 Studenten zahlreicher deutscher Universitäten feierten mit einer Wanderung zur Wartburg bei Eisenach das 300-jährige Jubiläum von Martin Luthers Thesenanschlag und gleichzeitig den vierten Jahrestag des Sieges über Napoleon I. in der Völkerschlacht bei Leipzig. Als Fest getarnt, handelte es sich bei dem Treffen auf der Wartburg doch um eine politische Veranstaltung. Die Teilnehmer verbrannten Symbole und Bücher, die als reaktionär galten, z. B. Perückenzopf, Uniformen von Beamten, Polizeigesetze oder Code Napoléon, und protestierten **gegen die reaktionäre Fürstenherrschaft**. Als Vorbild dienten den Studenten Volksfeste aus der Französischen Revolution und Turnfeste.

Feste im Vormärz können als Scharnier zwischen dem „gesellschaftlichen Bereich und der politischen Sphäre“ angesehen werden, schreibt der Politikwissenschaftler Wilhelm Bleek. Die Kombination von Geselligkeit, Tanz, Essen und politisch geprägten Reden und Predigten machte sie zu einem **Katalysator der Meinungsbildung**. Die Machthaber fürchteten, dass diese Veranstaltungen Auslöser einer revolutionären Massenbewegung werden könnten, und gingen gegen ihre Teilnehmer vor. In Preußen beispielsweise wurden Teilnehmer des Wartburgfestes verhört und verfolgt.

Unter den Teilnehmern am Wartburgfest befand sich auch der Burschenschaftler Karl Ludwig Sand, der am 23. März 1819 den Schriftsteller August von Kotzebue, einen Vertreter der europäischen Restaurationspolitik und Gegner eines einheitlichen deutschen Staates, ermordet hatte. Als Reaktion auf die Ermordung und jegliche politische Opposition im Deutschen Bund, trafen sich die Minister der wichtigsten deutschen Staaten im August 1819 unter Fürst von Metternich im böhmischen Karlsbad. Die dort verabschiedeten **Karlsbader Beschlüsse** dienten der **Zerschlagung revolutionärer Bestrebungen** und schufen ein **staatliches Überwachungs- und Zensursystem**. Die vereinbarten Gesetze beinhalteten ein Verbot von Burschenschaften, die Überwachung der Lehre an den Universitäten sowie die Entlassung liberaler Professoren. Die Meinungs- und Pressefreiheit, die in einigen Ländern bereits eingeführt worden war, wurde durch eine Pressezensur zurückgenommen. Darüber hinaus wurde eine zentrale Bundesbehörde zur Untersuchung „revolutionärer Umtriebe“, eine Mischung aus Geheimpolizei und Verfassungsschutz, eingerichtet.

Biedermeier und „Deutscher Michel“
Der Deutsche Michel, ein Mann mit Schlafrock und Zipfelmütze, war in den 1840er-Jahren eine populäre Darstellung. Er steht u. a. für den kleinen Bürger, der keine politische Macht hat, der völlig harmlos, politisch desinteressiert ist und sich ins Privatleben zurückzieht.

Die Karlsbader Beschlüsse wurden vom Frankfurter Bundestag einstimmig angenommen. Metternich galt in der Folgezeit als tragende Figur der Repression und Restauration.

Das deutsche Bürgertum reagierte enttäuscht auf die rigiden Beschränkungen. Auch die Tatsache, dass der einheitliche Nationalstaat in weite Ferne gerückt war, sorgte für Resignation. Die Folge dieser Enttäuschungen war vielfach der Rückzug in die Privatsphäre. Im kulturellen Bereich wird auch vom **Biedermeier** gesprochen, einer Stilepoche, die das idyllische, häusliche Leben hervorhebt.

Revolutionäre Erhebungen in den 30er-Jahren

In den 1830er-Jahren entstanden in mehreren europäischen Ländern revolutionäre Bewegungen. Im Juli 1830 brach in Frankreich eine Revolution aus, als die Bourbonen nach einem Versuch, die Vorherrschaft des Adels wiederherzustellen und die Pressefreiheit zu beschneiden, gestürzt und der „Bürgerkönig“ Louis Philippe Oberhaupt einer konstitutionellen Monarchie wurde. Dies hatte Auswirkungen auf andere europäische Länder. Belgien z. B. erlangte die Unabhängigkeit von den Niederlanden. In „Kongresspolen“ (Polen wurde 1814/15 unter Russland, Österreich und Preußen aufgeteilt) wurde der Zar als Herrscher vorübergehend abgesetzt, und im Deutschen Bund gab es große Sympathie für die polnische Nationalbewegung („Polenschwärmerei“).

Im Deutschen Bund kam es erneut zu Protestaktionen, z. B. **1832** auf dem **Hambacher Fest**, dem rund 30 000 Teilnehmer beiwohnten, darunter viele Kleinbürger. Das Hambacher Fest war die größte politische Veranstaltung im Vormärz. Es wurde vom Juristen und Publizisten **Philipp Jakob Siebenpfeiffer** zusammen mit Angehörigen der liberalen Bewegung vorbereitet. Eingeladen wurde zu einem Nationalfest, einem **„Fest der Hoffnung“**, auf der Burgruine von Hambach (damals Königreich Bayern/Rheinpfalz). Neben Siebenpfeiffer trat als weiterer Hauptredner **Johann Georg August Wirth** auf. Beide forderten die Abschaffung der absolutistischen Fürstenherrschaft, eine freiheitliche Verfassung, die nationale Einheit und damit die Überwindung der territorialen Zersplitterung (Kleinstaaterei). Der bayerische König ließ das Militär einrücken. Siebenpfeiffer und Wirth wurden festgenommen. Viele Beteiligte flohen ins Exil.

Mit dem Hambacher Fest wurde endgültig sichtbar, dass sich die Forderungen nach Freiheit, nationaler Einheit und der Einlösung des Verfassungsversprechens nicht länger unterdrücken ließen. Zahlreiche regionale Aufstände im Anschluss an die Veranstaltung verdeutlichten dies. Allerdings war die Protestbewegung noch keine Massenbewegung.

Im Deutschen Bund wurde auf das Hambacher Fest erneut mit **Repressionen** reagiert: Vereine wurden verboten, Berufsverbote erteilt, die Zensur verstärkt, Universitäten überwacht und Verhaftungen vorgenommen.

1833 stürmten Burschenschaftler die Frankfurter Hauptwache (**Frankfurter Hauptwachensturm**). Frankfurt, Sitz des Bundestages und damit der einzigen, für den gesamten Deutschen Bund zuständigen politischen Institution, wurde von den Studenten als Instrument der restaurativen Politik der deutschen Fürsten angesehen. Ihre Hoffnungen, dass ihre Aktion in Deutschland eine Revolution auslösen würde, erfüllten sich allerdings nicht.

1837 protestierten sieben Göttinger Professoren (**Göttinger Sieben**), darunter die Brüder Grimm, gegen die Aufhebung der Hannoverschen Verfassung durch den neuen König Ernst August. Als der König die Professoren von ihrem Eid auf die Verfassung entband, ließen sie verlauten, sie seien auch weiterhin an den Eid gebunden. Sie wurden daraufhin entlassen, drei von ihnen des Landes verwiesen.

Ein zeitgenössischer Holzschnitt zeigt den Sturm auf die Frankfurter Hauptwache 1833.

Wirtschaftliche Krisen 1830 bis 1848

Neben politischen Unruhen kam es zu wirtschaftlichen Krisen, die das revolutionäre Potenzial in der Bevölkerung verstärkten.

- Das traditionelle Handwerk geriet im Zuge der Frühindustrialisierung (→ S. 43) zunehmend unter Druck. So konnten sich beispielsweise die in Heimarbeit tätigen **Weber** die technischen Neuerungen und Webstühle, die es im Ausland bereits gab, nicht leisten und darum der Konkurrenz aus dem Ausland nicht standhalten. Ein Überangebot an Textilimporten aus England drückte die Preise der heimischen Weber, die verarmten und Hunger litten. **1844** nahmen mehr als 3000 Lohnweber an einer Hungerrevolte teil (**Schlesischer Weberaufstand**), die von preußischen Truppen niedergeschlagen wurde. Neben Hungerrevolten bzw. Hungerkrawallen kam es durch die schlesischen Weber auch zu „**Maschinenstürmen**".
- Parallel dazu vergrößerte die einsetzende Landflucht das Reservoir an Arbeitskräften in den Städten und senkte die Löhne in den Fabriken.
- 1847 entstand eine **Welthandelskrise**, **Missernten** (Kartoffelfäule) trieben die Preise in die Höhe. Hungernde Angehörige der Unterschicht brachten ihre Verzweiflung in **Streikwellen** und **Agrarrevolten** zum Ausdruck.

Maschinenstürme
Aus Protest gegen die Ersetzung von qualifizierten Arbeitern durch Ungelernte an den modernen Maschinen kam es zur Zerstörung von Fabriken und Maschinen.

Soziale Not, Massenarmut (**Pauperismus**) und das Zusammentreffen von wirtschaftlicher und politischer Unzufriedenheit zur Zeit des Vormärz führten zu einer Verstärkung der revolutionären Sprengkraft, die sich 1848 in der Revolution entlud.

3.4 Die deutsche Märzrevolution von 1848/49

Die **Februarrevolution** in Paris (1848), die zum Sturz des „Bürgerkönigs" Louis Philippe und zur Errichtung einer Republik führte, griff auf viele europäische Länder und im März 1848 auch auf die deutschen Staaten über.

Die **Märzrevolution** in Deutschland war durch eine **Gleichzeitigkeit der Ereignisse** an verschiedenen Orten und auf verschiedenen Ebenen gekennzeichnet, die sich oft gegenseitig verstärkten. So erfolgten revolutionäre Erhebungen in den einzelnen Staaten zeitgleich mit Entwicklungen im Bundestag und/oder in der Frankfurter Nationalversammlung. Aufgrund der unterschiedlichen Orte und Ebenen der Revolution waren auch die **Träger** unterschiedlich. Wurden die Aufstände zu Beginn vor allem von der Bevölkerung auf dem Land und in den Städten getragen, die von Arbeitslosigkeit und Hunger besonders betroffen war, waren es in den politischen Gremien später die Liberalen, die sich für Freiheitsrechte einsetzten.

Ursachen der Revolution

Der Boden für die Revolution 1848/49 wurde durch mittel- und langfristige Ursachen bereitet. Dazu gehörten soziale, wirtschaftliche und politische Krisen.

Langfristige Ursachen:

- **Ökonomische und soziale Krisen**: Die Einführung der Gewerbefreiheit und die Aufhebung des Zunftzwangs führten zu einem enormen Anstieg der Handwerker, von denen aufgrund mangelnder Nachfrage viele am Rande des Existenzminimums leben mussten.
- **Proletarisierung der urbanen Unterschicht**: Von den Einwohnern Berlins waren 80% Tagelöhner, Arbeiter, Bettler, Dienstboten, Lehrlinge etc. ohne traditionelle Bindungen, soziale Sicherungen und eigenen Rechtsstatus.
- **Unvollständige Bauernbefreiung**: Diese führte zur doppelten Untertänigkeit: Teile der Bauern mussten weiterhin den Feudalherren Dienste und Abgaben entrichten und unterlagen u.a. ihrer Rechtsprechung. Mehr als die Hälfte der Arbeitnehmer war noch in der Landwirtschaft tätig.
- **Politisierung der Bevölkerung**: Trotz der Restauration hatte sich in Deutschland eine bürgerliche Öffentlichkeit gebildet. Dank der allgemeinen Schulpflicht bestand ein gesteigertes Interesse am Lesen.
- **Leserevolution**: Das massenweise Aufkommen von Tageszeitungen und Zeitschriften förderte die Leserevolution. Sie übernahmen zudem die Aufgabe der öffentlichen Meinungsbildung. Auch abseits der Zensur bestand in bürgerlichen Salons die Möglichkeit der politischen Diskussion.
- **Kampf des aufstrebenden liberalen Bürgertums** um politische Mitbestimmung, nationale Selbstbestimmung und die Beseitigung feudaler Strukturen.

Mittelfristige Ursachen:

- Die letzte **Wirtschaftskrise** vorindustriellen Typs durch natürliche Gegebenheiten: 1845 und 1846 zerstörte die **Kartoffelfäule** knapp die Hälfte der Erntemengen. Die Lebensmittelpreise verdoppelten bis verdreifachten sich, die Folgen waren zahlreiche Hungertote und Unruhen (z.B. Kartoffelrevolution 1847 in Berlin, über 100 weitere Unruhen im Deutschen Bund).
- **Rezession in der Textilbranche und im Maschinenbau**: Viele Gesellen im Handwerk sahen ihre letzte Chance in der Selbstständigkeit. Diese „industrielle Reservearmee" konnte sich dennoch kaum aus ihrer wirtschaftlichen und sozialen Notlage befreien.

Die Revolution im Großherzogtum Baden

Das Großherzogtum Baden gilt als exemplarisch für die Entwicklung der Revolution in den deutschen Mittel- und Kleinstaaten. Aufgrund der Nachbarschaft zu Frankreich breitete sich die Revolution hier am frühesten aus.

Als die Nachricht von der Pariser Februarrevolution in Baden eintraf, richtete die Bürgerversammlung in Mannheim Ende Februar eine Petition mit demokratischen Forderungen an die zweite Kammer des badischen Landtags. Zu diesen Forderungen, die typisch für die **Märzforderungen** in ganz Deutschland waren, zählten Forderungen nach einem Systemwechsel und damit die Einrichtung eines durch das Volk frei gewählten Parlaments, die Volksbewaffnung und Abschaffung des stehenden Heeres, Freiheitsrechte (Presse-, Versammlungs- und Vereinsfreiheit), Schwurgerichte anstelle einer monarchischen „Gesinnungsjustiz", die Forderung nach mehr sozialer Gerechtigkeit („Recht auf Arbeit") und nach der gesamtdeutschen Einheit. Den Forderungen wurde in Städten wie Karlsruhe, aber auch auf zahlreichen Versammlungen in den Gemeinden Nachdruck verliehen.

Märzforderungen
Bezeichnung für die Forderungen der Bürger während der Märzrevolution 1848, die im gesamten Deutschen Bund gestellt wurden.

Fast zeitgleich begannen auf dem Land erste **Bauernaufstände**. Die Unruhen dort waren vor allem der Notlage der Bauern geschuldet und nicht in erster Linie politisch ausgerichtet. Die Bauern wandten sich gegen ihre Grund- und Standesherren. Sie verloren jedoch das Interesse an der Revolution, als die Reste des Feudalismus abgeschafft worden waren.

Als am 1. März die zweite Kammer des Parlaments in Karlsruhe unter dem Eindruck der Proteste tagte und sich mit den Märzforderungen befasste, war Großherzog Leopold bereits zu **Zugeständnissen** bereit. Da er sich nicht sicher sein konnte, ob er das Heer zum Einsatz gegen das Volk bewegen könnte und er eine Eskalation der Gewalt verhindern wollte, stimmte er am 9. März 1848 den Forderungen zu. Er setzte ein **Märzministerium** ein, d.h. eine konstitutionelle Regierung unter liberaler Führung. Damit oblag nicht mehr dem Fürsten die politische Verantwortung für die Gesetze, sondern der Regierung.

Zweikammersystem (Bikameralismus)
Das Parlament besteht aus zwei Kammern. In Baden war die erste Kammer die Versammlung der „Notablen" (Adel und Klerus) und die zweite Kammer die der Abgeordneten, die alle acht Jahre gewählt wurden.

Andere Mittel- und Kleinstaaten sahen sich nach und nach gezwungen, diesem Beispiel zu folgen. Auch der Bundestag in Frankfurt als Schnittstelle zwischen den Liberalen und den Monarchen musste Zugeständnisse machen, um die Situation zu beruhigen. Repressionsmaßnahmen, darunter die Zensur, wurden außer Kraft gesetzt. Am 9. März 1848 erklärte der Bundestag außerdem die revolutionären Farben **Schwarz-Rot-Gold** zur Bundesflagge.

In Baden spalteten sich die Revolutionäre schon früh in ein **liberal-konstitutionelles** und ein **radikal-demokratisches** Lager auf. Während die Anhänger des liberal-konstitutionellen Lagers einen Wandel innerhalb des Systems wollten, strebten die Verfechter der radikal-demokratischen Position einen republikanischen Neuanfang an. Zu ihnen gehörte Friedrich Hecker, der in Baden mit mehreren hundert Bewaffneten eine Republik errichten wollte. Der **Heckeraufstand** wurde von Regierungstruppen im April 1848 niedergeschlagen (→ S. 65).

Die Revolution in Berlin

Auch in Berlin fanden im März 1848 Massendemonstrationen statt. Am 13. März kam es erstmals zum Zusammenstoß mit dem Militär, bei dem ein Beteiligter starb. Die Regierung zeigte sich am 16. März zu ersten Zugeständnissen bereit. Unter dem Eindruck der vorausgegangenen Straßenschlachten gestattete sie eine unbewaffnete Bürgerwehr, versprach das Ende der Zensur sowie die Einberufung des Vereinigten Landtags. Als sich die dankbaren Berliner am 18. März vor dem Schloss versammelten, kam es jedoch zur **Eskalation** zwischen dem **Militär** und **Zivilisten**. Bei den daraufhin errichteten Barrikaden und Kämpfen zwischen Arbeitern und dem Militär gab es mehr als 300 Tote. Um die unerbittlichen Kämpfe zu beenden, gab König Friedrich Wilhelm IV. nach, verneigte sich vor den „Märzgefallenen", ritt mit den revolutionären Farben Schwarz-Rot-Gold durch Berlin und proklamierte: „Preußen geht fortan in Deutschland auf."

Kartätsche
Eine Kartätsche ist ein Artilleriegeschoss mit Schrotladung.
Wilhelm I. wurde wegen seiner Forderung nach militärischer Gewalt gegen die Demonstranten als Kartätschenprinz bezeichnet.

In der preußischen „Märzregierung" wird der Liberale Gottfried L. Camphausen von März bis Juli 1848 Ministerpräsident. Der Bruder des Königs und spätere Kaiser Wilhelm I. hatte als „Kartätschenprinz" für ein hartes militärisches Durchgreifen plädiert. Nun musste er als Hassfigur der Aufständischen nach London ins Exil fliehen.

3.5 Die Frankfurter Nationalversammlung

Der Weg zur Nationalversammlung

Am 5. März 1848 trafen sich in Heidelberg auf private Initiative 51 liberale und demokratische Politiker (**Heidelberger Versammlung**). Unter ihnen befanden sich **radikale Demokraten** wie Gustav von Struve und Friedrich Hecker, die eine deutsche **Republik** forderten, und führende Vertreter der **Liberalen** wie Heinrich von Gagern, die an der **Monarchie** als zukünftiger Staatsform festhielten. Einigkeit bestand unter den Teilnehmern über die Einberufung eines **Vorparlaments**. Es sollte die Revolution in eine geordnete, d.h. parlamentarische und konstitutionelle Richtung lenken und Grundsätze für die Wahlen zur Nationalversammlung, dem ersten gesamtdeutschen Parlament, aufstellen. Ein **Siebenerausschuss**, der auf der Heidelberger Versammlung gewählt wurde, sollte das Vorparlament vorbereiten.

Das Vorparlament, in das Abgeordnete aus den Einzelstaaten berufen wurden und in dem die Liberalen die Mehrheit stellten, tagte vom 31. März bis zum 3. April 1848. Es trat neben den Bundestag als Organ des Deutschen Bundes (→ S. 56), der seit Anfang März bereits Reformen durchgesetzt hatte. Folglich gab es mit dem Vorparlament, dem Siebenerausschuss und dem Bundestag ein **Nebeneinander von Institutionen**. Zugleich amtierten Könige, Herzöge und Fürsten in den Einzelstaaten weiter, auch wenn es dort demokratisch legitimierte Wahlen gegeben hatte.

Während im Vorparlament Einigkeit über die Grundsätze für die Wahlen zur Nationalversammlung herrschte, trat der Konflikt über die zukünftige Staatsform offen zutage. Als linke badische Abgeordnete um Hecker und Struve, die sich für eine Republik ausgesprochen hatten, an der Ablehnung der Liberalen scheiterten, verließen sie das Vorparlament und versuchten, ihr Ziel auf außerparlamentarischem Weg zu erreichen. Hecker stellte bewaffnete Truppen auf, rief im April 1848 in Konstanz die **Konstanzer Republik** aus und hoffte, dadurch seine republikanischen Ideen durchsetzen zu können. Ende April wurde die Erhebung durch Truppen des Deutschen Bundes und Württemberg niedergeschlagen. Hecker und Struve flohen ins Ausland. Gemäßigte Demokraten um Robert Blum fühlten sich von den Radikalen verraten, und die Liberalen sahen ihre Befürchtung, die Revolution könne entgleisen, bestätigt. Hinzu kam, dass sowohl Österreich als auch Preußen das Frankfurter Vorparlament nicht akzeptierten. Der preußische König lehnte eine Zusammenarbeit mit dem revolutionären Vorparlament gänzlich ab und beugte sich nur Urwahlen zu einer Nationalversammlung, die von der Bundesversammlung durchgeführt wurden.

Die Wahl zur Nationalversammlung

Im April und Mai 1848 fand in allen deutschen Staaten die Wahl zur Frankfurter Nationalversammlung und damit zum ersten demokratischen Parlament in Deutschland statt. Die Wahl der Abgeordneten erfolgte als Persönlichkeitswahl frei, gleich und unmittelbar. Als Ort für das Parlament wurde **Frankfurt am Main** gewählt, der Wahl- und Krönungsort der Kaiser des Heiligen Römischen Reiches, eine freie Stadt und der Sitz des Bundestages.

Am 18. Mai wurde das Parlament, das aus 830 Abgeordneten (mit Stellvertretern) bestand, in der **Frankfurter Paulskirche** eröffnet und der Liberale und frühere Burschenschaftler **Heinrich von Gagern** zum ersten Präsidenten gewählt. Die tatsächliche Zahl anwesender Abgeordnete lag nur zwischen 300 und 500, da die Anreise oftmals beschwerlich war oder die Abgeordneten andere Verpflichtungen hatten.

Die Abgeordneten des Parlaments schlossen sich in lockeren Gruppierungen (**Fraktionen**) zusammen und trafen sich in umliegenden Gasthäusern, nach denen sie schließlich benannt wurden, z. B. Casino oder Deutscher Hof. Im Parlament saßen die Abgeordneten je nach politischer Orientierung seit 1848 auf einer bestimmten Seite zusammen. Die große **Mehrheit** der Abgeordneten waren **bürgerlich Liberale**. Allerdings gab es auch zahlreiche fraktionslose Abgeordnete, die sich keiner Gruppierung zuordnen konnten.

Das erste deutsche Parlament wird auch als ein **Honoratiorenparlament** bezeichnet, das sich aus Personen mit hohem Ansehen zusammensetzte, jedoch nicht die soziale Gliederung der deutschen Bevölkerung repräsentierte. Zwei Drittel der Abgeordneten gehörten dem akademischen Bürgertum an, Arbeiter und Handwerker waren dagegen kaum vertreten.

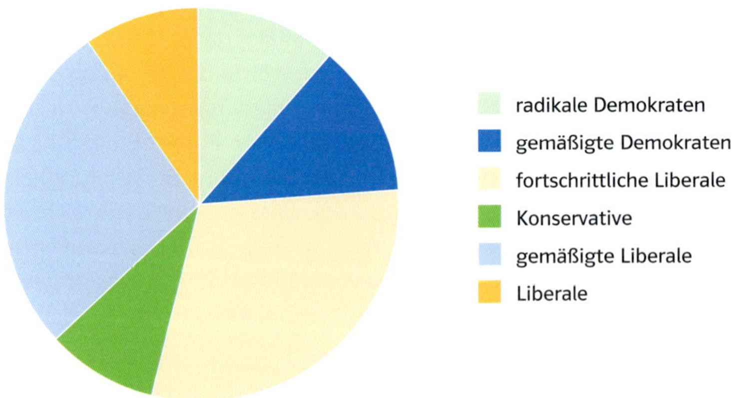

Verteilung der fraktionsgebundenen Abgeordneten in der deutschen Nationalversammlung 1848

Grundlegende Fragen der Nationalversammlung

Die Abgeordneten der Nationalversammlung hatten die Aufgabe, eine Verfassung für den künftigen deutschen Nationalstaat auszuarbeiten.

Dabei waren vor allem folgende Gesichtspunkte strittig:
- **Die Wahl der Staatsform**: Uneinigkeit bestand bei der Frage, ob der zukünftige deutsche Nationalstaat als Monarchie oder Republik verfasst sein sollte. Diese Frage führte zu einer **Spaltung der Opposition**: Die Demokraten forderten die Republik mit einem allgemeinen Wahlrecht und parlamentarischen Mehrheiten. Die Liberalen setzten sich für die Monarchie ein, die allerdings einer parlamentarischen Kontrolle unterliegen sollte. Geklärt werden musste auch, ob im Falle einer Monarchie ein Erb- oder Wahlkaisertum eingerichtet werden sollte.

- **Einheits- oder Bundesstaat**: Die Liberalen befürworteten das Bundesstaatsmodell mit einer Zentralgewalt in Form eines Monarchen und einem Legislativrecht des Parlaments. Die radikalen Demokraten setzten sich für einen Zentralstaat und somit für die Auflösung der Einzelstaaten ein. Die Konservativen bevorzugten die Bewahrung der föderalen Elemente und eine eingeschränkte Zentralgewalt.

- **Bestimmung des Staatsterritoriums**: Strittig war ebenfalls, welche Territorien künftig zu einem geeinten deutschen Nationalstaat gehören sollten. Es gab zwei Modelle, die diskutiert wurden: Die **großdeutsche Lösung** sah eine Einbeziehung Österreichs vor. Anhänger der **kleindeutschen Lösung** plädierten dagegen für einen deutschen Nationalstaat ohne Österreich unter Führung Preußens.

- **Bestimmung des Wahlrechts**: Während sich die Demokraten für ein gleiches Wahlrecht für alle Bürger einsetzten, befürwortete das liberale Bürgertum das Zensuswahlrecht, bei dem sich das Stimmrecht des Einzelnen an dessen Steuerleistung bemisst.

Verkündung der Verfassung am 28. März 1849

Im Dezember 1848 verabschiedete die Nationalversammlung die „**Grundrechte des deutschen Volkes**". Sie sahen u.a. individuelle Freiheits- und Eigentumsrechte, die Gleichheit vor dem Gesetz (Abschaffung der Standesunterschiede) und eine unabhängige Justiz vor.

Konstitutionelle Monarchie
Regierungsform, bei der die Macht des Monarchen durch eine Verfassung beschränkt wird. Charakteristika sind die Beteiligung der Volksvertretung an der Gesetzgebung, parlamentarische Kontrolle der Exekutive, Unabhängigkeit der Judikative, Garantie der Grundrechte u.a.

Am 28. März 1849 wurde die **Reichsverfassung** (auch **Paulskirchenverfassung**) verabschiedet. Sie sah eine **konstitutionelle Monarchie** mit einem Erbkaiser als Staatsoberhaupt vor. Dem Kaiser wurden besondere Aufgaben zugestanden: Er besaß die Regierungsgewalt, war Oberbefehlshaber der Streitkräfte und vertrat das Reich völkerrechtlich (z.B. im Falle von Bündnis- oder Friedensverträgen).

Im Übrigen sah die Reichsverfassung eine **Gewaltenteilung** vor. Die Reichsregierung, die aus dem Kaiser und den Ministern bestand, sollte die Exekutive, der Reichstag die Legislative bilden. Er bestand aus zwei Kammern, dem Staatenhaus, in dem die Regierungen der einzelnen Länder vertreten waren, und dem Volkshaus, dessen Abgeordnete nach allgemeinem und gleichem Wahlrecht gewählt werden sollten. Das Wahlrecht galt nur für Männer ab 25 Jahren. Frauen durften nicht wählen.

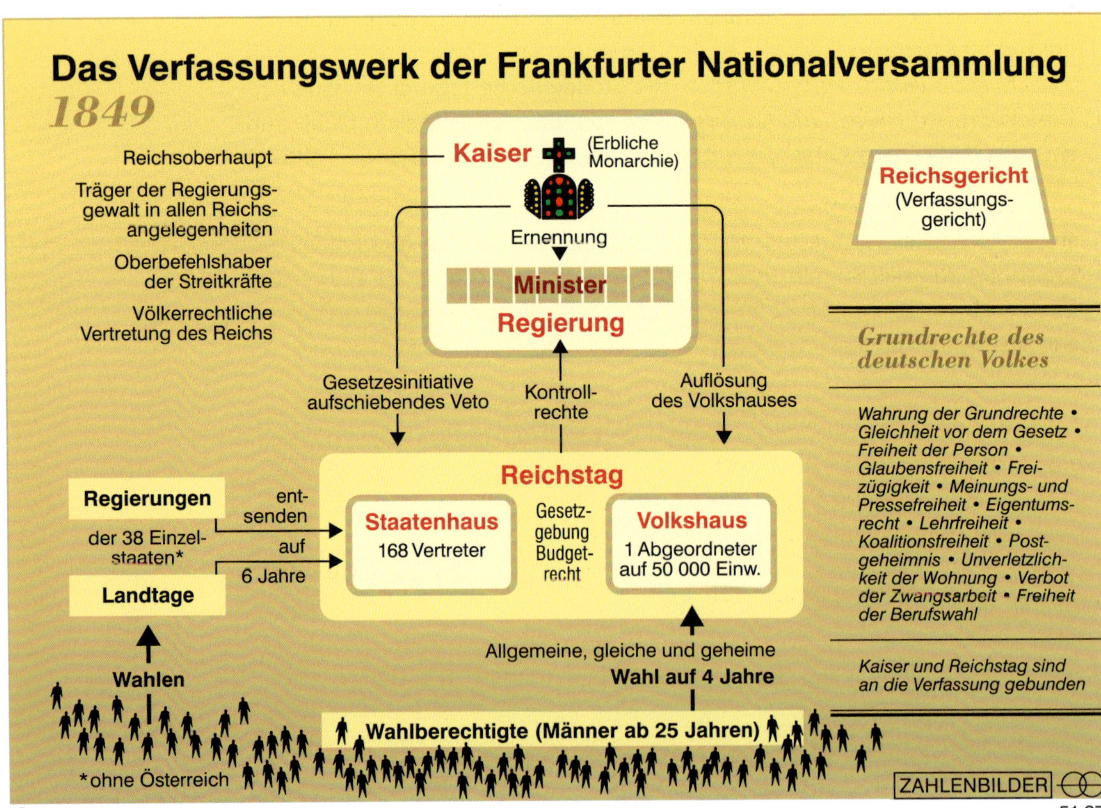

Die Entscheidung über die Grenzen des künftigen deutschen Nationalstaates fiel knapp zugunsten der **kleindeutschen Lösung** aus. Der preußische König Friedrich Wilhelm IV. wurde vom Paulskirchenparlament zum deutschen Kaiser gewählt. Allerdings weigerte er sich, die Krone anzunehmen. Als „Herrscher von Gottes Gnaden" wollte er sie nicht vom Volk erhalten. Damit zeichneten sich das Scheitern der Nationalversammlung und der Sieg der alten Mächte ab. Die Reichsverfassung trat nie in Kraft.

3.6 Gegenrevolution und das Scheitern der Revolution

Die Auflösung der Nationalversammlung

Aufgrund der revolutionären Erhebungen mussten die Landesregierungen die Konstituierung der Nationalversammlung 1848 widerwillig akzeptieren, sie waren aber zur Zusammenarbeit mit dem Parlament kaum bereit. Darüber hinaus führten die **langwierigen Verhandlungen** in der Nationalversammlung und das Fehlen einer wirksamen Exekutive zur Durchsetzung von Beschlüssen in der zweiten Hälfte des Jahres 1848 zum Wiedererstarken der reaktionären Kräfte.

Die **Gegenrevolution** setze 1848 mit der **Niederschlagung der Septemberunruhen** in Frankfurt und anderen Städten ein. Die Ermordung des Abgeordneten Robert Blum nach der Niederschlagung der Aufstände durch kaiserliche Truppen in Wien markierte ein vorläufiges Ende der revolutionären Erhebungen im Gebiet des ehemaligen Deutschen Bundes.

Als König **Friedrich Wilhelm IV.** am 3. April 1849 die Krone, die ihm die Nationalversammlung angeboten hatte, und damit die **Reichsverfassung ablehnte**, war die Revolution gescheitert. Weitere Landesfürsten taten es ihm gleich. Der Abzug der preußischen, österreichischen, sächsischen und bayerischen Abgeordneten aus der Paulskirche markierte den Beginn der **Auflösung der Nationalversammlung**.

Zwar gab es in einigen deutschen Staaten weiterhin Befürworter der Reichsverfassung, und es flammten dort auch erneut revolutionäre Bewegungen auf, doch scheiterten sie letztlich alle. Bereits Ende April 1849 war im Südwesten eine **Volksbewegung** zugunsten der Reichsverfassung entstanden, die von demokratischen Vereinen getragen wurde. Sie weitete sich zur **„Reichsverfassungskampagne"** aus, mobilisierte erneut Massen und endete in bürgerkriegsartigen Kämpfen unterschiedlicher Dauer und Intensität. Die Paulskirche lehnte die Reichsverfassungskampagne ab, die liberale Mehrheit verließ daraufhin die Versammlung. Die rund 100 Abgeordneten, die übrig geblieben waren, verlagerten ihre Versammlung am 30. Mai 1849 nach Stuttgart und bildeten ein **„Rumpfparlament"**, das von württembergischen Truppen am 18. Juni jedoch gewaltsam aufgelöst wurde.

Auch an anderen Orten gab es erneut Aufstände, im Königreich Sachsen, in der Pfalz, im Großherzogtum Baden, wo das badische Heer zu den Revolutionären überlief und es den Revolutionären gelang, eine Republik auszurufen. Doch auch diese Erhebungen wurden niedergeschlagen – die letzte im badischen Rastatt, wo am 23. Juli 1849 die Bundesfestung Rastatt kapitulierte.

Gründe für das Scheitern der Nationalversammlung

Das Scheitern der Nationalversammlung hat verschiedene Gründe und lässt sich nicht monokausal erklären. Der Historiker Thomas Nipperdey spricht von einer Überforderung der Nationalversammlung, da sie Probleme, die andere Nationen nacheinander lösten, gleichzeitig zu bewältigen hatte. Neben der Gründung des Nationalstaates und der Frage nach den Grenzen des Deutschen Reiches (Großdeutsch versus Kleindeutsch) standen der Konflikt um die Staatsform (Republik versus Monarchie), die Frage der sozialen Gerechtigkeit und der Freiheitsrechte auf der Agenda der Nationalversammlung.

Darüber hinaus litt die Nationalversammlung an folgenden Schwächen:

- Die Abgeordneten schätzten die machtpolitischen Verhältnisse in Deutschland falsch ein, als sie das Einlenken der Fürsten im März 1848 als nachhaltigen Erfolg werteten.
- Die **politische Unerfahrenheit** der Parlamentarier führte zu langen, fruchtlosen Debatten, die das Wiedererstarken oppositioneller Kräfte ermöglichten.
- **Mangelnde Kompromissbereitschaft**, **Interessengegensätze und Uneinigkeit** spalteten die Revolutionäre. Die radikalen Demokraten (Kleinbürgertum, freiberufliche Intelligenz, vierter Stand) forderten eine Republik, die Volksbewaffnung und soziale Rechte. Die liberale Mehrheit des Bildungs- und Besitzbürgertums wollte die Umgestaltung des Staates dagegen gewaltfrei erreichen (Reform statt Revolution, konstitutionelle Monarchie, Zensuswahlrecht). Sie setzte auf Verhandlungen und arbeitete mit den alten Mächten zusammen. Zudem spaltete die Frage nach einer groß- oder kleindeutschen Lösung die Nationalbewegung.
- Der Paulskirche **fehlte** eine **Zentralgewalt**, um handlungsfähig zu sein. Sie war von Zahlungen aus den Einzelstaaten abhängig, besaß keine eigenen Reichstruppen und keinen eigenen Verwaltungsapparat.
- Weder die alten Mächte in den deutschen Staaten noch das Ausland anerkannten das Parlament.
- Das **Militär** zeigte sich den alten Mächten gegenüber loyal und unterstützte die Revolutionäre nicht.
- In der preußischen Öffentlichkeit war der Gedanke verbreitet, die Revolution könne weiter von oben fortgeführt werden.

Eine Bewertung der Revolution

Der Revolution von 1848/49 ist es nicht gelungen, einen deutschen Nationalstaat mit einer Verfassung und verankerten Grundrechten durchzusetzen. Dennoch blieben die Ereignisse nicht folgenlos, sondern hatten Einfluss auf den weiteren Verlauf der deutschen Geschichte:

- Die **Verfassungsbewegung** (**Konstitutionalismus**) führte dazu, dass eine absolutistische Fürstenherrschaft unmöglich geworden war. Fast alle Staaten hatten moderne Parlamente anstelle von ständischen Versammlungen. Auch Preußen erließ eine Verfassung und wurde eine konstitutionelle Monarchie.
- Aus den verschiedenen Fraktionen, die sich in der Paulskirche herausgebildet hatten, entwickelten sich die späteren **politischen** Parteien in Deutschland.
- Die Revolution führte zu einer **Politisierung** breiter Schichten der Bevölkerung und zur Herausbildung einer nationalen, politischen Öffentlichkeit.
- Obwohl die Gründung eines Nationalstaates gescheitert war, blieb die Forderung nach nationaler Einheit bestehen. Die Revolution ist somit ein **Wegbereiter der Reichsgründung** von 1871.
- Die Revolution half bei der Überwindung der feudalen Strukturen, beendete die Bauernbefreiung und verhalf der Industrialisierung zum Durchbruch.
- Die **Verfassung** der Paulskirche war **Vorbild** für alle nachfolgenden deutschen Verfassungen (z.B. allgemeines Wahlrecht, Grundrechtskatalog).

Geschichte kontrovers

Waren die Ereignisse von 1848 eine Revolution?

Dafür spricht, dass es zu Aufständen und Erhebungen in den deutschen Staaten und europäischen Ländern kam, die gewaltsam niedergeschlagen wurden. Im Übrigen bewirkten die Einrichtung der Märzregierung in den einzelnen Ländern, die Einrichtung der Nationalversammlung und die dort ausgearbeitete Verfassung einschließlich eines Grundrechtskatalogs tiefgreifende politische Veränderungen. Die Massen wurden mobilisiert, und es entstand eine politische Öffentlichkeit.

Allerdings wurde die Verfassung nie umgesetzt, die wirtschaftlichen Verhältnisse änderten sich nur langsam und die gesellschaftlichen nicht grundlegend. Verbesserungen in beiden Bereichen geschahen langsam infolge der einsetzenden Industrialisierung.

CHRONOLOGIE

Deutschland 1800 bis 1849

1806	Gründung des Rheinbundes durch Napoleon I.: 16 süd- und westdeutsche Fürsten verbünden sich unter dem Protektorat Napoleons I.: → **Ende des Heiligen Römischen Reiches Deutscher Nation**.
ab 1806	**Reformen** in den **Rheinbundstaaten**
1807–1811	**Reformen** in **Preußen** (Stein-Hardenbergsche Reformen)
1813–1815	**Befreiungskriege**: Ende der Vorherrschaft Napoleons I.
1814/15	Neuordnung Europas auf dem **Wiener Kongress** mit dem Ziel, den **alten, vorrevolutionären Ordnungsvorstellungen** wieder Geltung zu verschaffen. Gründung des **Deutschen Bundes** als Staatenbund enttäuscht fortschrittliche Kräfte in Deutschland, die auf einen Einheitsstaat (Bundesstaat) als Voraussetzung für einen freiheitlichen Rechtsstaat gehofft hatten.
1815	Studenten organisieren sich in **Burschenschaften** und fordern demokratische Reformen und die nationale Einheit.
1817	**Wartburgfest**: Protest gegen reaktionäre Fürstenherrschaft.
1819	**Karlsbader Beschlüsse**: Zerschlagung revolutionärer Bestrebungen; staatliches Überwachungs- und Zensursystem.
1830	Revolten in Europa, z. B. im Juli in Frankreich und in einigen deutschen Staaten
1832	**Hambacher Fest**: größte politische Massenveranstaltung, auf der Freiheit und Einheit für Deutschland gefordert werden.
1844	**Aufstand der schlesischen Weber**
1845–1847	**Wirtschafts- und Agrarkrise** (Missernten): Pauperismus, Hungeraufstände.
22.02.1848	Beginn der **Februarrevolution in Frankreich**; in der Folge Revolutionen in zahlreichen Hauptstädten Europas
März 1848	**Barrikadenkämpfe in Berlin**
31.03.–03.04.1848	Vorparlament in Frankfurt
18.05.1848	Zusammentreffen der verfassunggebenden **Nationalversammlung** in der Frankfurter Paulskirche
Dezember 1848	Verabschiedung der **Grundrechte**
28.03.1849	Verabschiedung der **Reichsverfassung** (**Paulskirchenverfassung**), die eine konstitutionelle Monarchie vorsieht.
03.04.1849	**Friedrich Wilhelm IV. lehnt** die **Kaiserkrone**, die ihm die Nationalversammlung angeboten hatte, und damit die **Reichverfassung ab** → Scheitern der Revolution.
Mai/Juni 1849	**Reichsverfassungskampagne**: Versuch, die Reichsverfassung mit Barrikadenkämpfen in der Pfalz, Baden, Sachsen und Westfalen durchzusetzen → Niederschlagung durch preußische Truppen.

4 Deutschlands Weg zum Nationalstaat und das Kaiserreich unter Bismarck 1849 bis 1888

Die Politik im Deutschen Bund wurde ab 1849/50 durch den Kampf Österreichs und Preußens um die Vorherrschaft im Bund bestimmt. 1866 gelang es Preußen, den Dualismus mit Österreich durch einen Sieg im Preußisch-Österreichischen Krieg für sich zu entscheiden. 1867 stieg es durch die Bildung des Norddeutschen Bundes zu einer europäischen Großmacht auf.

1871 ebnete der Sieg über Frankreich im Deutsch-Französischen Krieg den Weg zur Gründung eines deutschen Nationalstaates. Am 18. Januar 1871 entstand im Spiegelsaal von Versailles das Kaiserreich als kleindeutscher Nationalstaat durch eine „Reichsgründung von oben".

Der „äußeren Reichsgründung" musste eine „innere" folgen, also ein nationaler Zusammenhalt und eine gemeinsame Identität geschaffen werden. Otto von Bismarck wandte hierfür die Herrschaftstechnik der „negativen Integration" an. Er versuchte, durch die Ausgrenzung sogenannter „innerer und äußerer Reichsfeinde" wie z. B. Katholiken oder Sozialdemokraten die politischen Kräfte im Reich zu vereinen.

Da die Gründung des Deutschen Reiches und die fortschreitende Industrialisierung das Gleichgewicht unter den Großmächten verschoben hatte und diese dem Machtzuwachs Deutschlands mit Argwohn begegneten, versuchte Bismarck durch eine geschickte Bündnispolitik und eine defensive deutsche Außenpolitik den Frieden in Europa zu sichern.

4.1 Die Zeit der Reaktion 1848/49 bis 1859

Nach dem Scheitern der Revolution von 1848/49 war in den meisten deutschen Staaten und in Österreich eine fortschrittsfeindliche, **reaktionäre Innenpolitik** vorherrschend. Die liberalen Errungenschaften aus der Zeit des Vormärz sollten rückgängig gemacht und ein konservativer Obrigkeitsstaat errichtet werden. Dazu gehörte auch die **Verfolgung von Revolutionären**, die daher ins europäische Ausland oder nach Übersee flohen. Für sie wurde in den USA und Australien der Begriff *Forty-Eighters* gebräuchlich. Das Großherzogtum Baden beispielsweise verließen rund 80 000 Menschen, was ca. 5 % der Bevölkerung entsprach.

Die Entwicklung in Preußen und die preußische Verfassung

Für den Weg Deutschlands zum Nationalstaat wurden die Entwicklungen in Preußen, dem größten deutschen Staat, bedeutsam. Auch der preußische König Friedrich Wilhelm IV. ergriff reaktionäre Maßnahmen. Er ersetzte das liberale Ministerium durch ein konservatives und ließ die Nationalversammlung, die von Mai bis Dezember 1848 getagt hatte, durch das Militär auflösen. Am 5. Dezember 1848 setzte er ohne parlamentarische Mitwirkung eine Verfassung ein. Diese **oktroyierte**, d.h. von oben aufgezwungene **Verfassung**, hatte bis 1918 Bestand und erfuhr in den Folgejahren einige reaktionäre Anpassungen.

Die wichtigsten **Merkmale der preußischen Verfassung** waren:
- Garantie der **Bürgerrechte**: Die Verfassung garantierte bürgerliche Freiheiten wie die Freiheit der Person, Religion, Meinungsäußerung, die Gleichheit vor dem Gesetz. In dieser Hinsicht waren die Unterschiede zur Paulskirchenverfassung gering.
- **Zweikammersystem**: Während in der Ersten Kammer (Herrenhaus) der Adel und die königliche Familie saßen, bestand die Zweite Kammer aus gewählten Volksvertretern.
- **Dreiklassenwahlrecht**: Die Wahlen zur Zweiten Kammer erfolgten öffentlich und direkt über Wahlmänner. Seit 1849 galt für die Wahl zur Zweiten Kammer ein Dreiklassenwahlrecht. Die Bevölkerung wurde entsprechend ihrer Steuerleistung in drei Klassen eingeteilt. Die erste Klasse der am höchsten Besteuerten (Unternehmer und Fabrikanten) vertrat 1849 nur rund 5% der Bevölkerung, die zweite Klasse rund 13% und die dritte Klasse 82%. Alle Klassen stellten jedoch die gleiche Anzahl an Wahlmännern unabhängig von der Bevölkerungsgröße, die die Klasse repräsentierte. Es handelte sich demnach um eine ungleiche Wahl.
- **Keine Volksouveränität**, betont wurde das Gottesgnadentum der Monarchie.

Der preußische König hatte eine herausgehobene Position. Er gehörte neben den beiden Kammern zur Legislative. Um ein Gesetz durchzusetzen, mussten alle drei Organe zustimmen. Der König besaß zudem die gesamte Exekutivgewalt. Er hatte den Oberbefehl über die Armee, er ernannte den Ministerpräsidenten und berief die Richter. Im Vergleich zum Verfassungsentwurf der Paulskirche leitete die preußische Verfassung eine **neoabsolutistische Herrschaft** ein.

Das liberale Wirtschaftsbürgertum hatte sich nach dem Scheitern der Revolution dem monarchischen Obrigkeitsstaat langsam angenähert und versucht, Kompromisse mit den Konservativen zu finden. Das Ziel der Liberalen, die nationale Einheit, wollten sie durch Reformen verwirklichen. Eine Chance hierfür sahen sie während der Regentschaft von Kronprinz Wilhelm ab 1858 (ab 1861 König Wilhelm I.). In dieser Zeit gelang es den Altliberalen, die Konservativen aus der Zweiten Kammer zu vertreiben und 55% der Sitze zu erlangen. Auf die vom Adel besetzte Erste Kammer (Herrenhaus), die Reformvorschläge blockierte, hatten sie wenig Einfluss.

4.2 Der Aufstieg Preußens unter Bismarck

Der preußische Verfassungskonflikt

In den Jahren 1859 bis 1866 kam es im preußischen Parlament zwischen Liberalen und Konservativen zum sogenannten **Verfassungs-** oder auch **Heereskonflikt**. Der preußische König Wilhelm I. plante eine Reform des Heeres. Die Liberalen unterstützten zwar sein Vorhaben, die Zahl der Rekruten um 50% zu erhöhen und mehr Dienststellen zu schaffen. Sie lehnten es jedoch ab, das vom Adel kommandierte Feldheer auf Kosten der von bürgerlichen Offizieren geführten Landwehr zu vergrößern, weil sie darin einen Machtzuwachs des Königs sahen. Da das Abgeordnetenhaus das Budgetrecht hatte, der König aber für das Militär zuständig war, entwickelte sich daraus ein Verfassungsstreit. Die liberalen Abgeordneten der Zweiten Kammer bewilligten die Mittel für die Reform nur vorläufig. Wilhelm I. löste das Parlament daraufhin 1862 auf und schrieb Neuwahlen aus, bei denen die Liberalen ihre Mehrheit aber stabilisieren konnten. Der König blieb bei seiner Position und wollte nun abdanken.

Otto von Bismarck (1815–1898)
Sohn eines adeligen Landjunkers; Studium der Rechtswissenschaften; seit 1847 konservativer Abgeordneter im preußischen Landtag; beteiligte sich am Kampf gegen die Revolution; 1862 Botschafter in Paris; 1862 bis 1890 preußischer Ministerpräsident; 1871 bis 1890 Reichskanzler.

In dieser Situation holte Kriegsminister Albrecht Roon den konservativen preußischen Gesandten **Otto von Bismarck** aus Paris zurück – und somit den Mann, der die künftigen Geschicke Preußens und Deutschlands entscheidend prägte. Bismarck sollte die königlichen Ansprüche gegenüber dem Parlament durchsetzen. Er wurde am 23.9.1862 von Wilhelm I. zum **preußischen Ministerpräsidenten** ernannt. Bismarck überging das Budgetrecht des Parlaments mit der Begründung, dass es in der Verfassung eine Gesetzeslücke gebe (**Lückentheorie**). Die Verfassung sehe nicht vor, dass sich Abgeordnetenhaus, Herrenhaus und Krone bei der Gesetzgebung uneinig sind. In einem solchen Fall müsse das monarchische Prinzip gelten und die Entscheidung des Königs Vorrang haben. Die Liberalen empörten sich über Bismarcks Vorgehen, sie sahen in ihm einen „**Verfassungsbrecher**". Bismarcks Lösung führte zu einer Entfremdung zwischen ihm und den Liberalen.

Erst 1866, unter dem Eindruck seiner außenpolitischen Erfolge nach dem Sieg von Königgrätz (→ S. 77), legte Bismarck dem Parlament ein Gesetz vor, das sein Vorgehen im Verfassungskonflikt und den Haushalt von 1862 nachträglich legalisierte (**Indemnitätsvorlage**). Die Vorlage wurde von der Mehrheit des liberalen Lagers angenommen.

Indemnität
bezeichnet die Rechtsimmunität eines Parlamentariers sowie die nachträgliche Legitimierung nicht rechtskonformer Handlungen der Regierung durch das Parlament.

Allerdings billigten sie nicht alle Liberalen, sodass es zu einer **Spaltung der Liberalen** kam (→ S. 82). Die Fortschrittspartei als liberale Partei des Besitz- und Bildungsbürgertums lehnte die Indemnitätsvorlage ab. Von der Fortschrittspartei spaltete sich 1867 die Nationalliberale Partei ab, die wiederum Bismarcks Vorgehen akzeptierte. Die Schaffung einer nationalen Einheit war das oberste Ziel der Nationalliberalen. Für die Fortschrittspartei dagegen stand die nationale Einheit an zweiter Stelle und sollte auf dem Verhandlungsweg erlangt werden; sie setzte sich in erster Linie für die Freiheitsrechte ein.

Der österreichisch-preußische Dualismus

Für den Weg zur Reichseinigung spielte neben der Entwicklung in Preußen auch Preußens Verhältnis zu Österreich eine entscheidende Rolle. Als 1850 der alte Bundestag und 1851 der Deutsche Bund wiedereingesetzt wurden, flammte die Rivalität zwischen Österreich und Preußen um die Vorherrschaft im Bund erneut auf (**österreichisch-preußischer Dualismus**).

Österreichs Interesse lag darin, seine Stellung als Präsidialmacht zu nutzen, um durch die Aufnahme aller Völker der Donaumonarchie die österreichische Führung im Deutschen Bund zu sichern. Preußen lehnte dies durch ein Veto ab. Bismarck andererseits war daran gelegen, Preußens Rolle zu stärken. 1852 verhinderte er, dass Österreich Mitglied im Zollverein (→ S. 39) wurde, was zu einer wirtschaftlichen Trennung Österreichs und Deutschlands führte. Ferner verhinderte er 1863 den großdeutschen Reformvorschlag Österreichs, der ein nationales Parlament mit Abgeordneten aus den Kammern der einzelnen Staaten vorsah. Bismarck sprach sich gegen den Reformvorschlag aus, da er befürchtete, dass die nationalen Bewegungen die Führungsrolle Österreichs akzeptieren könnten.

Einigungskriege ebnen den Weg zum Nationalstaat

Den reaktionären Kräften gelang es nach der gescheiterten Revolution 1848/49 nicht, die vor allem im Bürgertum verbreiteten Forderungen nach einem einheitlichen deutschen Staat zu unterdrücken. Die Nationalbewegung organisierte ab den 1850er-Jahren mit Schützen-, Turn- und Sängerfesten Massenveranstaltungen. Mit der Gründung des Deutschen Nationalvereins 1859 sollte der Einigungswunsch der Deutschen in der Öffentlichkeit allgemein bewusst bleiben.

Die deutsche Einheit setzte Bismarck gegen den Widerstand der europäischen Mächte schließlich auf dem Schlachtfeld durch. Mit den sogenannten Einigungskriegen 1864, 1866 und 1870/71 schuf er die Voraussetzungen für eine **deutsche Einigung unter preußischer Führung**.

Der Deutsch-Dänische Krieg 1864

Seit 1460 waren Schleswig und Holstein in Personalunion mit Dänemark vereint. Im Zuge der Revolution 1848/49 bahnte sich die Loslösung des überwiegend deutschsprachigen Schleswig-Holsteins von Dänemark an. Dies mündete in einem Krieg zwischen Dänemark und Preußen, der aufgrund internationaler Interventionen abgebrochen wurde. Als die dänische Nationalbewegung 1863 versuchte, Schleswig mit Dänemark zu vereinen, das mit Holstein verbunden war, forderte die Öffentlichkeit die Loslösung beider Länder von Dänemark und den Anschluss an den Deutschen Bund. Da sich Dänemark weigerte, der Forderung nachzukommen, kam es 1864 zum Krieg Dänemarks gegen Österreich und Preußen. Dänemark musste nach der Niederlage an den Düppeler Schanzen Schleswig an Preußen und Holstein an Österreich abgeben.

Der Preußisch-Österreichische Krieg 1866

Mittlerweile wuchs in Preußen und Österreich die Entschlossenheit, das Problem des Dualismus auf kriegerischem Weg zu lösen. 1866 entbrannte ein Konflikt über das Gebiet Schleswig-Holstein, der zum „Bruderkrieg" Preußens gegen eine von Österreich angeführte Koalition vor allem süddeutscher Staaten führte. Der Krieg endete mit einem Sieg Preußens bei Königgrätz in Böhmen.

Bismarck setzte bei Wilhelm I. durch, dass es zu keiner Annexion österreichischer Territorien kam. Im Gegenzug stimmte Österreich der Auflösung des Deutschen Bundes, der Annexion u.a. von Nassau und dem Königreich Hannover sowie der **Bildung des Norddeutschen Bundes (1867)** unter preußischer Führung zu. Der österreichisch-preußische Dualismus war damit beendet, Österreich gehörte fortan nicht mehr zu Deutschland.

Frankreich wollte den Anschluss der süddeutschen Staaten an den Norddeutschen Bund verhindern, da klar war, dass sich mit Preußen nun eine zweite europäische Großmacht auf dem Festland etabliert hatte. Preußen ging auf die Forderung ein, dass Bayern, Baden und Württemberg international unabhängig blieben.

Der Deutsch-Französische Krieg 1870/71

Als 1870 Leopold, ein Prinz aus dem Hause Hohenzollern-Sigmaringen, zum König von Spanien gewählt werden sollte, intervenierte Napoleon III., da er befürchtete, Frankreich könne von den Hohenzollern „umklammert" werden. Preußen lenkte ein und verzichtete auf die spanische Krone, womit sich Frankreich aber nicht zufriedengab. Der Konflikt eskalierte, als Wilhelm I. während eines Kuraufenthalts in Bad Ems von einem Gesandten der französischen Regierung aufgefordert wurde, für alle Zeiten auf eine Thronkandidatur in Spanien zu verzichten. Der preußische König lehnte höflich, aber entschieden ab und setzte Bismarck in einem Telegramm über sein Gespräch mit dem französischen Botschafter in Kenntnis. Bismarck kürzte die Mitteilung des Königs so, dass der demütigende Charakter der französischen Forderung besonders deutlich wurde, und veröffentlichte diese Version (**Emser Depesche** 13. Juli 1870).

Depesche = Telegramm, Eilnachricht

Bismarck brüskierte Napoleon III. damit und stellte Frankreich in der europäischen Öffentlichkeit bloß. Napoleon III., der das Ansehen seines Landes beschädigt sah, erklärte Preußen daraufhin am 19. Juli 1870 den Krieg, in dem der Norddeutsche Bund und die süddeutschen Staaten an der Seite Preußens kämpften. Am 2. September 1870 kapitulierte Napoleon III. in Sedan. Im Frieden von Frankfurt 1871 musste Frankreich Elsass-Lothringen abtreten und verpflichtete sich zur Zahlung einer hohen Kriegsentschädigung.

Dieser Sieg über Frankreich ebnete den Weg zur Gründung eines deutschen Nationalstaates. Im Rückblick urteilt Bismarck über den Deutsch-Französischen Krieg: „Auch der französische Krieg war notwendig; ohne Frankreich geschlagen zu haben, konnten wir nie ein deutsches Reich mitten in Europa errichten und zu der Macht, die es heute besitzt, erheben."

4.3 Die Gründung des Deutschen Reiches 1871

Nationalstaatsgründung „von oben"

Balance of Power
Außenpolitisches Ziel Englands seit Ende des 17. Jh., das Gleichgewicht der Kräfte unter den europäischen Mächten zu erhalten und die Hegemonie einer Macht zu verhindern.

Die Reichsgründung 1871 wurde durch eine günstige außenpolitische Konstellation, dem „Wellental der Großen Politik" (Ludwig Dehio) erleichtert. Das globale Engagement der beiden europäischen Flügelmächte Russland und England eröffnete den für die Reichsgründung notwendigen Spielraum: Russland war nach der Niederlage im Krimkrieg durch Modernisierungsbestrebungen innenpolitisch gebunden, England außenpolitisch durch Probleme im Empire. Ferner entsprach es dem britischen Grundprinzip der *Balance of Power*, keine Bedenken gegen einen starken Nationalstaat im Zentrum Europas zu haben, der ein Gegengewicht zu Frankreich bildete.

Wilhelm I. (1797–1888) stammte aus dem Hause Hohenzollern. Er war ab 1861 König von Preußen und seit der Reichsgründung 1871 der erste deutsche Kaiser.

Am 18. Januar 1871 wurde im Spiegelsaal von Versailles noch vor dem Waffenstillstand mit Frankreich das Deutsche Kaiserreich gegründet. Im Taumel der nationalen Begeisterung über den Sieg über Frankreich konnte Bismarck die süddeutschen Fürsten für die Reichsgründung unter preußischer Führung gewinnen. Sie traten dem Norddeutschen Bund bei. Wilhelm I. wurde zum „Deutschen Kaiser" ausgerufen. Da er die preußische Königswürde höher bewertete, widerstrebte ihm der Titel allerdings. Er hatte stattdessen den Titel „Kaiser von Deutschland" vorgeschlagen, was wiederum Bismarck ablehnte. Bismarck fürchtete, dass der damit zum Ausdruck gebrachte Herrschaftsanspruch den Unmut der süddeutschen Staaten hervorrufen könnte.

Gekürt wurde das Oberhaupt dann nicht vom Volk, sondern von den Fürsten der Einzelstaaten als Oberhaupt von Gottes Gnaden. Bei der Reichsgründung 1871 handelt es sich, im Gegensatz zu dem Versuch von 1848/49, um eine **Reichsgründung „von oben"**.

Ort und Zeitpunkt der Reichsgründung waren überaus **symbolbeladen**: Der 18. Januar war der 170. Jahrestag der Thronbesteigung Friedrichs I., des ersten preußischen Königs. Die Wahl des Zeitpunktes verwies damit auf die preußische Tradition, in der sich das Kaiserreich sah. Auch der Ort war bedeutsam: Versailles, das Prunkschloss des Sonnenkönigs Ludwig XIV., wurde in Frankreich als ein Ort der nationalen Identifikation betrachtet. Dass das Deutsche Kaiserreich gerade hier gegründet wurde, musste in Frankreich als eine besondere Demütigung aufgefasst werden und beförderte die Vorstellung, zwischen beiden Ländern bestehe eine „Erbfeindschaft".

Das Deutsche Reich von 1871 bis 1918

Bismarcks Reichsverfassung von 1871

Die Reichsverfassung, die vor allem von Bismarck entworfen wurde, stellte im Wesentlichen eine überarbeitete Version der Verfassung des Norddeutschen Bundes von 1867 dar. Sie sah folgende Staatsorgane vor:

Der **Kaiser**, der König von Preußen, war das Oberhaupt des Reiches und bildete zusammen mit dem Reichskanzler die **Exekutive**. Er war militärischer Oberbefehlshaber und entschied unabhängig vom Parlament und der Regierung über Krieg und Frieden. Dies führte unter Wilhelm II. (Kaiser ab 1888) dazu, dass sich das Militärkabinett zu einer Nebenregierung entwickeln konnte (→ S. 122). Zu den Aufgaben des Kaisers gehörte darüber hinaus die Ernennung und Entlassung der Reichsbeamten, insbesondere des Reichskanzlers. Im Übrigen verkündete er die Gesetze und kontrollierte deren Ausführung.

Er konnte gegen die Beschlüsse des Bundesrates und Reichstags kein Veto einlegen. Der Kaiser war an die Verfassung gebunden, das Kaiserreich war insofern eine **konstitutionelle Monarchie**.

Zusammen mit dem Kaiser bildete der **Reichskanzler** den anderen Teil der **Exekutive**. Der Reichskanzler wurde vom Kaiser ernannt und war darum auf dessen Vertrauen angewiesen. Für Bismarck galt allerdings, dass er aufgrund seines enormen Prestiges eine außerordentliche Machtfülle innehatte und sogar den Kaiser mit seinen Rücktrittsdrohungen politisch unter Druck setzen konnte. Der Reichskanzler war in Personalunion preußischer Ministerpräsident, Vorsitzender des Bundesrats und Außenminister. Die vielfältigen Verflechtungen machten ihn zur **Integrationsfigur** und zum Bindeglied zwischen den einzelnen Institutionen (Volker Ullrich).

Die Verfassung des Deutschen Kaiserreiches von 1871

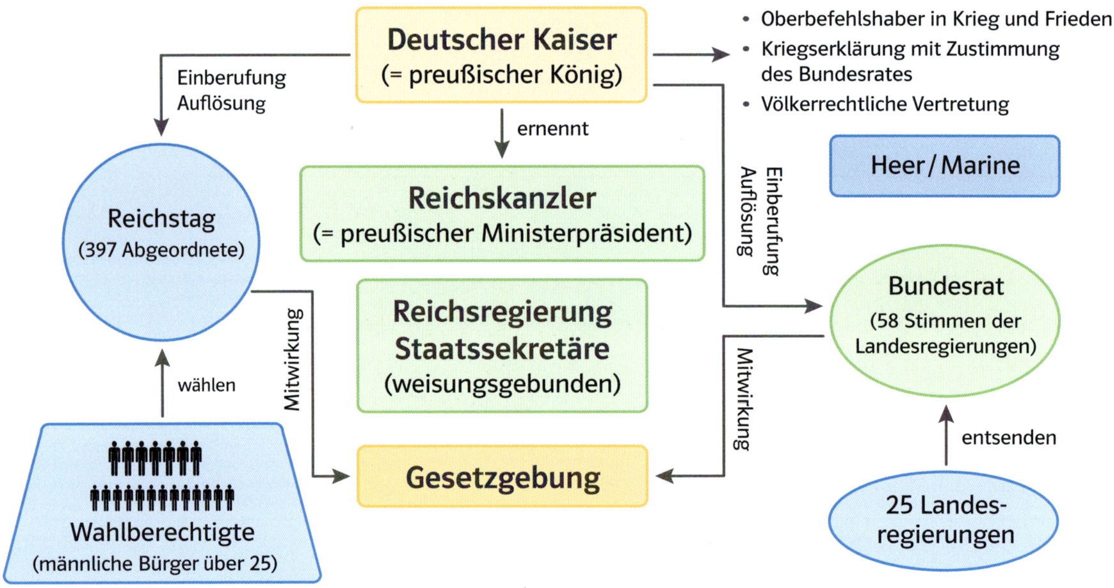

Der **Bundesrat** war die Vertretung der 25 Einzelstaaten des Kaiserreiches und symbolisierte die als „Bund der Fürsten" verstandene Reichsgründung. Er hatte insgesamt 58 Stimmen. Obwohl Preußen über zwei Drittel der Fläche und Bevölkerung verfügte, hatte es weniger als ein Drittel der Stimmen und schien darum auf den ersten Blick unterrepräsentiert. Allerdings besaß es eine **Sperrminorität**, sodass gegen die 17 preußischen Stimmen keine Entscheidung durchgesetzt werden konnte. Der Bundesrat war für die Gesetzgebung zuständig und besaß das Budgetrecht. Der Reichskanzler und die Staatssekretäre fungierten als Bevollmächtigte des Bundesrates, nicht als Mitglieder einer Reichsregierung. Die Regierung wurde so „gleichsam hinter dem Bundesrat versteckt" (Hans-Ulrich Wehler). Hierdurch konnte die in preußischer Hand befindliche Exekutive möglichst unabhängig vom Parlament (Reichstag) agieren.

Sperrminorität
festgelegter Mindeststimmanteil, der eine Entscheidung verhindern kann

Budgetrecht
= Recht des Parlaments, den Staatshaushalt zu genehmigen

Der **Reichstag** bildete das Parlament und war die Vertretung des deutschen Volkes. Die Legislaturperiode des Reichstages betrug zunächst drei, später fünf Jahre. Der Reichstag konnte vom Kaiser und mithilfe des Bundesrates auch vom Reichskanzler vorzeitig aufgelöst werden.

Das Parlament konnte zusammen mit dem Bundesrat an der Gesetzgebung und der Bewilligung des Haushalts mitwirken (Budgetrecht). Es hatte mit dem Petitions- und Interpellationsrecht auch die Möglichkeit, die Arbeit der Regierung öffentlich zu diskutieren und zu kritisieren. Darüber hinaus besaß der Reichstag aber kaum Kompetenzen. Vor allem war es ihm nicht möglich, den Kanzler auf dem Wege eines Misstrauensvotums zum Rücktritt zu zwingen. Auch war der Reichskanzler an Mehrheitsbeschlüsse des Parlaments nicht gebunden und dem Reichstag gegenüber also nicht verantwortlich.

Das **Wahlrecht** war relativ fortschrittlich. Alle Männer ab 25 Jahren durften wählen, es gab keine Privilegierung der Vermögenden.

Die Abgeordneten erhielten bis 1906 keine Aufwandsentschädigung (Diät). Es sollte auf diese Weise verhindert werden, dass sich Berufspolitiker etablierten.

Die Reichsverfassung hatte entscheidende **demokratische Defizite**: Der Reichstag, die Vertretung des deutschen Volkes also, hatte nur wenige Befugnisse und wurde von der Exekutive und dem Bundesrat dominiert. Kaiser und Reichskanzler konnten den Reichstag vorzeitig auflösen und Neuwahlen ansetzen. Im Übrigen war der Kanzler dem Reichstag gegenüber nicht verantwortlich.

Der Grundrechtskatalog, der Teil der Paulskirchenverfassung von 1849 war und u.a. individuelle Freiheits- und Eigentumsrechte, die Gleichheit vor dem Gesetz und eine unabhängige Justiz vorgesehen hatte, wurde nicht in die Reichsverfassung aufgenommen.

Ein weiteres strukturelles Problem ergab sich aus der Wahlkreiseinteilung. Die SPD musste in ihren Hochburgen, den dicht besiedelten Städten, deutlich mehr Wählerstimmen pro Mandat erreichen als z.B. die Konservativen auf dem bevölkerungsarmen Land. 1912 z.B. reichten knapp 10 000 Stimmen für ein konservatives Mandat auf dem Land, wohingegen die SPD in den Städten rund 62 000 Stimmen erzielen musste.

Mandat
= Abgeordnetensitz im Parlament

Die Parteien im Reichstag

Die Parteien fanden in der Verfassung keine Erwähnung. Ab den 1890er-Jahren veränderten sich die Honoratiorenparteien, in denen eine kleine Gruppe von herausgehobenen Personen alle entscheidenden Positionen besetzte, zu **Mitgliederparteien**. Die SPD und das Zentrum waren die ersten modernen Massenparteien. Allerdings waren auch sie mit einem bestimmten Milieu verknüpft, denn übergreifende Volksparteien gab es noch nicht. Die Beteiligung an den Reichstagswahlen stieg von 51% auf 84,9% (1912).

Im Kaiserreich war, neben einigen Splitterparteien, folgendes Parteienspektrum vertreten:

- Die **Liberalen**, lange Zeit die stärkste politische Kraft im Kaiserreich, waren in einen rechten und einen linken Parteiflügel geteilt. Gemeinsam war beiden Seiten das Streben nach Rechtsstaatlichkeit, Freiheitsrechten und Marktwirtschaft. Die Linksliberalen waren bis 1910 in mehrere Splitterparteien aufgeteilt (z. B. Deutsche Fortschrittspartei). Die Nationalliberalen entstanden 1867 aus dem rechten Flügel der Fortschrittspartei. Die Nationalliberale Partei, die Wählende aus dem protestantischen Bildungsbürgertum und industriellen Großbürgertum auf sich vereinte, unterstützte die Nationalstaatsgründung und den außenpolitischen Kurs Bismarcks bis zum Bruch im Jahr 1879. Staatliche Eingriffe in die Wirtschaft wurden abgelehnt.
- Die **Deutsch-Konservative Partei** hatte ihr Klientel unter den preußischen Großgrundbesitzern, Unternehmern und im völkisch-nationalgesinnten Mittelstand. Sie unterstützten Bismarcks Schutzzollpolitik (→ S. 86) und sein Vorgehen gegen die Sozialdemokraten. Sie wandten sich gegen die Reform des Wahlrechts in Preußen und setzten sich für die Wahrung preußischer Interessen ein. Sie bekannten sich zur Monarchie, hegten antisemitische Vorurteile, stellten sich aber gegen den „Kulturkampf" (→ S. 84).
- Die **Deutsche Zentrumspartei**, kurz Zentrum, konnte auf katholische Wählende aus allen sozialen Schichten zurückgreifen. Sie setzten sich für den Erhalt der Selbstständigkeit der Kirche, konfessionelle Schulen und die Selbstbestimmung der Bundesländer ein.
- **Sozialdemokratie**: 1869 gründeten August Bebel und Wilhelm Liebknecht die „Sozialdemokratische Arbeiterpartei" (SDAP), die sich 1875 mit dem „Allgemeinen Deutschen Arbeiterverein" von Ferdinand Lassalle (1863) zur „Sozialistischen Arbeiterpartei" (SAP) zusammenschloss (→ S. 45). Nach der Nichtverlängerung des Sozialistengesetzes (→ S. 87 f.) erfolgte 1890 die Neugründung als „Sozialdemokratische Partei Deutschlands" (SPD). Die Wählerschaft stammte überwiegend aus der Industriearbeiterschaft. Der „rechte Flügel" der Partei setzte sich dafür ein, die Lage der Arbeiter, z. B. deren Arbeitszeiten und Entlohnung, zu verbessern (Methode: Stärkung der Fraktion im Reichstag). Der „linke Flügel" versuchte entsprechend der marxistischen Theorie das Wirtschafts- und Gesellschaftssystem zu überwinden (Methode theoretisch: Revolution; praktisch: Reformen und Parlamentsarbeit).

Die Parteien waren nicht in die Regierung des Reiches einbezogen, da der Reichskanzler vom Kaiser bestimmt wurde. Sie konnten daher als Klientelparteien agieren, die nicht mehrheitsfähig sein mussten. Die Parteien waren von ihrem Selbstverständnis her Weltanschauungsparteien. Dies führte zu einer Reformunfähigkeit des Kaiserreiches, da eine längerfristige, parteiübergreifende Zusammenarbeit ausgeschlossen war. Bestenfalls kam es zu kurzen Zweckbündnissen, die gegen politische Kontrahenten geschlossen wurden oder Einzelthemen betrafen. Das Dreiklassenwahlrecht wurde bis 1918 beibehalten und verhinderte einen Machtverlust der Konservativen.

Befürworter und Gegner des Deutschen Reiches

Nationalliberale und Freikonservative konnten sich mit dem neuen Reich und der staatlichen Ordnung identifizieren. Schwierigkeiten hatten dagegen viele Katholiken mit der protestantischen Dominanz im Reich. Traditionelle Liberale kamen mit dem antiliberalen Charakter der staatlichen Ordnung und der kleindeutschen Lösung nicht zurecht. Die Sozialdemokratie stand im Widerspruch zu dem obrigkeitsstaatlichen, preußischen und „unsozialen" Charakter des neuen Reichs. Konservative in Preußen und im süddeutschen Raum, die Anhänger des habsburgischen Kaiserreiches waren, konnten sich mit dem Deutschen Reich ebenfalls nicht identifizieren.

4.4 Die Innenpolitik Bismarcks

Politik der negativen Integration

Mit der Reichsgründung 1871 war die äußere Gründung des Nationalstaates vollzogen, der neu gegründete Staat war im Inneren jedoch noch nicht gefestigt. Die „**innere Reichsgründung**" dauerte bis zu Beginn des neuen Jahrhunderts und vollzog sich insbesondere auf wirtschaftlichem und rechtlichem Gebiet durch:

- die Einbeziehung der Seestädte in den Deutschen Zollverein (→ S. 39);
- die Errichtung eines einheitlichen Währungsraums mit der Mark (1871) als Ersatz für sieben verschiedene Währungen;
- die Einführung eines neuen Reichsstrafgesetzbuches, das Bürgerliche Gesetzbuch 1900 sowie die Gründung des Reichsgerichts.

Die Reichsgründung „von oben" sowie die Vereinheitlichungen im wirtschaftlichen und rechtlichen Bereich bedeuteten nicht, dass es in der Gesellschaft eine gemeinsame Identität gab. Hinter dem neuen Staat standen nicht alle Bevölkerungsgruppen, daher bezeichnet der Historiker Hans-Peter Ullmann die Integration als das „drängendste Problem". Bismarck begegnete den Schwierigkeiten mit einer politischen Taktik, die Hans-Ulrich Wehler eine „**negative Integration**" nennt: Konflikte im Inneren des Reiches stellte er als „ernsthafte Gefahr" für das gesamte System dar, die Kontrahenten unterteilte er in „Reichstreue" und „Reichsfeinde". Durch das gemeinsame Vorgehen der „Reichstreuen" („Ingroup") gegen die „Reichsfeinde" („Outgroup") als gemeinsamem Gegner sollten die Reichstreuen zusammengehalten werden.

Zu den sogenannten Reichsfeinden zählte Bismarck neben den Dänen und Polen auch die Franzosen, die Sozialdemokraten, die jüdische Bevölkerung, den politischen Katholizismus und den parlamentarischen Liberalismus.

Der Kulturkampf

Die Gründung des Königreiches Italien 1861 führte zu einer Schwächung des Papstes, der versuchte, die Stellung der katholischen Kirche dogmatisch wieder zu festigen. Papst Pius IV. verkündete in diesem Zusammenhang 1864 den *„Syllabus errorum“*, eine Auflistung von 80 Fehlern der „Moderne“. 1868 berief er das Erste Vatikanische Konzil ein, das 1870 das Unfehlbarkeitsdogma, also die päpstliche Unfehlbarkeit in Glaubens- und Sittenfragen, verabschiedete. Es stieß auch bei vielen Katholiken auf Kritik. Als sich daraufhin die Altkatholiken von Rom lossagten und der Papst vom Deutschen Reich die Entlassung aller altkatholischer Staatsbeamte aus dem Dienst forderte, lehnte Bismarck dies ab. Er nutzte die Ereignisse, um im sogenannten Kulturkampf das Verhältnis zwischen Staat und Kirche zu klären. Dabei verfolgte er das Ziel, den Staat von geistlichen Einflüssen, katholischen wie protestantischen, zu befreien.

Im Kaiserreich war ein Drittel der Bevölkerung katholisch. Die Katholiken agierten in vielfacher Hinsicht als homogene soziale Gruppe, was beispielsweise die sehr geringe Zahl an Mischehen zwischen Katholiken und Protestanten zeigte. 1870 wurde die **Deutsche Zentrumspartei** zur Wahrung des politischen Einflusses des Katholizismus gegründet und von gut vier Fünfteln der Katholiken schichtenübergreifend gewählt. Bei seinem ersten Auftritt im neuen Reichstag brachte das Zentrum den Antrag ein, die weltliche Macht des Kirchenstaates wiederherzustellen.

Bismarcks Motive im Kampf gegen den Katholizismus waren primär politischer und nicht religiöser Natur. Ihm ging es vor allem um

- die **Ausschaltung des Zentrums**, da es die Loyalität aller Konservativen, also auch der monarchisch-orientierten Katholiken, forderte. Bismarck unterstellte der Zentrumspartei eine reichsfeindliche Haltung und misstraute ihren Verbindungen zu den preußischen Polen und Elsässern;
- eine **Kooperation mit den Liberalen**, die im Zentrum nicht nur einen politischen, sondern auch einen ideologischen Gegner sahen. Das Unfehlbarkeitsdogma verstanden die Liberalen als eine Gegenaufklärung, sie sahen die Presse- und Meinungsfreiheit in Gefahr. Zusammen mit Bismarck warfen sie dem Zentrum vor, dass es von Rom aus gesteuert würde und somit den Interessen der Nation widerspräche (Ultramontanimus).

Ultramontanimus (von lat. *ultra montes* = jenseits der Berge); negativ geprägte Bezeichnung für romtreue Katholiken

Mit Pressekampagnen und **Gesetzen** sollte das Zentrum entmachtet werden, z.B.:

- **Kanzelparagraf** (1871): Als Reichsgesetz verbot er Geistlichen Äußerungen, die den „öffentlichen Frieden“ gefährdeten;
- **Jesuitengesetz** (1872): Verbot des Jesuitenordens in ganz Deutschland;
- in Preußen führte Bismarck das **Schulaufsichtsgesetz** (1872) ein, das die geistliche Schulaufsicht durch eine staatliche ersetzte;
- die **Maigesetze** (1873) sahen als Reichsgesetze die Kontrolle der Ausbildung und Einstellung der Geistlichen durch den Staat vor;
- seit 1874 galt vor dem Gesetz nur noch die Eheschließung des Standesamtes (**Zivilehe**), nicht mehr die kirchliche Trauung.

Bismarck war im Kulturkampf lange nicht bereit nachzugeben („Nach Canossa gehen wir nicht."). Hunderte Geistliche erhielten Geld- und Haftstrafen oder wurden des Landes verwiesen. Gewinnen konnte Bismarck die Auseinandersetzung mit der katholischen Kirche jedoch nicht. Der Papst erklärte die preußischen Kirchengesetze für nichtig und stärkte damit den Widerstand der Katholiken. Bei Landtags- und Reichstagswahlen erstarkte die Zentrumspartei, bei den Reichstagswahlen 1874 konnte sie ihre Stimmen im Vergleich zu 1871 ungefähr verdoppeln.

Karikatur von 1875: Bismarck und Papst Pius IX. beim Schachspiel als Symbol für den Kulturkampf zwischen Berlin und Rom.

Die Folgen des Kulturkampfes

Langfristig hatte der Kulturkampf Auswirkungen auf die politische Situation in Deutschland. Bismarck gab seine konservative Haltung auf und näherte sich den Liberalen an. Er wurde, so der Historiker Thomas Nipperdey, zum Wortführer „einer modernen Sache gegen Tradition, gegen konservative Mächte".

Bei den **Liberalen** führte der Kulturkampf zu einer **Verschiebung ihrer Prioritäten**. Statt für eine Veränderung der Machtstrukturen, z. B. für die Stärkung des Parlaments, für Toleranz, die Grundfreiheiten und Pluralität einzutreten, wandten sie sich nun gegen ihre eigenen Werte und forderten Freiheitsbeschränkungen, einen starken Staat und polizeistaatliche Maßnahmen. Der Kulturkampf stärkte zwar kurzzeitig die Position der Liberalen, weil sich Bismarck zunächst mit ihnen verbündete, schwächte jedoch gleichzeitig die Position des Reichstages, da Forderungen nach einer Machterweiterung des Reichstages bei den Liberalen keine Priorität mehr hatten.

Das **Verhältnis der Katholiken** zum protestantisch-preußischen Staat war **nachhaltig gestört**. Die Katholiken verinnerlichten das Gefühl der Ausgrenzung als Reichsfeinde. Der Kulturkampf führte zur Bildung eines geschlossenen katholischen Milieus, das auch nach dem Kulturkampf bestehen blieb und eine große Loyalität gegenüber der Kirche und die Solidarität mit dem Zentrum mit sich brachte. Das Zentrum blieb bis in die Weimarer Republik hinein eine stabile Partei mit Zulauf aus allen Klassen und Schichten, was auch ein Erstarken von linken und rechten Parteien verhinderte. Die Bildung handlungsfähiger Koalitionen wurde in dieser Parteienlandschaft nicht möglich, was für eine Stabilisierung des Bismarck'schen Systems sorgte.

Bismarcks konservative Wende nach 1878

1878 vollzog Bismarck eine innenpolitische Wende. Er distanzierte sich von den Nationalliberalen, seinem zeitweiligen Bündnispartner gegen den Katholizismus, und wandte sich den Konservativen zu. Da er für die Bildung einer neuen Regierung das Zentrum benötigte, einigte er sich mit Papst Leo XIII., dem Nachfolger von Pius IX., auf die **Rücknahme** einiger „**Kampfgesetze**" gegen die sogenannten „Reichsfeinde". Bis 1886/87 wurden die meisten dieser Gesetze zurückgenommen, am Kanzelparagrafen und der Zivilehe hielt er allerdings weiterhin fest.

Als Bismarck seine Innenpolitik 1978/79 neu ausrichtete, betraf dies auch die Wirtschaft. Bismarck wandte sich von den Nationalliberalen, der bis zu diesem Zeitpunkt stärksten Partei, ab und unterstützte die Konservativen, indem er deren Forderungen nach **Schutzzöllen** nachkam. Infolge des Gründerkrachs und des Einbruchs der Finanzmärkte 1873 waren vonseiten der Industrie Rufe nach der Einführung von Zöllen zur Abwehr ausländischer Importe laut geworden, denen sich auch die ostelbische Großlandwirtschaft anschloss. Sie war durch billiges Getreide aus dem Ausland unter Druck geraten.

Durch die Hinwendung zu den Konservativen erhoffte sich Bismarck:

- Zolleinnahmen, mit denen die **Finanzierung des Reiches** unabhängig von den Matrikularbeiträgen der Länder bestritten werden konnte;
- die **Sicherung der eigenen Macht** im Falle eines Thronwechsels. Weder der aus Bismarcks Sicht liberal eingestellte Thronfolger Friedrich Wilhelm noch die Liberalen billigten seine Politik. Bismarck fürchtete daher, dass es im Falle eines Thronwechsels zu einem Bündnis zwischen dem neuen Kaiser und den Liberalen kommen könnte und damit zu seinem Sturz. Mit einer konservativen Allianz hoffte er, seiner möglichen Entlassung entgegenzuwirken.

Matrikularbeiträge
Zahlungen, die die Gliedstaaten im Norddeutschen Bund von 1867 an und im Kaiserreich ab 1871 an den Zentralstaat zahlen mussten. Diese wurden nach der Einwohnerzahl bemessen und zusätzlich zu Zöllen und Verbrauchssteuern eingezogen.

Die Einführung von Schutzzöllen erfolgte nach den Reichstagswahlen 1887 mit Unterstützung des Zentrums. Sie ging auf Kosten der Bevölkerung, deren Realeinkommen stagnierte.

Die Liberalen konnten den **Wandel vom Freihandel zum Protektionismus**, den Bismarck mit seiner Zollpolitik vollzog, größtenteils nicht akzeptieren. Sie sahen darin einen Angriff auf ihre wirtschaftspolitischen Prinzipien und die wirtschaftliche Freiheit. Die Einführung der Schutzzölle führte erneut zu einer **Spaltung der Nationalliberalen**: Ein linker Flügel, der die Schutzzollpolitik Bismarcks nicht unterstützte, spaltete sich ab und schloss sich mit der Fortschrittspartei zur „Deutschen Freisinnigen Partei" zusammen.

Der Kampf gegen die Arbeiterbewegung: die Sozialistengesetze

Durch die fortschreitende Industrialisierung im 19. Jahrhundert hatten sich die Lebensbedingungen der Arbeiterklasse deutlich verschlechtert. Die 1875 aus der Vereinigung des „Allgemeinen Deutschen Arbeitervereins" (ADAV) und der „Sozialdemokratischen Arbeiterpartei" (SDAP) hervorgegangene **„Sozialistische Arbeiterpartei Deutschlands"** (SAP) setzte sich für eine Verbesserung der sozialen Lage der Arbeiterschaft ein und erhielt stetig Zuwachs. Die SAP verfolgte darüber hinaus das Ziel, die undemokratischen Herrschaftsstrukturen im Deutschen Reich zu verändern. Für Bismarck gehörte die SAP aufgrund ihrer internationalen, revolutionären, antimonarchischen und atheistischen Tendenzen zu den **Reichsfeinden**, die das Ziel verfolgten, die bestehende Staats- und Gesellschaftsordnung umzustürzen („*cauchemar des révolutions*"). Da sie die Annexion Elsass-Lothringens von 1870 ablehnten, galten sie zudem als „vaterlandslose Gesellen".

Wie bereits im Kulturkampf nutzte Bismarck auch im Kampf gegen die Sozialdemokraten die Technik der **negativen Integration**. Er brandmarkte die Sozialdemokraten als „Reichsfeinde", um so die Unterstützung der Bevölkerungsmehrheit für seine konservative Politik zu gewinnen. Er sorgte beispielsweise dafür, dass die SAP bereits seit der Gründung 1875 von den Behörden überwacht und bei ihrer Arbeit behindert wurde.

Bismarcks Handeln wurde bestimmt von zwei „Albträumen", innenpolitisch vom „*cauchemar des révolutions*" (Albtraum der Revolutionen), außenpolitisch vom „*cauchemar des coalitions*" (Albtraum der Koalitionen) → S. 89.

Als die Sozialdemokraten bei den Reichstagswahlen 1877 zwölf Sitze erhielten, nahm Bismarck zwei **Attentate** auf Kaiser Wilhelm I. im Mai und Juni 1878 zum Anlass, gegen die Sozialdemokraten vorzugehen. Er warf ihnen vor, eine Gefahr für den öffentlichen Frieden zu sein und einen Umsturz der bestehenden Staats- und Gesellschaftsordnung zu planen, auch wenn den Attentätern keine politischen Motive oder gar nähere Beziehungen zur Sozialdemokratie nachgewiesen werden konnten.

Bismarck ließ den Reichstag auflösen. Bei den Neuwahlen erreichten die Konservativen auf Kosten der Liberalen die Mehrheit. Zusammen mit den Nationalliberalen und gegen die Stimmen von Zentrum, SAP, Fortschrittspartei und der polnischen Fraktion (Interessenvertretung deutscher Staatsbürger mit polnischer Muttersprache) wurde 1878 das **Gesetz gegen gemeingefährliche Bestrebungen der Sozialdemokratie** (**Sozialistengesetz**) verabschiedet. Es sah ein Verbot aller sozialistischer Vereine, Versammlungen und Druckschriften, Ausweisungsmöglichkeiten für sozialistische Agitatoren und verstärkte Polizeikontrollen verdächtiger Personen vor. Das Gesetz wurde zunächst für zwei Jahre verabschiedet, jedoch bis 1890 verlängert. Es führte dazu, dass mehrere Hundert Sozialdemokraten verhaftet wurden, rund 1000 Funktionäre ihre Wohnungen verlassen oder ins Exil fliehen mussten. Das Gesetz beinhaltete jedoch kein Verbot der Partei.

Bismarcks Doppelstrategie

Da die Arbeiterbewegung durch die Maßnahmen des Sozialistengesetzes nicht entscheidend geschwächt wurde, sich in einem Zustand der „Halblegalität" sogar stabilisierte, wandte Bismarck im Kampf gegen die Sozialdemokratie eine **Doppelstrategie** an: Er ergänzte das repressive Sozialistengesetz durch eine fortschrittliche **Sozialgesetzgebung**, die den Forderungen der Arbeiterschaft entgegenkam und sie der Sozialdemokratie entfremden sollte. Bismarck begründete die Sozialgesetzgebung 1878 mit den Worten: „Wenn der Arbeiter keinen Grund mehr zur Klage hätte, wären der Sozialdemokratie die Wurzeln abgegraben." Im Übrigen kam die Sozialgesetzgebung Bismarcks der akademischen Oberschicht und dem Zentrum entgegen, da damit Forderungen der katholischen Soziallehre aufgegriffen wurden.

Zu den Sozialgesetzen gehörte die Einführung einer gesetzlichen Krankenversicherung (1883), einer Unfallversicherung (1884) und einer Alters- und Invaliditätsversicherung (1889).

Eine Bewertung der Strategie Bismarcks

Das durch Bismarck eingeführte **Sozialversicherungssystem** war im Vergleich zum restlichen Europa **sehr fortschrittlich**, auch wenn die Versicherungsleistungen in der Realität recht gering waren. Das Ziel, die Sozialdemokratie dadurch nachhaltig zu schwächen, erreichte Bismarck jedoch nicht. Die Verfolgung der Sozialisten stärkte die **Solidarität der Sozialisten** untereinander und die Partei im Reichstag (Verdreifachung der Mandate). Die Sozialisten trafen sich weiterhin in Gesangs- oder Arbeitersportvereinen und ließen ihre Druck-Erzeugnisse im Ausland produzieren.

Die Verbote führten zu einer Radikalisierung der Partei. Mit dem auf dem Parteitag in Erfurt 1891 verabschiedeten Grundsatzprogramm (**Erfurter Programm**) orientierte sich die Partei stark an der marxistischen Theorie und Kapitalismuskritik. Die SPD wurde 1912 stärkste Partei im Reichstag. Bismarcks Vorgehen führte zu einem unversöhnlichen Bruch mit der Sozialdemokratie, der 1890 mit ein Grund für seine Entlassung war.

4.5 Die Außenpolitik Bismarcks

Die Prinzipien der Außenpolitik

Um die Außenpolitik während der Bismarck-Ära zu verstehen, ist es wichtig, sich die Ausgangslange des Deutschen Reiches klarzumachen.

- Das Reich war seit den Einigungskriegen die stärkste Militärmacht Europas und hatte eine **halbhegemoniale Position**, die das **Kräftegleichgewicht** des europäischen Staatensystems aus der Balance brachte.
- Durch seine **geopolitische Mittellage** und die **halbhegemoniale Stellung** bestand die Gefahr, dass sich die umliegenden Großmächte zu einem **Einkreisungsbündnis** zusammenschließen („*cauchemar des coalitions*").
- Das Deutsche Reich war innerlich noch nicht gefestigt, ein Krieg hätte möglicherweise seine Existenz bedroht.
- Auch vom **Revanchegedanken** Frankreichs ging eine Gefahr aus.

Bismarck nahm an, dass eine expansive deutsche Politik zu einem Krieg in Europa führen und den Bestand des Deutschen Reiches bedrohen könnte.

Seine **außenpolitische Strategie** beruhte daher auf folgenden Punkten:

- Eine **defensiv angelegte Außenpolitik**, um die 1870/71 errungene Position des Deutschen Reiches zu festigen. Dies bedeutete einen Verzicht auf Kolonien und Gebietsansprüche, die zu Konflikten mit den Großmächten geführt hätten. Bismarck erklärte, das Deutsche Reich sei „saturiert", es genüge sich selbst.
- Anerkennung und **Wahrung des Status quo**, was über ein gutes Verhältnis zu den europäischen Mächten erreicht werden sollte.
- **Isolation Frankreichs** als „Erzfeind", damit es sich mit keiner anderen Großmacht gegen Deutschland verbünden konnte.
- Beteiligung des Deutschen Reiches an allen **Bündnissen** Europas, um eine gegen das Reich gerichtete Koalition zu verhindern und sicherzustellen, dass alle Mächte auf Deutschland angewiesen sind. Im **Kissinger Diktat** (1877) spricht Bismarck von „einer politischen Gesamtsituation, in welcher alle Mächte außer Frankreich unser bedürfen, und von Koalitionen gegen uns durch ihre Beziehungen zueinander nach Möglichkeit abgehalten werden".
- Aktive **Friedenspolitik**: Konflikte sollten an der **Peripherie Europas** und nicht in Europa selbst ausgetragen werden. Ziel war es, die Großmächte dort zu binden. Außerdem konnte Bismarck auf diese Weise aus einer Vermittlerposition heraus und „frei von festen Bindungen" agieren. So gelangte er während des Berliner Kongresses 1878 zu großem Ansehen, da er als „ehrlicher Makler" im Interessenkonflikt auf dem Balkan zwischen den europäischen Großmächten und den Balkanvölkern vermittelte.
- **Diplomatie** und nicht Krieg als Mittel der Politik.

Kissinger Diktat (1877)
Bismarck diktierte in Bad Kissingen im Zusammenhang mit der Balkankrise 1875 bis 1878 seinem Sohn Herbert die Grundprinzipien seiner Außenpolitik: Zur Sicherung der Stellung des Deutschen Reiches befürwortete er eine defensive Außenpolitik, um Krieg in Mitteleuropa zu verhindern. Er entwickelte auch die Vorstellung eines Bündnissystems, in dem Frankreich isoliert war.

Bismarcks Bündnissystem

Bismarck gelang es, durch ein Netzwerk an ausgeklügelten Verträgen die Großmächte in ein Bündnissystem einzubinden, um so Kriege zu vermeiden und Frankreich außenpolitisch zu isolieren.

Zu diesem System gehörten folgende Verträge:

- **Dreikaiservertrag (1881 bis 1886)** mit Österreich und Russland zur **Abwehr** eines **Zweifrontenkrieges**. Im Falle eines unverschuldeten Angriffs gegen eine der Mächte durch eine vierte Macht verpflichteten sich die Vertragspartner zu wohlwollender Neutralität. Deutschland hoffte so im Falle eines Konfliktes mit Frankreich auf die Neutralität Russlands.
- **Zweibundvertrag (1879 bis 1918)** mit Österreich: Beistand im Falle eines russischen Angriffs, Neutralitätspflicht bei Angriffen anderer Mächte, außer der Angriff einer dritten Macht erfolgte in Verbindung mit Russland (klare Stoßrichtung gegen Frankreich).
- **Dreibund (1882 bis 1914) mit Italien und Österreich-Ungarn**: Italien garantierte militärische Unterstützung für den Fall eines unprovozierten Angriffs Frankreichs auf Deutschland. Italien sicherte im Falle eines österreichisch-russischen Krieges Neutralität zu. Angesichts der sich verschärfenden Interessensgegensätze zwischen Österreich und Russland auf dem Balkan war eine Verlängerung des Dreikaiservertrages schon 1887 unmöglich geworden.
- **Mittelmeerabkommen (1887 bis 1896)** ohne direkte deutsche Beteiligung, zwischen England, Italien, Österreich-Ungarn und Spanien über die Aufrechterhaltung des Status quo im Mittelmeerraum. Das Abkommen richtete sich gegen die Expansion Russlands auf dem Balkan. England lockerte seine *Splendid Isolation* und näherte sich dem Dreibund an, wodurch Frankreich stärker isoliert war.

Splendid Isolation bezeichnet die britische Politik der äußersten Zurückhaltung hinsichtlich dauerhafter Allianzen oder Verpflichtungen gegenüber anderen Weltmächten. Auch von Eingriffen auf dem Festland wurde abgesehen. Gleichzeitig versuchte England, die Kolonien und Protektorate in Übersee auszubauen.

- **Rückversicherungsvertrag (1887 bis 1890)**: Deutschland und Russland verpflichteten sich zu Neutralität, sollte es zu einem unprovozierten Angriff Frankreichs auf Deutschland beziehungsweise Österreich-Ungarns auf Russland kommen. Ein geheimes Zusatzprotokoll sicherte Russland seine historischen Rechte auf dem Balkan zu und erkannte den russischen Zugang zu den Meerengen de facto an. Der Vertrag stand im Gegensatz zum Mittelmeerabkommen und Dreibund. Allerdings ist zu beachten, dass das gesamte Bündnissystem so konzipiert war, dass der Bündnisfall gerade nicht eintrat. Primär war es für Bismarck auch hier von Interesse, eine Verbindung von Frankreich und Russland zu verhindern. Da Bismarck parallel zu den diplomatischen Ausgleichsbemühungen mit Russland auf dem Gebiet der Finanz- und Handelspolitik mit Sankt Petersburg auf Konfliktkurs ging, wandte sich das russische Zarenreich zunehmend von Berlin ab und Paris zu.
- **Kolonialabkommen 1890**: In diesem Vertrag vom Juli 1890 wurden die Gebietsansprüche des Deutschen Reiches und Großbritanniens in den afrikanischen Kolonien geregelt. Auch die Nordseeinsel Helgoland ging mit diesem Vertrag an das Deutsche Reich.

Bismarcks Bündnissystem

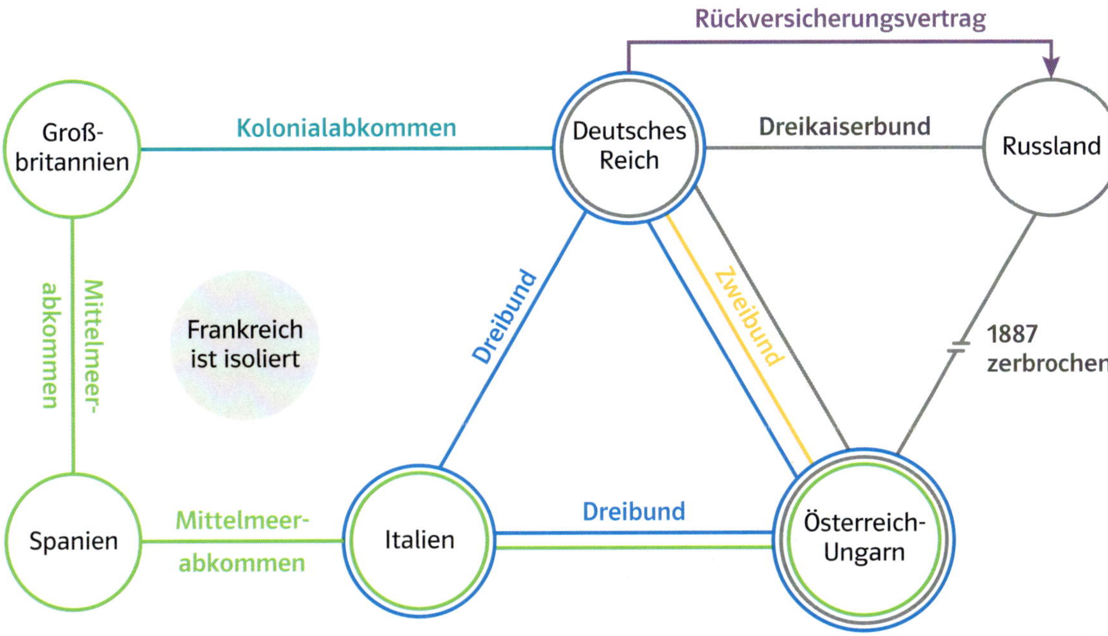

Die deutsche Kolonialpolitik

Die deutsche Kolonialpolitik begann in den 1880er-Jahren („Wettlauf um Afrika"). Zuvor hatte das Deutsche Reich bereits Handelsverträge abgeschlossen, Marinestationen ausgebaut, Häfen gepachtet und Kriegsschiffe entsandt (informeller Imperialismus). Noch 1881 äußerte Bismarck: „Solange ich Kanzler bin, treiben wir keine Kolonialpolitik." Die Absage an eine koloniale Expansion gründete auf seiner Überzeugung, dass Kolonien **keinen wirtschaftlichen Nutzen** brächten und die außereuropäische Expansion **innereuropäische Konflikte verschärfen** würde.

Dass das Deutsche Reich 1884/85 dann doch eigene Kolonien erwarb, ist vor dem Hintergrund des anbrechenden **Hochimperialismus in Europa**, dem Aufkommen der Kolonialbewegung (z. B. Gründung des Deutschen Kolonialvereins 1882) und den Forderungen aus der Wirtschaft zu verstehen.

Argumente für den Kolonialismus waren:

- die Schaffung neuer **Absatzmärkte** und die **Vermeidung** von **Überproduktionskrisen**;
- die Möglichkeit, von Problemen und sozialen Konflikten im eigenen Land abzulenken (Sozialimperialismus);
- aus **machtpolitischer Sicht** die Überzeugung, dass Mächte ohne Kolonialbesitz zwangsläufig zweitrangig im internationalen Spiel der Kräfte sein werden;
- die Annahme, dass Kolonien für die **nationale Einigung** notwendig seien, da sie ein Zeichen für einen starken Nationalstaat seien, der sich im Konzert der Großmächtekonkurrenz zu behaupten wisse.

Imperialismus
Darunter versteht man in neuzeitlichem Sinne den Versuch von Staaten, ihre Herrschaft und ihren Einfluss auf andere Staaten z. B. durch Eroberungen oder Annexionen auszudehnen. Der **Kolonialismus** ist eine Form des Imperialismus.

Im April 1884 stellte das Deutsche Reich die vom Bremer Kaufmann Adolf Lüderitz erworbenen Besitzungen in Südwestafrika unter seinen Schutz (zuerst „Lüderitzland", heutiges Namibia). Im Juli 1884 folgten Togo und Kamerun, im Februar 1885 Ostafrika und Nord-Neuguinea (Kaiser-Wilhelm-Land) mit den sich davor befindlichen Inselgruppen Nova-Britannia (Bismarck-Archipel).

Für Bismarck dienten die Kolonien als **Handelsstützpunkte**, nicht als Erweiterung des Herrschaftsbereichs auf dem Weg zur Weltmacht. Er wandte sich damit gegen Forderungen des Deutschen Kolonialvereins. Aus ökonomischer Sicht war die Kolonialpolitik für Deutschland allerdings ein Misserfolg. Dem Im- und Export von Waren kam keine besondere Bedeutung zu. Lediglich vereinzelte Betriebe, Financiers und Reedereien profitierten von den Kolonien. Die militärische Niederschlagung von Aufständen im sogenannten Deutsch-Südwest- und Deutsch-Ostafrika waren dort wie auch im chinesischen Koloniegebiet an der Kiautschou-Bucht kostspielig. Gravierender als die Kosten waren jedoch die Grausamkeiten, die die Bevölkerung erleiden musste.

Die Berliner Kongo-Konferenz 1884/85

Mit dem „**Wettlauf um Afrika**" entstanden zwangsläufig **Spannungen** zwischen den europäischen Mächten, die für das **Kräftegleichgewicht in Europa** gefährlich sein konnten. Bismarck lud daher im November 1884 dreizehn europäische Staaten, die USA und das Osmanische Reich zur West-Afrika-Konferenz nach Berlin ein. Afrikaner, um deren Gebiete und Zukunft es ging, erhielten keine Einladung. Ziel der Konferenz war zum einen, dem raschen Kolonialerwerb Frankreichs und Großbritanniens auf dem afrikanischen Kontinent Einhalt zu gebieten. Zum anderen sollte das zukünftige gemeinsame Vorgehen der europäischen Mächte im Kongo-Gebiet koordiniert und die Handelsfreiheit am Kongo und Niger geregelt werden. Das Kongobecken sollte eine Freihandelszone bleiben und die freie Schifffahrt auf den Flüssen sowie die Missionsfreiheit gesichert werden.

Mit der **Schlussakte** (Kongoakte) der Konferenz wurde ein Verbot des Sklavenhandels und ein **neutraler Völkerrechtsgrundsatz** festgeschrieben: Völkerrechtlich legitimiert waren nur die Gebiete, die von den Kolonialmächten auch okkupiert worden waren. Damit war die Phase **informeller Herrschaft** beendet, Afrika wurde mithilfe des Völkerrechts in Besitz genommen. Die Kolonialmächte mussten sichtbare Elemente ihrer Herrschaft in den Kolonien errichten (z. B. Militär- und Polizeistationen). Die Besitzstände der Kolonialmächte in Afrika wurden nun neu abgegrenzt. Der Kontinent wurde auf dem Reißbrett aufgeteilt und dabei willkürliche, bis heute gültige Grenzen gezogen, ohne dabei traditionelle Siedlungen sowie politische, wirtschaftliche und soziale Strukturen der afrikanischen Völker zu beachten – mit Folgen bis in die Gegenwart.

Die Aufarbeitung der deutschen Kolonialgeschichte steht immer noch aus. Das betrifft die Verbrechen, die an der Bevölkerung verübt worden sind, und ebenso die Frage, wie mit den geraubten Kunstschätzen umgegangen werden soll.

Geschichte kontrovers

Bismarcks Motive in der Kolonialpolitik

Hans Ulrich-Wehler geht davon aus, dass Bismarck vor allem von innenpolitischen Problemen ablenken wollte und der Kolonialerwerb somit der eigenen Herrschaftsstabilisierung dienen sollte (Sozialimperialismus).

Nach Lothar Gall sei das koloniale Engagement durch außenpolitisches Kalkül geleitet gewesen. Bismarck habe eine Annäherung an Frankreich und eine verbesserte Situation in der europäischen Mächtekonstellation angestrebt.

Nach Volker Ullrich sei das koloniale Vorgehen vor allem gegen England gerichtet gewesen, um einen Keil zwischen England und Frankreich zu treiben. Im Übrigen „gab es jedoch weder ein eindeutiges Primat der Innenpolitik, noch eine klare Priorität der Außenpolitik, sondern ein Geflecht sich überschneidender Motive und Interessen, wobei wirtschaftspolitischen Erwägungen eine gewisse Vorrangstellung zukam".

4.6 Das Ende der Ära Bismarck

Die Thronbesteigung Wilhelms II. und Bismarcks Rücktritt

Im Jahr 1888, dem sogenannten **Dreikaiserjahr**, starben sowohl Wilhelm I. als auch sein Nachfolger Friedrich III., auf den viele Liberale große Hoffnungen gesetzt hatten. Ihm folgte mit gerade einmal 29 Jahren sein ältester Sohn **Wilhelm II.** auf den Thron.

Wilhelm II. (1859–1941) war der Sohn Friedrichs III. und Enkel Wilhelms I. und der britischen Königin Victoria. Er war von 1888 bis 1918 Deutscher Kaiser. 1918 dankte er ab. Bis zu seinem Tode 1941 lebte er im niederländischen Exil.

Der neue Kaiser setzte auf eine politische Neuorientierung. 1891 schrieb er in das Goldene Buch der Stadt München: *„Suprema lex est regis voluntas!"* (Der königliche Wille ist das oberste Gesetz!). Dieser Satz spiegelt das Selbstverständnis Wilhelms II. in knapper Form wider: Er lehnte Liberalismus und Parlamentarismus ab, berief sich auf ein mittelalterlich anmutendes Gottesgnadentum und beanspruchte die Alleinherrschaft sowohl in innen- als auch in außenpolitischer Hinsicht. Er war nicht bereit, Bismarck einen ähnlich großen Handlungsspielraum einzuräumen wie sein Großvater Wilhelm I.

Ohnehin stand der junge, impulsive Kaiser in einem unversöhnlichen Gegensatz zum deutlich älteren, vorsichtigen Reichskanzler Otto von Bismarck. Deutlich wurde dies beispielsweise in außenpolitischer Hinsicht. Während Bismarck eine defensive Politik betrieb, indem er das Deutsche Reich für saturiert erklärte, wollte es Wilhelm II. als **Großmacht** etablieren und Weltpolitik betreiben.

Der Lotse geht von Bord – Karikatur zum Rücktritt von Otto von Bismarck im März 1890

Auch in der Innenpolitik kam es zu Konflikten zwischen Kaiser und Kanzler. Vor allem gingen ihre Ansichten über die Sozialdemokratie auseinander. Während Bismarck weiterhin einen radikalen Kurs gegen die Sozialdemokratie verfolgen wollte, trat Wilhelm II. für eine versöhnliche Politik ein. Der Konflikt eskalierte und führte schließlich zum endgültigen Bruch zwischen Wilhelm II. und Bismarck. Um einer Entlassung zuvorzukommen, trat Bismarck am 20. März 1890 zurück.

Geschichte kontrovers

Worauf basierte Bismarcks Machtstellung?

Diese Frage wird in der Forschung unterschiedlich beantwortet. Zum einen wird versucht, Bismarcks herausgehobene Position mit seinen Persönlichkeitsmerkmalen zu erklären. Bismarck habe im Sinne Max Webers ein besonderes Charisma und besondere Führungsqualitäten besessen, die ihm Autorität verliehen und seine Position gestärkt hätten.

Zum anderen wird seine herausragende Stellung mit strukturellen Bedingungen des Kaiserreiches, dem labilen Gleichgewicht zwischen einem aufsteigenden Bürgertum und den traditionellen Führungsschichten, in Zusammenhang gebracht. Bismarck sei es gelungen, den Interessen des Bürgertums gerecht zu werden und ebenso die Macht des Adels zu stabilisieren. Er habe die Rolle eines Vermittlers eingenommen, und seine Kompromissbereitschaft habe seine Position gestützt.

Dem Historiker Lothar Gall zufolge konnte Bismarck seine herausragende Machtstellung nur so lange halten, wie es ihm gelang, die gesellschaftlichen Kräfte auszubalancieren, was durch die Industrialisierung, den sozialen Wandel und die Mobilisierung immer größerer Teile der Bevölkerung nicht dauerhaft möglich war.

Bewertung der Ära Bismarcks

Schon kurz nach dem Rücktritt Bismarcks 1890 setzte im ganzen Reich die Verehrung des „Eisernen Kanzlers“ ein – der Bismarck-Mythos war geboren.

Bismarcks **Bündnispolitik** und seine Erkenntnis, dass außenpolitische **Zurückhaltung** das **Gebot der Stunde** für den neugeschaffenen Nationalstaat sei, kann als kluge Realpolitik bewertet werden. Ebenso war seine **Sozialgesetzgebung**, beispielsweise die Einführung einer Krankenversicherung, weitsichtig, auch wenn sie einer konservativen Politik der Machterhaltung diente.

Der Historiker Christoph Nonn bezeichnet Bismarcks **Innenpolitik** als „antidemokratisch“ und „antiparlamentarisch“. Deutlich wird dies z. B. an seinem Umgang mit den „Reichsfeinden“ und den Folgen für die politische Kultur. Der Versuch, die Katholiken und die Arbeiterbewegung zu unterdrücken, ließ das Volk in ein „wir“ und ein „sie“ zerfallen und feste, geschlossene Milieus entstehen.

Zudem sorgte Bismarck zwar für die Einführung eines gleichen Wahlrechts für Männer, verschaffte dem Parlament mehr Geltung und ging mit verschiedenen Parteien Bündnisse ein, doch ließ er keine Zweifel daran, dass sich ein wirkliches Mitregieren von Parteien und eine parlamentarische Regierung mit seinen **monarchischen Grundsätzen** nicht vereinbaren ließen. Selbst einen Staatsstreich schloss Bismarck als politische Option nicht aus. Der deutsche Politiker und Publizist Eugen Richter (1838 bis 1906) äußerte in diesem Zusammenhang über Bismarck: „Die Volksvertretung wurde stets in der rücksichtslosesten Weise behandelt und in ihrem Ansehen herabgewürdigt, so oft sie dem Kanzler nicht zu Gefallen stimmte.“

Der Soziologe Max Weber urteilte über Bismarck, dass er ein **unmündiges Volk** zurückgelassen habe, dass „ohne allen und politischen Willen, gewohnt“ [sei], „dass der große Staatsmann an ihrer Spitze für sie die Politik schon besorgen werde“. Weber zufolge fand unter Bismarck keine demokratische, sondern eine obrigkeitsstaatliche Prägung des Volkes statt (Untertanenkultur).

Bismarcks **außenpolitische Strategie** implizierte die Gefahr, dass Konflikte an der Peripherie außer Kontrolle gerieten und das Reich in immer größere Abhängigkeit seiner Bündnispartner geriet. Das immer befürchtete Zusammengehen Russlands und Frankreichs resultierte nicht zuletzt aus Bismarcks Wirtschaftskrieg gegen Russland. Auch die Kolonialpolitik kann als Wegbereiter der verhängnisvollen Weltpolitik späterer Zeiten charakterisiert werden. Die Annahme, die deutsche Politik sei erst unter Wilhelm II. in Schieflage geraten, gilt jedenfalls nicht uneingeschränkt. Grundlagen wurden schon unter Bismarck gelegt.

Das Kaiserreich unter Bismarck

1859–1866	Preußischer **Heereskonflikt/Verfassungskonflikt**
22.09.1862	**Bismarck** wird preußischer **Ministerpräsident**.
1864	Deutsch-Dänischer Krieg (Reichseinigungskrieg)
1866	Deutsch-Österreichischer Krieg (Reichseinigungskrieg)
1866/67	**Gründung des Norddeutschen Bundes**
1870	Emser Depesche
1870/71	Deutsch-Französischer Krieg
18.01.1871	**Gründung des Kaiserreiches** im Spiegelsaal von Versailles: Wilhelm I. nimmt auf Drängen Bismarcks die Kaiserkrone an.
16.04.1871	Inkrafttreten der Verfassung des Kaiserreiches (konstitutionelle Monarchie)
ab 1871	Defensiv **angelegte Außenpolitik Bismarcks**, um die 1870/71 errungene Position des Deutschen Reiches zu festigen; Verzicht auf Kolonien und Gebietsansprüche, die zu Konflikten mit den Großmächten geführt hätten. Bismarck erklärt das Deutsche Reich für „saturiert".
1871–1873	Ein wirtschaftlicher Aufschwung setzt ein, er endet 1873 (Gründerkrach).
1871–1882	Bismarcks **Kulturkampf** gegen die katholische Kirche und die Zentrumspartei
1878	**Sozialistengesetz**: Verbot sozialistischer Vereine, Versammlungen und Druckschriften; verstärkte Polizeikontrollen verdächtiger Personen. Hunderte Sozialdemokraten werden verhaftet und müssen ins Exil fliehen, aber kein Verbot der SPD.
07.10.1879	**Zweibund** zwischen Österreich und Ungarn
18.06.1881	**Dreikaiservertrag** (Russland, Österreich-Ungarn, Deutsches Reich)
20.05.1882	**Dreibund** zwischen Deutschland, Österreich und Italien
1883	**Sozialgesetzgebung** durch Bismarck (Kranken-, Unfall-, Alters- und Invaliditätsversicherung)
1887	**Rückversicherungsvertrag** mit Russland
1888	**Dreikaiserjahr**: Tod Wilhelms I. und seines Nachfolgers Friedrichs III. Wilhelm II. wird Kaiser, Beginn des Wilhelminischen Zeitalters.
20.03.1890	**Bismarck** reicht sein **Entlassungsgesuch** ein und tritt am 20. März zurück.

5 Das Wilhelminische Zeitalter 1890 bis 1918

Die Zeit von 1890 bis 1918 wird auch als Wilhelminisches Zeitalter oder als Zeitalter des Imperialismus bezeichnet. Die Epoche begann zwei Jahre nach der Thronbesteigung Wilhelms II. und endete mit dem Ersten Weltkrieg und der Abdankung des Kaisers 1918.

Charakteristisch für die Ära Wilhelms II. vor dem Ersten Weltkrieg war ein Nebeneinander widersprüchlicher Tendenzen: Einerseits prosperierte die Wirtschaft, nicht zuletzt aufgrund wissenschaftlicher und technischer Innovationen, zum anderen vertrat der Kaiser neoabsolutistische Vorstellungen. Neben demokratischen Tendenzen auf der einen Seite prägten andererseits Militarismus und Untertanentum die politische Kultur des Kaiserreiches. Die daraus resultierende „Nervosität" sei ein Merkmal des Wilhelminismus, so der Historiker Joachim Radkau.

Die Außenpolitik Wilhelms II., der das Deutsche Reich zur Weltgeltung führen wollte, isolierte es. Am Vorabend des Ersten Weltkrieges blieb nur noch Österreich-Ungarn als fester Bündnispartner übrig.

5.1 Industrialisierung

Gründerboom und Rezession

Das Kaiserreich erlebte einen sehr dynamischen Wechsel vom Agrarland zum Industriestaat. Die Transportrevolution des 19. Jahrhunderts (Straßen, Kanäle, Eisenbahn) und die Einbindung in den globalen Handel führten einerseits zu stark sinkenden Lebensmittelpreisen und einer enormen Steigerung des Lebensstandards. Andererseits war die heimische Landwirtschaft nun aber auch dem Konkurrenzdruck der globalen Märkte ausgeliefert.

Dank der **französischen Reparationszahlungen** nach dem Deutsch-Französischem Krieg (1870/71) kam es nach der Reichsgründung 1871 zu einem enormen wirtschaftlichen Aufschwung, dem **Gründerboom**. Lockerungen im Kapitalverkehr sorgten zwischen 1870 und 1874 beispielsweise dafür, dass fast 900 Aktiengesellschaften gegründet wurden. Der Zusammenbruch der Quistorpschen Vereinsbank 1873 leitete allerdings eine umfassende Pleitewelle ein. Die Aktienkurse stürzten in den Keller (**Gründerkrach**). Auch wenn Wirtschaftshistoriker diesen Einbruch als zu erwartende Anpassungskrise nach einer Phase überhitzter Expansion bewerten, waren die psychologischen Folgen weitreichend.

Die Schuld an der fehlgeleiteten Spekulation wurde vor allem der jüdischen Bevölkerung gegeben, z. B. Gerson Bleichröder, dem Privatbankier Bismarcks. Überhaupt wurden der Aktienhandel und die damit verbundene Macht des Kapitals in erster Linie mit Juden in Verbindung gebracht, was neue antisemitische Vorurteile beförderte.

Depression
Phase des wirtschaftlichen Abschwungs im Konjunkturzyklus. Sie ist gekennzeichnet durch: einen starken Rückgang der Produktion und des Bruttoinlandsprodukts, einen Überschuss des Angebots über die Nachfrage, eine erhöhte Arbeitslosigkeit.

Einige Historiker charakterisieren das Konjunkturtief von 1873 bis 1895 als „**Große Depression**". Allerdings kehrte die Wirtschaft in dieser Phase langsam wieder auf den Wachstumspfad zurück. **Ab 1895** erlebte das Kaiserreich eine Phase der **Hochkonjunktur**, die nach der Jahrhundertwende von zwei, allerdings nur kurzen Rezessionen unterbrochen wurde und bisweilen als erstes deutsches Wirtschaftswunder bezeichnet wird. Aus einem Agrarstaat wurde nur innerhalb einer Generation ein Industrieland, die industrielle Produktion versechsfachte sich zwischen 1870 und 1913. Während zur Zeit der Reichsgründung 1871 noch etwa die Hälfte der Beschäftigten in der Landwirtschaft gearbeitet hatte, reduzierte sich der Anteil auf ein Drittel.

Wissenschaft und Technik

Für den Aufschwung im Kaiserreich waren immer noch die klassischen **Leitsektoren** (Werkbau, Eisenerzeugung, Eisenbahnbau) verantwortlich. Hinzu kamen neue Wachstumsfelder wie die **Chemie-**, **Pharma-** und **Elektroindustrie**. Dank der für das Kaiserreich typischen engen Verbindung von Wissenschaft, Technik und Wirtschaft entstanden große Konzerne wie BASF, Siemens und AEG.

Zu den **wissenschaftlichen Errungenschaften** gehörten:
- In der Chemie ermöglichten Fortschritte in der Synthese die großtechnische Herstellung von z. B. Kautschuk, Ammoniak oder Farbstoffen.
- In den Bereichen Medizin und Physik wurde die Hälfte der bedeutenden wissenschaftlichen Entdeckungen zwischen 1860 und 1910 von deutschen Forschenden gemacht. Robert Koch entdeckte das Tuberkulose-Bazillus und den Cholera-Erreger (1905 Medizin-Nobelpreis). Wilhelm C. Röntgen erhielt für die Entdeckung der X-Strahlen 1901 den Physik-Nobelpreis. Ermöglicht wurden diese Erfolge durch den systematischen Ausbau der Hochschulen und der Einrichtung von Institutionen der Großforschung, z. B. der Kaiser-Wilhelm-Gesellschaft (heute Max-Planck-Gesellschaft).
- 1886 wurde der Motorwagen Nummer 1 von Carl Benz gebaut. Allerdings blieb es in Deutschland weitgehend bei der Entwicklung von Prototypen. Ein Massenmarkt wie in den USA entstand im Kaiserreich nicht (1910: 32 000 zugelassene Autos, in den USA 1913: 1,2 Mio.).

Das Kaiserreich gehörte neben den USA und Großbritannien zu den führenden Wirtschaftsnationen. Es durchlebte einen Wandel vom Auswanderungs- zum Einwanderungsland. In den 1860er- bis 1890er-Jahren wanderten rund 2,5 Mio. Menschen in die USA aus, danach kamen viele Hunderttausende Italiener und Osteuropäer nach Deutschland.

5.2 Die Gesellschaft im Kaiserreich

Die Gesellschaft des Kaiserreiches war tief gespalten. Zum einen gab es eine **urbane**, **kapitalistische Industriegesellschaft** mit sozialer Ungleichheit und starken Gegensätzen zwischen den Klassen. Daneben existierte trotz der gesellschaftlichen und wirtschaftlichen Dynamik immer noch eine **ständisch geprägte Agrargesellschaft**.

Der Aufbau der Gesellschaft

Ungleichheit war für die Gesellschaft des Kaiserreiches charakteristisch. Sie war eine Klassengesellschaft, die soziale Position und die Lebenschancen hingen von der Geburt in einer Klasse bzw. Schicht ab.

Zur **Oberschicht** (Elite) gehörten die Höfe, der Hochadel wie der grundbesitzende Landadel, der zugleich ein großer Arbeitgeber war, und die Spitzen in Militär und Verwaltung. Wenige Tausend Spitzenkräfte aus dem Großbürgertum kamen hinzu. Der **Adel** hatte eine Art Sonderstellung inne, da er meistens die Führungspositionen im **Militär** und in der **Verwaltung** besetzte, wozu ihm seine häufig vielfältigen Beziehungen zum preußischen Königshaus verhalfen. Das Militär galt als „erster Stand" und war aufgrund seiner Beteiligung an der Reichsgründung 1871 privilegiert. Der Adel sah im Militär den Garanten für die Monarchie und damit auch für die Abwehr demokratischer Ansprüche.

Zur **mittleren und oberen Mittelschicht** gehörten die höheren Beamten wie z.B. Gymnasiallehrer, Professoren, Richter, Offiziere, aber z.B. auch Unternehmer, Ingenieure, Künstler. Insgesamt stellten sie rund 9% der Erwerbstätigen. Zur **unteren Mittelschicht**, dem **Mittelstand**, gehörten Angestellte im Handel, im Dienstleistungsgewerbe und in der Industrie (ca. 2 Mio.), Handwerker und Kleinkaufleute (2 Mio.), untere und mittlere Beamte (ca. 1,5 bis 2 Mio.), insgesamt rund 30% der Erwerbstätigen.

Zur **Unterschicht** gehörten u.a. die Landarbeiter (3,4 Mio.), Arbeiter in Industrie und Handwerk (8,7 Mio.), Arbeiter in Handel und Dienstleistung, z.B. Verkäufer (1,9 Mio.), und Dienstboten. Knapp 16 Mio. Menschen waren somit Arbeiter, ca. 55% der Erwerbstätigen. **Sozial deklassiert** waren z.B. Prostituierte, Gelegenheitsarbeiter und Arbeitslose.

Das Alltags- und Kulturleben war stark vom **Bürgertum** bestimmt, dessen Lebensstil von anderen Klassen als Vorbild angesehen wurde. Das Bürgertum entwickelte sich im Kaiserreich immer stärker zum Träger der ökonomischen Macht und stieg zunehmend auf. Dem wissenschaftlich-technisch gebildeten Bürgertum gelang es beispielsweise, im Rahmen der Technisierung des Militärs, hohe Offiziersränge einzunehmen, die zuvor nur mit Adeligen besetzt worden waren. Der Adel versuchte, das Großbürgertum durch Heirat und Adelung zu integrieren.

Auf- oder Abstieg zwischen den sozialen Klassen (vertikale Mobilität) gab es im Kaiserreich in erster Linie zwischen den Generationen. Das entscheidende Vehikel hierfür war die Bildung. Insofern war das Kaiserreich bei allen Schwierigkeiten, vorgeprägte Bildungswege zu verlassen, auch eine offene Gesellschaft.

Frauen und Familie

Frauen hatten sowohl in der Familie als auch in der Gesellschaft kaum Rechte. In den oberen Schichten waren ausschließlich Frauen für Haushalt und Nachwuchs zuständig, unterstützt von Dienstmädchen. In Arbeiterfamilien kam häufig noch die Belastung durch Erwerbsarbeit hinzu. Der Anteil von Frauen aus Arbeiterfamilien an den Erwerbstätigen betrug etwa 30%.

Selbst im fortschrittlichen **Bürgerlichen Gesetzbuch** (BGB), das 1900 eingeführt wurde, hatten Männer z.B. im Familienrecht als juristisches Oberhaupt der Familie Privilegien. Dazu gehörte das alleinige Entscheidungsrecht in der Ehe.

Politik und Beruf waren in der Regel den Männern vorbehalten. Töchter aus bürgerlichen Familien wurden in höheren Töchterschulen auf ihre künftige Rolle vorbereitet. Bis zur Jahrhundertwende war umstritten, ob ihnen auch der Zugang zu höherer Bildung ermöglicht werden sollte. Preußen erlaubte erst 1908 die Immatrikulation (Einschreibung) von Frauen an einer Universität. Im Jahr 1914 waren 6,7% der Studierenden Frauen. Die einzige Möglichkeit für gutbürgerliche Frauen, einer standesgemäßen Erwerbstätigkeit nachzugehen, war der Lehrerinnenberuf. Sie mussten allerdings unverheiratet und kinderlos bleiben.

In den Städten gab es aber auch gegenläufige Tendenzen. Bürgerliche Frauen brachen mit traditionellen Rollenmustern, strenge Sitten wurden kritisiert und teilweise gelockert. Beispielsweise wurden die Badekarren, mit deren Hilfe Frauen sittlich korrekt und abgetrennt von anderen Badegästen im Meer baden mussten, mit der Zeit abgeschafft. Bald gingen Frauen sogar in kurzen Badekostümen schwimmen.

In der **Frauenbewegung** stießen unterschiedliche Vorstellungen von Emanzipation aufeinander. Der bürgerliche Bund Deutscher Frauenvereine (BDF) repräsentierte immerhin 500000 Mitglieder. Eine Mehrheit der Frauen wollte an der Wesensverschiedenheit der Geschlechter festhalten und eher auf die Einsicht der Männer setzen. Eine Minderheit wollte die formale Gleichberechtigung, z.B. im Wahlrecht, oder eine Reform des Paragrafen 218 erreichen, wonach Abtreibung sogar mit Zuchthaus bestraft werden konnte.

Die SPD forderte 1891 als erste Partei das Frauenwahlrecht. Ab 1908 war es Frauen gestattet, sich politisch zu betätigen und damit legal Mitglied einer Partei zu werden. Das Wahlrecht erhielten sie im November 1918.

5.3 Innenpolitik unter Wilhelm II.

Das politische System des Kaiserreiches wurde um die Jahrhundertwende vor neue Herausforderungen gestellt: Die Wirtschaftspolitik musste der rasch voranschreitenden Industrialisierung angepasst, die negativen Folgen der Industrialisierung für das Handwerk und die Landwirtschaft mussten abgefangen werden. Die Sozial- und Innenpolitik stand vor der Aufgabe, die Arbeiter zu integrieren und ihre Lebensbedingungen zu verbessern.

Annäherung an die Arbeiterschaft

Vor allem hinsichtlich der Arbeiterbewegung gerieten Wilhelm II. und Bismarck in Konflikt miteinander. Wilhelm II. und immer größere Teile der Öffentlichkeit waren der Überzeugung, dass an die Stelle der restriktiven Politik Bismarcks eine Annäherung an die Sozialdemokratie stattfinden müsse. Bismarck setzte gegen Ende der 1880er-Jahre seinen Konfrontationskurs gegen die Sozialdemokratie hingegen fort mit der Absicht, bei den Bürgern die Furcht vor einer Revolution zu stärken. Die unterschiedlichen Positionen wurden 1889 beim Bergarbeiterstreik und der Verlängerung des Sozialistengesetzes deutlich, als der Kaiser den Streik durch Vermittlung schnell beilegen wollte und darauf drängte, dass die Regierung Gesetze zum Arbeiterschutz vorlegt. Bismarck lehnte Eingriffe des Staates in die Arbeitsbeziehungen ab und wollte mit dem Entwurf für ein „unbefristetes Sozialistengesetz“ seiner Repressionspolitik besonderen Nachdruck verleihen. Der Reichstag stimmte dem Entwurf nicht zu; das **Sozialistengesetz** wurde 1890 nicht verlängert. 1890/91 und erneut 1900 bis 1903 wurde, entgegen den Vorstellungen Bismarcks, die **Sozialgesetzgebung** erweitert, z. B. durch das Verbot von Kinderarbeit vor Vollendung der Schulpflicht, Arbeitszeitbegrenzungen und Schutz am Arbeitsplatz.

Die Flottenpolitik

Ende des 19. Jahrhunderts kam bei vielen Großmächten die Überzeugung auf, dass starke Seestreitkräfte, insbesondere eine Schlachtflotte, von entscheidender Bedeutung für die überseeische Expansion seien. England hatte seinen Weltmachtstatus seiner Flotte zu verdanken.

Für den Aufbau einer deutschen Flotte setzte sich insbesondere Wilhelm II. ein. 1896 verkündete er: „Deutschlands Zukunft liegt auf dem Meer.“ 1898 wurde die Entscheidung zum deutschen Schlachtflottenbau im großen Stil getroffen. Zentrale Figur des Flottenbauprogramms wurde Alfred von Tirpitz, der Staatssekretär im Reichsmarineamt. Ziele und Motive des deutschen Flottenbaus waren:

- **Weltmachtträume**, d. h. die Überzeugung, dass die Erde unter wenigen Ländern aufgeteilt werde. Alle anderen Mächte würden in die Mittelmäßigkeit abrutschen. Die Flotte sei deshalb zum Erwerb von Kolonien und Handelsstützpunkten notwendig.

- Die Flotte sollte den **Nationalstolz der Arbeiterklasse** stärken und somit als Mittel gegen die Sozialdemokratie dienen.
- Vorteil im **Wettstreit mit Großbritannien**: Der Inselstaat sollte durch die deutsche Flotte von Maßnahmen gegen das Kaiserreich abgehalten werden. Das Deutsche Reich könnte dank der Schlachtschiffe seine eigenen Ziele gegen den Willen Englands im globalen Maßstab durchsetzen. Von Tirpitz entwickelte das Konzept der „Risikoflotte, wonach Deutschland eine so starke Schlachtflotte besitzen müsse, [...] dass ein Krieg auch für den seemächtigsten Gegner mit derartigen Gefahren verbunden ist, dass seine eigene Machtstellung infrage gestellt wird." Das Flottengesetz von 1900 sah die **Verdopplung der Marine** vor. Das Kräfteverhältnis von deutschen zu britischen Kriegsschiffen sollte von 1:2 auf 2:3 verschoben werden.
  Die „Flottenbegeisterung" wurde mittels einer eigenen Massenorganisation, dem **Flottenverein**, in die Bevölkerung getragen. Im Jahr 1914 besaß er über eine Million Mitglieder, darunter viele aus dem Bürgertum. Die Flotte spiegelte im Unterschied zum konservativ dominierten Heer die Werte des Bürgertums wider: Wissenschaft, Technik und Handel. Postkarten, Militärspielzeug und der Kieler Matrosenanzug als meistgekauftes Kleidungsstück für Jungen sorgten für die Präsenz der Flotte im Alltag der Bevölkerung.

Folgen des deutschen Flottenprogramms waren:
- Die Deutschen stiegen zur **zweitstärksten Seemacht** auf und provozierten ein **Wettrüsten** mit Großbritannien (*two keels to one*, d.h. für jedes deutsche Schiff wurden zwei englische Schiffe gebaut). Die Briten entwickelten ein neues, noch kampffähigeres Schlachtschiff (*Dreadnought*-Schock).
- Die Briten intensivierten ihre Bündnisbemühungen mit Frankreich und Russland.
- Das Deutsche Reich wurde stark **finanziell belastet**: Steuerreformen scheiterten am Widerstand der Vermögenden. Die Finanzierung erfolgte über Verbrauchssteuern (z.B. Schaumweinsteuer).
- Die Schwächung der SPD gelang nicht.
- Die Flotte war im Ersten Weltkrieg praktisch wertlos und versenkte sich bei Kriegsende selbst.

Werbung von 1902 für den Deutschen Flottenverein

5.4 Politische Kultur im Kaiserreich

Der Begriff „politische Kultur“ beschreibt Einstellungen und Verhaltensweisen gegenüber politischen Fragen und Institutionen, die in der Bevölkerung einer Nation vorzufinden sind. Er geht auf Gabriel Almond und Sidney Verba zurück. Sie wollten in den 1950er-Jahren die Frage klären, warum es einigen jungen Demokratien nach dem Zweiten Weltkrieg gelang, sich zu etablieren, und anderen nicht, trotz eines identischen institutionellen Aufbaus und sozioökonomischen Entwicklungsstands. Almond und Verba gingen davon aus, dass es für den Bestand eines politischen Systems eine **Kongruenz zwischen politischer Kultur** und **politischen Strukturen** geben müsse. Das bedeutet, dass es zu Stabilitäts- und Legitimitätskrisen im System kommen kann, wenn das politische Bewusstsein der Bürger, ihre Erwartungen und Einstellungen nicht mit den politischen Institutionen im Einklang stehen. Die Kultur im Kaiserreich wird in der Forschung oft als „**Untertanenkultur**“ bezeichnet. Den Deutschen wurden zwar ein guter politischer Kenntnisstand, großes Vertrauen in die Verwaltung und eine hohe Wahlbeteiligung bescheinigt. Allerdings waren sie auch Anhänger einer autoritären Herrschaftsordnung, da sie die Ansicht vertraten, dass der Staat eine umfassende Schutz-, Ordnungs- und Verteilungsmacht innehabe.

Die Einstellungen und das Verhalten der Bürger wurden im Kaiserreich beeinflusst von einem übersteigerten Nationalismus, von Militarismus und Antisemitismus.

Nationalismus

Der Nationalismus war die mächtigste aller Bewegungen im Kaiserreich. Nationalistische Ideen erreichten ihren ersten politischen Höhepunkt während der Amerikanischen und Französischen Revolution. Sie waren verbunden mit der Forderung nach Menschen- und Bürgerrechten, Selbstbestimmungsrecht und Volkssouveränität. Nationalismus war also ursprünglich mit seinem Streben nach Freiheit und Demokratie oppositionell ausgerichtet gewesen.

Nationalismus
übersteigertes Selbstbewusstsein einer Nation, verbunden mit Machtstreben und Überheblichkeit gegenüber anderen Nationen

Mit der Reichsgründung von 1871 erhielt die deutsche Nation ein Staatsgebilde, vom dem viele lange geträumt hatten. Zuvor beruhte die nationale Einheit auf kulturellen Gemeinsamkeiten, nun wurde das „Reich“ zum Bezugspunkt der Bewegung (Reichsnationalismus). Der Nationalismus sprach viele Menschen an und hatte eine **integrative Wirkung**. In einer großen Umbruchsituation versprach er Beständigkeit, Orientierung und stiftete Identität. Hinzu kam die Faszination, am Machtzuwachs einer aufstrebenden Nation teilzuhaben.

Die nationale Identität wurde aber auch geschaffen durch **Abgrenzung** und die Beschwörung von Reichsfeinden, gegen die sich die Nation verteidigen müsse: nach außen gegen Polen und Frankreich, nach innen gegen Minderheiten und gegnerische politische Gesinnungen wie den Ultramontanismus der Katholiken (→ S. 84), den Internationalismus der SPD oder gegen jüdische Bürger, wobei gegen diese „inneren Feinde“ besonders aggressiv vorgegangen wurde.

Der gemeinsame Bezugspunkt war das „Volk“, immer mehr definiert nach den Kriterien der „Rasse“ und des „Blutes“.
Nicht zuletzt aufgrund der polnischen Zuwanderung ins Kaiserreich wurde das Staatsbürgerschaftsrecht so geregelt: Deutsch war, wer von deutschen Eltern abstammte (*ius sanguinis*), und nicht, wer im Land geboren wurde (*ius soli*).
Der Nationalismus war keine Ideologie der oberen Schichten allein, sondern zunehmend in allen Bevölkerungsschichten stark verbreitet. Der Kaisergeburtstag und der Sedantag wurden zu nationalen Feiertagen erhoben. Der „Alldeutsche Verband“ war der radikalste nationalistische Verband, der mit seiner Lobbyarbeit versuchte, auf die Ausrichtung der deutschen Politik Einfluss zu nehmen. Seine ideologischen Ideen und Ziele nahmen vielfach die Weltanschauung der Nationalsozialisten vorweg. Dazu gehörten: Errichtung eines Kolonialimperiums, Gewinnung von Lebensraum im Osten, Pangermanismus (Bewegung mit dem Ziel eines Zusammenschlusses aller Deutschen in Mitteleuropa) und Antisemitismus.

Sedantag
Gedenktag im Kaiserreich, der an die Kapitulation der französischen Armee am 2.9.1870 nach der Schlacht bei Sedan erinnerte

Antisemitismus

Im 19. Jahrhundert hat sich der Grundsatz der bürgerlichen Gleichstellung, die **Emanzipation**, durchgesetzt. Sie war auch in der Reichsverfassung verankert. Der Staat gewährte somit z.B. seinen Bürgern jüdischen Glaubens Schutz vor antijüdischen Gewalttaten. Allerdings wichen die Länderverfassungen von diesem Grundsatz der Gleichberechtigung ab. Eine Karriere im Militär oder höheren Staatsdienst war z.B. in Preußen für Juden aufgrund formeller und informeller Hürden nicht möglich. Es gab im gesamten Deutschen Reich keinen Offizier jüdischen Glaubens und auch fast keine jüdischen Reserveoffiziere.
Die jüdische Minderheit (1,25% der Bevölkerung) hatte großen Anteil am Aufschwung der Industriewirtschaft des Kaiserreiches. Sie war aufstiegsorientiert: 1901 hatten 7,3% der christlichen und 50% der jüdischen Kinder in Preußen einen Schulabschluss. Das Durchschnittseinkommen war fünfmal höher als das christlicher Deutscher. Viele jüdische Deutsche waren assimiliert, d.h. sie hatten Einstellungen der deutschen Mehrheitsgesellschaft übernommen.

Antisemitismusstreit
Öffentliche Debatte zwischen 1879 bis 1881 über den Einfluss des Judentums, ausgelöst von Heinrich von Treitschke. Das 1879 erstmals verwendete Wort „Antisemitismus“ wurde durch die Debatten im ganzen Reich bekannt. Sie boten all jenen ein Forum, die für eine Einschränkung der Judenemanzipation eintraten, den Ausschluss von Juden aus hohen Staatsämtern und einen Stopp jüdischer Einwanderung forderten.

Antisemitismus, verstanden als Judenfeindlichkeit, hat eine lange, vor allem religiös motivierte Tradition. Schon in den **1870er-Jahren** verschärften sich antijüdische Vorurteile und Diskriminierungen, indem sie eine **rassische Komponente** erhielten. Diese Entwicklung wurde vor allem durch das Werk „Die Grundlagen des XIX. Jahrhunderts“ des britisch-deutschen Schriftstellers Houston Stewart Chamberlain vorangetrieben. 1899 erschienen, enthält es Passagen zur „arischen Rasse“, die nach den „Vermischungen mit Juden“ ihre „Reinheit“ wieder erhalten müsse. Das Buch gehörte zum Bildungskanon des Bürgertums, Wilhelm II. erklärte es zur Pflichtlektüre an preußischen Lehrerseminaren.
Auch Professoren wie Heinrich von Treitschke („Die Juden sind unser Unglück“) oder Geistliche wie der Hofprediger Adolf Stoecker waren geistige Wegbereiter des sich in der politischen Kultur zunehmend festsetzenden Antisemitismus.

In Verbindung mit dem aggressiven Nationalismus trat im jungen Nationalstaat ein neuer politischer Antisemitismus auf. Die 1878 von Adolf Stoecker gegründete „Christlich-Soziale Arbeiterpartei" war die erste einer ganzen Reihe antisemitischer Parteien, die auch in den Parlamenten repräsentiert waren. Zu ihren Zielen gehörten die Rücknahme der Gleichstellung, Berufsverbote und in radikaleren Gruppen auch die physische Vernichtung der Juden. Der Höhepunkt des politischen Antisemitismus lag in den 1890er-Jahren, danach sorgten vor allem Massenorganisationen wie der „Alldeutsche Verband" dafür, dass antisemitisches Denken in der breiten Bevölkerung populär wurde.

Antisemitismus war im Kaiserreich allgegenwärtig und prägender Bestandteil der politischen Kultur. Die Ressentiments spiegelten sich z. B. in Karikaturen, die eine vermeintlich charakteristische Physiognomie der Juden, z. B. eine Hakennase, betonten. Mehr als 250 000 Bürger unterzeichneten 1880/81 die „Antisemiten-Petition" gegen die Emanzipation der Juden.

Getragen wurde der Antisemitismus überwiegend von Handwerkern, Kleinhändlern, Bauern sowie von Angehörigen der Führungs- und Bildungsschicht, die sich von der „jüdischen Konkurrenz" bedroht sahen.

Das Verhältnis **Kaiser Wilhelms II.** zum Antisemitismus war **ambivalent**. Einerseits lehnte er die Einschränkung der rechtlichen Gleichstellung ab und pflegte persönliche Kontakte zu Juden. Andererseits gab es schon vor 1918 zahlreiche antisemitische Äußerungen von ihm. Gegenüber dem englischen Außenminister Sir Edward Grey äußerte er beispielweise: „Es gibt viel zu viele Juden in meinem Land. Sie müssten ausgemerzt werden."

Obwohl sich viele Juden 1914 freiwillig zum Kriegsdienst meldeten, entstand der Vorwurf der „Drückebergerei" und „Kriegsgewinnlerei". 1916 beauftragte die Regierung eine „Judenzählung". Es sollte überprüft werden, ob Juden im Verhältnis zu den nichtjüdischen Soldaten unterproportionale Opferzahlen hätten. Das Ergebnis der Überprüfung widerlegte diese Gerüchte, wurde aber nicht veröffentlicht.

Militarismus

Das Militär war schon immer dominant in Preußen. Die Siege in den Einigungskriegen (→ S. 76) führten zu einer Verherrlichung alles Militärischen, und das Militär erhielt einen **zentralen Stellenwert** in Staat und Gesellschaft. Das Offizierskorps wurde zum „ersten Stand im Staat". Vor dem Hintergrund einer Welt des raschen Umbruchs diente der **Primat des Militärischen** als stabilisierendes Element.

Primat
= Vorrang, Vormacht, Dominanz

Alle jungen Männer durchliefen seit den 1890er-Jahren den **Militärdienst**. Die „Schule der Nation" war geprägt durch harten Drill, blinden Gehorsam und Soldatenmisshandlungen. Der Kaiser war Inhaber der Kommandogewalt, die kaiserlichen Militärberater fungierten quasi als Nebenregierung.

Die Rüstungsausgaben waren zwar Gegenstand der öffentlichen Diskussion, erreichten aber vor dem Ersten Weltkrieg nur 5% des Volkseinkommens. Unter Waffen standen 1910 lediglich 0,79% der Bevölkerung (in Frankreich 1,53%).

Das Militärische wirkte tief in die Gesellschaft hinein. Militärische Denk- und Verhaltensweisen wie der Schneid, d.h. eine scharfe Stimme und ein zackiges Auftreten, waren Maßstab für Männer im Beruf und Zivilleben. Die Uniform, der „Rock des Königs", war im Straßenbild omnipräsent und versprach Anerkennung und den gesellschaftlichen Aufstieg. Auch die Erziehung in Familie und Schule war geprägt von militärischen Normen wie Gehorsam und Disziplin.

Köpenickiade
Sie verdeutlicht beispielhaft das hohe Sozialprestige des Militärs und die Untertanenmentalität im Kaiserreich. Der Schuhmacher Wilhelm Voigt konnte 1906 in einer gekauften Hauptmannsuniform als falscher Offizier mit einigen gutgläubigen Soldaten das Rathaus von Köpenick besetzen und die Stadtkasse beschlagnahmen.
Carl Zuckmayer griff die Köpenickiade in seinem Theaterstück „Der Hauptmann von Köpenick" auf (1931 uraufgeführt).

Träger des Militarismus waren vor allem die **Kriegervereine** und **Vereinigungen von Veteranen**, die u.a. das Andenken an vergangene Schlachten und die Verstorbenen pflegten. Vor Kriegsbeginn 1914 waren ca. 3 Mio. Mitglieder in solchen Vereinen organisiert, vorwiegend nationalistisch und monarchisch orientierte Kleinbürger. Waren die Vereine zunächst auf Geselligkeit ausgerichtet, wandelten sie sich immer mehr zu einer politisch motivierten Massenbewegung, die sich **gegen die Sozialdemokratie** richtete.

Die Sozialdemokraten übten Kritik am Militarismus: August Bebel erklärte den Abgeordneten im Reichstag, dass das militärische System im Kaiserreich „auf die Unterdrückung jeder selbständigen Tugend" hinauslaufe. In der Zabern-Affäre zeigte sich 1913 jedoch, dass sich die Zivilgesellschaft weiterentwickelt hatte: Ein junger Leutnant hatte die elsässische Bevölkerung beleidigt, woraufhin es dort, im elsässischen Zabern, Proteste gab, gegen die das Militär mit Willkürakten wie Verhaftungen vorging. Dies war rechtlich nicht gedeckt. In einer Reichstagsdebatte wurden daraufhin die militaristischen Strukturen des Reiches heftig kritisiert und das Recht zum Waffeneinsatz im Inneren beschränkt. Militär und Kaiser büßten Ansehen ein.

Das Kaiserreich – ein autoritär oder freiheitlich verfasster Nationalstaat?

Lange Zeit war in der Geschichtswissenschaft die Idee vom Kaiserreich als einem autoritären Nationalstaat („Land unter der Pickelhaube)" präsent. Die „**Sonderwegsthese**", wonach Antiparlamentarismus, Antisemitismus und Militarismus in Deutschland überproportional stark ausgeprägt und das Kaiserreich ein Wegbereiter von 1933 gewesen seien, prägt nach wie vor den Diskurs.

Der Historiker Eckhart Conze betont den autoritären Charakter des „**Obrigkeitsstaates**", der als „Kriegsgeburt" in der Tradition der preußischen Militärmonarchie stand. Andere Historiker argumentieren, dass die Verfassung weder das Ergebnis einer Nationalversammlung gewesen sei, noch auf dem Prinzip der Volkssouveränität basierte und somit ein Hindernis für die Parlamentarisierung bildete. Auch das Haushaltsrecht des Parlaments werde überschätzt, da die Militärausgaben 70% des Budgets des Reichstages ausmachten und auf mehrere

Jahre bewilligt wurden. Die begrenzte Macht des Reichstages – der Kanzler und die Staatssekretäre waren nicht von seinem Vertrauen abhängig – schränkte die Macht der Parteien ein und stärkte die außerparlamentarischen Kräfte wie z. B. den Flottenverband. Die Möglichkeit der Regierung, das Parlament jederzeit auflösen zu können, schwächte das demokratische Wahlrecht.

Die Historikerin Hedwig Richter plädiert dagegen für eine Neubewertung des Deutschen Kaiserreiches als „**Laboratorium des demokratischen Aufbruchs**". Die Frauenbewegung, der Anstieg der Wahlbeteiligung, das blühende kulturelle und wirtschaftliche Leben werden in dieser Lesart als Kennzeichen einer fast schon demokratisch anmutenden Zivilgesellschaft interpretiert.

5.6 Die Außenpolitik 1890 bis 1914: Der „Neue Kurs"

Außenpolitischer Kurswechsel

Das Deutsche Kaiserreich unter Wilhelm II. strebte nach Weltmacht, was mit Bismarcks außenpolitischen Grundsätzen, seiner Bündnispolitik und dem Prinzip der Saturiertheit des Kaiserreiches, nicht zu vereinbaren war (→ S. 89). Die Außenpolitik in der Nachfolge Bismarcks kann als „**Politik der freien Hand**" bezeichnet werden. Damit ist gemeint, dass bewusst auf Bündnisse verzichtet und keine Rücksicht auf die Interessen anderer Nationen genommen wurde. 1890 wurde Leo von Caprivi Bismarcks Nachfolger im Amt des Reichskanzlers. Mit ihm begann eine pragmatische Außenpolitik, in der durch geschicktes Lavieren der Vorteil für das Deutsche Reich gesucht wurde („Zickzack-Politik"). Zur Außenpolitik dieses „**Neuen Kurses**" gehörte es dennoch, am Bündnis mit Österreich-Ungarn festzuhalten. Außerdem strebte das Kaiserreich eine Annäherung an Großbritannien an.

In der Annahme, dass Großbritannien und Russland in einem unüberwindbaren Gegensatz stünden, verlängerte von Caprivi gegen den Willen Russlands den Rückversicherungsvertrag von 1890 (→ S. 90) nicht. In der Folge änderten sich die Beziehungen der europäischen Großmächte, indem stabiler werdende Bündnisblöcke entstanden. Durch die gegenüber dem russischen Reich feindseliger werdende deutsche Politik kam es zur Annäherung Russlands an Frankreich.

1894 wurde, als Reaktion auf die Verlängerung des Dreibundes von 1891, eine **französisch-russische Defensivallianz** geschlossen, in der Frankreich und Russland garantierten, sich gegenseitig zu unterstützen, falls eine Partei von einer Dreibund-Macht unter Beteiligung des Deutschen Reiches angegriffen würde.

Durch die neuen Konstellationen bestand für das Deutsche Reich im Falle eines Krieges die Gefahr der **Einkreisung durch Frankreich und Russland**. Es konnte nur noch auf den Dreibund zählen (Österreich/Italien). Frankreich war, anders als zur Zeit Bismarcks, nicht mehr isoliert.

Großbritannien befürwortete die Konstellation zunächst, denn aufgrund der englischen Neutralität entstand ein Zustand der *Balance of Power*, ein Gleichgewicht der Kräfte.

Kolonialpolitik und außenpolitische Isolation

Bernhard von Bülow, Staatssekretär im Auswärtigen Amt, verkündete 1897: „Wir wollen niemanden in den Schatten stellen, aber wir verlangen auch unseren **Platz an der Sonne**.“ Der „Platz an der Sonne“ ist eine Metapher für das **Weltmachtstreben des Deutschen Reiches** vor dem Ersten Weltkrieg und bringt den gleichberechtigten Anspruch auf Kolonien und eine leistungsfähige Flotte zum Ausdruck. Die deutschen Kolonien bestanden aus einzelnen, verstreut liegenden Territorien: 1898 sicherte sich das Deutsche Reich mit Kiautschou einen Stützpunkt in China, 1899 erwarb es aus dem spanischen Kolonialbesitz die Karolinen-, Palau- und Marianneninseln und bekam einen Teil der Samoa-Inseln zugesprochen.

Als Nachzügler in der Kolonialpolitik geriet das Deutsche Kaiserreich zwangsläufig in Konflikte mit den etablierten Kolonialmächten, insbesondere mit England. Großbritannien, das sich obendrein durch den forcierten Ausbau der deutsche Flotte bedroht sah, gab seine Strategie der *Splendid Isolation* (→ S. 90) schließlich auf. 1904 verbündete es sich mit Frankreich (**Entente cordiale**), nachdem sich beide Länder hinsichtlich ihrer Kolonialpolitik verständigt hatten. 1907 kam es noch zu einem Zusammenschluss mit Russland, die Entente cordiale wurde auf diese Weise zur **Triple Entente** erweitert.

Die Bündnispolitik der europäischen Großmächte führte zur Isolation des Deutschen Reiches, das nun in eine Zweifrontenbedrohung geraten war. Es bekräftigte daraufhin den **Zweibund** mit Österreich-Ungarn, der vorsah, dass sich die Vertragspartner im Falle eines russischen Angriffs oder eines Angriffs mit russischer Unterstützung gegenseitig beistehen. Italien trat 1915 aus dem Dreibund aus.

So existierten unmittelbar vor dem Ersten Weltkrieg zwei rivalisierende Bündnissysteme: die Triple Entente (England, Frankreich, Russland) auf der einen Seite, der Zweibund (Deutschland, Österreich-Ungarn) auf der anderen.

Die Bündnissysteme vor dem Ersten Weltkrieg

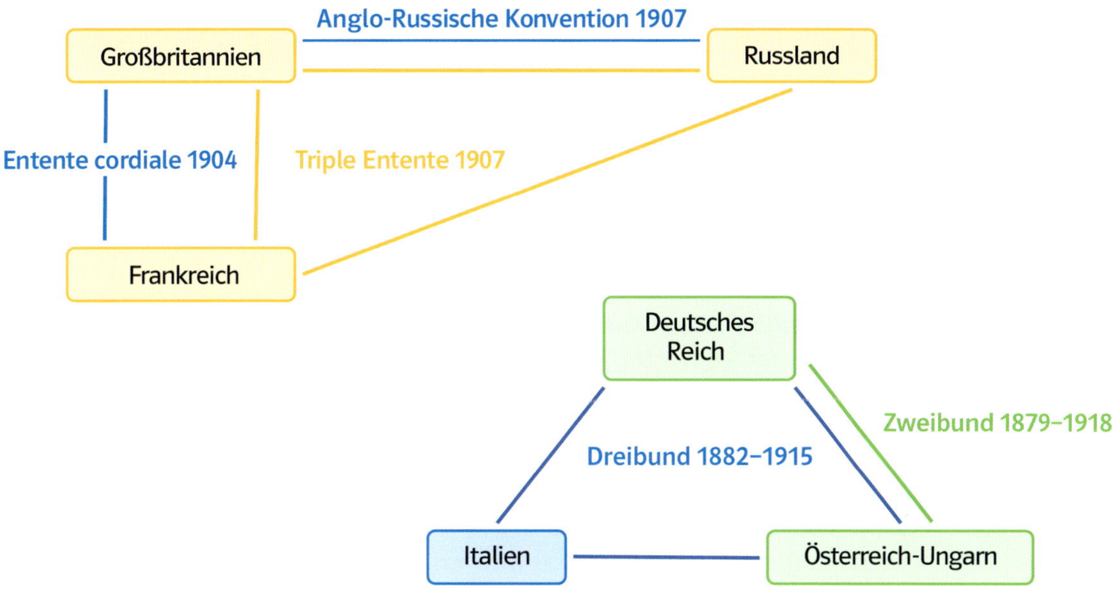

Das persönliche Regiment Wilhelms II.

Der Regierungsstil Wilhelms II. wird in der Geschichtswissenschaft mitunter als „persönliches Regiment“ oder auch als „persönliche Monarchie“ bezeichnet. Die Macht habe nicht mehr beim Reichskanzler, sondern beim Kaiser gelegen, der fortan die Richtlinien in der Innen- und Außenpolitik bestimmt habe. Vor allem der Historiker John C. G. Röhl hat in seinen Arbeiten über Wilhelm II. herausgestellt, dass der Kaiser eine aktive politische Rolle gespielt habe und darum eine maßgebliche, leider oft unheilvoll-dilettantisch agierende Figur in der Entstehungsgeschichte des Ersten Weltkrieges gewesen sei. Erst im Krieg sei er dann zu einer Randfigur geworden.

Hans-Ulrich Wehler sieht in Wilhelm II. dagegen einen „Schattenkaiser“, der nur ein Akteur unter vielen war. Er charakterisiert das Kaiserreich als polykratisches System, in dem Interessenverbände, Militärs und die Bürokratie maßgeblichen Einfluss auf die politischen Entscheidungen hatten. Der Kaiser sei oft nur eine Marionette in deren Intrigenspiel gewesen. Beispielsweise gäbe es Hinweise, dass der Kaiser in der Julikrise, die zum Ersten Weltkrieg führte, gezielt falsch informiert worden sei.

Wolfgang J. Mommsen gesteht Wilhelm II. zwar eine gewisse Machtfülle zu, aber die wirkliche Entscheidungsgewalt habe bei den „preußisch-deutschen Machteliten“ gelegen.

CHRONOLOGIE

Das Wilhelminische Zeitalter 1890 bis 1918

1888	**Wilhelm II. wird Kaiser** (Beginn des Wilhelminischen Zeitalters). Kennzeichnend für die politische Kultur der Epoche waren u.a. das Erstarken des Nationalismus mit Abgrenzungsmaßnahmen nach außen und innen, der Militarismus und die Zunahme antisemitischer Tendenzen.
18.03.1890	Um einer Entlassung zuvorzukommen, tritt Bismarck als Reichskanzler zurück. Nachfolger: Leo von Caprivi (bis 1894), Chlodwig von Hohenlohe-Schillingsfürst (1894–1900,) Bernhard von Bülow (1900–1909) und Theobald von Bethmann Hollweg (1909–1917).
Seit 1890	Unter Caprivi beginnt „**Neuer Kurs**" in der Außenpolitik. Bismarcks Bündnispolitik und sein Prinzip der Saturiertheit des Deutschen Reiches werden nicht fortgesetzt. Stattdessen: „Politik der freien Hand" und wechselnde Bündnisse; durch geschicktes Lavieren wird der Vorteil für das Deutsche Reich gesucht („Zickzack"-Politik).
Seit 1890	**Weltmachtpolitik Wilhelms II.** Er setzt sich für den Aufbau einer deutschen **Flotte** ein und verkündet 1896: „Deutschlands Zukunft liegt auf dem Meer."
1890	Rückversicherungsvertrag mit Russland wird nicht verlängert.
1894	Bündnis zwischen Russland und Frankreich
1897	Von Bülow (Staatssekretär im Auswärtigen Amt) sagt in seiner Antrittsrede im Reichstag über die **deutsche Kolonialpolitik**: „Wir wollen niemanden in den Schatten stellen, aber wir verlangen auch unseren Platz an der Sonne."
1898	**Flottenbauprogramm** wird beschlossen.
1904	**Entente cordiale** zwischen Großbritannien und Frankreich
1907	Russland schließt sich Großbritannien und Frankreich an, die Entente cordiale wird zur **Triple Entente** erweitert. Der **Zweibund** zwischen dem Deutschen Reich und Österreich-Ungarn wird bekräftigt.

6 Der Erste Weltkrieg 1914 bis 1918

Im Juli 1914 löste die Ermordung des österreichischen Thronfolgerpaares in Sarajevo einen europäischen Krieg aus, in dem das Deutsche Reich an der Seite Österreich-Ungarns gegen die Mächte der Triple Entente (Großbritannien, Frankreich, Russland) kämpfte.

In Deutschland war die Kriegsbegeisterung zunächst groß. Selbst die SPD, die zuvor eine antimilitaristische und friedliche Politik unterstützt hatte, stimmte dem Krieg aus vaterländischem Pflichtgefühl zu. Die anfängliche Euphorie hielt allerdings nicht an. Der Bewegungskrieg, der eine schnelle Kriegsentscheidung herbeiführen sollte, erstarrte zu einem aufreibenden Stellungskrieg, der auch durch den Einsatz neuer Waffen und Kampfmittel (u.a. Giftgas) zu Menschenverlusten und Zerstörungen in bislang unbekanntem Ausmaß führte.

Erst der Kriegseintritt der USA 1917, mit dem der Krieg zum Weltkrieg wurde, brachte die entscheidende Wende. Im November 1918 unterzeichneten das Deutsche Reich und Österreich-Ungarn einen Waffenstillstand, der einer bedingungslosen Kapitulation gleichkam.

Der Erste Weltkrieg führte zu tiefgreifenden Veränderungen im europäischen Staatensystem; nicht zuletzt schuf er den Nährboden für den Nationalsozialismus in Deutschland. Der US-Diplomat George F. Kennan nannte ihn darum „die große Urkatastrophe" des 20. Jahrhunderts.

6.1 Krisen im Vorfeld des Ersten Weltkrieges

Zu Beginn des 20. Jahrhunderts verschärfte sich das Konfliktpotenzial in Europa. Die Julikrise 1914, die mit der **Ermordung** des österreichisch-ungarischen Thronfolgers **Franz Ferdinand** den Ersten Weltkrieg auslöste, war das Ergebnis einer Zuspitzung von Konflikten zwischen den fünf europäischen Großmächten in der Zeit zuvor. Bis 1914 gelang es den Großmächten jedoch, einen Krieg zu vermeiden und im internationalen System regionale und koloniale Konflikte durch Kompromisse zu lösen.

Zwischen 1871 und 1914 erlebte Europa die **längste Friedensperiode** seiner bisherigen Geschichte. Allerdings war seit den Balkankriegen (1912/13) erkennbar, dass die Regierungen ihre Angst vor Prestigeverlust über die Eskalationsgefahr eines Krieges stellten.

Europa war in der Phase vor dem Krieg militärisch in **zwei Lage**r geteilt. Einerseits war das Deutsche Reich seit 1879 mit Österreich-Ungarn und seit 1882 mit Italien verbündet. Andererseits bestand seit 1894 eine Allianz zwischen Frankreich und Russland und seit 1904 die Entente cordiale zwischen Großbritannien und Frankreich. Nachdem sich Russland und Großbritannien einander angenähert hatten, wurde die **Entente cordiale** 1907 zur **Triple Entente** erweitert (→ S. 108).

Die internationalen Krisen im Vorfeld des Ersten Weltkrieges wurden meist durch das Streben nach **Territorialerwerb** bzw. **kolonialem Einfluss** ausgelöst. Das gilt beispielsweise für die Marokko-Krisen 1905/06 und 1911 oder die bosnische Annexionskrise 1908/09. Sie sorgten dafür, dass sich das Bündnissystem festigte, und wurden zunächst noch ohne Krieg gelöst.

Erste Marokko-Krise 1905/06

Zur Ersten Marokko-Krise kam es ein Jahr nach Abschluss der britisch-französischen Entente cordiale, in der Großbritannien Frankreich u.a. diplomatische Unterstützung beim Erwerb Marokkos zusicherte. Da dies gegen das Abkommen von Madrid aus dem Jahr 1880 verstieß, in dem sich die europäischen Großmächte und die USA auf die Unabhängigkeit Marokkos geeinigt hatten, witterte das Deutsche Reich die Chance, die Marokkofrage zu nutzen, um das Bündnis zwischen Frankreich und Großbritannien zu schwächen. Deutschland versuchte deshalb, die „Politik der offenen Tür" durchzusetzen, bezeichnete den Verstoß gegen das Abkommen von Madrid als völkerrechtswidrig und verlangte, seine wirtschaftlichen Interessen in Marokko wahrnehmen zu können. 1905 reiste Wilhelm II. zum Sultan von Marokko nach Tanger, um dessen Souveränität als Herrscher zu stärken. Wilhelm II. forderte eine Konferenz der Unterzeichnerstaaten des Abkommens von Madrid.

Auf der Konferenz in Algeciras erlitt Wilhelm II. allerdings eine **diplomatische Niederlage**: Die Handelsfreiheit in Marokko wurde zwar anerkannt, doch konnte Frankreich mit Vorrechten in Marokko seine Position dort stärken (Verwaltung der Polizei und Staatsbank). Die französisch-britische Allianz zeigte sich gefestigt und das Deutsche Reich, dem nur noch Österreich-Ungarn als Bündnispartner blieb, war isoliert. Die Angst vor einer „Einkreisung" durch die europäischen Großmächte wurde dadurch verstärkt.

Politik der offenen Tür
Der Begriff bezog sich ursprünglich auf die Politik der USA Ende des 19. Jh. Im Wettbewerb mit den europäischen Großmächten wollten die USA die gleichen Handelsmöglichkeiten auf dem chinesischen Markt gesichert haben. Spätestens seit dem Ersten Weltkrieg steht er für den allgemeinen Zugang aller Staaten zu allen Märkten.

Als Konsequenz aus der deutschen Machtpolitik entstand ein Jahr später (1907) die **Triple Entente** zwischen Großbritannien, Frankreich und Russland. Sie war kein auf Verträgen gegründetes Bündnis, sondern ein Bündel von Vereinbarungen (Militärkonvention von 1894, Entente cordiale, britisch-russische Verständigung von 1907), und keine Allianz mit offensiver Ausrichtung, sondern ein formales **Defensivbündnis**. 1914 wurde sie durch die russisch-englische Marinevereinbarungen ergänzt.

Bosnische Annexionskrise 1908/09

Südosteuropa galt aufgrund der „Orientalischen Frage“ als Pulverfass. Das Osmanische Reich war in einem permanenten Auflösungsprozess begriffen („Der kranke Mann am Bosporus“). In diesem Machtvakuum stießen die Interessen verschiedener Akteure aufeinander. Russland wollte die Meerengen am Schwarzen Meer kontrollieren und verstand sich als Schutzmacht der slawischen Autonomiebestrebungen (Panslawismus). Dies wiederum stand im Gegensatz zu den Interessen Österreich-Ungarns, das mit dem Deutschen Reich verbündet war.

Panslawismus
Der Begriff steht für eine Bewegung, deren Ziel die politische, kulturelle und politische Einheit aller slawischer Völker Europas im 19. Jh. war. Russland unterstützte diese Bewegung, denn es versprach sich davon einen geostrategischen Vorteil in Mitteleuropa und auf dem Balkan.

Bosnien und die Herzegowina waren seit 1878, obwohl völkerrechtlich osmanisches Staatsgebiet, unter österreichischer Verwaltung. Nach der Revolution der Jungtürken 1908 befürchtete Österreich-Ungarn, dass die neuen Machthaber ihren Einfluss auf dem Balkan wieder ausweiten würden, und besetzte 1908 Bosnien und Herzegowina. Russland protestierte, da es die Vereinbarungen, die im Berliner Vertrag 1878 getroffen worden waren, verletzt sah, und zeigte Kriegsbereitschaft. Die deutsche Regierung erklärte, hinter jeglichem Vorgehen Österreich-Ungarns zu stehen. Dahinter stand die Strategie, die Triple Entente zu erschüttern. Durch deutschen Druck gelang ein Ausgleich, und Russland erkannte die Annexion Bosniens und der Herzegowina durch Österreich-Ungarn an, da es noch nicht zum Krieg bereit war. Das Ergebnis war eine Stärkung des Panslawismus.

Zweite Marokko-Krise 1911

Die Zweite Marokko-Krise wurde erneut bewusst vom Deutschen Reich ausgelöst. 1911 reagierte es auf die Präsenz französischer Truppen in Marokko, indem es das Kanonenboot „Panther“ in den Hafen von Tanger entsandte („**Panthersprung**“). Die deutsche Diplomatie sah hier erneut eine Chance, die Standhaftigkeit der gegnerischen Allianz zu testen und durch diese Drohgebärde territoriale Kompensationen zu erhalten: Frankreich sollte in bilateralen Verhandlungen als Preis für die Vorherrschaft in Marokko zur Abtretung des französischen Kongos gezwungen werden. Die deutsche Öffentlichkeit, in der die Kriegsbereitschaft wuchs, unterstützte diese „Kanonenbootdiplomatie“. Es bestand die Gefahr, dass aus dem „trockenen Krieg“ (Hans Delbrück) ein militärischer Konflikt werden könnte.

Allerdings schätzte das Deutsche Reich die Reaktionen der Entente falsch ein. Frankreich spielte in diesem Konflikt auf Zeit und wurde von Großbritannien unterstützt. Überzeugt davon, dass ein Krieg nicht zu gewinnen sei, lenkte das Kaiserreich schließlich ein und gab Ansprüche auf Marokko im Austausch für Landgewinne in Afrika auf.

Als Folge der Krise gewann in Frankreich eine „Politik der Stärke" gegenüber Deutschland an Zustimmung. Beispielsweise wurde eine dreijährige Dienstzeit in der Armee eingeführt. In Deutschland verbreitete sich die Überzeugung, dass der große Krieg kommen und präventiv geführt werden müsse. Ab 1911 kam es zu einem massiven Anstieg der Rüstungsausgaben insbesondere in Deutschland, Frankreich und Russland.

Balkankriege 1912/1913

Erster Balkankrieg

Die Schwäche des Osmanischen Reiches führte zum Krieg zwischen dem Balkanbund (Bulgarien, Serbien, Griechenland, Montenegro) und der Türkei. Der Balkanbund verfolgte damit u.a. das Ziel, die Türkei aus Europa zu vertreiben. Durch den Krieg sahen Österreich-Ungarn und Russland die eigenen Interessen in der Region gefährdet. Der Konflikt zwischen beiden und damit zwischen den beiden Bündnissystemen entzündete sich an der Frage, ob Serbien bis zur Adria expandieren dürfe. Das Deutsche Reich verfolgte in dieser Krise eine Doppelstrategie: Einerseits signalisierte es Rückendeckung für den Bündnispartner Österreich-Ungarn auch im Kriegsfall, andererseits wurde nach einer diplomatischen Lösung der Krise gesucht. Auf der Friedenskonferenz in London gelang es, den internationalen Konflikt auf dem diplomatischen Weg zu lösen. Die Türkei verlor fast ihren ganzen europäischen Besitz und wurde entsprechend geschwächt. Durch die Gründung Albaniens konnte Österreich-Ungarn verhindern, dass Serbien einen Zugang zum Mittelmeer bekam. Allerdings zeigte sich auf der Konferenz, dass eine **friedliche Konfliktbeilegung zunehmend schwieriger** wurde.

Zweiter Balkankrieg

Der auf der Friedenskonferenz in London ausgehandelte Balkankompromiss konnte nur kurz den Konflikt in der Region beilegen. Bereits 1913 begann der Zweite Balkankrieg, in dessen Folge Bulgarien Gebiete, die es im ersten Krieg gewonnen hatte, u.a. an Serbien abtreten musste. Dies hatte eine Schwächung Bulgariens zur Folge, das Verbündeter Deutschlands und Österreichs war, und stärkte Serbien, das mit Russland verbündet war. Serbien wollte weiter expandieren, in Österreich-Ungarn und Russland wuchs dagegen die Überzeugung, dass eine langfristige Beruhigung der Lage auf dem Balkan nicht möglich und ein weiterer Prestigeverlust nicht hinnehmbar sei.

Eine problematische Folgewirkung der Balkankonflikte war die „Balkanisierung der französisch-russischen Beziehungen": Frankreich sicherte Russland zu, in einem künftigen Krieg zwischen Österreich-Ungarn und Russland, wahrscheinlich unter Mitwirkung Deutschlands, einzugreifen. Die Feindschaft Serbiens gegen Russland auf der einen und gegen Österreich-Ungarn auf der anderen Seite wurde verstärkt.

Die Folgen der Krisen für das Deutsche Reich

Das Kaiserreich war in fast allen Krisen vor dem Ersten Weltkrieg, mit Ausnahme der bosnischen Annexionskrise, eher der Verlierer. Die Türkei, die mit dem Deutschen Reich befreundet war, wurde im ersten Balkankrieg besiegt. Im Zweiten Balkankrieg war das mit Österreich-Ungarn befreundete Bulgarien Verlierer. Im Gegenzug gelang es Serbien, sein Territorium zu verdoppeln. Serbien, das selbst Großmacht werden wollte, stellte die Doppelmonarchie Österreich-Ungarn infrage und stand an der Seite Russlands, das als Schutzmacht Serbiens auftrat.

Ab 1900 sind in allen Staaten Europas und somit auch im Deutschen Reich **konkrete militärische Planungen** erstellt worden, deren fataler gemeinsamer Nenner die Überzeugung war, dass dem Gegner im Konfliktfall keinerlei Zeitvorteil eingeräumt werden dürfe. In einer Sitzung ohne zivile Beteiligung wurde deutlich, dass bei Wilhelm II. und den Militärs ein „Denken ohne Alternativen" (Jörn Leonhardt) vorherrschte. Auch wenn der „Kriegsrat", eine geheime Besprechung Wilhelms II. mit den militärischen Spitzen im Dezember 1912, nicht den Krieg provozierte, wie dies der Historikers Fritz Fischer meint (→ S. 117), so zeigte sich, dass die Militärs einen möglichst früh anzusetzenden **Präventivkrieg** für unvermeidlich hielten (Moltke der Jüngere, Chef des Großen Generalstabs: „Je eher, desto besser.")

Präventivkrieg
Bezeichnung für einen Angriffskrieg, der einem zu erwartenden oder vermuteten gegnerischen Angriff zuvorkommen soll.

6.2 Die Julikrise 1914

Das Attentat in Sarajevo

Am 28. Juni 1914 wurden Erzherzog Franz Ferdinand, Thronfolger Österreich-Ungarns, und seine Gattin in Sarajevo/Bosnien-Herzegowina erschossen. Der Täter, Gavrilo Princip, war ein 19-jähriger bosnisch-serbischer Nationalist. Hinter dem Attentat steckte der serbische Geheimbund „Schwarze Hand".

Wien unterstellte Serbien, das den Besuch des Thronfolgers als Demütigung empfand, zumindest eine indirekte Beteiligung an der Ermordung. Franz Ferdinand galt als Reformer, der die Habsburger Monarchie in ein dreigliedriges Staatswesen umwandeln wollte, das von Wien aus nach föderativen Grundsätzen regiert werden sollte. Die slawischen Landesteile hätten so an Autonomie gewonnen. Serbien empfand dies als Bedrohung, da es selbst Großmacht werden und alle Gebiete, in den Serben lebten, unter seiner Herrschaft zusammenführen wollte (serbischer Irredentismus).

Irredentismus
Mit Irredentismus wird eine Ideologie bezeichnet, deren Ziel es ist, alle Angehörigen einer bestimmten Ethnie in einem Staat zusammenzuführen.

Wilhelm II. kommentierte den Wunsch Österreich-Ungarns, die Ermordung des Thronfolgers zu sanktionieren, am 30. Juni 1914 in einem Telegramm mit der Randnotiz: „Jetzt oder nie!" Und: „Mit den Serben muß aufgeräumt werden und zwar bald." Ähnliche Positionen ließ auch die deutsche Militärführung verlauten.

In Österreich-Ungarn setzte sich die Kriegspartei um Generalstabschef von Hötzendorf durch, die militärisch gegen Serbien vorgehen wollte. Entscheidende Rückendeckung für eine militärische Aktion erhielt die Donaumonarchie von der deutschen Reichsführung am 5./6.Juli: Wilhelm II. sicherte Österreich-Ungarn die uneingeschränkte Bündnistreue des Deutschen Reiches zu, auch für den Fall, dass der Angriff von Österreich-Ungarn ausgehe. Die deutsche Reichsführung rechnete zunächst damit, dass dieser **Blankoscheck** nur einen lokalen Krieg mit Serbien auslösen würde, ein Eingreifen Russlands, des Verbündeten Serbiens, hielt man für unwahrscheinlich, da es nicht kriegsbereit zu sein schien.

Bestärkt durch die Zusicherungen des Deutschen Reiches, ging Österreich-Ungarn nun entschlossen gegen Serbien vor. Am 23. Juli stellte es ein **Ultimatum**, in dem es Serbien aufforderte, das Attentat auf den österreichischen Thronfolger zu untersuchen und dabei Delegierte aus Österreich-Ungarn zuzulassen, die selbstständig ermitteln sollten. Serbien verhielt sich entgegenkommend, lehnte aber die Einmischung in seine inneren Angelegenheiten ab. Am 28. Juli erklärte Österreich-Ungarn Serbien schließlich den Krieg.

Die Kriegserklärung löste eine Reihe von Ereignissen und Bündnisfällen aus:

28.07.	Kriegserklärung Österreich-Ungarns an Serbien
29.07.	Beginn der österreichischen Kampfhandlungen gegen Serbien; russische Teilmobilmachung; England erklärt, in dieser Auseinandersetzung nicht neutral bleiben zu können.
30.07.	russische Generalmobilmachung
31.07.	Deutschland proklamiert den „Zustand der drohenden Kriegsgefahr" und fordert Russland ultimativ auf, die Mobilmachung einzustellen. Das Zarenreich kommt dieser Forderung nicht nach.
01.08.	deutsche Generalmobilmachung, Kriegserklärung an Russland
03.08.	deutsche Kriegserklärung an Frankreich und Einmarsch in das neutrale Belgien. Der Durchmarsch mobilisiert Großbritannien, die Schutzmacht Belgiens.
04.08.	Kriegserklärung Großbritanniens an das Deutsche Reich
06.08.	Kriegserklärung Österreich-Ungarns an Russland
12.08.	Kriegserklärung Großbritanniens an Österreich-Ungarn
13.08.	Kriegserklärung Frankreichs an Österreich-Ungarn

Die Julikrise kann als letzter Akt in einer Reihe internationaler Konflikte gesehen werden, die Europa 1900 bis 1914 immer wieder an den Rand eines Krieges getrieben haben. Sie löste den Ersten Weltkrieg aus, hätte jedoch nicht zwingend zum Krieg führen müssen. Eine friedliche Lösung zwischen Österreich-Ungarn und Serbien wäre, wenn gewollt, durchaus denkbar gewesen, wie die vorangegangenen Krisen gezeigt haben.

Kriegsschuldfrage: zwischen „Alleinschuld" und „Hineinschlittern"

Die Kriegsschuldfrage ist immer wieder diskutiert worden. Dabei wurden folgende Positionen vertreten:

Die Kriegsschuldfrage und der Versailler Vertrag

Der Versailler Vertrag, der den Ersten Weltkrieg völkerrechtlich beendete, sprach im **Kriegsschuldartikel 231** Deutschland und seinen Verbündeten die **Alleinschuld** am Ersten Weltkrieg zu. In der Folgezeit versuchte Deutschland, in einem „Weltkrieg der Dokumente" die sogenannte „Kriegsschuldlüge" zu bekämpfen. Diese Bemühungen der Weimarer Regierung hatten einigen Erfolg. Der ehemalige britische Premierminister **David Lloyd George** fasste die neue Sicht 1933 zusammen: Europa sei 1914 in den Krieg „**hineingeschlittert**" („*Europe slithered over the brink into the boiling cauldron of war.*"). Der Ausbruch des Krieges wäre demnach nicht einer Nation anzulasten, sondern Ergebnis eines kollektiven Versagens des europäischen Staatensystems.

Die Diskussion der Kriegsschuldfrage seit den 1960-Jahren

In den 1960er-Jahren schrieb der Historiker **Fritz Fischer** dem Deutschen Reich die Hauptschuld am Kriegsausbruch zu. Obwohl er nicht die These von der Alleinschuld vertrat, sorgte Fischer für heftige Kontroversen, als er dem Deutschen Reich unterstellte, den Krieg von langer Hand, z. B. im „Kriegsrat", geplant und dann in der Julikrise provoziert zu haben, um die Hegemonie in Europa zu erlangen („Griff nach der Weltmacht"). Mit Fischers Thesen wurden die Deutschen kurz nach Ende des Zweiten Weltkrieges für beide Kriege verantwortlich gemacht.

Die Historiker **Hans-Ulrich Wehler** und **Wolfgang Mommsen** relativieren die These Fischers. Beide nehmen an, dass der Krieg herbeigeführt wurde, um von innenpolitischem Druck (den Wahlerfolgen der Sozialdemokraten) abzulenken und um einen Kriegskonsens herzustellen. Die Annahme, dass der Krieg bewusst geplant worden sei, lehnen sie ab.

Volker Ullrich sieht in seinem Buch „Die nervöse Großmacht" (1997) keinerlei Hinweise darauf, dass die Entente im Juli 1914 einen Angriffskrieg plante. Auch die Reichsleitung war gemäß seiner Interpretation „nicht *kriegswillig* in dem Sinne, dass sie den großen Krieg unter allen Umständen herbeiführen wollte, wohl aber tat sie alles, um diesen Krieg unvermeidlich zu machen." Das Deutsche Reich habe gegenüber Russland, dessen wachsende politische und militärische Stärke es fürchtete, eine Strategie des kalkulierten Risikos eingeschlagen und dabei zwei Varianten verfolgt: Wäre Russland aufgrund der Strafaktion gegen Serbien zu einem Krieg bereit, sollte er möglichst bald geführt werden, da die Chancen für das Deutsche Reich, ihn zu gewinnen, gegenwärtig günstig schienen. Sollte Russland einem Krieg jedoch ausweichen, wollte man die diplomatische Niederlage nutzen, um die Triple Entente aufzubrechen und eine Neugestaltung der für Deutschland unvorteilhaften Bündniskonstellation herbeizuführen.

Da die deutsche Reichsleitung an dieser „Risikopolitik" bis Ende Juli 1914 festhielt, trage „sie eindeutig die Hauptverantwortung für die Entfesselung des Ersten Weltkrieges", so Volker Ullrich.

Anlässlich des 100. Jahrestags des Kriegsausbruchs rückte in 2014 die Verantwortung der anderen Staaten in den Fokus der Diskussion. **Christopher Clark** stellt in seinem Buch „Die Schlafwandler" den fatalen Einfluss des Panslawismus auf die Balkanstaaten, insbesondere auf das Handeln Serbiens, heraus und verwirft die These von der Hauptschuld Deutschlands. Der Krieg sei nicht gewollt und durch bessere Kommunikation letztlich vermeidbar gewesen.

Jörn Leonhard wendet sich in seinem Werk „Die Büchse der Pandora" ebenfalls gegen die Annahme, dass der Krieg nur eine Frage der Zeit gewesen sei. Selbst die geheime Besprechung Kaiser Wilhelms II. mit der militärischen Führungsspitze im Dezember 1912 (Kriegsrat), von Fritz Fischer noch als entscheidende Weichenstellung zum Präventivkrieg gedeutet, unterstelle „eine konsequente Handlungslogik, die es so niemals gab". Zwar hätten England und Deutschland eine besondere Verantwortung für den Krieg zu tragen, da sie ihre Vermittlerchancen ungenutzt verstreichen ließen. Die Verantwortung liege aber – und Leonhard argumentiert hier ähnlich wie Clark – bei allen beteiligten Mächten, die unter verzerrten Wahrnehmungen, mangelnden Informationen und Vertrauensverlust verhängnisvoll „schlafwandlerisch" gehandelt hätten: „Das subjektive Selbstbild aller, angegriffen worden zu sein und sich auf legitime Art zu verteidigen, konnte die Spirale der Eskalation am Schluss nicht mehr stoppen."

6.3 Innenpolitik: August-Erlebnis und Burgfrieden

Das „August-Erlebnis"

Vor Kriegsbeginn 1914 fanden in deutschen Städten und Dörfern Demonstrationen und Massenversammlungen statt. Die Deutschen und Österreich-Ungarn waren überzeugt, es handele sich bei dem Krieg um einen gerechtfertigten Verteidigungskrieg. Diese Annahme war im Übrigen auch bei den Entente-Mächten verbreitet. Vor diesem Hintergrund meldeten sich im Sommer 1914 Hunderttausende freiwillig an die Front. Für die **Kriegsbegeisterung** der jubelnden Massen werden auch die Begriffe „Geist von 1914" und „**August-Erlebnis**" verwendet.

Ian Kershaw zufolge konnte zumindest in den europäischen Hauptstädten in großen Teilen der Bevölkerung Jubel über den bevorstehenden Krieg vernommen werden. Die Kriegsbegeisterung in Deutschland, die alle Schichten erfasste und einte, resultierte vor allem aus der Erfahrung des schnellen Siegs im deutsch-französischen Krieg 1870/71 und wurde von der Kriegspropaganda unterstützt. Daneben gab es aber auch Proteste, Tausende nahmen an den Antikriegsdemonstrationen der Sozialdemokraten teil.

Geschichte kontrovers

Das „August-Erlebnis“ – ein Mythos?

Der Jubel der Massen, Kriegsgedichte und -reden legen den Eindruck einer einheitlichen Kriegsbegeisterung, eines „kollektiven Rausches“, in Deutschland im August 1914 nahe.

Trotz der offenkundigen Begeisterung blickt die Geschichtswissenschaft heute differenziert auf das „August-Erlebnis“. Eine Kriegsbegeisterung, die alle Teile der Bevölkerung erfasste, habe es so nicht gegeben. Übereinstimmung herrscht darin, dass besonders in den Städten der Patriotismus vorherrschte. Es fanden allerdings auch gut besuchte pazifistische Demonstrationen statt. Bei älteren Menschen und Arbeitern war die Begeisterung zwar auch vorhanden, aber weitaus verhaltener. Benjamin Ziemann hat gezeigt, dass die Landbevölkerung dem Kriegsbeginn durchaus skeptisch gegenüberstand.

Nach Christian Geinitz bestand die Kriegsbegeisterung nicht nur aus „Hurra-Patriotismus“, sondern aus der Entschlossenheit, den „aufgezwungenen Krieg“ entschieden zu führen. Die „Kriegsstimmung“ sei abseits der Zentren durch „widerstreitende emotionale Extreme“, eine „Synchronie von positiv-kriegsbereiten und negativ-kriegsfürchtenden Gemütslagen“ gekennzeichnet gewesen.

„Burgfrieden“

Kurz nach Kriegsbeginn, am 4. August 1914, stimmte die oppositionelle SPD, die zuvor eine antimilitaristische und friedliche Politik unterstützt hatte, aus vaterländischem Pflichtgefühl im Reichstag für die Bewilligung der **Kriegskredite** zur Finanzierung des Krieges. Wilhelm II. äußerte sich daraufhin in einer Rede über die Geschlossenheit der Parteien, die er nicht erwartet hatte: „Ich kenne keine Parteien mehr, ich kenne nur noch Deutsche.“ Dieser sogenannte **Burgfrieden** brachte es mit sich, dass innere Konflikte im Kaiserreich während des Ersten Weltkrieges zurückgestellt wurden.

Burgfrieden
Übereinkunft zwischen Parteien, sich für eine bestimmte Zeit nicht zu bekämpfen

6.4 Der Erste Weltkrieg

Die Ausgangssituation und Kriegsziele

Im Ersten Weltkrieg standen sich zwei Bündnissysteme gegenüber: auf der einen Seite die **Mittelmächte** (Deutsches Reich, Österreich-Ungarn, Osmanisches Reich, Bulgarien) mit über 3,9 Mio. Soldaten und einer Bevölkerung von 118 Mio., und auf der anderen Seite die **Triple Entente** (Großbritannien, Frankreich, Russland) mit über 5,8 Mio. Soldaten und einer Bevölkerung von 260 Mio. Sie war strukturell im Vorteil, da sie die Mittelmächte einkreisen konnte.

Die einzelnen Länder verfolgten mit dem Krieg folgende Interessen:

- **Österreich-Ungarn** geriet immer stärker unter Druck durch nationale Minderheiten (z. B. die Slawen), die nach Unabhängigkeit strebten, und drohte auseinanderzufallen. Es hoffte, durch einen Krieg die Doppelmonarchie stabilisieren zu können und seinen Großmachtstatus zu sichern. Außerdem sollte der Konkurrent Russland auf dem Balkan ausgeschaltet werden.
- Das **Deutsche Reich** hatte sich aufgrund seiner antibritischen und antifranzösischen Rüstungspolitik isoliert und sah die Gefahr der Einkreisung. Da es ein weiteres militärisches und wirtschaftliches Erstarken Russlands und Frankreichs befürchtete, strebte es die Hegemonie auf dem Kontinent an. Dafür sollten wirtschaftlich wichtige Gebiete im Westen und im Osten Europas gewonnen werden. Ferner sollte der Kolonialbesitz vergrößert und ein Sonderfrieden mit Russland geschlossen werden.
- **Russland** hoffte, durch den Krieg den österreichisch-ungarischen Einfluss auf dem Balkan einzudämmen. Nach der Kriegsniederlage gegen Japan (1905) wollte es seinen Großmachtstatus demonstrieren. Um Zugang zum Mittelmeer zu bekommen, wollte Russland die Dardanellen gewinnen. Außerdem strebte es ein panslawistisches Reich unter russischer Führung an.
- Auch **Frankreich** wollte sich als Großmacht beweisen und die Hegemonie in Europa zurückgewinnen. Außerdem spielte der Gedanke, sich für die Niederlage im deutsch-französischen Krieg (1870/71) zu revanchieren, eine Rolle. Elsass-Lothringen sollte zurückgewonnen, das Saarland annektiert und die Ostgrenze abgesichert werden.
- **Großbritannien**, das in der Julikrise ernsthafte Versuche unternommen hatte, die Krise diplomatisch zu lösen, sah das europäische Gleichgewicht durch das Deutsche Reich und dessen Wirtschaftsmacht gefährdet. Es fürchtete zudem die kolonialen Ambitionen Deutschlands. Hauptziel Großbritanniens war es daher, eine Weltmachstellung des Deutschen Reiches zu verhindern. Daneben fürchtete Großbritannien auch, Russland könne erstarken. Territoriale Ziele hatte es selbst nicht, es setzte sich jedoch für die Wiederherstellung der Unabhängigkeit Belgiens und für Unabhängigkeitsbestrebungen der Völker in Österreich-Ungarn ein.

Die deutsche Kriegstaktik und der Kriegsverlauf

Aufgrund der strukturellen Überlegenheit der Entente zielte das Deutsche Reich auf eine schnelle Entscheidung des Krieges. Es folgte dabei einer militärischen Strategie, die der Chef des Generalstabs, Graf von Schlieffen, entwickelte hatte. Der sogenannte **Schlieffen-Plan** sah vor, dass der rechte Flügel der deutschen Landstreitkräfte von Belgien aus und unter Verletzung der belgischen Neutralität die **französischen Truppen einkesseln** und vernichten sollte. Nach dem Sieg im Westen sollte das Heer gegen die russische Armee kämpfen. Der Zweifrontenkrieg sollte so in zwei Feldzüge aufgeteilt werden. Der Erfolg dieses Plans war von der Geschwindigkeit der Mobilisierung und des Vormarsches abhängig und scheiterte u.a. auch daran, dass Russland schneller mobilisieren konnte als erwartet.
Als die deutschen Truppen kurz vor Paris standen, gelang es der französischen **Gegenoffensive an der Marne**, den Schlieffen-Plan zum Scheitern zu bringen. Die deutsche Bevölkerung wurde hierüber nur unzureichend informiert. Auch während des weiteren Kriegsverlaufs gelangten **keine realistischen Informationen** nach Deutschland, wodurch an der „Heimatfront" bis zum Kriegsende ein falsches Bild von der Kriegslage vermittelt wurde.
Nach der Marneschlacht (5. bis 12.9.1914) kam es während des „Wettlaufs zum Meer" zu einer Reihe von Schlachten. Dazu gehörte auch der verlustreiche und letztlich sinnlose Sturmangriff der jungen deutschen Freiwilligeneinheiten bei **Langemarck** in Flandern, deren Vernichtung zum Mythos stilisiert wurde.

In der Folgezeit erstarrten die Kampfhandlungen zu einem **Stellungskrieg**, was charakteristisch für den Ersten Weltkrieg wurde. Von der Schweizer Grenze bis zur Kanalküste war der Frontverlauf gekennzeichnet durch **Schützengräben**, Stacheldrahtverhaue in Kombination mit Maschinengewehrstellungen. Nun war der Verteidiger und nicht mehr der Angreifer im Vorteil. Im Osten war dagegen ein **Bewegungskrieg** im Gang. In der „Schlacht von Tannenberg" gelang es Paul von Hindenburg und Erich Ludendorff, überlegene russische Verbände zu besiegen.

Tannenberg (heutiges Polen) war nicht direkt das Zentrum der Kampfhandlungen. Von Hindenburg benannte die Schlacht aus Propagandagründen nach diesem Ort. 1410 unterlag der Deutsche Orden bei Tannenberg einem polnisch-litauischen Heer. Diese Niederlage sollte der Sieg von 1914 vergessen machen.

Ende 1915 hatte Russland weitere Niederlagen erlitten. Im Westen konnten die Deutschen die Angriffe der Alliierten abwehren. Dennoch ergab sich keine Option auf Frieden. Generalstabschef von Falkenhayn wollte mit einer **Ermattungsstrategie** Frankreich dazu bringen, alle Kräfte einzusetzen. Ziel der Offensive war Verdun, eine Kleinstadt im Nordosten Frankreichs und prestigeträchtiger Eckpfeiler des französischen Festungssystems. Die Schlacht um **Verdun** (Februar bis zum Dezember 1916) wurde zum Symbol des Ersten Weltkrieges. Das Ergebnis der sinnlosen „Hölle von Verdun" waren ungefähr 600000 deutsche und französische Tote.

Die Schlacht an der Somme (Juni bis November 1916) und die russische Brussilow-Offensive (Juni bis September 1916) schwächten die Kampfkraft der Entente-Mächte nicht.

Der Druck, Falkenhayn aus seiner Position zu entlassen und die im Volk überaus populären „Sieger von Tannenberg“ an die Spitze der Obersten Heeresleitung zu setzen, stieg. Die Ablösung im August 1916 glich einer **Zäsur**: Die Macht verschob sich nun vom Kaiser und Reichskanzler hin zur **Obersten Heeresleitung**, wodurch der Weg zur einer Totalisierung des Krieges geebnet war.

Die Rolle der Obersten Heeresleitung im Ersten Weltkrieg

Das Deutsche Reich war eine **Militärmonarchie**, in der dem Militär, insbesondere während des Krieges, besondere Macht zukam. Bereits am 31. Juli 1914 hatte Kaiser Wilhelm II. den Belagerungszustand verhängt, nachdem den Militärbefehlshabern die Aufrechterhaltung der inneren Sicherheit im Deutschen Reich übertragen worden war. Das heißt, die Exekutivgewalt ging im Kriegszustand von den Zivilbehörden auf das Militär über. Das Militär bekam zahlreiche Befugnisse, konnte u. a. die Presse zensieren und das Vereins- und Versammlungsrecht außer Kraft setzen. Es wurde so zu einem politischen Faktor und zum ersten Kriegsherren, der nur vom Kaiser kontrolliert wurde.

Mit Hindenburg und Ludendorff übernahmen im Sommer 1916 zwei starke Militärs die Führung, denen neben Kaiser Wilhelm II. mit Bethmann Hollweg ein schwacher Reichskanzler gegenüberstand. Wilhelm II. wurde zunehmend in die Rolle eines **Schattenkaisers** gedrängt, während die Oberste Heeresleitung ihre diktatorischen Vollmachten zur Weiterführung des Krieges nutzte.

Das Epochenjahr 1917

Woodrow Wilson (1856–1924)
1912 Präsident der USA, proklamierte 1914 die Neutralität der USA im Ersten Weltkrieg und rechtfertigte 1917 den Kriegseintritt als „Kreuzzug für die Demokratie“. 1919 erhielt Wilson den Friedensnobelpreis.

Das Kriegsjahr 1917 gilt als **Umbruchsjahr**. Das Kaiserreich provozierte den Kriegseintritt der USA, und die Oktoberrevolution in Russland sorge für ein Ausscheiden Russlands aus dem Krieg.

Kriegseintritt der USA

Die Kriegserklärung der USA an das Deutsche Reich 1917 und der Kriegseintritt an der Seite der Entente beendeten den amerikanischen Isolationismus. Zwar hatten sich die USA 1914 noch als neutral bezeichnet und Präsident Wilson hatte sich als Vermittler angeboten, doch waren die USA bereits vor 1917 aufgrund wirtschaftlicher Verflechtungen indirekt am Krieg beteiligt, z. B. durch Kriegskredite und Waffenlieferungen an Großbritannien. Den Amerikanern musste an einem Sieg der Entente-Mächte gelegen sein, damit ihre Gläubigerländer ihre Schulden bezahlen konnten.

Entscheidend für den Wandel der amerikanischen Haltung waren der Einmarsch der Deutschen ins **neutrale Belgien** und der uneingeschränkte **U-Boot-Krieg** des Deutschen Reiches. Im Mai 1915 torpedierte die deutsche Marine den britischen Luxusdampfer „Lusitania“. Unter den Toten waren auch 128 Amerikaner.

Dem U-Boot-Krieg war eine Abriegelung des Schiffsverkehrs zwischen Norwegen und Schottland durch Großbritannien vorausgegangen, wodurch das Deutsche Reich von Rohstoff- und Lebensmitteleinfuhren abgeschnitten war, was nach dem Londoner Seerechtsabkommen (1909) ein völkerrechtswidriger Akt war. Die Leitung der deutschen Marine hielt deshalb einen uneingeschränkten U-Boot-Krieg, der auch die Versenkung neutraler Handelsschiffe ohne Vorwarnung vorsah, für gerechtfertigt. Sie wollte auf diese Weise auch die Versorgung Großbritanniens aus Übersee unterbinden und das Land zum Frieden zwingen. Wilhelm II. und Reichskanzler von Bethmann Hollweg wollten einen Kriegseintritt der USA vermeiden und standen einem uneingeschränkten U-Boot-Krieg skeptisch gegenüber.

Zum Kriegseintritt der USA kam es erst 1917. Die Oberste Heeresleitung hatte sich hinsichtlich des uneingeschränkten U-Boot-Krieges durchgesetzt, der 1917 verschärft fortgeführt wurde (= Zeichen für die Totalisierung des Krieges auf dem Meer). Die Oberste Heeresleitung war der Überzeugung, man könne die Briten so in die Knie zwingen. Letzte Bedenken gegen einen Kriegseintritt wurden in der amerikanischen Öffentlichkeit durch das „**Zimmermann-Telegramm**" beseitigt, das Staatssekretär Arthur Zimmermann im Januar 1917 an den Gesandten des Auswärtigen Amtes in Mexiko schickte. Darin gab er an, dass es im Falle eines Kriegseintritts der USA ein Bündnis zwischen dem Deutschen Reich und Mexiko geben solle. Als Gegenleistung für die gemeinsame Kriegsführung bekäme Mexiko finanzielle Unterstützung und bei einem Sieg Territorien zurück, die 1848 an die USA gegangen waren. Das Telegramm wurde abgefangen, gelangte an die Öffentlichkeit und trug dazu bei, dass die USA ihre neutrale Haltung schließlich aufgaben. Am 6. April 1917 traten sie in den Ersten Weltkrieg ein und erklärten dem Deutschen Reich den Krieg.

Ausscheiden Russlands aus dem Krieg

Bis zur russischen Februarrevolution 1917 (→ S. 127) hatte sich der Frontverlauf im Osten nur wenig verändert. Die Februarrevolution in Russland, bei der die Bolschewiki an die Macht kamen und den russischen Zaren stürzten, schwächte die Kampfkraft der Russen. Die Revolutionsregierung der Bolschewisten unter Lenin beendete nach der Oktoberrevolution 1917 den Krieg für Russland (→ S. 129). Im Dezember 1917 wurde bereits ein Waffenstillstand geschlossen und mit dem **Friedensvertag von Brest-Litowsk** (3. März 1918) ein **Separatfrieden** zwischen dem Deutschen Reich und Russland geschlossen. Der Vertrag, der auch als **Diktatfrieden** bezeichnet wurde, beendete den Krieg im Osten und sah beträchtliche Gebietsabtretungen vor: Russland verlor dadurch rund ein Drittel seiner städtischen Bevölkerung (insgesamt 60 Mio. Einwohner), 89 % der Kohlebergwerke, 73 % seiner Eisenindustrie und 26 % des Eisenbahnnetzes. Der Territorialverlust entsprach ca. zweimal der Größe des Deutschen Reiches. Zudem musste Russland die Unabhängigkeit zahlreicher Staaten anerkennen (z. B. Finnland und Ukraine).

Kriegsentscheidung im Westen und Kriegsende

Zu Beginn des Jahres 1918 war das Deutsche Reich – in Anbetracht des bevorstehenden Kriegsendes in Osteuropa – das erste Mal seit der Schlacht von Verdun in der Lage, eine Großoffensive zu starten. Die Deutschen waren zu Beginn erfolgreich, hatten jedoch unterschätzt, dass sich die Situation der Alliierten durch den Kriegseintritt der USA verbessert hatte (z.B. größere Anzahl an Soldaten, bessere Ausrüstung, mehr Waffen und Munition). Den Alliierten gelang es beim **Panzerangriff bei Amiens** (8. bis 11. August) die deutsche Front zu durchbrechen. Am 29. September teilte Ludendorff Kaiser Wilhelm II. mit, dass der Krieg militärisch verloren sei. Im November 1918 unterzeichnete das Deutsche Reich einen Waffenstillstand, der einer bedingungslosen Kapitulation gleichkam.

Obwohl die Niederlage bereits eingestanden worden war, erging am 24. Oktober 1918 ein Befehl der Seekriegsleitung, der vorsah, dass die deutsche Hochseeflotte noch einmal gegen die britische Royal Navy ausrücken sollte. Die Matrosen verweigerten sich diesem sinnlosen Befehl, und es kam zuerst in Wilhelmshaven, am 3. November dann in Kiel zu Aufständen, denen sich auch Arbeiter anschlossen (**Kieler Matrosenaufstand**). Die Aufstände weiteten sich über das ganze Reich und schließlich zur Revolution aus (→ S. 133). Am 9. November verkündete Prinz Max von Baden die **Abdankung des Kaisers** und übertrug **Friedrich Ebert**, der der SPD angehörte, das Amt des **Reichskanzlers** (**Novemberrevolution**).

Die Oberste Heeresleitung versuchte, die Schuld am verlorenen Krieg auf die neue, sozialdemokratische Regierung abzuwälzen. Die deutsche Armee sei „im Felde unbesiegt" geblieben. Erst die „Novemberverbrecher", also die im November 1918 eingesetzte Regierung, hätten das Heer durch einen „Dolchstoß von hinten" um den sicheren Sieg gebracht. Die sogenannte **Dolchstoßlegende** gehörte fortan zur Propaganda rechter Parteien und schadete der Sozialdemokratie noch während der Weimarer Republik.

Merkmale und Folgen des Krieges

Artillerie
großkalibrige Geschütze, Raketenwaffen

Der Erste Weltkrieg endete mit rund 10 Mio. getöteten Soldaten und 6 Mio. getöteten Zivilisten. Diese zuvor unbekannte Dimension an Opferzahlen war erst durch die **technologischen Entwicklungen** der Industrialisierung und den Einsatz neuer Waffen (Artillerie, Panzer, Flugzeuge, Giftgas) möglich.

Der Erste Weltkrieg leitete eine Phase von Kriegen und Bürgerkriegen ein, ohne die die Entwicklungen im 20. Jahrhunderts nicht zu verstehen sind. So führte er zu weitreichenden Veränderungen der weltpolitischen Machtverhältnisse, etwa zum Zusammenbruch dreier großer Monarchien (Deutsches Kaiserreich, Russland, Österreich-Ungarn), zum Untergang des Osmanischen Reiches, zum Verlust der internationalen Machtstellung der Siegermächte Frankreich und Großbritannien (Auseinanderfallen des britischen Empires).

Zudem ist die Geschichte Europas seit 1917 eng mit den USA verknüpft, die die weltpolitische Führung übernahmen. Daneben bildete sich das kommunistische Machtsystem nach der russischen Revolution heraus (Beginn der Blockbildung).

Neuartig für die Menschen waren nicht nur die globale Dimension des Krieges, auch wenn dieser im Kern ein europäischer war, sondern auch die Kriegsführung an der Front und die Mobilisierung der Gesellschaft an der „Heimatfront“. Der Krieg wird auch als „**totaler Krieg**“ bezeichnet, da er folgende Kriterien erfüllte:

- **Totale Mobilisierung**: Die ganze Gesellschaft, das Militär und die Wirtschaft wurden für den Krieg mobilisiert, Frauen und Kinder übernahmen z. B. Arbeiten der Männer, die Wirtschaft verstärkte die Rüstungsanstrengungen. → In Deutschland: staatliche Organisation von Arbeitsplatzwechseln, Deportation von „Fremdarbeitern“ ins Reich, totale Kontrolle des Nahrungsmittelsektors durch den Staat; Einführung einer Arbeitspflicht für alle Männer (17 bis 60 Jahre).
- **Totale Kontrolle**: Um die totale Mobilisierung zu gewährleisten, wurden alle Bereiche der Gesellschaft durch den Staat kontrolliert. → In Deutschland: Errichtung von „Kriegsrohstoffgesellschaften zur Versorgung mit kriegswichtigen Rohstoffen “, gebildet aus staatlichen Behörden und Unternehmen.
- **Totale Methoden**: Im totalen Krieg gilt als legitim, was erfolgversprechend scheint. Verschiedene Waffentechniken und -systeme wurden miteinander verknüpft, internationale Konventionen missachtet, der Unterschied zwischen Kombattanten und Nichtkombattanten aufgehoben. → In Deutschland: Erstmals Einsatz von Giftgas am 22. April 1915 in der zweiten Ypernschlacht, Handgranaten und Maschinengewehren; der Krieg wurde zur Materialschlacht, anonymes Sterben durch Artilleriebeschuss.

  Kombattanten = Mitkämpfende
- **Totale Kriegsziele**: Die völlige militärische Unterwerfung und langfristige Schwächung, gegebenenfalls auch die Ausrottung des Kriegsgegners sollte erreicht werden. → In Deutschland legte die „Kriegszielbewegung“ ab 1914 weitreichende Annexionsziele fest, z. B. im „Septemberprogramm“ Bethmann Hollwegs: mittelafrikanisches Kolonialreich, mitteleuropäische Zollunion, hohe Kriegsentschädigung von Frankreich, Belgien als Vasallenstaat.

Nach dem Krieg gehörten teilweise bis zur Unkenntlichkeit verstümmelte und verwundete Kriegsheimkehrer zum Alltag (Deutschland 4,2 Mio., Großbritannien 2,1 Mio., Frankreich 2,7 Mio., Russland 4,9 Mio.). Neben den physischen Belastungen erlitten Soldaten, die beispielsweise die Materialschlachten in den Schützengräben miterlebt hatten, schwere Traumata. Tausende wurden nach dem Krieg wegen „Shell Shock“ behandelt, einer Form der posttraumatischen Belastungsstörung, bei der es zu unkontrolliertem Zittern kommt.

Ganze Gebiete in Frankreich, in denen die Abnutzungs- und Materialschlachten stattfanden, waren verwüstet. Sie glichen Mondlandschaften, durchzogen von Schützengräben und Granattrichtern. Bis heute ist der Boden in manchen Gegenden durch Giftgas- und Munitionsreste verseucht.

Der Erste Weltkrieg 1914 bis 1918

1905/06	**Erste Marokko-Krise**: Wilhelm II. will deutsche Kolonialinteressen gegen Frankreich stärken; Konferenz von Algeciras 1906 beendet die Krise und führt zur Isolation des Deutschen Reiches.
1907	Zusammenschluss der Entente cordiale (England, Frankreich) mit Russland (Triple Entente)
1911	**Zweite Marokko-Krise**: Wilhelm II. entsendet das Kanonenboot „Panther" nach Agadir und provoziert damit den Argwohn und eine intensivere Zusammenarbeit der Entente-Mächte.
1912/13	Erster und Zweiter Balkankrieg schaffen neue Konflikte auf dem Balkan („Pulverfass" Europas).
28.06.1914	**Ermordung des österreichisch-ungarischen Thronfolgers Franz Ferdinand** und seiner Gattin in Sarajevo: Beginn der Julikrise, Auslöser des Ersten Weltkrieges
05.07.1914	**Blankoscheck** Deutschlands an Österreich-Ungarn
23.07.1914	Ultimatum Österreich-Ungarns an Serbien
28.07.1914	Kriegserklärung Österreich-Ungarns an Serbien
30.07.1914	**Generalmobilmachung in Russland**
01.08.1914	Deutschland erklärt Russland den Krieg. Weitere Kriegsvorbereitungen, Kriegserklärungen und Beginn von Kampfhandlungen folgen.
03.08.1914	Deutschland erklärt Frankreich den Krieg.
04.08.1914	Einmarsch deutscher Truppen ins neutrale Belgien. England erklärt Deutschland den Krieg und tritt an der Seite Frankreichs in den Krieg ein.
06.08.1914	Österreich erklärt Russland den Krieg.
06.–12.09.1914	**Schlacht an der Marne**; Scheitern des Schlieffen-Plans, der eine schnelle Niederwerfung Frankreichs vorsah.
23.05.1915	Italien erklärt Österreich-Ungarn den Krieg.
Febr.–Dez. 1916	**Schlacht bei Verdun**
01.07.–25.11.1916	**Schlacht an der Somme**
April 1917	Kriegseintritt der USA
Okt./Nov. 1917	Oktoberrevolution in Russland; Russland scheidet aus dem Krieg aus.
03.03.1918	**Friedensvertrag von Brest-Litowsk** zwischen Deutschland und Russland
29.09.1918	Die Oberste Heeresleitung fordert die deutsche Regierung zu sofortigen Friedensverhandlungen auf.
29.10.1918	**Matrosenaufstand in Wilhelmshaven**
03.11.1918	**Kieler Matrosenaufstand**
09.11.1918	**Novemberrevolution in Deutschland**, Abdankung Wilhelms II.
11.11.1918	Unterzeichnung des **Waffenstillstandsvertrags** über das Ende der Kämpfe an der Westfront

7 Die russischen Revolutionen 1905 bis 1917

Das Zarenreich wurde 300 Jahre von der Dynastie der Romanows regiert. Es war ein in politischer, wirtschaftlicher und gesellschaftlicher Hinsicht rückständiges Land.

Zu Beginn des 20. Jahrhunderts wurden Forderungen nach Reformen laut und es kam zu revolutionären Erhebungen, die 1917 in der Oktoberrevolution gipfelten. Mit ihr gelangten die Bolschewiki, die Anhänger einer radikalen sozialistischen Revolution um Wladimir Iljitsch Lenin, an die Macht. Zu den Forderungen der Bolschewiki gehörten die Enteignung des Privatbesitzes und das sofortige Ausscheiden Russlands aus dem Ersten Weltkrieg.

7.1 Die Revolution von 1905 und die Februarrevolution 1917

1905 führten die unerwartete Niederlage des Zarenreiches im Krieg gegen Japan, wirtschaftliche Probleme und Lebensmittelteuerungen insbesondere bei Grundnahrungsmitteln zu einer wachsenden Opposition. Forderungen nach grundlegenden politischen Reformen wurden laut. Am 9.1.1905 entstand vor dem Winterpalais des Zaren Nikolaus II. in Petersburg eine friedliche Demonstration. Die Demonstranten wollten dem Zaren eine Petition mit diesen politischen und sozialen Forderungen übergeben: Einberufung einer verfassunggebenden Versammlung mit Vertretern aller Stände, Ministermitverantwortlichkeit, Freiheitsrechte, Bodenreformen, Arbeiterschutzgesetze (Achtstundentag), Mindestarbeitslohn, allgemeine kostenlose Schulpflicht.

Die Demonstranten, die ihre Forderungen nicht gegen, sondern mit dem Zaren umsetzen wollten, wurden jedoch niedergeschossen („**Blutsonntag**" mit 100 Toten). Danach breiteten sich Demonstrationen im ganzen Land aus: Streiks in Großstädten und Industriezentren, Bauernrevolten auf dem Land, Meutereien insbesondere bei der Marine. Als Folge der Aufstände bildeten sich die ersten **Arbeiterräte (Sowjets)**, um die wirtschaftlichen und politischen Forderungen der Arbeiter zu koordinieren.

Zar Nikolaus II. konnte nur durch Zugeständnisse an der Macht bleiben (**Oktobermanifest**). Dazu gehörten die **Einrichtung der Duma** (erstes russisches Parlament → **Entwicklung zur konstitutionellen Monarchie**) und die Einführung des allgemeinen Wahlrechts. Das Oktobermanifest spaltete die revolutionäre Bevölkerung: Das Bürgertum sah seine Forderungen erfüllt, die Arbeiter und Bauern wollten die Streiks fortsetzen. Da die Armee in großen Teilen dem Zaren gegenüber loyal blieb, konnten die Aufstände bis Ende 1905 niedergeschlagen werden. Wladimir Iljitsch Lenin bezeichnete die Revolution von 1905 später als einen „Probelauf" für die Revolution von 1917.

Die russische Bevölkerung war 1917 nach hohen Verlusten im Ersten Weltkrieg und einer schlechten Versorgungslage durch den Zusammenbruch der Lebensmittelversorgung in vielen industriellen Zentren kriegsmüde und generell unzufrieden, weil weitere Reformen ausgeblieben waren. Am Jahrestag der Revolution von 1905 brachen **Hungerrevolten** und regimefeindliche Streiks und Demonstrationen aus.

Im März 1917 (Februar nach dem damals in Russland geltenden julianischen Kalender) kam es zu **Arbeiterprotesten** in **Petrograd** (damalige Hauptstadt, späteres Leningrad). Da das Zarenreich zu diesem Zeitpunkt kaum noch Anhänger hatte und die militärische Führung auf den Krieg und nicht auf Auseinandersetzungen im Inneren konzentriert war, hatte der Zar in Petrograd keine verlässlichen Truppen. Die Soldaten vor Ort weigerten sich, den Generalstreik niederzuschlagen.

Am 12.3.1917 bildete sich die **Provisorische Regierung** aus der Duma unter der Führung von Fürst Lwow. Sie wurde vom Bürgertum und dem reformbereiten Adel getragen. Nikolaus II. dankte am 15.3. auf Druck der provisorischen Regierung und des Petrograder Sowjets, dem basisdemokratischen Arbeiter- und Soldatenrat, ab.

Auf die Herrschaft des Zaren folgte eine Doppelherrschaft bestehend aus der **Provisorischen Regierung**, deren Ziel eine bürgerliche Demokratie war, und dem **Petrograder Sowjet**, der eine sozialistische Revolution anstrebte. Die Doppelherrschaft führte dazu, dass die Regierungsautorität in Russland ständig infrage gestellt wurde. Beide Seiten einigten sich nach der Abdankung des Zaren z. B. auf die Freilassung politisch Verfolgter, bürgerliche Grundrechte und die Abschaffung der Ständeprivilegien. Sie trafen jedoch keine Entscheidung bei strittigen Fragen wie der Fortsetzung bzw. Beendigung des Ersten Weltkrieges, einer Bodenreform und der sozialen Verbesserungen der Arbeiter. Die Provisorische Regierung wollte diese Fragen ein demokratisch gewähltes Zentralorgan entscheiden lassen und den Krieg siegreich beenden.

Die Menschen in Russland hatten nun zwar politische Freiheiten, es gab allerdings keine vom gesamten Volk legitimierten Institutionen. Auch gab es nach der Zerschlagung der zaristischen Strukturen weder eine funktionierende zentrale Verwaltung noch einen funktionierenden Justizapparat. Da die Aufteilung des Landes aus Sicht der Bauern nicht schnell genug geregelt wurde, nahmen sie dies selbst in die Hand. Diese **„wilde Landnahme“** veranlasste Soldaten an der Weltkriegsfront zu einer Massenflucht, da sie Angst hatten, bei der Landaufteilung übergangen zu werden. Der zunehmende **Zerfall der russischen Armee** war die Folge.

7.2 Die Oktoberrevolution 1917

Die Februarrevolution führte nicht zu einer Verbesserung der Versorgungslage in Russland, da der Erste Weltkrieg fortgeführt wurde. Die Unzufriedenheit der Bevölkerung machten sich insbesondere die Bolschewiki zunutze, sie versprachen der Bevölkerung Frieden und Brot. 1903 hatte sich die russische Sozialdemokratie aufgespalten. Die Bolschewiki (Mehrheitler) um Lenin wollten eine radikale Revolution mit Einführung des Kommunismus. Die Menschewiki (Minderheitler) verfolgten eine gemäßigtere, demokratisch-parlamentarische Politik.

Wladimir Iljitsch Lenin (1870–1924)
Er schloss sich bereits in jungen Jahren der revolutionären Bewegung an, studierte Jura und wurde Anwalt. Aufgrund seiner politischen Tätigkeiten musste er längere Zeit im Exil leben. Verfasser mehrerer marxistischer Schriften. Nach der Februarrevolution 1917 kehrte Lenin aus dem Exil zurück, organisierte die Oktoberrevolution und rief die Räterepublik aus. Er gilt als Gründervater der UdSSR 1922.

Im Deutschen Reich breitete sich die Sorge vor einer Nachahmung der russischen Revolution im eigenen Land aus. Viele Quellen belegen, dass die deutsche Bevölkerung zunehmend gegen die Monarchie und den Krieg eingestellt war. Die Furcht vor einer Revolution erklärt die **Destabilisierungsstrategie**, die gegenüber Russland eingeschlagen wurde. Da der deutschen Regierung an einer russischen Niederlage im Krieg gelegen war, unterstützte es **Lenin**, den sie aus seinem Schweizer Exil mit der Eisenbahn durch Deutschland nach Petrograd einschleuste. In Petrograd angekommen, veröffentlichte Lenin im April 1917 seine **Aprilthesen**. Darin forderte er ein sofortiges Kriegsende, die Machtübernahme der Bolschewiki und die Enteignung von Großgrundbesitzern. Mit seinem Appell „Alle Macht den Räten" wandte er sich gegen die Provisorische Regierung, die nicht länger unterstützt werden sollte.
Anfang November 1917, nach einem gescheiterten Umsturzversuch im Juli und der Flucht Lenins nach Finnland, gelang Lenins Bolschewiki die Machtübernahme. Das „Militärrevolutionäre Komitee" des Petrograder Sowjets übernahm unter der Führung Leo Trotzkis den Befehl über die Garnison in Petrograd. Die Soldaten, den Sowjets untergeordnete Truppenteile und Rote Garden stürmten den Regierungssitz und verhafteten die Regierung. Ministerpräsident Kerenski konnte fliehen.

Die neue Regierung, in der Lenin eine Teilung der Macht ablehnte und die nur aus Bolschewiki gebildet wurde, nannte sich „**Rat der Volkskommissare**". Mit dem „**Dekret über den Frieden**" bot Lenin allen Ländern, die mit Russland Krieg führten, sofortige Friedensverhandlungen an. Das Dekret führte zu **Waffenstillstandsverhandlungen** mit dem Deutschen Reich, die in **Brest-Litowsk** stattfanden.

Mit dem Frieden von Brest-Litowsk zwischen dem Deutschen Reich und Russland am 3.3.1918 verlor Russland rund 60 Mio. Einwohner und 1,42 km^2 seines Staatsgebietes, darunter die Weizenanbaugebiete der Ukraine, einen Großteil der Kohle- und Stahlindustrie. Es musste die Selbstständigkeit der Ukraine und Finnlands anerkennen, auf territoriale Ansprüche gegenüber Polen und dem Baltikum verzichten und Armenien an die Türkei abtreten.
Die deutschen Forderungen, die ultimativ vorgetragen wurden (**Diktatfrieden**), dehnten den deutschen Einflussbereich auf ganz Osteuropa aus. Der Historiker Andreas Hillgruber sieht in diesem „Ost-Imperium" eine fatale Kontinuitätslinie zu Adolf Hitlers Vorhaben, weite Teile Osteuropas zu germanisieren.

CHRONOLOGIE

Die russischen Revolutionen 1905 bis 1917

1904/05	Der **Russisch-Japanische Krieg** um Einfluss in Ostasien (Mandschurei und Korea) endet mit einer Niederlage Russlands.
22.01.1905	Die Niederschlagung einer Arbeiterdemonstration in St. Petersburg (**Petersburger Blutsonntag**) führt zum Ausbruch der Revolution
Oktober 1905	**Generalstreiks**, Wahl überbetrieblicher Räte (Sowjets); der Zar erlässt das **Oktobermanifest** (Grundrechte) und gewährt die Einberufung der **Duma** (Parlament), mit Vetorecht beim Zaren.
1906	erste russische **Verfassung**
1907	Rücknahme großer Teile der Reformen; Auflösung der zweiten Duma; durch ein neues Wahlrecht Stärkung der konservativen Kräfte
1905–1917	Phase des **russischen Parlamentarismus** (Scheinkonstitutionalismus)
01.08.1914	**Kriegserklärung** des Deutschen Reiches an Russland
1916	Scheitern der militärischen Großoffensive gegen die Mittelmächte: zunehmende Demoralisierung der russischen Armee
08.03.1917	Beginn der **Februarrevolution**: Arbeiterstreiks in St. Petersburg; die verheerende Versorgungslage führt zu Massenprotesten: Forderung nach dem Sturz des Zaren
12.03.1917	Bildung einer **Provisorischen Regierung** (Doppelherrschaft: bürgerliche Kräfte der Duma zusammen mit den Sowjets)
15.03.1917	**Abdankung von Zar Nikolaus II.**
Mai 1917	Regierungskrise (Aprilkrise) über die weitere Beteiligung am Ersten Weltkrieg
16.04.1917	**Rückkehr Lenins** aus dem Exil, Verkündung seiner **Aprilthesen** (u.a. Forderung nach Ablehnung der Provisorischen Regierung)
07. und 08.11.1917	**Oktoberrevolution** mit Machtübernahme durch die Bolschewiki; der Allrussische Sowjetkongress in Petrograd verabschiedet das **Dekret über den Frieden** → ermöglicht den Friedensvertrag von Brest-Litowsk, **Dekret über Grund und Boden** → Grundlage für entschädigungslose Enteignungen, **Dekret über die Rechte der Völker Russlands**.
08.11.1917	Konstituierung des **Rats der Volkskommissare** als neue Regierung
20.12.1917	Gründung der „**Tscheka**“ zur Ausschaltung politischer Gegner
Januar 1918	Gewaltsame Zerschlagung der im November 1917 gewählten verfassunggebenden Versammlung
1918–1920	Bürgerkrieg
03.03.1918	Lenin akzeptiert den **Frieden von Brest-Litowsk** (Verlust von Teilen Polens, der baltischen Staaten, Finnland und der Ukraine).

8 Die Weimarer Republik 1919 bis 1933

Die Weimarer Republik, die erste deutsche Demokratie, war durch die Auswirkungen des verlorenen Ersten Weltkrieges belastet. Sie sah sich schweren innen- und außenpolitischen Krisen ausgesetzt und wurde nach 14 Jahren durch die NS-Diktatur Adolf Hitlers abgelöst.

Der Untergang der Weimarer Republik hatte verschiedene Gründe. Vor allem trug die fehlende demokratische Tradition zu ihrem Scheitern bei. Viele Deutsche, auch Teile der politischen Elite, waren noch obrigkeitsstaatlich orientiert und akzeptierten die Demokratie nicht. Daneben hatte die junge Republik mit wirtschaftlichen Problemen und steigenden Arbeitslosenzahlen zu kämpfen, die den politischen Radikalismus stärkten. Auch die mangelnde Kompromissbereitschaft der Parteien schwächte die Demokratie und verhinderte schließlich ein gemeinsames Vorgehen gegen den Nationalsozialismus.

1930 zerbrach die Regierungskoalition an einem Streit zwischen SPD und DVP. Fortan regierten sogenannte Präsidialkabinette, die nicht mehr vom Vertrauen des Reichstags, sondern allein vom Reichspräsidenten abhängig waren. Sie untergruben den Parlamentarismus und die Demokratie und mündeten schließlich in die Diktatur des Nationalsozialismus.

8.1 Die Anfänge der Weimarer Republik

Waffenstillstand 1918

Nach vier Jahren Krieg stand die Niederlage des Deutschen Reiches im Sommer 1918 kurz bevor. Im August verlor das deutsche Heer in der Schlacht von Amiens. Nach dieser Niederlage, der österreichisch-ungarischen Friedensnote (14.9.1918) und Bulgariens Ausstieg aus dem Krieg an der Seite Deutschlands (Waffenstillstand 30.9.) musste die Oberste Heeresleitung unter der Führung von Paul von Hindenburg und Erich Ludendorff eingestehen, dass der Krieg mit militärischen Mitteln nicht mehr zu gewinnen war. Eine militärische Katastrophe sollte durch einen sofortigen Waffenstillstand abgewendet werden. Ludendorff forderte daher am 29.9. die Reichsregierung dazu auf, sofortige **Waffenstillstandsverhandlungen** auf Grundlage des **14-Punkte-Programms** des amerikanischen Präsidenten Woodrow Wilson aufzunehmen.

14-Punkte-Programm
Grundzüge einer Nachkriegsordnung für Europa von Präsident Woodrow Wilson (8.1.1918): Gründung eines Völkerbundes, Räumung besetzter Gebiete, Selbstbestimmungsrecht der Völker, Abrüstung und öffentliche Diplomatie. Bei den Deutschen weckte der 14-Punkte-Plan die Hoffnung auf einen milden Frieden. Der Plan scheiterte jedoch am Widerstand der Siegermächte.

Voraussetzung für den Waffenstillstand, so hatte es Wilson festgelegt, war die **Demokratisierung** des Kaiserreichs. Wilhelm II. verfügte darum am 30.9.1918 per kaiserlichem Erlass („**Parlamentarisierungserlass**“) die Neubildung der Regierung mit Männern, die „vom Vertrauen des Volkes getragen sind“. Die Regierung sollte also die Mehrheitsverhältnisse im Parlament widerspiegeln. Am 3.10.1918 ernannte Wilhelm II. **Prinz Max von Baden** zum Reichskanzler.

Von Badens Kabinett war unter Einbeziehung der Parteien der Reichstagsmehrheit die erste demokratisch legitimierte Reichsregierung („Kabinett der neuen Männer"). Sie stellte einen entscheidenden Schritt auf dem Weg zu einer parlamentarischen Monarchie dar. Die neue Regierung hatte die Aufgabe, die inneren und äußeren Bedingungen für ein **Waffenstillstandsgesuch** zu schaffen. In der Nacht auf den 4.10.1918 sendete sie das auf Grundlage des 14-Punkte-Programms erstellte Gesuch an Wilson, nachdem sie zuvor über die ausweglose militärische Lage informiert worden war.

Die Kriegsniederlage traf die deutsche Öffentlichkeit unvorbereitet, denn sie hatte bis zuletzt der optimistischen Durchhalte-Propaganda Glauben geschenkt. Nach Bekanntgabe des deutschen Waffenstillstandsangebots entstand bei der kriegsmüden Bevölkerung der Wunsch nach Frieden um jeden Preis. Die Mehrheit der Öffentlichkeit wandte sich zwar nicht gegen die monarchische Staatsform, in weiten Teilen des Bürgertums und der Arbeiterschaft mehrten sich jedoch Zweifel, ob für die Beendigung der Kriegshandlungen nicht weitgehendere Reformen als die bisherigen notwendig wären. Sie forderten die Abdankung des Kaisers. Verstärkt wurde diese Forderung durch ein Schreiben Wilsons vom 23.10.1918, mit dem er auf das Waffenstillstandsgesuch antwortete. Darin bezweifelte er, dass die Regierungsumbildung vom 3.10.1918 tatsächlich zu einer parlamentarischen Demokratie geführt hatte. Er kritisierte die nach wie vor große Macht des Militärs und des preußischen Königs und gab unmissverständlich zu verstehen, dass die Amerikaner wirkliche Friedensverhandlungen nur mit Vertretern des Volkes, nicht aber mit „militärischen Beherrschern und monarchischen Autokraten" führen werden.

Oktoberreformen 1918

Parallel zur Korrespondenz mit Wilson bereitete die neue Reichsregierung mit den Parteien der Reichstagsmehrheit eine **Verfassungsreform** vor. Die Reformbemühungen blieben für den großen Teil der Bevölkerung im Verborgenen, da der Reichstag als Forum der Artikulation und als Motor der Parlamentarisierung zu selten zusammentrat. Zudem war für die breite Masse der Bevölkerung nicht die Verfassungsreform von Bedeutung, sondern die Beendigung des Krieges und die Diskussionen über die Abdankung des Kaisers.

Mit Inkrafttreten der „Gesetze zur Abänderung der Reichsverfassung" am 28.10.1918 war der **Übergang** von einer **konstitutionellen zu einer parlamentarischen Monarchie** formal vollzogen: Der Reichskanzler war fortan vom Vertrauen des Reichstages abhängig und nicht mehr vom Kaiser.

Die Realität zeigte jedoch, dass Kaiser und Militär im Oktober 1918 nicht dazu bereit waren, sich einer zivilen Reichsleitung unterzuordnen. Sichtbar wurde das beispielsweise an der „Flucht" des Kaisers ins belgische Spa, wodurch er sich dem Einfluss der Reichsregierung entziehen wollte. Ein weiteres Beispiel ist die Befehlsverweigerung der Matrosen im November 1918, die von der Seekriegsleitung ohne das Wissen der Reichsregierung initiiert worden war.

Die Novemberrevolution 1918

Die Ereignisse im November 1918 und ihre Ursachen

Am 29. Oktober 1918 kam es zu ersten **Befehlsverweigerungen** von **Matrosen** in Wilhelmshaven, als diese zu einem letzten Gefecht gegen Großbritannien auslaufen sollten. Die Matrosen weigerten sich, in einen Krieg zurückzukehren, der selbst von der militärischen Spitze als verloren angesehen wurde. Sie forderten das sofortige Kriegsende. Die Aktionen der Soldaten weiteten sich am 3. November auf Kiel und von dort auf andere Flottenstandpunkte aus. In den folgenden Tagen verließen viele Aufständische Kiel, fuhren mit der Bahn z. B. nach Frankfurt oder Hannover und trugen ihre Forderungen schließlich ins gesamte Reichsgebiet. Während die Seekriegsleitung am 3. November gegen die Befehlsverweigerer noch durchgriff, verloren die Militär- und Polizeieinheiten in den folgenden Tagen die Kontrolle über die Aufständischen oder wechselten zu ihnen über. Die Bevölkerung forderte auf Massenkundgebungen das sofortige Ende des Krieges und die Abdankung des Kaisers. In großen Städten wurden nach russischem Vorbild Arbeiter- und Soldatenräte gewählt, die bis zur endgültigen Wahl einer Volksvertretung die exekutive Gewalt übernehmen sollten und neben den kaiserlichen Behörden existierten.

Am 9. November verkündete Prinz Max von Baden den **Thronverzicht** des Kaisers, der ins holländische Exil flüchtete, und übertrug **Friedrich Ebert** (SPD) das Amt des Reichskanzlers. Er dachte, dass die Sozialdemokraten durch ihre Verwurzelung in der Industriearbeiterschaft als einzige Partei die revolutionäre Bewegung steuern und die parlamentarischen Errungenschaften sichern könnten. Während sich Ebert mit der Zusammensetzung der neuen Regierung befasste, rief **Philipp Scheidemann** (SPD) auf dem Balkon des Reichstags die „Deutsche Republik" aus. Zwei Stunden später forderte **Karl Liebknecht** (Spartakusbund) die „freie sozialistische Republik Deutschland" und rief seine Anhänger zur „Vollendung der Weltrevolution" auf.

Im **Spartakusbund** vereinigten sich radikaldemokratische Sozialisten um Rosa Luxemburg und Karl Liebknecht, die, im Sinne von Karl Marx, die internationale proletarische Revolution forderten.

Wie konnte sich ein lokal begrenzter Vorfall zu einer revolutionären Bewegung ausweiten, die am Ende zum Untergang des erst zuvor parlamentarisierten Kaiserreiches führte? Folgende Aspekte spielen als Ursache eine Rolle:

- Eine alle Volksschichten übergreifende Friedenssehnsucht,
- die Annahme, der Kaiser sei ein Hindernis für den ausbleibenden Frieden und für das Leid und Sterben der Menschen verantwortlich,
- die Parolen der Matrosen nach einem sofortigen Ende des Krieges,

- soziale Verwerfungen als Folge des Krieges: alltägliche Erfahrungen des Hungers, Wut gegen die Kriegsbedingungen gepaart mit der offensichtlichen sozialen Ungleichheit setzten systemverändernde Energien frei,
- das Zusammengehen politisch geschulter Industriearbeiter aus Großbetrieben mit den aufständischen Soldaten, die die Situation zu einer grundlegenden Neuordnung der Verhältnisse nutzen wollten.

Konkurrierende Ordnungsvorstellungen für den Staat

Über die zukünftige Ausgestaltung von Staat und Gesellschaft herrschten innerhalb der gesellschaftlichen Gruppen unterschiedliche Vorstellungen.

MSPD
Mehrheits-SPD oder Mehrheitssozialisten, Bezeichnung für die SPD zwischen 1917 und 1922, durch die sie sich von der USPD (Unabhängige Sozialdemokratische Partei Deutschlands) unterscheiden wollte. Die USPD hatte sich 1917 infolge eines Streits über die Bewilligung von Kriegskrediten von der SPD abgespalten.

- **SPD (MSPD) unter Führung Friedrich Eberts**: Mit der Errichtung eines parlamentarischen Systems waren die verfassungspolitischen Zielvorstellungen der MSPD bereits erfüllt. Ein Rätesystem lehnten sie ab, sie wollten ihre Legitimation über demokratisch-parlamentarische Wahlen erreichen. Um die revolutionäre Phase zu beenden, sollte die Wahl einer **verfassunggebenden Nationalversammlung** schnellstmöglich erfolgen. Ziel der MSPD war nicht die Neugründung eines sozialistischen Staates auf Grundlage der Revolution, sondern die Verwirklichung des Sozialismus auf demokratischem Wege.
- **USPD**, **Spartakusbund**: Sie wollten die Revolution fortsetzen, lehnten den bürgerlich-liberalen Parlamentarismus ab und forderten die Anerkennung der Herrschaft der Arbeiter- und Soldatenräte als Träger der politischen Gewalt.
- **Anhänger der Monarchie** waren Anhänger des alten, 1871 gegründeten Systems, z. B. kaiserliche Beamte, Offiziere und Richter.

Revolutionäre Übergangsphase: Vom Rat der Volksbeauftragten bis zur verfassunggebenden Nationalversammlung

Rätemodell
Modell, bei dem die Menschen in sogenannten Basiseinheiten Räte als ihre Vertreter wählen. Die Räte sind ihnen gegenüber verantwortlich und jederzeit abwählbar. Sie haben zugleich legislative, exekutive und judikative Funktionen.

Das Ziel der MSPD war, die Revolution in gemäßigte Bahnen zu lenken. Weil dafür eine politische Kooperation notwendig war, trat Ebert als Reichskanzler zurück und bildete zusammen mit der USPD als neue Regierung den **Rat der Volksbeauftragten** mit je drei Mitgliedern der MSPD (darunter Scheidemann und Ebert) und der USPD. Die Vertreter der USPD waren keine starken Verfechter des Rätesystems, sondern auf Ausgleich bedacht.

Gleichzeitig tagte der am 9. November 1918 von rund 3000 Arbeiter- und Soldatenvertretern in Berlin gewählte Vollzugsrat. Der Vollzugsrat, bestehend aus je sechs Mitgliedern von MSPD und USPD, sah sich als Provisorium, das so lange Bestand haben sollte, bis aus einer Wahl ein zentrales Räteorgan hervorgegangen sein würde. Als Zentralorgan der Rätebewegung sollte der **Vollzugsrat** die Aufsicht über den Rat der Volksbeauftragten führen. Da er sich ständig vergrößerte und immer entscheidungsunfähiger wurde, gelang ihm diese Kontrolle nicht.

Im Dezember 1918 fand der **Erste Allgemeine Rätekongress** statt. Dieser legte mit dem 19. Januar 1919 den Termin für eine **verfassunggebende Versammlung** fest und bestätigte den Rat der Volksbeauftragten bis dahin als provisorische Regierung. Außerdem wurde vom Kongress der Antrag, das Rätesystem als Grundlage der auszuarbeitenden Verfassung vorzulegen, abgewiesen.

Diese Selbstentmachtung des allgemeinen Rätekongresses ist mit der Zusammensetzung seiner Mitglieder zu erklären: Rund zwei Drittel gehörten der MSPD an, die den Kurs von Scheidemann und Ebert billigten.

Ende Dezember 1918 verließen die Vertreter der USPD den Rat der Volksbeauftragten aus Protest. Der Hintergrund dafür war Eberts Zusammenarbeit mit der Obersten Heeresleitung (Ebert-Groener-Pakt) im Dezember 1918, als er das Militär gegen rebellierende Arbeiter und Matrosen einsetzen ließ. Neben dieser Zusammenarbeit lehnte die USPD die Zusammenarbeit der MSPD mit den alten Eliten aus Wirtschaft, Armee und Bürokratie grundsätzlich ab.

Ebert-Groener-Pakt
Loyalitätserklärung der Obersten Heeresleitung unter Wilhelm Groener, die Regierung unter Ebert beim Kampf gegen die linksradikalen Revolutionäre zu unterstützen. Ebert sicherte zu, dass die alleinige Befehlsgewalt über die Truppen auch künftig beim Offizierskorps liegen werde.

Sowohl die **Januar-** bzw. **Spartakusaufstände**, die von der am Jahreswechsel 1918/19 gegründeten Kommunistischen Partei Deutschlands KPD (Zusammenschluss aus Spartakusbund und Bremer Linksradikalen) in Berlin angefacht wurden, als auch weitere Aufstände im Februar 1919 in unterschiedlichen Teilen Deutschlands wurden von **Regierungstruppen** zum Teil brutal **niedergeschlagen**. Am 15. Januar kam es dabei zur Ermordung der Anführer des Spartakusbundes Rosa Luxemburg und Karl Liebknecht durch Freikorpssoldaten. Freikorps waren Freiwilligenverbände ehemaliger Front- und Berufssoldaten mit extrem nationalistischer Gesinnung. Zu Beginn der Weimarer Republik bekämpften sie linksradikale Bewegungen. 1920 wurden sie aufgelöst und bildeten seither den Kern militärischer und rechtsextremistischer Organisationen.

Die Ermordung rief in weiten Teilen der Bevölkerung Empörung hervor und führte zu einer **tiefen Spaltung** innerhalb der **Arbeiterbewegung** zwischen staatsbejahend-parlamentarisch Gesinnten und einer radikal gewalttätigen Bewegung.

Eine Bilanz der Novemberrevolution

Dem Historiker **Eberhard Kolb** zufolge misst sich der Erfolg der „Revolution" an den Zielvorstellungen der einzelnen Akteure und deren Realisierung. Er bezeichnet die Phase als eine **„steckengebliebene Revolution"**, da sich keine der großen politischen Richtungen mit dem Ergebnis identifizieren konnte. Während die einen gar keine Revolution gewollte hätten, hätten sich die anderen ein Ergebnis mit tiefgreiferenden Eingriffen gewünscht, z. B. in den Bereich der Wirtschaft in Form von grundlegenden Umwälzungen der Besitzverhältnisse.

Gemäß dem Historiker Wolfram Pyta (2004) müssen bei der Bewertung der Novemberrevolution die **Handlungsspielräume und Grenzen der Sozialdemokraten**, die unverhofft ins politische Zentrum gerückt und zu Revolutionären wider Willen wurden, berücksichtigt werden:

- **Grenzen der Sozialdemokratie**: Die Kriegsniederlage, eine drohende Hungerkatastrophe, die Integration der heimkehrenden Soldaten in die Gesellschaft und ins Erwerbsleben – all dies waren ungünstige Umstände für eine Umstrukturierung der Wirtschaftsordnung. Die Gewalt und die drohenden Umsturzversuche von links machten die Zusammenarbeit mit dem Militär unabdingbar, um für Ruhe und Ordnung zu sorgen.
- **Handlungsspielräume der Sozialdemokratie**: Allerdings hätte die Zusammenarbeit mit dem Militär nicht dazu führen müssen, die Gewaltexzesse der Freikorps zu tolerieren. Zudem hätte ein Verzicht auf eine grundlegende Umstrukturierung der Wirtschaftsordnung dennoch Eingriffe in ausgewählten Bereichen ermöglicht, z. B. im Bergbau.

Wolfram Pyta kommt zu dem Schluss, dass die Sozialdemokraten mehr hätten verändern und weniger hätten bewahren können, wenn sie den Gestaltungswillen dazu gehabt hätten. Ihr zögerliches Vorgehen führt er darauf zurück, dass sie von ihrer unverhofften Regierungsverantwortung überrascht worden seien.

Geschichte kontrovers

Die Novemberrevolution – eine klassische Revolution?

Für die Ereignisse vom November 1918 bis Januar 1919 hat sich der Begriff „Novemberrevolution“ durchgesetzt. Doch handelte es sich dabei tatsächlich um eine Revolution im klassischen Sinne? Ausgehend von der Definition, eine Revolution sei eine schnelle, meist gewaltsame Bewegung, die zu tiefgreifenden Veränderungen im Bereich der Politik, der Wirtschaft und Gesellschaft führt, ergibt sich für die Ereignisse im November 1918 folgendes Bild:

- Politik: Mit dem Rätesystem und dem parlamentarischen System standen sich konkurrierende Systeme gegenüber, von denen sich das zweite durchsetzte. Die Monarchie war Geschichte, die Weimarer Republik die erste deutsche Demokratie.
- Wirtschaft: Hier kam es zu keinen tiefgreifenden Veränderungen, da die Grundlagen der Wirtschaftsordnung und die vorherrschenden Besitzstrukturen nicht angegriffen wurden. Tiefgreifende Veränderungen wurde nur von einer kleinen Gruppe Linksradikaler gefordert.
- Gesellschaft: Die tragenden Säulen der Gesellschaft wurden nicht ausgewechselt (alte Eliten, Militär, Justiz, Verwaltung).

Hinzu kommt, dass die „Revolution“ nicht vom Volk ausging. Es gab keine unüberbrückbaren politischen und sozialen Spannungen in der Gesellschaft, die Auslöser hätten sein können. Vielmehr handelte es sich um einen Prozess, der von „oben“ gesteuert wurde.

8.2 Verfassung und Parteien der Weimarer Republik

Aus den Wahlen zur Nationalversammlung vom 19. Januar 1919, an denen erstmals Frauen teilnahmen, ging die SPD als stärkste Partei hervor mit 37,9 %, die USPD erhielt 7,5 %. Damit besaßen die bürgerlichen Parteien die Mehrheit: Zentrum 19,7 %, Deutsche Demokratische Partei (DDP) 18,5 %, Deutschnationale Volkspartei (DNVP) 10,3 % (Parteien → S. 139 f.). Das Ergebnis bedeutete, dass die Verfassung nur als Kompromiss zwischen der Sozialdemokratie und den bürgerlich-demokratischen Parteien Zentrum und DDP ausgestaltet werden konnte. Bereits im November erhielt der linksliberale Staatsrechtslehrer Hugo Preuß den Auftrag, einen Verfassungsentwurf auszuarbeiten.

Friedrich Ebert (1871–1925)
Sozialdemokrat und erster Reichspräsident der Weimarer Republik von 1919 bis 1925

Am 6. Februar 1919 wurde die Nationalversammlung in Weimar eröffnet und der Sozialdemokrat **Friedrich Ebert** am 11. Februar zum ersten **Reichspräsidenten** gewählt. SPD, Zentrum und die linksliberale DDP gingen ein Bündnis ein und bildeten die sogenannte **Weimarer Koalition**. Am 31. Juli 1919 wurde die Weimarer Verfassung verabschiedet und Deutschland damit als parlamentarische Republik konstituiert.

Die Weimarer Verfassung

Der **Reichstag** wurde in allgemeiner, freier, geheimer und gleicher Wahl alle vier Jahre von allen Deutschen über 20 Jahren nach dem Verhältniswahlrecht gewählt. Als Legislative war er die zentrale Institution der Gesetzgebung, entschied über Krieg und Frieden und konnte den Reichskanzler und die Reichsminister per Misstrauensvotum zum Rücktritt zwingen. Dem **Reichsrat** (Vertretung der Länder) oblag bei der Gesetzgebung nur ein aufschiebendes Veto.

Weimar wurde als Tagungsort der Nationalversammlung gewählt, um an die geistige Tradition Deutschlands anzuknüpfen (Goethe, Schiller, Wieland, Herder). Auch konnte man in Weimar der revolutionären Atmosphäre ausweichen, die in Berlin herrschte.

Die **Reichsregierung** benötigte das Vertrauen der Reichstagsmehrheit, um im Amt zu bleiben. Dem Reichstag war ein starker **Reichspräsident** („Ersatzkaiser“) gegenübergestellt, der für die Dauer von sieben Jahren direkt vom Volk gewählt wurde. Er hatte eine herausgehobene Stellung inne und war mit **weitreichenden Befugnissen** ausgestattet. Dazu gehörten vor allem:

- Die **Auflösung des Reichstages** nach Art. 25;
- die **Ernennung** und **Erlassung des Reichskanzlers** (ohne Beteiligung des Parlaments) und die Ernennung und Entlassung der **Minister** (auf Vorschlag des Reichskanzlers);
- der **Einsatz** der **„bewaffneten Macht“** (Art. 48) gegen Landesregierungen, wenn diese ihren Pflichten laut Verfassung nicht nachkamen;
- das **Notverordnungsrecht**: Art. 48 ermächtigte den Reichspräsidenten, bei einer Gefährdung der inneren Sicherheit ohne den Reichstag Notverordnungen zu erlassen, die eine gesetzesähnliche Kraft besaßen. Art. 48 erlaubte es ihm auch, die Grundrechte außer Kraft zu setzen;
- der **Oberbefehl** über die **Reichswehr**;
- die Möglichkeit, über Gesetze, die der Reichstag verabschiedete, per Volksentscheid abstimmen zu lassen.

Die Verfassung enthielt im zweiten Teil einen Grundrechtskatalog, wobei die Grundrechte nicht als unmittelbar geltendes Recht eingeklagt werden konnten.

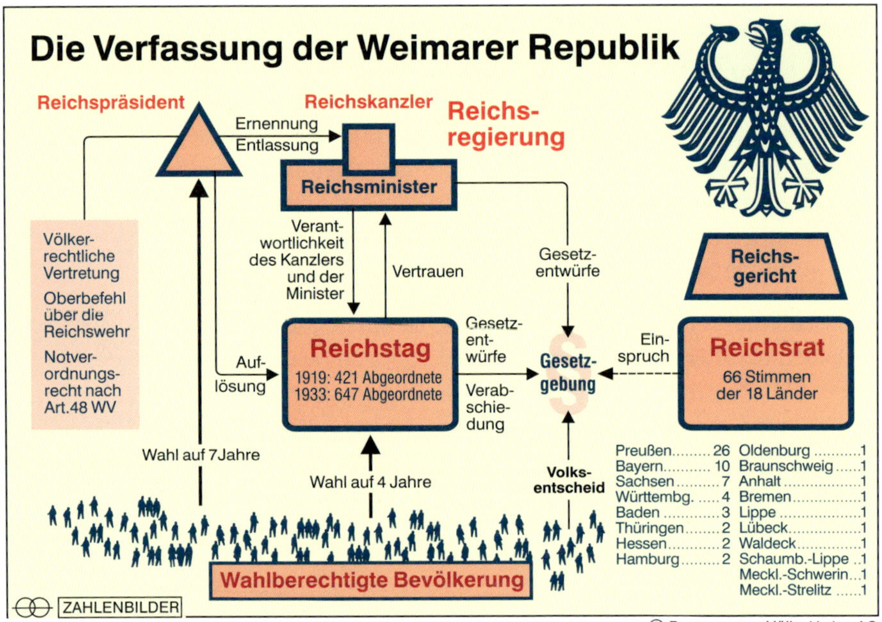

50 070 © Bergmoser + Höller Verlag AG

Bewertung der Weimarer Verfassung

Die Weimarer Verfassung, die parlamentarische, plebiszitäre und präsidiale Elemente vereinte, gehörte zu den fortschrittlichsten demokratischen Verfassungen ihrer Zeit: Sie enthielt **Freiheits- und Grundrechte**, stärkte den Einfluss des Volkes, indem sie ihm die Möglichkeit gab, durch **Volksbegehren** und **Volksentscheide** an der Gesetzgebung mitzuwirken, verankerte das **Sozialversicherungswesen** und führte das **Frauenwahlrecht** ein.

Dennoch hatte die Verfassung einige **strukturelle Mängel**, die zu einer Belastung der Weimarer Republik wurden und schließlich zu ihrem Scheitern beitrugen. So hatte der Reichspräsident in Krisenzeiten durch das Notverordnungsrecht (Art. 48) weitreichende Befugnisse („Ersatzkaiser“), u. a. konnte er die Grundrechte außer Kraft setzen. Das reine Verhältniswahlrecht ermöglichte es kleinen Parteien, in den Reichstag einzuziehen, führte zu dessen Zersplitterung und erschwerte die Bildung von stabilen Koalitionen. Volksbegehren und Volksentscheide boten eine Plattform für Demagogen, auch wenn von den sieben in der Weimarer Republik angestrebten und vier durchgeführten Plebisziten alle scheiterten.

Das Grundgesetz der Bundesrepublik wird diese Defizite der Weimarer Verfassung korrigieren (→ S. 233 f.) und durch die sogenannte Ewigkeitsklausel sicherstellen, dass die Grundrechte und weitere demokratische Strukturprinzipien des Staates nicht durch Notverordnungen außer Kraft gesetzt werden können.

Parteien in der Weimarer Republik

Republiktragende Parteien

- **Mehrheits-SPD (MSPD)**: Bis 1922 Bezeichnung für die SPD (→ S. 134); sozialistisch; Bekenntnis zur parlamentarischen Demokratie; Verteidigung der erreichten parlamentarischen Demokratie, Herrschaft des Volkswillens über die Wirtschaft; Ziele sollten auf parlamentarischem Weg erreicht werden; Abschaffung der Klassenherrschaft; aber keine reine Arbeiterpartei mehr.
- **Deutsche Demokratische Partei (DDP)**: Linksliberal; ging aus der Fortschrittspartei und Teilen der Nationalliberalen aus dem Kaiserreich hervor; uneingeschränktes Bekenntnis zur parlamentarischen Demokratie, zum Rechtsstaatsprinzip, zu individueller Freiheit und sozialer Verantwortung. Ziele: föderaler Einheitsstaat, Prinzip der Privatwirtschaft mit staatlichen Eingriffen. Tritt für Interessen des gebildeten Bürgertums, des gewerblichen Mittelstands und von Teilen der Großindustrie ein. Vertreter: Hugo Preuss, Walther Rathenau.
- **Zentrum**: Politische Kraft des Katholizismus, politische Mitte; Bekenntnis zur parlamentarischen Demokratie; Teil der „Weimarer Koalition"; Föderalismus; immer mit 60 bis 75 Abgeordneten im Parlament und an allen Regierungen bis 1932 beteiligt (fünf Reichskanzler). Vertreter: Matthias Erzberger.
- **Unabhängige Sozialdemokratische Partei Deutschlands (USPD)**: Sozialistisch, 1917 aus Abspaltung von der SPD entstanden; Ziele sollten durch eine sozialistische Revolution und eine Diktatur des Proletariats erreicht werden; gespalten in Befürworter eines Rätesystems und Anhänger eines parlamentarischen Systems; ab 1920 Übertritt vieler Mitglieder zur KPD, der Rest trat der MSPD bei.

Schwankende Haltung zur Republik

- **Deutsche Volkspartei (DVP)**: Nationalliberal; Nachfolgepartei der Nationalliberalen des Kaiserreichs; Ablehnung der parlamentarischen Demokratie und der Weimarer Reichsverfassung; Befürworter einer Monarchie unter Mitarbeit des Parlaments; allerdings Akzeptanz der durch die Revolution geschaffenen Tatsachen; vertritt die Interessen des national gesinnten, protestantischen Bürgertums, der gesellschaftlichen Mittel-/Oberschicht, der Gelehrten, Beamten; Unterstützung durch die Schwerindustrie. Vertreter: Gustav Stresemann.

Die Republik ablehnende bzw. sie bekämpfende Parteien

- **Kommunistische Partei Deutschlands (KPD)**: Kommunistische Arbeiterpartei, 1918 aus dem Spartakusbund entstanden und durch Teile der USPD zur Massenpartei geworden; lehnt die parlamentarische Demokratie ab; Unterstützung eines radikaldemokratischen Systems von Räten, die an die Weisungen ihrer Wählenden gebunden sind. Aufbau des Sozialismus und Diktatur des Proletariats nach dem Vorbild Moskaus; Anschluss an die Kommunistische Internationale (Komintern) mit dem Ziel der Weltrevolution, Sturz der „Kapitalisten" und Großgrundbesitzer. Paramilitärischer Verband: „Roter Frontkämpferbund". 1932 wird die KPD drittstärkste Partei. Vertreter: Ernst Thälmann.

- **Deutschnationale Volkspartei (DNVP)**: Rechtskonservativ, antisemitisch; gegen eine parlamentarische Demokratie, für die Wiedereinführung der Hohenzollern-Monarchie, dennoch Beteiligung an der Regierung ab Mitte der 20er-Jahre. Viele „Vaterländische Verbände" im Umfeld der Partei. Wählende: Beamte, (ehemalige) Offiziere, Großgrundbesitzer, Adlige. Vertreter: Adolf Hugenberg.
- **Nationalsozialistische Deutsche Arbeiterpartei (NSDAP)**: Nationalsozialismus; Gründung 1920; Ablehnung der parlamentarischen Demokratie, stattdessen starke Zentralgewalt („Führerstaat"); Verstaatlichung von Großbetrieben, Revanchismus, Nationalismus, Militarismus und radikaler Antisemitismus. Wählende: viele ehemalige Nichtwählende, Handwerker, Landwirte und Angestellte („neuer Mittelstand"), aber nach 1930 auch viele Arbeiter; eher Protestanten als Katholiken. Selbstverständnis als „Bewegung" und nicht als Partei. Vertreter: Adolf Hitler, Joseph Goebbels.

Revanchismus
Politische Gesinnung, die eine gewaltsame Vergeltung für erlittene Verluste und die Annullierung von Verträgen nach einem Krieg anstrebt.

Parteien in der Weimarer Republik – eine Bewertung

Weimar gilt als **„unvollendeter Parteienstaat"** (Michael Stürmer): Die Parteien waren nicht in der Verfassung verankert, sollten jedoch bei der Regierungsbildung mitwirken. Insgesamt gab es drei Lager: die Rechte, die Mitte (teilweise mit, teilweise ohne die DVP) und die radikale Linke.

Parteien in der BRD
Im Gegensatz zur Weimarer Republik sind die Parteien in der BRD im Grundgesetz fest verankert. Sie wirken nach Art. 21 „bei der politischen Willensbildung des Volkes mit". Da den Parteien im politischen Willensbildungsprozess eine entscheidende Rolle zukommt, wird die BRD auch als Parteiendemokratie bezeichnet.

Ein beträchtlicher Teil der Politiker und des Bürgertums war der Republik gegenüber zunächst eher skeptisch eingestellt („Herzensmonarchisten"), entwickelte aber ein pragmatisches Verhältnis zur neuen Staatsform („Vernunftrepublikaner").

Die „Weimarer Koalition" aus SPD, Zentrum und DDP verlor dennoch schon bei der ersten Reichstagswahl 1920 die Mehrheit. Kein Parlament überstand in der Folge die volle Legislaturperiode, alle wurden vom Reichspräsidenten mit Art. 25 aufgelöst.

Da verschiedene Koalitionsvarianten nicht funktionierten (Große Koalition, Minderheitsregierung von SPD toleriert, Bürgerblock), war das politische System instabil.

Zudem wollten die Parteien keine Regierungsverantwortung übernehmen, da sie von ihren Wählenden für Kompromisse oft abgestraft wurden. Die mangelnde Kompromissbereitschaft verhinderte in der Endphase der Weimarer Republik ein gemeinsames Vorgehen gegen den Nationalsozialismus.

Ergebnisse der Reichstagswahlen 1919 bis 1933 (in % der abgegebenen gültigen Stimmen)

	Jan. 1919	Juni 1920	Mai 1924	Dez. 1924	Mai 1928	Sep. 1930	Juli 1932	Nov. 1932	März 1933
KPD	–	2,1	12,6	9,0	10,6	13,1	14,1	16,9	12,3
USPD	7,6	17,9	0,8	0,3	0,1	0,03	–	–	–
SPD	37,9	21,6	20,5	26,0	29,8	24,5	21,6	20,4	18,3
Zentrum	19,7	13,6	13,4	13,6	12,1	11,8	12,5	11,9	11,3
BVP	–	4,4	3,2	3,7	3,1	3,0	3,2	3,1	2,7
DDP	18,5	8,3	5,7	6,3	4,9	3,8	1,0	1,0	0,9
DVP	4,4	14,0	9,2	10,1	8,7	4,5	1,2	1,9	1,1
DNVP	10,3	15,1	19,5	20,5	14,2	7,0	5,9	8,3	8,0
NSDAP	–	–	6,6	3,0	2,6	18,3	37,4	33,1	43,9
Sonstige	1,6	2,8	8,6	6,5	14,0	14,0	3,0	3,4	1,6

8.3 Friedensverhandlungen und Versailler Vertrag

Auswirkungen des Krieges auf das Deutsche Reich

- Die Regierung musste sich seit Ende 1918 mit den Folgen des Krieges im Inneren des Landes auseinandersetzen. Die Folge des Waffenstillstands war eine rasche **Demobilisierung** des Heers. Rund acht Millionen Soldaten mussten zurückgeführt und in das Wirtschaftsleben integriert werden. Es drohte eine massive Arbeitslosigkeit, die im Februar 1919 ihren Höhepunkt erreichte.
- Die Gesellschaft musste mit den **Verlusten des Krieges** umgehen: 2,4 Mio. Männer waren im Krieg gefallen (18,5% der Eingezogenen), 4,75 Mio. Menschen überlebten ihn als Verwundete, 2,7 Mio. als Invaliden.
- Die Kriegswirtschaft musste in eine **Friedenswirtschaft** überführt werden. Schon die Vorkriegsproduktion von 1913 war nicht bedarfsdeckend gewesen. 1918 lag die industrielle Produktion nur noch bei 60% und die agrarische nur noch bei 70% ihres Niveaus von 1913. Die Versorgungslage hatte sich stark verschlechtert.
- Die Regierung musste die Aufrechterhaltung der öffentlichen Ordnung und die Versorgung der Bevölkerung sicherstellen. Während der ersten Nachkriegsjahre herrschte **Mangelernährung**, die insbesondere die unteren Einkommensschichten betraf, aber auch städtische Angestellte, Beamte und Facharbeiter litten noch 1920/21 an Hunger. Während der Hyperinflation 1923 (→ S. 148) herrschten erneut Ernährungszustände wie im Krieg. Die Folgen der Unterernährung waren steigende Unfallzahlen und eine erhöhte Anfälligkeit für Infektionskrankheiten (Grippe-Epidemie 1918–1920, „Spanische Grippe"). Zahlreiche Bevölkerungsgruppen sahen sich nicht nur durch Hunger und Krankheit in ihrer Existenz bedroht, sie sorgten sich angesichts der Revolution, des Bürgerkrieges und der Inflation 1923 auch um ihre soziale Existenz.

Spanische Grippe
Sie verbreitete sich weltweit von 1918 bis 1920 und war v. a. für Menschen zwischen 20 bis 40 Jahren tödlich. 500 Mio. Menschen infizierten sich, allein in Deutschland starben ca. 300 000 Menschen.

Der Versailler Vertrag

An der Friedenskonferenz nahmen 32 Staaten teil. Sie tagte in Paris und wurde am 18. Januar 1919 eröffnet. Das besiegte Deutsche Reich durfte nicht als Verhandlungspartner teilnehmen. Zu Konflikten kam es daher nur innerhalb der Koalition der Sieger, die unterschiedliche Vorstellungen hatten:

- Für **Frankreich** (vertreten durch **Georges Clemenceau**) hatte die **Sicherheitsfrage** gegenüber Deutschland oberste Priorität. Deutschland sollte dauerhaft geschwächt werden. Das Ziel war die Errichtung eines **französischen Hegemonialsystems** in Europa. Dafür waren drastische Gebietsabtrennungen, Rüstungsbeschränkungen und Reparationen zur Kompensation französischer Opfer und Verluste notwendig. Zudem sollte ein **festes Bündnissystem** mit den neu entstandenen Staaten in Ostmitteleuropa entstehen. Die französischen Verbündeten sollten auf Kosten Deutschlands gestärkt werden (**Diktatfrieden**).
- Ziel **Großbritanniens** (vertreten durch **David Lloyd George**) war die Aufrechterhaltung eines gewissen **Gleichgewichts** auf dem Kontinent, d.h. die Vermeidung einer französischen Hegemonie. Deutschland sollte, als reduzierte Großmacht, auf dem Kontinent ein Gegengewicht zu Russland und Frankreich bilden und ein Handelspartner bleiben. Seine globale Position sollte allerdings minimiert werden (Flotte, Handelskonkurrenz, Kolonien). Großbritannien hatte Sorge, ein zu schwaches oder gar zerstückeltes Deutschland könnte sich dem Bolschewismus nähern. Im sogenannten **Fontainebleau-Memorandum** (März 1919) brachte Lloyd George dies zusammen mit US-Präsident Wilson zum Ausdruck. Das Dokument wandte sich gegen die französischen Forderungen nach einer dauerhaften Besetzung des Rheinlandes durch alliierte Truppen. Es sollte auf diese Weise ein Zustand hergestellt werden, der keinen zukünftigen Krieg provozierte und dem Deutschen Reich keinen Grund gab, sich dem Bolschewismus anzunähern.
- Die **USA** (vertreten durch **Wilson**) hatten das Ziel, einen **Völkerbund** einzurichten, der eine universelle Friedensordnung auf Grundlage des Rechts und eines friedlichen Ausgleichs unter den Völkern begründen sollte. Die Friedensverhandlungen sollten zudem auf Grundlage von Wilsons **14-Punkte-Programm** (→ S. 131) stattfinden. Des Weiteren sollten alle Handelsbeschränkungen aufgehoben und die Freiheit der Seeschifffahrt wiederhergestellt werden. Deutschland sollte wirtschaftlich nicht völlig geschwächt werden (**Verständigungsfrieden**).

Völkerbund
Mit dem Völkerbund sollte ein System kollektiver Sicherheit entstehen. Beginnt ein Land unter Verletzung der Satzung einen Krieg, hat es mit den Sanktionen aller Mitglieder zu rechnen. Der Völkerbund erwies sich als schwache Institution, was u.a. daran lag, dass die USA selbst kein Mitglied waren und auch die Sowjetunion erst 1934 beitrat.

Aufgrund britischer und amerikanischer Einwände fielen die Reparationen und die Gebietsverluste des Deutschen Reiches weniger drastisch aus als von den Franzosen gefordert. So verblieb z.B. das Rheinland im Reichsverband, wurde jedoch für 15 Jahre von alliierten Truppen besetzt.

Am 7. Mai 1919 (Jahrestag der „Lusitania"-Versenkung → S. 122) wurde der Vertrag der deutschen Delegation ausgehändigt. Vor der Unterzeichnung wurden fünf, an ihren Gesichtern schwer verletzte französische Soldaten präsentiert (*cinq gueules cassées*), die den Deutschen noch einmal ihre Schuld und Verantwortung vor Augen führen sollten. Am 28. Juni 1919 unterschrieben die deutschen Kabinettsmitglieder Hermann Müller (SPD) und Johannes Bell (Zentrum) den Vertrag im Spiegelsaal von Versailles.

Die wesentlichen Vertragsbestimmungen

- **Kriegsschuldartikel 231**: Deutschland ist mit seinen Verbündeten als „Urheber" allein für alle Schäden verantwortlich.
- Umfangreiche **Gebietsabtretungen**: Posen, Westpreußen, Oberschlesien an Polen; Hultschiner Ländchen an die Tschechoslowakei; Elsass-Lothringen an Frankreich; Eupen-Malmedy an Belgien.
- **Entmilitarisierung** der westlichen **Rheinzone** (50 km bis zur Grenze); Stationierung alliierter Truppen westlich des Rheins.
- **Abrüstung**: Abschaffung der allgemeinen Wehrpflicht; Reduzierung des Heeres auf 100 000 Mann; Verbot von Luftwaffe, U-Booten, Panzern, Gaswaffen.
- Umfangreiche **Reparationsleistungen**. Verlust aller **Kolonien**, Verbot des Anschlusses Österreich-Ungarns.

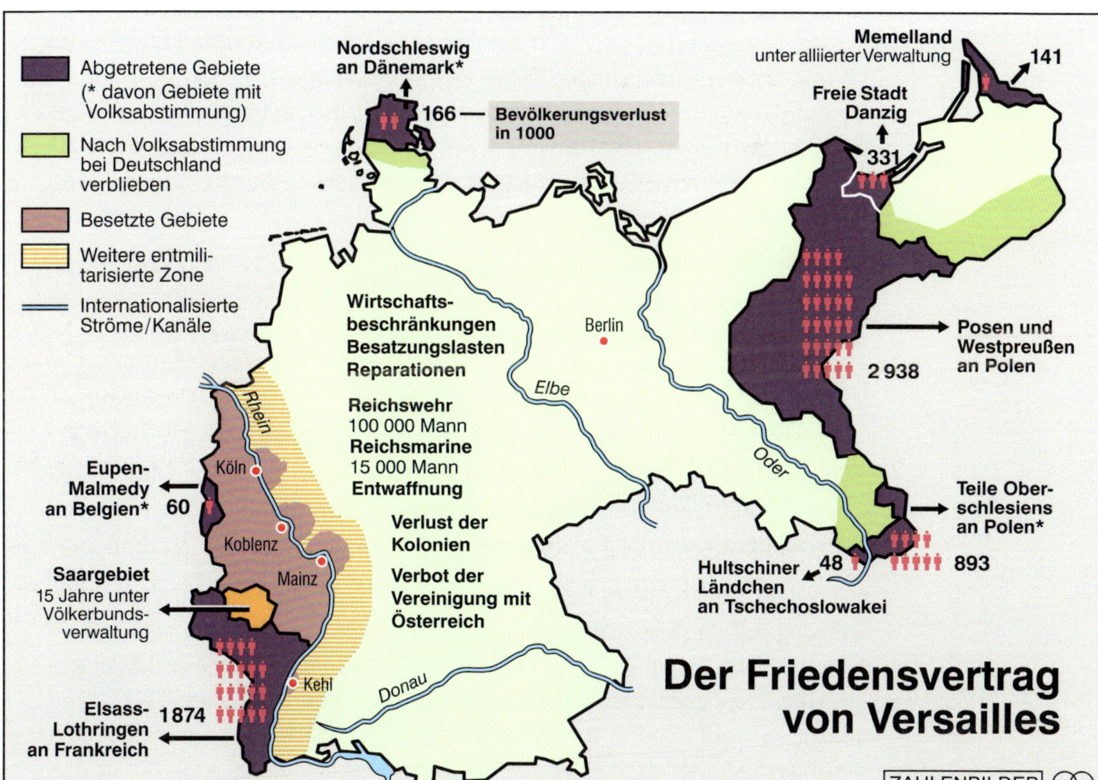

 50 067

Reaktionen auf den Vertrag

Der Vertrag wurde im Deutschen Reich mit großem Entsetzen aufgenommen, hatte man doch auf einen milden Wilson-Frieden, einen Ausgleichsfrieden, gehofft. Die deutsche Regierung unter Reichskanzler Scheidemann (SPD) protestierte gegen die Bestimmungen des Vertrags, worauf die Alliierten mit einem Ultimatum reagierten. Es sah die Annahme des geringfügig geänderten Vertrags oder die Fortsetzung des Krieges und die Besetzung Deutschlands vor. An den folgenden Debatten zerbrach die Regierung Scheidemann. Die neue Regierung unter Reichskanzler Bauer (SPD) unterzeichnete den Vertrag schließlich am 28. Juni 1919. Am 10. Januar 1920 trat er in Kraft.

Dolchstoßlegende
Behauptung Hindenburgs, das im Feld unbesiegte deutsche Heer sei von „hinten", d.h. von linken, pazifistischen Verrätern in der Heimat erdolcht worden

Insbesondere der Kriegsschuldartikel 231 löste Entrüstung unter den Deutschen aus. Der Versailler Vertag wurde als „**Schandvertrag**" abgelehnt und belastete die Weimarer Republik. Er wurde zusammen mit der „Dolchstoßlegende" vor allem von rechten Republikgegnern propagandistisch instrumentalisiert. Sie begriffen ihn als „Schmachfrieden" und diskreditierten die Unterzeichner, besonders die SPD, als „Vaterlandsverräter".

Geschichte kontrovers

Der Versailler Vertrag – zu „hart" oder zu „milde"?

Je nach Betrachtungsweise wird der Versailler Vertrag als zu „hart" oder zu „milde" angesehen. Hinsichtlich der Demütigung, die Deutschland durch den Vertrag erfahren hat, mögen seine Bestimmungen als zu hart erscheinen: Deutschland hatte den Krieg nicht nur verloren, es war im Sinne des Kriegsschuldartikels 231 auch alleinverantwortlich für den Krieg. Dies und die als hart empfundenen Gebietsverluste und Reparationszahlungen führten dazu, dass die Revision des Vertrags das Ziel aller Parteien war.

Allerdings muss man einwenden, dass das Deutsche Reich 1917 Sowjetrussland im Frieden von Brest-Litowsk weit größere Verluste abverlangt hatte und es somit mit ähnlich harten Bestimmungen rechnen musste. Dennoch beließ der Versailler Vertrag dem Deutschen Reich den Status einer europäischen Großmacht. Auch ökonomisch gesehen blieb es eine Großmacht, trotz der Gebietsabtrennungen, der Beschränkung der Handelsflotte und der Wirtschaftsbestimmungen. Um das Deutsche Reich als Gegengewicht zu Russland und Frankreich zu halten, sorgten die Briten dafür, dass viele Bestimmungen zeitlich begrenzt waren.

Nach dem Zweiten Weltkrieg setzte sich eine distanzierte, gemäßigtere Bewertung des Versailler Vertrags durch. Die generelle Ablehnung wich der Erkenntnis, dass er nur geringfügige territoriale Verluste gebracht und Deutschland die Chance gelassen hatte, Großmacht zu bleiben. Der Versailler Vertrag wurde nun nicht mehr als wichtigste Ursache für das Scheitern Weimars herangezogen, sondern es wurde die Bedeutung anderer Faktoren betont.

8.4 Die Weimarer Republik in den Krisenjahren 1919 bis 1923

In den Jahren zwischen 1919 und 1923 wurde die Weimarer Republik immer wieder infrage gestellt und in ihrer Existenz bedroht. Sie musste sich gegen Umsturzversuche und Angriffe der politischen Rechten und Linken zur Wehr setzen. Ebenso war sie durch die Folgen der Hyperinflation, des Ruhrkampfes und durch Regierungs- und Parlamentskrisen belastet.

Putschversuche und politische Morde

Bereits 1919 war das Parteiensystem der Weimarer Republik dadurch geprägt, dass sich neben der Weimarer Koalition (SPD, DDP, Zentrum) auf der linken und rechten Seite Kräfte formierten, deren Ziel die Abschaffung der Demokratie war. Während sich die Rechten für die Rückkehr zur Monarchie oder für eine Diktatur nationalistisch-plebiszitären Charakters einsetzten, verfolgten die Linken nach wie vor das Ziel einer sozialistischen Räterepublik.

In den Anfangsjahren der Weimarer Republik wurden zahlreiche **politische Morde** begangen. Während der Januaraufstände 1919 wurden die Spartakusanführer Rosa Luxemburg und Karl Liebknecht von Freikorps (→ S. 135) ermordet, im Februar 1919 der sozialistische bayerische Ministerpräsident Kurt Eisner. Die antidemokratischen Freikorps waren auch für Morde an den sogenannten „Erfüllungspolitikern" der Weimarer Republik verantwortlich. Dieser Begriff bezeichnete Politiker wie Matthias Erzberger (Zentrum), die beabsichtigten, die Bestimmungen des Versailler Vertrages möglichst vollständig zu erfüllen, um den Alliierten die Unerfüllbarkeit der Bestimmungen vor Augen zu führen. Am 24. Juni 1922 wurde Walther Rathenau von der nationalistischen und antisemitischen Organisation Consul ermordet, auch er galt als „Erfüllungspolitiker" und war zudem jüdischer Abstammung.

Erfüllungspolitik
Strategie von 1921 bis zur Ruhrkrise 1923, in der die Forderungen des Versailler Vertrages möglichst so weit erfüllt werden sollten, dass deren Unerfüllbarkeit deutlich wurde. Von den Rechten, die diese Strategie ablehnten, wurde der Begriff „Erfüllungspolitiker" bzw. „Erfüllungspolitik" abwertend und diffamierend gebraucht.

Neben den Aufständen der Linken (Januaraufstand 1919, Streik der Eisenbahner 1920 mit Massendemonstrationen der USPD) kam es zu einer „Welle von rechts" (Eberhard Kolb). Dazu gehörte z. B. der **Kapp-Lüttwitz-Putsch** 1920, ein Versuch militanter rechter Kreise, die Regierung zu stürzen und die Regierungsgewalt an sich zu reißen. Anlass war die im Versailler Vertrag vorgeschriebene Reduktion der Reichswehr. Als die Marinebrigade Ehrhardt, eine der gewalttätigsten Freikorps-Einheiten, im März 1920 aufgelöst werden sollte, nahm General Lüttwitz dies zum Anlass, seinen seit Längerem verfolgten Plan, die Republik zu stürzen, umzusetzen. Er forderte von Reichspräsident Ebert, die Auflösung der Marinebrigade zu stoppen und zurückzutreten. Lüttwitz wurde von Ebert entlassen. Daraufhin befahl Lüttwitz die Besetzung des Berliner Regierungsviertels und rief einen der Führer der Vaterlandspartei, Wolfgang Kapp, zum neuen Reichskanzler aus. Als sich die Reichswehr weigerte, gegen die Putschisten vorzugehen („Die Reichswehr schießt nicht auf die Reichswehr"), floh die Reichsregierung nach Stuttgart.

Die Putschisten scheiterten jedoch, da sich die Ministerialbürokratie weigerte, mit ihnen zusammenzuarbeiten und den Anweisungen Kapps Folge zu leisten. Hinzu kam ein Generalstreik, der von den Gewerkschaften und sozialistischen Parteien ausgerufen wurde und dem sich die Arbeiterschaft im ganzen Reich anschloss.

Die **KPD** wollte sich den Widerstand gegen den Kapp-Lüttwitz-Putsch zunutze machen, um **eigene Revolutionspläne** voranzutreiben. Im Ruhrgebiet baute sie eine „Rote Armee" mit 50000 Mann auf, die jedoch von Reichswehrtruppen besiegt wurde. In Halle-Marsfeld kam es 1921 zu einem Aufstand gegen die parlamentarische Republik und 1923 zu dem Versuch, in Thüringen und Sachsen „proletarische Hundertschaften" für eine proletarische Revolution aufzustellen. Die Reichsregierung wandte gegen Thüringen und Sachsen die **Reichsexekution** an, die erlaubte, dass zur Durchsetzung von Interessen des Bundes gegenüber den Ländern militärische Mittel eingesetzt werden. Der Einmarsch der Reichswehr ließ die KPD von weiteren Umsturzplänen absehen.

Das Krisenjahr 1923

Im Krisenjahr 1923 wurde die Weimarer Republik erneut von einer Vielzahl politischer, wirtschaftlicher und sozialer Probleme bedroht. Sie musste sich weiter dem Ansturm der Republikgegner von links und rechts widersetzen und geriet durch die Erfüllung der Bestimmungen des Versailler Vertrages unter Druck von außen.

Hitler-Putsch

Am 8. November 1923 stürmten Adolf Hitler, der seit Juli 1921 Vorsitzender der NSDAP war, und seine Anhänger eine Kundgebung im Münchner Bürgerbräukeller, die Gustav von Kahr, der nationalistisch und monarchistisch gesinnte bayerische Generalstaatskommissar, veranstaltete. Hitler erklärte die Reichsregierung für abgesetzt und rief eine neue provisorische „Nationalregierung" aus, die er leiten wollte. Als der Putsch zu scheitern drohte, versuchten Hitler und seine Gefolgsleute am 9. November mit einem **Marsch zur Münchner Feldherrnhalle** die Macht an sich zu reißen. Sie wurden aber von der bayerischen Landespolizei aufgehalten. Hitler wurde kurz darauf verhaftet und zu fünf Jahren Festungshaft (Freiheitsentzug ohne Arbeitszwang) verurteilt, von der er jedoch nur neun Monate verbüßen musste. Während seiner Haftzeit 1923/24 verfasste er den ersten Teil seiner Schrift „Mein Kampf", in der er sein politisches Programm und seine „völkische Ideologie" des Nationalsozialismus entwickelte.

Die NSDAP wurde bis auf Weiteres im gesamten Reichsgebiet verboten. Hitler wahrte fortan den „Schein der Legalität" (Heinrich August Winkler) und versuchte, im Zusammenspiel mit dem Staatsapparat an die Macht zu gelangen.

Ruhrkrise und separatistische Bewegungen

Die französische Regierung unter Ministerpräsident Poincaré stellte im Dezember 1922 einen deutschen Rückstand bei den Holz- und Kohlelieferungen fest und sah darin einen Verstoß gegen die Reparationsleistungen des Versailler Vertrags. Im Januar 1923 besetzten französische und belgische Truppen das Ruhrgebiet, um die Reparationslieferungen sicherzustellen (Ruhrgebiet als „produktives Pfand"). Das eigentliche Ziel Frankreichs war jedoch, das Deutsche Reich dauerhaft zu schwächen, was im Versailler Vertrag nicht gelungen war.

Der Einmarsch der Franzosen und Belgier vereinte die politischen Kräfte in Deutschland. Die deutsche Antwort auf die **Ruhrbesetzung** war die sofortige Unterbrechung aller Reparationsleistungen an Frankreich und Belgien. Im Übrigen rief die deutsche Regierung zu einem gewaltfreien, **passiven Widerstand** auf, der zur Folge hatte, dass wichtige wirtschaftliche Bereiche (Gruben, Fabriken, die Bahn) bestreikt und lahmgelegt wurden. Ziel dieses **Generalstreiks** war es, mit Frankreich erneut über die Höhe der Reparationen verhandeln zu können.

Um die Folgen der Arbeitsniederlegungen abzufangen, unterstützte der deutsche Staat die Bevölkerung mit Geldzahlungen und Sachleistungen, die er mit Hilfe der Notenpresse finanzierte. Die Kosten des Ruhrkampfes, die Ausfälle an Steuererträgen sowie in der Kohle- und Stahlproduktion fügten der deutschen Wirtschaft erheblichen Schaden zu. Sie beschleunigten die **Inflation**, die sich bereits seit 1914 ausweitete. Am 26. September 1923 musste Reichskanzler Gustav Stresemann (DVP) den Streik abbrechen. Im November 1923 ergriff die Koalition aus DVP, SPD, Zentrum und DDP unter Stresemann Maßnahmen gegen die Inflation und beendete sie durch die Einführung einer **neuen Währungseinheit**, der Rentenmark (1 Mio. Papiermark = 1 Goldmark). Die Besatzungsmächte zogen im Sommer 1925 wieder ab.

Inflation
Geldentwertung, die sich in Preiserhöhungen und einem Kaufkraftverlust niederschlägt. Die Preissteigerungen waren im Deutschen Reich 1923 immens: Beispielweise kostete ein Laib Brot im Mai 2200 Mark, im November schon exorbitante 5,6 Milliarden Mark. Ursache einer Inflation kann u. a. die übermäßige Erhöhung der umlaufenden Geldmenge sein.

Zu den Krisen, die das Deutsche Reich 1923 belasteten, gehörten auch **separatistische Bewegungen** im Rheinland und in der Pfalz, die durch den Ruhrkampf und die Inflation ausgelöst und von Frankreich unterstützt wurden. Im Oktober wurde die autonome **Rheinische Republik**, im November die **Autonome Pfalz** ausgerufen. Die Bewegungen, die die Einheit des Deutschen Reiches gefährdeten, konnten ebenso wie die Inflation im November 1923 bzw. im Februar 1924 eingedämmt werden.

Hyperinflation

Die Inflation setzte bereits im Ersten Weltkrieg ein, den die Reichsregierung nicht mithilfe von Steuern, sondern durch Anleihen und eine Erhöhung der Papiergeldmenge finanzierte. Die aufgeblähte Geldmenge einerseits und Versorgungsengpässe vor allem bei Verbrauchsgütern wie Nahrung und Kleidung andererseits führten zu Preissteigerungen und einer ersten Entwertung der deutschen Währung.

Bei einer **Hyperinflation** liegt die Teuerungsrate bei mindestens 50 %, es kommt also zu enormen Preissteigerungen. Die Umlaufgeschwindigkeit des Geldes nimmt dabei stetig zu, da die Menschen ihr Geld möglichst schnell in Güter investieren, um weiteren Preissteigerungen entgegenzuwirken.

Auch in den Nachkriegsjahren konnten die Reichsfinanzen nicht saniert werden und während der Ruhrkrise 1923 gerieten sie vollends außer Kontrolle: Um den kostspieligen Ruhrkampf zu finanzieren, hatte das Deutsche Reich wieder eine erhebliche Menge Papiergeld drucken lassen, die den Währungsverfall dramatisch beschleunigte, da das Warenangebot nach wie vor knapp war. Die Inflation entwickelte sich zur **Hyperinflation** mit Preisen, die bald täglich, Ende des Jahres sogar von Stunde zu Stunde stiegen. Wie schnell das Geld an Wert und Kaufkraft verlor, lässt sich auch daran erkennen, dass Löhne oftmals täglich ausgezahlt wurden und die Menschen ihr Geld gleich nach Erhalt wieder ausgaben, um weiteren Preiserhöhungen zuvorzukommen.

Mit Einführung der Rentenmark und einer Währungsreform konnte die Inflation im November 1923 schließlich gestoppt werden.

Profiteur der Inflation war der deutsche Staat, der sich dem Währungsverfall entsprechend entschulden konnte. Auch Besitzer von Immobilien oder anderen Sachwerten waren von der Geldentwertung in der Regel nicht betroffen. Den bürgerlichen Mittelstand (Beamte, Angestellte, Handwerker, kleinere Unternehmer), der meistens nur über Geldvermögen und Sparguthaben verfügte, ruinierte die Inflation allerdings. Sie hat sich darum – vielleicht bis zum heutigen Tag – ins kollektive Gedächtnis der Deutschen eingebrannt.

Gewinner der Inflation	Verlierer der Inflation
Staat: Er konnte sich von seinen inländischen Schulden befreien; Eigentümer von Sachwerten (z. B. Immobilien); Industrie: Sie profitierte von Entschuldung und billigen Krediten (→ Kartell- und Konzernbildung).	Besitzer von Geldvermögen (z. B. Sparguthaben, Versicherungen oder Anleihen) wurden praktisch enteignet; Bezieher fester Einkommen (z. B. Rentner); Lohn- und Gehaltsempfänger: Gehaltsanpassungen hielten mit der Inflation nicht Schritt.

Die Belastungen der Weimarer Republik 1919 bis 1923 im Überblick

Belastungen für die Weimarer Republik

Ruhrbesetzung

- Deutsches Reich im Rückstand mit Reparationszahlungen → Frankreich sah Bruch des Versailler Vertrags → Besetzung des Ruhrgebiets durch französische und belgische Truppen
- Deutsches Reich reagierte mit Generalstreik und passivem Widerstand → scheiterte wegen rascher Inflation
- separatistische Bewegungen im Rheinland und Pfalz bedrohten Einheit Deutschlands

Umsturzversuch von links durch die KPD

- Ziel: Vorantreiben der Revolutionspläne
- Aufbau einer „Roten Armee" im Ruhrgebiet, Aufstände z. B. in Halle 1921
- Thüringen: Aufbau proletarischer Hundertschaften zum Kampf gegen die Republik → Reichsregierung verhängte Reichsexekution und ließ die Reichwehr einmarschieren

Politische Morde durch rechte Extremisten

- Ermordung des bayerischen Ministerpräsidenten Kurt Eisner 1919
- Ermordung von „Erfüllungspolitikern", deren Zusammenarbeit mit den Siegermächten Deutschland ausliefere, z. B. Matthias Erzberger 1921, Walther Rathenau 1922

Kapp-Lüttwitz-Putsch 1920

Verschwörung von rechts gegen die im Versailler Vertrag vorgeschriebene Verminderung der Reichswehr und die damit verbundene Auflösung von Freikorps → der Putschversuch scheiterte

Hitler-Putsch 1923

- Versuch der Machtübernahme in München (Bürgerbräukeller, Ausrufung der nationalen Revolution und Erklärung des Regierungswechsels)
- 9.11.1923 Marsch auf die Feldherrenhalle → Scheitern und Festnahme Hitlers

8.5 Die Phase der außen- und innenpolitischen Konsolidierung der Weimarer Republik 1924 bis 1929

Gustav Stresemann (1878–1929)
Parteivorsitzender der DVP 1918, Reichskanzler August bis Oktober 1923; danach Reichsminister des Auswärtigen bis zu seinem Tod. 1926 erhielt er zusammen mit Aristide Briand den Friedensnobelpreis für die Mitarbeit an den Verträgen von Locarno.

Die Zeit zwischen 1924 bis 1929 gilt als die Phase der **relativen Stabilisierung** der Weimarer Republik, in der sie außen- und innenpolitische Erfolge verbuchen konnte. Das Deutsche Reich konnte seine außenpolitische Isolation überwinden und wieder den Status einer europäischen Großmacht erlangen. Innenpolitisch kam es zu einem Wirtschaftsaufschwung. Bis 1928/29 erreichten Produktion und Realeinkommen wieder das Niveau von 1913. Moderne Industriezweige entstanden, die soziale Lage der Arbeiterschaft verbesserte sich und es gab Erfolge in Wissenschaft und Technik. Während dieser Jahre erlebte das Deutsche Reich auch eine kulturelle Blüte (Bauhaus, Neue Sachlichkeit, episches Theater Brechts). Im Übrigen festigte sich die Republik: Angriffe von links und rechts wurden seltener, extreme Parteien verloren bei den Reichstagswahlen deutlich an Stimmen. Die Phase der Stabilisierung, des Wirtschaftsaufschwungs und der kulturellen Modernisierung des Deutschen Reiches wird auch als die **„Goldenen Zwanziger"** bezeichnet, die mit der Weltwirtschaftskrise 1929 endete. Der Historiker Wolfram Pyta charakterisiert die Phase zwischen 1924 bis 1929 als „Weimars beste Jahre".

Außenpolitik

Entscheidenden Einfluss auf die Außenpolitik nahm **Gustav Stresemann** (DVP), der 1923 Reichskanzler, danach bis zu seinem Tod 1929 Außenminister war. Ihm gelang es, Deutschland wieder in das internationale Staatensystem zu integrieren. Dass er Außenminister in wechselnden Koalitionen war, zeigt, dass bei den Parteien in Fragen der Außenpolitik Konsens bestand. Nach dem Ruhrkampf 1923 waren sich die führenden Köpfe einig, dass eine **Revision des Versailler Vertrags** für das machtpolitisch geschwächte Deutsche Reich nur über eine **Verständigungspolitik** mit den Siegermächten möglich war. Stresemanns Außenpolitik verfolgte daher seit 1924 das Ziel, sich mit den Siegermächten auszusöhnen und wirtschaftlich zu verflechten, gepaart mit einer internationalen Sicherheits- und Friedenspolitik.

Wichtige internationale Vereinbarungen und Verträge

Der **Dawes-Plan** von 1924 kann als ein erster Schritt auf dem Weg zu einer internationalen Verständigung und Kooperation betrachtet werden. Er wurde von einer internationalen Kommission unter Vorsitz des amerikanischen Finanzexperten Charles Gates Dawes ausgearbeitet und regelte die deutschen Reparationszahlungen neu, was nach der Überwindung der Inflation in Deutschland und der Währungsreform im November 1923 möglich geworden war.

Der Dawes-Plan sah vor, dass die Höhe der Reparationszahlungen künftig an der deutschen Wirtschaftskraft ausgerichtet werden sollte. Die endgültige Gesamthöhe und die Dauer der Zahlungsverpflichtungen wurden vorläufig nicht ausgehandelt, jedoch wurde die Höhe für die kommenden Jahre festlegt, die geringer ausfiel als ursprünglich im Versailler Vertrag vorgesehen. Darüber hinaus wurde dem Deutschen Reich als wirtschaftliche Starthilfe eine Erholungspause zugestanden: Erst 1928/29 sollte es wieder einen Beitrag von rund 2,5 Mrd. Reichsmark zahlen.

Der Dawes-Plan versetzte das Deutsche Reich wieder in die Lage, seinen Reparationsverpflichtungen nachzukommen, und ermöglichte es den Siegermächten, ihre Kriegskredite an die USA zurückzuzahlen.

Weiterhin sollte die Konjunktur im Deutschen Reich durch den Zustrom ausländischen Kapitals angekurbelt werden. Insbesondere aus den USA flossen bis 1929 hohe, v.a. kurzfristige Kredite nach Deutschland. Um die Wirtschaft in Gang zu bringen, erhielt das Land eine internationale Anleihe von 800 Mio. Reichsmark, die vor allem von den USA gezeichnet wurde.

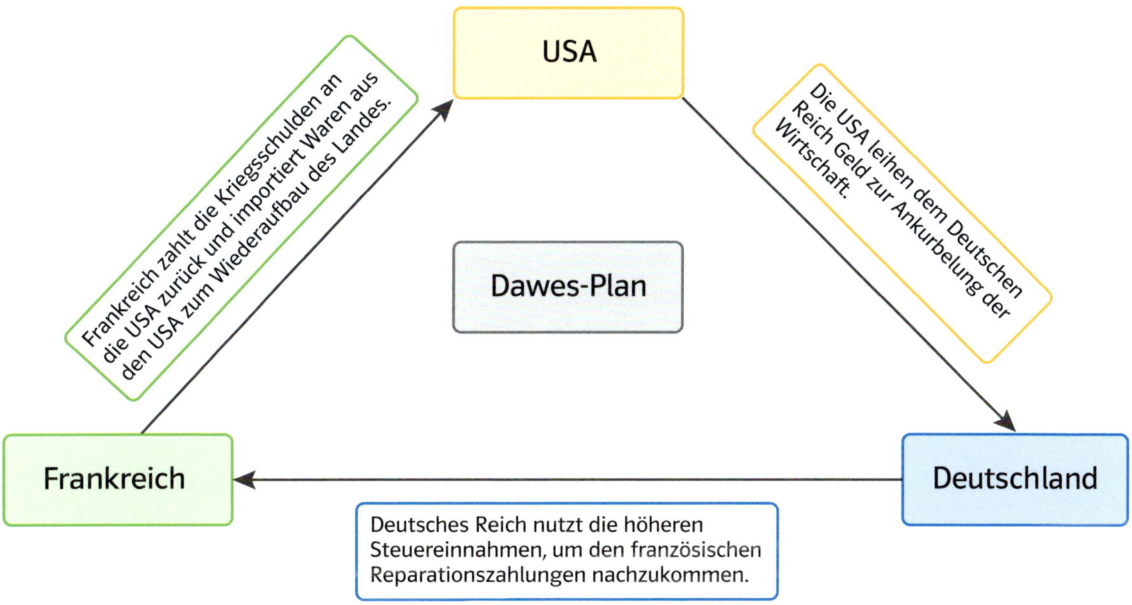

Bei der **Londoner Konferenz** (Juli bis August 1924), die auf Grundlage des Dawes-Plans über die Reparationsfrage beriet, trat Deutschland als fast gleichberechtigter Verhandlungspartner auf. Da dem neuen französischen Präsident Édouard Herriot an einer Verbesserung der deutsch-französischen Beziehungen gelegen war, stellte er auf Wunsch Stresemanns das Ende der Ruhrbesetzung in Aussicht. Deutschland unterzeichnete als Gegenleistung den Dawes-Plan, Frankreich beendete die Besetzung des Ruhrgebiets im Juli/August 1925.

In den folgenden Jahren war die **fristgerechte Räumung** (laut Versailler Vertrag nach 15 Jahren) des **Rheinlands** Stresemanns Ziel. Die Besetzung des Rheinlands hinderte Deutschland seiner Meinung nach daran, eine für eine Großmacht angemessen Außenpolitik zu führen. Die Alliierten nutzten zudem das Rheinland als Druckmittel für die Umsetzung des Versailler Vertrags. Da Stresemann bewusst war, dass Erfolge nur möglich waren, wenn das Deutsche Reich Frankreich in der Sicherheitsfrage entgegenkam, bot er an, die Zugehörigkeit Elsass-Lothringens zu Frankreich und die Westgrenze anzuerkennen. Ausgehandelt wurden diese Vereinbarungen im schweizerischen Locarno, wo sich Vertreter vor allem aus Deutschland, Frankreich, Belgien, Großbritannien und Italien im Oktober 1925 versammelt hatten. Am 16. Oktober **1925** wurden die **Locarno-Verträge** unterzeichnet. Zu den wichtigsten Vereinbarungen der Verträge gehörte neben der Garantie der Unverletzlichkeit der französischen und belgischen Grenze ein Verzicht auf die Rückgewinnung der 1919 abgetretenen Territorien. Deutschland sicherte überdies die Entmilitarisierung des Rheinlandes nach dem Abzug der alliierten Truppen zu. Eine vergleichbare Regelung bezüglich der Ostgrenze wurde nicht getroffen. Die Locarno-Verträge sahen auch vor, dass Deutschland Mitglied des **Völkerbundes** (→ S. 142) wird. Im September 1926 trat es dem Bund bei. Es bekannte sich damit zu einer Politik, die kriegerische Mittel ablehnte und den Konsens mit den Alliierten suchte.

Mit dem **Berliner Vertrag** unterzeichnete das Deutsche Reich im April 1926 ein Abkommen mit der Sowjetunion, in dem sich beide Staaten zur Neutralität verpflichteten, sollte einer der Vertragspartner von Dritten angegriffen werden.

1927 endete die alliierte Militärkontrolle über Deutschland und ein Jahr später ächtete Deutschland zusammen mit anderen Staaten im **Briand-Kellogg-Pakt** (1928) den „Krieg als Mittel der Politik".

Erst 2010 beglich Deutschland die letzten Schulden aus dem Ersten Weltkrieg. Dabei handelte es sich um Zinszahlungen in der Höhe von 200 Mrd. Euro für Staatsanleihen aus den 1920er-Jahren, die für die Reparationszahlungen benötigt worden waren.

Im Juni 1929 wurde unter Vorsitz des amerikanischen Finanzexperten Owen D. Young erneut über die deutschen Reparationsverpflichtungen beraten und nun eine endgültige Regelung getroffen. Der **Young-Plan** sah eine Reparationssumme von insgesamt 112 Milliarden Reichsmark vor, zahlbar in 59 Jahresraten, also bis ins Jahr 1988. Zudem wurde der Wegfall der ausländischen Finanzkontrollen und die Einrichtung einer Treuhandbank festgeschrieben. Damit erlangte Deutschland seine volle **finanzpolitische Souveränität** zurück.

Dass sich die Zahlungen bis ins Jahr 1988 und über mehrere Generationen erstrecken sollten, fand in Teilen der deutschen Bevölkerung allerdings keine Zustimmung. Die NSDAP und die Deutschnationalen organsierten ein Volksbegehren mit dem Titel „Gesetz gegen die Versklavung des deutschen Volkes". Es scheiterte zwar, trug aber zur Vergiftung des politischen Klimas bei.

Auf der **Haager Konferenz** im August 1929 gelang es Deutschland, die vorzeitige Räumung des Rheinlands durchzusetzen. Außerdem wurde dem Deutschen Reich eingeräumt, selbstständig die Bank für Internationalen Zahlungsausgleich anzurufen, um die Reparationsfrage neu zu verhandeln, sollte es den Zahlungsverpflichtungen nicht nachkommen können.

Bewertung der Außenpolitik Stresemanns

Die Außenpolitik unter Stresemann war **erstaunlich erfolgreich**. Stresemann gelang es, das Verhältnis zu Frankreich zu verbessern, die Besetzung des Rheinlands vorzeitig zu beenden, das Ruhrgebiet von alliierten Truppen zu befreien und die Reparationsfrage neu zu verhandeln. Deutschland wurde in den Völkerbund aufgenommen und jegliche alliierte Militärkontrolle wurde beendet. Obwohl Stresemann an seinen revisionistischen Zielen festhielt, normalisierte sich das Verhältnis zu den Siegermächten. 1926 erhielt er zusammen mit dem französischen Außenminister Aristide Briand den Friedensnobelpreis.

Für Stresemanns Außenpolitik hat sich der Begriff der geläuterten Machtpolitik bzw. einer „**Revisionspolitik mit Augenmaß**" (Wolfram Pyta) eingebürgert. Darunter ist eine Revisionspolitik zu verstehen, die auf Verständigung und nicht auf Konfrontation mit den Aliliierten setzte. Sie traf in Deutschland zudem auf breite Zustimmung, diente als **Integrationsfaktor** in der Weimarer Republik und trug bis zum Beginn der 1930er-Jahre zu ihrer Stabilisierung bei.

Der Erfolg von Stresemanns Außenpolitik widerspricht der These, dass die Weimarer Republik von Beginn an zum Scheitern verurteilt gewesen sei.

Innenpolitische Entwicklungen

Die Zeit nach dem Ersten Weltkrieg war eine Phase des schnellen Wandels. Zu Veränderungen kam es in politischer und wirtschaftlicher, aber auch in kultureller und gesellschaftlicher Hinsicht. Einige dieser Entwicklungen insbesondere zwischen 1924 und 1929, den sogenannten Goldenen Zwanzigern, waren für die junge Republik stabilisierend, andere eher destabilisierend.

Politik

Die Erfolge der Außenpolitik Gustav Stresemanns wirkten auch innenpolitisch stabilisierend und schwächten den **politischen Radikalismus**. Linke wie rechte radikale Flügelparteien waren politisch isoliert, und der gemäßigten Rechten gelang es, sich mit dem politischen System zu arrangieren. Trotz häufiger Regierungswechsel gerade in den Jahren 1924 bis 1929 gelang das Zusammenwirken der beiden liberalen Parteien (DDP, DVP) und des Zentrums, die – trotz unüberwindbarer weltanschaulicher Gegensätze – entweder mit der DNVP oder der der SPD zusammenarbeiteten.

Allerdings verfügten nur zwei der sechs Koalitionsregierungen zwischen 1923 und 1929 über eine Mehrheit, die übrigen waren Minderheitsregierungen. Zudem gelang es nicht, ein stabiles parlamentarisches Regierungssystem zu erschaffen.

Ansätze einer wirklichen Parlamentarisierung des Systems stießen an ihre Grenzen, beispielsweise aufgrund der mangelnden Bereitschaft der Parteien, Regierungsverantwortung zu übernehmen oder die Arbeit der Regierung im Parlament zu unterstützen. Dadurch war eine Zusammenarbeit zwischen Regierung und den Fraktionen der Regierungsparteien nicht möglich. Destabilisierend wirkte auch die Tatsache, dass das Militär, die Justiz, das Beamten- und Unternehmertum sowie Großagrarier nach wie vor antidemokratische Einstellungen vertraten.

Als Reichspräsident Friedrich Ebert (SPD) 1925 starb, verlor die Republik einen stabilisierenden Faktor. Zwar war sein Nachfolger, Feldmarschall **Paul von Hindenburg**, eine nationale Vaterfigur und Kaiserersatz, jedoch kein Unterstützer der Demokratie.

Wirtschaft und Sozialpolitik

Mit dem Dawes-Plan, der Währungsreform (Einführung der Rentenmark 1923 und ab 1924 der Reichsmark) und ausländischen Krediten gelang die **Stabilisierung** von **Währung** und **Wirtschaft**. Auch wenn die Investitionen im Vergleich zu anderen europäischen Großmächten niedrig, die Arbeitslosenzahlen hoch und der wirtschaftliche Aufschwung geringer waren, kam es in den 1920er-Jahren zur **Beschleunigung des wirtschaftlichen Wachstums** im Deutschen Reich. In den Jahren 1927 bis 1929 erreichte das Volkseinkommen wieder das Vorkriegsniveau. Dabei zeigte sich allerdings eine Verschiebung zwischen den Sektoren, denn der Wandel von einem Agrar- zu einem Industriestaat schritt voran, das Gewicht verschob sich zum Industrie- und Dienstleistungssektor. Einen bedeutenden Anteil an der Wertschöpfung kam der Chemie, Elektrotechnik und Teilen des Maschinenbaus zu, an Bedeutung verloren die Montan- und Schwerindustrie. Trotz der Verschiebung zwischen den Sektoren zulasten der Landwirtschaft war diese aufgrund ihrer Präsenz in den politischen wie administrativen Eliten mächtig.

In den 1920er-Jahren begann der Staat stärker in den Wirtschaftsprozess einzugreifen als noch im Kaiserreich. Bereits 1918 gelang mit dem **Stinnes-Legien-Abkommen** eine Annäherung zwischen Unternehmen und der Arbeiterschaft. Die Unternehmer, vertreten durch den Großindustriellen Hugo Stinnes, erkannten die Gewerkschaften als Vertreter der Arbeiterschaft und gleichberechtigte Tarifpartner an. Sie verständigten sich darüber, die Arbeitsbedingungen ohne Einmischung des Staates selbst zu regeln („**Geburtsstunde der Tarifautonomie**"). Das Abkommen sah ferner die Bildung von Arbeiterausschüssen in größeren Betrieben (ab 50 Beschäftigten) vor sowie die Einführung des **Achtstundentags**.

1923 wurde ein **Mieterschutzgesetz** eingeführt, um Mieter vor einer ungerechtfertigten Kündigung zu schützen. Das Gesetz ist vor dem Hintergrund der Wohnungsnot nach dem Krieg zu verstehen, die durch heimkehrende Soldaten, Flüchtlingsströme, aber auch Baustoff- und Kapitalmangel verstärkt wurde. Allerdings erhöhte sich zwischen 1925 und 1929 die Zahl der jährlich fertiggestellten Wohnungen, wovon jede zweite mit staatlichen Mitteln finanziert oder vom Staat gebaut wurde, um rund das Dreifache.

Mit der Einführung der **Arbeitslosenversicherung** erfolgte unter der Regierung von Wilhelm Marx 1927 ein weiterer Schritt zum Ausbau des Sozialstaates. Mit dem Gesetz über Arbeitsvermittlung und Arbeitslosenversicherung (16. Juli 1927) wurde das Risiko der Arbeitslosigkeit von der Solidargemeinschaft und dem Staat gemeinsam getragen, die jeweils drei Prozent des Lohns einzahlten. Da bei der Berechnung das Jahr 1927 als Grundlage genommen wurde, in der die Arbeitslosenzahlen auf einem Tiefstand waren, war die Finanzierung von Beginn an nicht sicher gewährleistet. An der Frage der Finanzierung der Arbeitslosenversicherung zerbrach im März 1930 die Weimarer Koalition und damit die letzte parlamentarisch ausgerichtete Regierung.

1927 erfolgte auch die **Einrichtung von Arbeitsämtern**, und ein **Arbeits- und Kündigungsschutz** für werdende bzw. stillende Mütter wurde verabschiedet.

In den 1920er-Jahren wirkte das Wirtschaftswachstum stabilisierend. Die staatliche Sozialpolitik sorgte für eine Integration der Lohnarbeiter in die Gesellschaft. Sie führte allerdings auch zu einer Entfremdung des Mittelstandes (Handwerker, Angestellte) vom Staat, für den die Maßnahmen zu arbeiterfreundlich waren. Verstärkt wurde diese Entfremdung durch die Angst des Mittelstandes vor gesellschaftlichem Abstieg. Er fühlte sich vom aufstrebenden Bürgertum, vom Großkapital und der Arbeiterschaft gleichermaßen bedroht.

Gesellschaft

Durch die Industrialisierung war die Voraussetzung für die **Massenproduktion** und den **Massenkonsum** geschaffen. Hatte dies auf der einen Seite eine stabilisierende Wirkung, da große Teile der Bevölkerung an den Vorzügen der Massenproduktion und des Massenkonsums nach amerikanischem Muster teilhaben konnten (Kunst, Kultur, Kino, Autos, moderne Haushaltsgeräte), blieben viele Angebote für zahlreiche Menschen unerreichbar. Hier zeigten sich Unterschiede zwischen dem modernen Leben in einer Großstadt und dem Alltagsleben in kleineren Städten, auf dem Land und in bestimmten Gesellschaftsschichten, die konservativ und teilweise rückwärtsgewandt geprägt waren.

Hierzu gehörten der alte Mittelstand der Handwerker und Kleinhändler, Angehörige der ländlichen Bevölkerung, Akademiker und Studenten, deren Vorstellungswelt nach wie vor von traditionellen Vereinen geprägt wurde. Dies wirkte destabilisierend, führte es doch zur Abwehr der modernen Lebensweisen und zur Hinwendung zu Nationalismus, Antisemitismus und Antiamerikanismus.

Die Kriegsniederlage ab 1918/19 gab dem **Antisemitismus** Auftrieb. „Völkisch" ausgerichtete Deutsche sahen ein international ausgerichtetes Judentum hinter Bolschewismus und westlichem Kapitalismus am Werk. Offene Gewalt war dennoch die Ausnahme. Ulrich Herbert charakterisiert den Antisemitismus der 1920er-Jahre als eher passiv. Das heißt, auch wenn die Juden für „undeutsche Kriegsgewinnler" gehalten wurden, wurde keine aggressive „Radaulösung der Judenfrage" angestrebt, sondern eine breite Mehrheit des Volkes setzte auf „legale", also staatliche, antijüdische Maßnahmen (z. B. Ausweisungen). Selbst die NSDAP rückte ihren offenkundigen, radikalen Antisemitismus nicht in das Zentrum ihrer Wahlpropaganda. Weimar war ein Rechtsstaat, der jüdischen Deutschen auch bei Übergriffen einen gewissen Rückhalt bot. Dies führte dazu, dass viele Deutsche jüdischen Glaubens den Antisemitismus als Relikt vergangener Zeiten unterschätzten. Die spektakulären Wahlerfolge der NSDAP in den frühen 30er-Jahren offenbarten dann allerdings, wie verbreitet der Antisemitismus schon lange vorher war, auch im Bürgertum.

Charakteristisch für die 1920er-Jahre war zudem, dass mit alten Ordnungsmustern und Traditionen, Lebensformen und Wertvorstellungen gebrochen wurde. So änderte sich das Rollenverständnis der **Frauen**, die laut Reichsverfassung **gleichberechtigt** und **wahlberechtigt** waren. Sie **emanzipierten** sich in den 20er-Jahren, nahmen immer häufiger am politischen und gesellschaftlichen Leben teil und waren immer öfter berufstätig, z. B. als Sekretärinnen oder Telefonistinnen. Diese „**Neuen Frauen**" definierten sich nicht mehr allein über ihre Mutterrolle, sondern drangen in einstige Männerdomänen vor. Das neue Selbstverständnis der Frauen drückte sich Mitte der 1920-Jahre auch in der Mode aus: Die moderne Frau trug Bubikopf; knielange, gerade geschnittene Flapper-Kleider lösten das einengende Korsett ab. Allerdings profitierten längst nicht alle Frauen von diesen Fortschritten. In erster Linie hatten Frauen daran teil, die in Großstädten, zumal in Berlin, lebten. In ländlichen Regionen galt noch überwiegend das tradierte Rollenbild.

Kunst und Kultur

Während der 1920er-Jahre änderte sich auch das **Freizeitverhalten** der Menschen. Man sah sich Revuen an, ging ins Kabarett, traf sich in Cafés, Restaurants oder Tanzlokalen oder bei Sportveranstaltungen. Vor allem **Sportveranstaltungen** begeisterten die Massen. Autorennen, Fußball und Boxen erreichten eine enorme Popularität. Sehr beliebt waren auch Radrennen. Die berühmten Sechstage-Rennen im Berliner Sportpalast verzeichneten Besucherrekorde.

Das wichtigste Unterhaltungsmedium der Zeit war der **Film**. Mitte der 1920er-Jahre besuchten fast zwei Millionen Menschen täglich ein Kino. Die Zahl der Kinos verdoppelte sich zwischen 1920 und 1930, und die UFA (Universum Film AG) entwickelte sich neben Hollywood zur zweitgrößten Filmindustrie der Welt.

Daneben gewann die **Presse** an Einfluss und wurde zu einem **Massenmedium**. 1928 gab es über 3000 verschiedene **Tageszeitungen**, in denen auch renommierte und politisch engagierte Autoren wie Egon Erwin Kisch, Erich Kästner, Kurt Tucholsky und Carl von Ossietzky schrieben. Tucholsky und Ossietzky übernahmen Mitte der 1920er-Jahre obendrein die Leitung der „**Weltbühne**", einer Wochenzeitschrift der bürgerlichen Linken.

In den **bildenden Künsten** und der **Literatur** dominierte Mitte der 1920er-Jahre die **Neue Sachlichkeit**, eine Stilrichtung, die dem Expressionismus entgegengehalten war. Künstler wie George Grosz, Otto Dix oder Christian Schad warfen mit ihren Bildern einen unsentimentalen, oft sozialkritischen Blick auf die Welt und stellten die Realität nüchtern und illusionslos dar. Der sachliche Stil prägte auch das Design und die Architektur. Die **Bauhausarchitektur** betonte die Funktionalität eines Gebäudes und beschränkte sich auf eine einfache, klare Formensprache. Ein berühmtes Beispiel ist die Stuttgarter Weißenhofsiedlung, die Ludwig Mies van der Rohe entworfen hat.

Ähnlich wie die Maler stellten auch die **Literaten** der Neuen Sachlichkeit die Wirklichkeit kritisch und mit nüchterner Distanz dar. Bedeutend sind Alfred Döblins Großstadtroman „Berlin Alexanderplatz" und der Antikriegsroman „Im Westen nichts Neues" von Erich Maria Remarque, die beide 1929 erschienen. Auch Thomas Manns Roman „Der Zauberberg" (1924) kann der Neuen Sachlichkeit zugerechnet werden. Als einer der wichtigsten Vertreter der Neuen Sachlichkeit gilt Bertolt Brecht, der mit seinem **Epischen Theater**, z. B. mit der „Dreigroschenoper", die 1928 in Berlin uraufgeführt wurde, die dramatischen Ausdrucksformen radikal reformierte. **Thomas Mann** erhielt 1929 den **Nobelpreis** für Literatur für seinen Roman „Die Buddenbrooks".

Auch **deutsche Wissenschaftler** fanden internationale Anerkennung. Jeder dritte naturwissenschaftliche Nobelpreis zwischen 1918 und 1933 ging an deutsche Forscher, z. B. Max Planck (1918), Albert Einstein (1921), Gustav Hertz (1925) und Werner Heisenberg (1932).

Geschichte kontrovers

Die „Goldenen Zwanziger" – ein Mythos?

Tatsächlich erlebte die Weimarer Republik in den Jahren zwischen 1924 bis 1929, den sogenannten ruhigen Jahren, eine Phase der Liberalisierung und des kulturellen Aufbruchs. Allerdings hatten vor allem Großstädte, zumal Berlin, weniger die ländlichen Regionen daran teil. Und selbst in Berlin war nicht alles „golden". Zwar sorgten verkürzte Arbeitszeiten dafür, dass auch Arbeiter an dem großen Freizeit- und Unterhaltungsangebot teilnehmen konnten, auf der anderen Seite grassierten jedoch Wohnungsnot, Massenarmut und Notprostitution.

Ohnehin war der wirtschaftliche Aufschwung dieser Jahre eine Scheinblüte. Die „Goldenen Zwanziger" gelten als Phase einer nur relativen wirtschaftlichen Stabilisierung, in der die Arbeitslosenzahlen hoch waren und ein Außenhandelsdefizit bestand, das nur durch amerikanische Kredite ausgeglichen werden konnte.

So beschwört die Rede von den „Goldenen Zwanzigern" tatsächlich einen Mythos, der über die Schattenseiten dieser Zeit hinwegtäuscht.

8.6 Die Weltwirtschaftskrise 1929

Die Weltwirtschaftskrise beendete die „Goldenen Zwanziger" und leitete das Ende der Weimarer Republik ein. Sie entwickelte sich im Deutschen Reich zu einer Staatskrise und stärkte die äußerste Linke und Rechte. Bei den Reichstagswahlen konnte die NSDAP seit 1930 hohe Stimmenzuwächse verbuchen.

Ursachen und Verlauf der Weltwirtschaftskrise

Die Wirtschaftskrise in den USA

Die Boomphase der Wirtschaft (Roaring Twenties) führte in den USA zu Preisstabilität, Vollbeschäftigung, Massenkonsum (Waschmaschinen, Radios, Automobile wie das Ford Model T), Fordismus (Fließbandfertigung und Taktung) und zu einem enormen Optimismus. Breite Bevölkerungskreise beteiligen sich, teils durch Verschuldung, an der Aktienspekulation (Verdreifachung der Aktienwerte seit 1925).

Am 24. Oktober 1929 (*Black Thursday*) und am 29. Oktober (*Black Tuesday*) kam es in den USA zu einem **Rückgang der Börsenwerte** um ein Drittel. Die Banken reagierten mit der Rückforderung kurzfristiger Kredite in Höhe von 12 Mrd. Dollar, u.a. auch im Ausland. Damit wurde die Krise aus den USA in andere Länder exportiert, erreichte am 25. Oktober Europa (*Black Friday*) und löste so eine Weltwirtschaftskrise aus.

Die **Ursachen** für das panische Verkaufsverhalten und die folgende Depression sind vielfältig und bis heute in ihrer Gesamtheit unklar. Zu ihnen gehörten:

- Die US-Ökonomie befand sich 1929 bereits in einer Absatzkrise. Jahrelange Überinvestitionen in die Industrie hatten zu einem Überangebot an Waren (zyklische Überproduktionskrise) geführt, mit dem die Nachfrage nicht Schritt halten konnte. Hinzu kam, dass der internationale Warenaustausch durch Zölle behindert wurde.
- Durch die Reparationsverpflichtungen Deutschlands nach dem Ersten Weltkrieg und die Rückzahlungen der Verbündeten flossen Geldströme in die USA, hinter denen keine Waren oder Dienstleistungen standen. Die Konsequenz war, dass es ein Zinsgefälle zwischen den Zahler- und Gläubigerländern gab. Da die Zinserträge in Deutschland höher waren als in den USA, wurde amerikanisches Kapital in Deutschland angelegt.
- In Zeiten des Aufschwungs legten viele Amerikaner ihr Geld in Aktien an und trieben dadurch die Kurse in die Höhe. Zur Finanzierung nahmen sie in der Annahme, diese schnell wieder zurückzahlen zu können, zinsgünstige Kredite auf. Dies war so lange möglich, bis im Herbst 1929 die Kurse leicht zurückgingen. Als die Banken ihr Geld zurückforderten, mussten die Anleger ihre Aktien, egal zu welchem Kurs, abstoßen.

Folgen für das Deutsche Reich

- Der größte Teil der US-Kredite war nach Deutschland geflossen und dort langfristig angelegt worden. Als diese abgezogen wurden, begann ein Teufelskreis, der viele Existenzen bedrohte: Rückgang des Konsums → Anstieg der Arbeitslosigkeit → Mindereinnahmen an Steuern für den Staat → Massenentlassungen und Kurzarbeit.
- Gleichzeitig kam es 1931 zu einer **Bankenkrise**: Da sich Gläubiger aus dem Ausland, z. B. aus den USA, zurückzogen, sank auch das Vertrauen der deutschen Sparer, die ebenfalls ihr Geld zurückforderten und ihre Einlagen bei den Banken abhoben (*Bank run* = Bankansturm). Daraufhin mussten Banken schließen und der Staat einspringen (z. B. Zusammenbruch der „Darmstädter und Nationalbank", des zweitgrößten deutschen Geldinstituts.)
- In den USA betrieb Präsident **Franklin D. Roosevelt** im März 1933 mit dem „**New Deal**" eine Konjunkturpolitik in Form von Eingriffen in das Wirtschafts- und Sozialsystem zur Eindämmung der Massenarbeitslosigkeit. **Reichskanzler Brüning** setzte dagegen auf **Sparmaßnahmen**, um die Reichsfinanzen zu sanieren: Steuern wurden erhöht bzw. neue eingeführt, die Gehälter im öffentlichen Dienst gesenkt. Gleichzeitig wurden Kredite der Reichsbank teurer und das Bargeld, das sich im Umlauf befand, um rund 30 % verringert. Die Folge war eine **Deflation** (Verfall der Preise): Konsumenten schoben, unter der Annahme, dass die Preise weiter sinken, Kaufentscheidungen auf. Die Nachfrage sank weiter. Nach den USA war das Deutsche Reich am stärksten von der Krise betroffen. Das Bruttosozialprodukt zwischen 1929 und 1932 nahm um ca. 33 % ab. Die Durchschnittslöhne sanken von 1928 bis 1932 um ein Drittel.

New Deal
Bezeichnung für eine Reihe von Wirtschafts- und Sozialreformen, die Präsident Roosevelt 1933 bis 1938 durchführte. Dazu gehörten z. B. die Abwertung des Dollars, die Steigerung der Staatsausgaben zur Finanzierung öffentlicher Projekte (Aufträge für die Industrie und dadurch mehr Beschäftigung) und die Anpassung der Arbeitslosen- und Sozialversicherung.

- Anfang 1933 stieg die Zahl der **Arbeitslosen** in Deutschland auf 6 Mio. Es gab 3 Mio. Kurzarbeiter bei insgesamt 13 Mio. Erwerbstätigen. Die tatsächliche Zahl lag wohl noch höher. Schätzungen gehen davon aus, dass es in jeder Familie einen Arbeitslosen gab. Nur ca. 18 % der Arbeitslosen hatten Anspruch auf Unterstützung, die aber kaum für Unterkunft, Heizung und Essen reichte. Ähnlich dramatisch war die Jugendarbeitslosigkeit, die bei jungen Menschen ein Gefühl der Perspektivlosigkeit erzeugte. Die psychologischen Folgen der Krise waren verheerend, zumal die Hyperinflation gerade sechs Jahre zurücklag. Viele Menschen verloren das Vertrauen in die Problemlösefähigkeiten der Politiker der Weimarer Republik. Die Weltwirtschaftskrise wurde vielfach als Scheitern von Parlamentarismus, Kapitalismus und Demokratie interpretiert. 1932 hatte Deutschland mit deutlichem Abstand die höchste globale Suizidquote. Fast 17 000 Menschen nahmen sich das Leben.
- Bei den Wahlen vom 14. September 1930, die auch „**Erbitterungswahlen**" genannt werden, da sie die Unzufriedenheit der Bürger zum Ausdruck brachten, wurde die NSDAP nach der SPD zweitstärkste Partei mit einer Steigerung von 2,6 % auf 18,3 %. Bei den Wahlen im Juli 1932 erhielt sie 37,3 %, die KPD kam auf 14,5 %, womit die extremen Ränder über 50 % der Stimmen erlangten. Die Mehrheit der Bevölkerung stimmte gegen die Demokratie.

8.7 Die Präsidialkabinette 1930 bis 1933

Entstehung der Präsidialkabinette

Die Regierung der Großen Koalition aus SPD, DDP, Zentrum, BVP und DVP, die seit 1928 bestand, zerbrach 1930 am Streit über die **Finanzierung der Arbeitslosenversicherung**. Während die SPD als Arbeitnehmerpartei sich gegen eine Kürzung des ohnehin schon geringen Arbeitslosengeldes aussprach, lehnte die unternehmernahe DVP eine Erhöhung der Kosten und damit eine Belastung der Arbeitgeber ab. Da sich SPD und DVP nicht einigen konnten, trat das Kabinett unter Reichskanzler Hermann Müller (SPD) und damit auch das 15. und letzte Kabinett, dass im Parlament eine Mehrheit hatte, am 27. März 1930 zurück. Am 30. März 1930 ernannte Reichspräsident Paul von Hindenburg Heinrich Brüning, der der Zentrumspartei angehörte, zum Reichskanzler. Seine und die folgenden Regierungen waren „**Präsidialkabinette**", die sich auf die Vollmachten des Reichspräsidenten stützten. Die Präsidialkabinette von **Heinrich Brüning** (30.3.1930 bis 30.5.1932), **Franz von Papen** (1.6. bis 3.12.1932) und **Kurt von Schleicher** (3.12.1932 bis 28.1.1933) regierten mithilfe des **Artikels 48 ohne Mehrheit im Reichstag** (→ S. 161).

Präsidialregierungen
Bezeichnung für die Regierungen der Weimarer Republick 1930 bis 1933, die sich auf den Reichspräsidenten, nicht jedoch auf das Parlament stützten

Das Kabinett von Papen – Kabinett der Barone

Unter Reichskanzler Franz von Papen wurde 1932 ein von General von Schleicher ausgewähltes „Kabinett der Barone" gebildet, das sich auf **präsidiale Notverordnungen** und die **Macht der Reichswehr** stützen sollte. Da von Papen ohne Hausmacht im Parlament war, versuchte er das Wohlwollen der NSDAP zu erkaufen, indem er das Verbot der SA (→ S. 164) aus dem Mai 1932 aufhob und Neuwahlen versprach. Papens Regierung verfolgte das Ziel eines „**Neuen Staates**", eines **autoritären Präsidialregimes mit schwacher Volksvertretung**. Langfristig sollte die Monarchie der Hohenzollern wieder etabliert werden. Im Juli 1932 wurde die Reichsexekution per Notverordnung gegen Preußen, das „Bollwerk der Demokratie", durchgeführt und die dortige legitime sozialdemokratische Regierung aufgelöst („**Preußenschlag**"). Preußen verlor seine politische Eigenständigkeit, die preußische Staatsgewalt ging auf die Reichsregierung von Papens über. Historiker deuten dies als wichtigen Schritt hin zur NS-Diktatur, da der größte deutsche Staat gegenüber der Reichspolitik keinen Widerstand mehr leisten konnte, die föderale Struktur des Deutschen Reiches beeinträchtigt und ein großer Schritt hin zum Zentralismus getan war. Die SPD verlor ihre tragende Rolle in der Innenpolitik.

Reichsexekution
Bei einer Gefährdung der staatlichen Einheit konnte der Bund per Notverordnung gegen einzelne Länder vorgehen und die Interessen des Bundes durchsetzen.

Viele Industrielle fürchteten 1932 einen Umsturz von links und gewährten der NSDAP finanzielle Hilfen. In der „**Industrielleneingabe**" forderten sie im November 1932 Reichspräsident Hindenburg dazu auf, Hitler sofort zum Reichskanzler zu ernennen, da dieser dem „Parteiregime" und den ständigen Neuwahlen ein Ende bereiten würde. Schleicher drängte Hindenburg mit dem Hinweis auf einen bevorstehenden Umsturz dazu, von Papen zu entlassen. Nachdem Kurt von Schleicher zum neuen Chef der Regierung ernannt worden war, suchte Papen sofort den Kontakt zu Hitler, um sich mit einer Verschwörung für diese Demütigung zu rächen.

Bedeutung der Präsidialkabinette

Die Präsidialkabinette regierten auf Grundlage von Artikel 48 und erließen Notverordnungen im Range von Gesetzen mit der Begründung, die „öffentliche Sicherheit und Ordnung" sei gefährdet. Da der Reichstag diese wieder aufheben konnte, wurde Artikel 48 mit Artikel 25 (Reichstagsauflösung) kombiniert (→ S. 137).

Die intensive Anwendung und weite Auslegung von **Artikel 48** in Kombination mit den Artikeln 25 und 53 (Ernennung und Entlassung des Reichskanzlers und der Reichsminister) führte zu einer deutlichen Verschiebung der Machtverhältnisse zwischen den Gewalten hin zum Reichspräsidenten. So nahmen im Zeitraum zwischen 1930 und 1932 die vom Reichstag beschlossenen Gesetze um rund 95 % und die Sitzungstage des Reichstags um rund 86 % ab. Die Zahl der präsidialen Notverordnungen verzwölffachte sich hingegen. Regiert wurde ohne oder gar gegen den Reichstag. Die SPD tolerierte dieses Vorgehen zunächst, da sie hoffte, dass die NSDAP so nicht an die Macht gelangen könnte.

Geschichte kontrovers

Die Weimarer Republik – eine schwache Republik, die zum Scheitern verurteilt war?

Die Weimarer Republik wird gerne als „improvisierte" Republik bezeichnet, die nicht durch eine republikanische, in der Bevölkerung verwurzelte Bewegung erkämpft, sondern am Ende des Ersten Weltkrieges aus der Not heraus erschaffen wurde. Verpasste Chancen und der fehlende Rückhalt schwächten sie. Die Weimarer Republik wird so von ihrem Ende her und als Vorgeschichte der NS-Diktatur betrachtet.

Die neuere Forschung distanziert sich von der Vorstellung ihres unvermeidbaren Scheiterns und betrachtet sie nicht mehr von ihrem Ende her, sondern eingebettet in den europäischen Kontext. Die 1933 errichtete deutsche Diktatur war bereits die zehnte in Europa. 1939 waren lediglich elf der 28 Staaten parlamentarische Verfassungsstaaten. Dies zeigt die Instabilität der politischen Systeme nach 1918.

Die Weimarer Republik, wie auch die anderen europäischen Staaten der Zwischenkriegszeit, hatte mit einer Phase des Wandels von einer agrarisch zu einer industriekapitalistisch geprägten Gesellschaft zu kämpfen. Sie muss vor dem Hintergrund der „Großen Depression" (1873 bis 1895), der Kriegswirtschaft und deren Folgen sowie der Weltwirtschaftskrise (1929 bis 1933) betrachtet werden. Von einer europäischen Perspektive aus war das Scheitern der Weimarer Republik nicht unplausibel, der Erfolg des NS-Regimes jedoch nicht zwangsläufig unvermeidbar.

CHRONOLOGIE

Die Weimarer Republik 1919 bis 1933

29.10.1918	**Meuterei der Matrosen** der Hochseeflotte in Kiel
09.11.1918	**Abdankung des Kaisers** und doppelte Republikausrufung (Scheidemann und Liebknecht)
10.11.1918	Bildung des „**Rats der Volksbeauftragen**" als provisorische Regierung (Mitglieder der MSPD und der USPD)
Januar 1919	Spartakusaufstand in Berlin; Ermordung Rosa Luxemburgs und Karl Liebknechts
19.01.1919	**Wahl zur Nationalversammlung**
11.02.1919	Friedrich Ebert (SPD) wird erster Reichspräsident
28.06.1919	Unterzeichnung des **Versailler Vertrags**
31.07.1919	Verabschiedung der **Weimarer Reichsverfassung**
1920	**Kapp-Lüttwitz-Putsch** gegen die Regierung scheitert; kommunistische Aufstände in Thüringen, Sachsen und im Ruhrgebiet.
1922	**Vertrag von Rapallo** (Deutsches Reich und Russland)
11.01.1923	Belgische und französische Truppen besetzen das **Ruhrgebiet**.
13.01.1923	Aufruf zum **passiven Widerstand** durch Reichskanzler Cuno
09.11.1923	**Hitler-Putsch**, Hitler ruft die „Nationale Revolution" aus.
15.11.1923	**Einführung der Rentenmark** → Ende der Inflation
1924	Annahme des **Dawes-Plan**, Regelung der Reparationen
1925	Abzug der Alliierten aus dem Ruhrgebiet, Verträge von Locarno
26.04.1925	**Paul von Hindenburg** wird Reichspräsident.
1926	Aufnahme des Deutschen Reiches in den **Völkerbund**
1929	Beginn der **Weltwirtschaftskrise**
1930	Bruch der Großen Koalition
30.03.1930	erstes Präsidialkabinett unter Reichskanzler **Heinrich Brüning** (Zentrum)
14.09.1930	Die NSDAP wird bei den Reichstagswahlen **zweitstärkste Partei**.
09.10.1930	erneutes Präsidialkabinett unter Brüning
1932	**Wiederwahl Paul von Hindenburgs** zum Reichspräsidenten, Konkurrenten: Hitler (NSDSP) und Thälmann (KPD)
01.06.1932	Präsidialkabinett unter **Franz von Papen** nach der Entlassung Brünings am 30.5.
20.07.1932	„**Preußenschlag**": Absetzung der preußischen Regierung und Übertragung der preußischen Staatsmacht auf die Reichsregierung
31.07.1932	NSDAP wird mit 37% stärkste Partei bei den Reichstagswahlen.
02.12.1932	Präsidialkabinett unter **Kurt von Schleicher**
04.01.1933	Geheimtreffen zwischen Hitler und Papen, Verhandlungen über eine Regierungskoalition mit der NSDAP

9 Nationalsozialismus und Zweiter Weltkrieg 1933 bis 1945

Mit der Nationalsozialistischen Deutschen Arbeiterpartei (NSDAP) kam am 30. Januar 1933 eine Partei an die Macht, die sich hinsichtlich ihrer Radikalität und ihres Fanatismus von den anderen Gruppen des rechten Lagers deutlich unterschied. Sie betrachtete die bürgerlich-liberale Gesellschaft als gescheitert. Es gelang ihr innerhalb kürzester Zeit, die demokratischen Institutionen der Weimarer Republik auszuhöhlen oder zu zerstören.

Das Parteiprogramm der NSDAP hatte im Wesentlichen Adolf Hitler konzipiert, ein erklärter Antidemokrat, der zum unumstrittenen „Führer" der Partei wurde. Er errichtete einen Einparteienstaat, in dem die Gewaltenteilung aufgehoben und seinem „Führerwillen" unbedingt Folge zu leisten war.

Zu den Leitideen des Nationalsozialismus bzw. Hitlers gehörte die „Volksgemeinschaft", eine Gesellschaft, die auf sozialer Gleichheit beruhen sollte, allerdings rassistisch begründet wurde. Nur „Volksgenossen" sollten ihr angehören. Sogenannte „Gemeinschaftsfremde", vor allem jüdische Bürger, aber auch Sinti und Roma, behinderte oder homosexuelle Menschen wurden ausgegrenzt und gedemütigt, bald auch verfolgt und ermordet.

Außenpolitisch stellte das NS-Regime unter geschickter Verschleierung seiner wahren Ziele schon früh durch massive Aufrüstung die Weichen für einen Revanchekrieg gegen Frankreich. Die erstaunlichen Erfolge dieser Revisionspolitik, z. B. die Wiederangliederung des Saarlands, trugen im Innern des Landes zur Legitimation des NS-Regimes bei.

Schon in den Vorkriegsjahren zählte Gewalt zu den Wesensmerkmalen der NS-Herrschaft. Im Zweiten Weltkrieg, den das Deutsche Reich mit seinem Überfall auf Polen 1939 entfesselte, fielen dann alle Hemmungen. Der millionenfache Mord an Menschen jüdischen Glaubens und anderen Minderheiten, das massive Unrecht, das an der Bevölkerung der eroberten Gebiete begangen wurde, sprengte alle bis dahin gekannten Dimensionen.

Während des Krieges, so wird geschätzt, kamen insgesamt 55 Mio. Menschen ums Leben, am Ende lagen weite Teile Europas in Trümmern.

9.1 Errichtung und Ausbau der NS-Diktatur

Als Reichspräsident Paul von Hindenburg Adolf Hitler am 30. Januar 1933 zum Reichskanzler ernannte, hatte die **Weimarer Republik** nach der Weltwirtschaftskrise 1929 eine fast **vierjährige Krisenphase** durchlaufen. Die Verschlechterung der Wirtschaftslage bescherte der NSDAP einen Stimmenzuwachs, die mit ihren Propagandamöglichkeiten die Krise wirksam für sich zu nutzen wusste. Durch den Anstieg der Arbeitslosigkeit konnte sie die Arbeiterschaft für sich gewinnen. Der allgemeine Umsatzrückgang und die Kürzung von Beamtengehältern im Dezember 1930 durch die Regierung unter Brüning brachten der NSDAP Sympathien von Unternehmern und Beamten.

Bei den Reichstagswahlen 1930, 1932 und 1933 konnte die NSDAP wie keine andere Partei Neuwähler mobilisieren, die in erster Linie aus den Reihen der konservativen DNVP und der Nichtwähler kamen. Der Parteienforscher Jürgen Falter bezeichnet die NSDAP daher als „**Volkspartei des Protests** [...] mit Mittelstandsbauch".

Hitlers Weg an die Macht

Als die Arbeitslosenzahl 1932 bei über sechs Millionen lag, versuchte Hitler, an die Macht zu gelangen. Er ließ sich bei der **Wahl zum Reichspräsidenten** als Kandidat aufstellen. Er verlor jedoch gegen Hindenburg im zweiten Wahlgang. Hindenburg bot Hitler im April 1932 das Amt des Vizekanzlers unter Reichskanzler von Papen an. Hitler lehnte mit der Begründung ab, dass es für ihn keine „Zwischenlösungen" gebe.

Bei den Reichstagswahlen im Juli ging die NSDAP mit 37,3 % als stärkste Partei hervor. Hitler forderte die Kanzlerschaft, die Hindenburg dem „böhmischen Gefreiten", wie er Hitler abschätzig nannte, aber versagte.

Trotz des Wahlerfolgs befand sich die NSDAP Ende 1932 in einer kritischen Lage. Die Parteikasse war leer, obendrein drohte die Partei an Attraktivität zu verlieren: Die Bevölkerung missbilligte u. a. das Auftreten der nationalsozialistischen „Sturmabteilung" (SA). Sie war eine paramilitärische Kampforganisation, die vor der Machtübernahme mit Aufmärschen und brutalen Gewaltakten auf sich aufmerksam machte, um eine Gemeinschaft innerhalb der Nationalsozialisten zu stiften. Nach der Machtübernahme stabilisierte sie das NS-Regime und verfolgte als Teil der regulären Polizei politische Gegner und Juden.

Auch zeichneten sich ein wirtschaftlicher Aufschwung und die Lösung der Reparationsfrage zugunsten des Deutschen Reiches ab.

In dieser Situation konnte der ehemalige Reichskanzler von Papen, der glaubte, Hitler für seine Pläne ausnutzen zu können, Hindenburg davon überzeugen, seine Vorbehalte gegen Hitler aufzugeben und ihn zum Reichskanzler zu ernennen.

Von Papen schlug ein „**Kabinett der nationalen Konzentration**" vor, das aus Mitgliedern der DNVP und parteilosen Konservativen sowie Hitler als Reichskanzler bestehen sollte. Umgeben von einer Mehrheit konservativer Minister, so von Papen, könne Hitler „**eingerahmt**", d.h. gezähmt werden.

Von Papen hatte sich im Hause des Bankiers Schröder bereits am 3. Januar 1933 mit Hitler auf die Kanzlerschaft geeinigt, nachdem er sich der Unterstützung der Wirtschaft sicher war. Da sich neben von Papen auch die Berater Hindenburgs für das „Kabinett der Konzentration" aussprachen, ernannte Hindenburg **Hitler** am **30. Januar 1933** zum **Reichskanzler**. An der Regierung Hitler waren mit **Hermann Göring** (Minister ohne Geschäftsbereich, allerdings als preußischer Ministerpräsident zugleich Chef der preußischen Polizei) und **Wilhelm Frick** (Innenminister) zwei weitere NSDAP-Mitglieder beteiligt. Von Papen wurde Vizekanzler.

Der Tag, an dem Adolf Hitler zum Reichskanzler ernannt wurde, wurde von der NS-Propaganda als „Machtübernahme" oder „Machtergreifung" bezeichnet. Allerdings kam Hitler weder durch einen revolutionären Akt noch durch die Anwendung von Gewalt an die Macht. Es handelte sich vielmehr um eine **Machtübertragung** bzw. Machtüberlassung in der Tradition der Präsidialkabinette.
Einen Tag nach seiner Ernennung erwirkte Hitler über Hindenburg die Auflösung des Reichstages und Neuwahlen für den 5. März 1933, die er als Bedingung seiner Regierungsbildung gestellt hatte. Hitler hoffte, dadurch die absolute Mehrheit für die NSDAP zu gewinnen, was ihm mit 43,9% der Stimmen aber misslang.

Der neu ernannte Reichskanzler Adolf Hitler begrüßt den Reichspräsidenten von Hindenburg.

Die Errichtung des NS-Diktatur erfolgte nicht über Nacht. Hitlers Taktik war die Beseitigung des Systems von Weimar mit **rechtsstaatlichen Mitteln** (**Legalitätsprinzip**). Durch seine Vereidigung auf die Weimarer Verfassung konnte er auf legalem Wege, ohne nennenswert Widerstand zu erfahren, die Demokratie zerstören.

Geschichte kontrovers

Die Rolle Paul von Hindenburgs

Die Ernennung Adolf Hitlers zum Reichskanzler wird von einigen Historikern mit Hindenburgs hohem Alter, das ihn geschwächt habe, und seinem Beraterkreis („Kamarilla") erklärt.

Der Historiker Wolfram Pyta lehnt die Vorstellung, Hindenburg sei eine Marionette in den Händen seiner Berater gewesen, allerdings ab. Hindenburg sei aufgrund seines hohen Alters zwar körperlich, jedoch nicht geistig eingeschränkt gewesen und habe genau gewusst, was er tat. Seine Entscheidung sei rational gewesen, da er mit Hitlers Idee der „Volksgemeinschaft" (→ S. 169) sympathisierte und mit dessen Ernennung die Hoffnung verband, seine eigene Machtstellung absichern zu können.

Deutschland wird zur Diktatur

Nach Hitlers Ernennung zum Reichskanzler (1933) ersetzten die Nationalsozialisten innerhalb kürzester Zeit den Weimarer Rechtsstaat durch eine zentralistische Führerdiktatur und einen Einparteienstaat. Die Verbindung von Tradition und Revolution, von Rhetorik und Gewalt gehörte zu den wesentlichen Elementen der nationalsozialistischen Machteroberung. Strategisch war Hitler auf die **Wahrung einer Scheinlegalität** bedacht, die aber nur oberflächlich die **radikale Brutalität** der neuen Machthaber überdeckte, die ihre politischen Gegner massiv verfolgten. Hofften die Vertreter der alten Eliten anfangs noch darauf, sich mit Hitler im Rahmen einer autoritären Regierung arrangieren zu können, wurden sie bald von einer „neuartigen rechtstotalitären Revolution" (Hans-Ulrich Wehler) entmachtet.

Reichstagsbrand
Am 27.2.1933 steckte Marinus van der Lubbe den Berliner Reichstag in Brand. Er wollte mit seiner Aktion die deutsche Arbeiterschaft zum Widerstand aufrufen. Während Lubbe angab, als Einzeltäter gehandelt zu haben, waren die Nationalsozialisten davon überzeugt, dass eine Verschwörung der Kommunisten hinter dem Anschlag steckte. Sie nahmen das Ereignis zum Anlass, Regimegegner zu verfolgen.

Ein wichtiges Instrument bei der Umformung der Weimarer Republik in eine Diktatur war die sogenannte **Gleichschaltung**. Mit diesem Begriff wird die Auflösung bislang eigenständiger gesellschaftlicher, wirtschaftlicher und politischer Einrichtungen bezeichnet. Sie wurden stattdessen der NSDAP unterstellt und gezwungen, die Ideologie des Nationalsozialismus zu übernehmen.

Der **Ausbau der NS-Diktatur** vollzog sich in folgenden **Etappen**:

- Den **Reichstagsbrand** am 27. Februar 1933 interpretierte die NS-Führung als Beginn eines kommunistischen Umsturzversuchs. Mit der **Reichstagsbrandverordnung** (28. Februar 1933) wurde ein bis 1945 andauernder, scheinlegaler Ausnahmezustand geschaffen, der dazu genutzt wurde, **Grundrechte** aufzuheben und die Verfolgung und Inhaftierung politischer Gegner zu legalisieren (z.B. Schutzhaft in Konzentrationslagern). Die Reichstagsbrandverordnung setzte den **Rechts- und Verfassungsstaat außer Kraft**. Die Verordnung ermöglichte es der Reichsregierung, in die Rechte der Länder einzugreifen, und markierte den Beginn ihrer **Gleichschaltung**.
- Bei den **Neuwahlen** vom 5. März 1933 erreichte die NSDAP zwar die Mehrheit, verfehlte mit fünf Sitzen jedoch die absolute Mehrheit. SPD und KPD gelang es trotz schwieriger Wahlkampfbedingungen, über 40% der Stimmen auf sich zu vereinen. Der Wahlerfolg der NSDAP führte dazu, dass Hunderttausende in die Partei eintraten und diese bis 1939 einen Aufnahmestopp verhängte. Ziel des Aufnahmestopps war es, den bis dahin exklusiven Charakter der Partei und den Einfluss der „Alten Kämpfer", also von Parteimitgliedern, die 1919 bis 1923 bereits der Partei angehörten, zu bewahren.
  Das Wahlergebnis zeigte, dass Hitler und die NSDAP nie in einer (legalen) Wahl die absolute Mehrheit erreichen konnten. Hitler betrachtete das Ergebnis dennoch als Bestätigung seines autoritären Kurses.

- Bei der Eröffnung des Reichstags (**Tag von Potsdam**, 21. März 1933) inszenierte sich Hitler propagandawirksam als gemäßigter Politiker. Er verbeugte sich vor dem Reichspräsidenten von Hindenburg und brachte so die Einheit zwischen dem alten, konservativen und monarchischen Traditionsbewusstsein und dem nationalsozialistischen Erneuerungswillen zum Ausdruck (Bild → S. 165).
- Am 23. März 1933 verabschiedete der Reichstag mit einer Zweidrittelmehrheit das Ermächtigungsgesetz, das der Reichsregierung das Recht einräumte, ohne die Zustimmung des Reichstags und Reichsrats verfassungsändernde Gesetze zu erlassen. Die SPD unter ihrem Fraktionsvorsitzenden Otto Wels stimmte als einzige Partei dagegen. Zunächst auf vier Jahre befristet, wurde das Gesetz durch einen „Führererlass" ab 1943 auf unbeschränkte Zeit verlängert. Das **Ermächtigungsgesetz** kam einer **Selbstentmachtung des Parlaments** gleich, es hob die Gewaltenteilung auf und führte zu einer Machtkonzentration bei der Exekutive, d. h. bei Adolf Hitler.
- Am 31. März 1933 wurde das erste „**Gesetz zur Gleichschaltung der Länder im Reich**" verabschiedet. Das Gesetz bedeutete die Auflösung der Landtage und Selbstverwaltungsorgane. Ihre neue Zusammensetzung erfolgte entsprechend der letzten Reichstagswahl. Gleichzeitig wurden Reichsstatthalter eingesetzt und der Reichsrat 1934 schließlich aufgelöst. Das Gesetz leitete die **Gleichschaltung der Länder** und die **Abschaffung des Föderalismus** ein.
- Das **Gesetz zur Wiederherstellung des Berufsbeamtentums** (7. April 1933) kam einer „Säuberung" des Beamtenapparates gleich. Oppositionelle (Sozialdemokraten, Kommunisten, Christen) und jüdische Bürger wurden entlassen (nach dem sogenannten „Arierparagraf", § 3 des Gesetzes). Dem „Arierparagraf" zufolge war „Nichtarier", wer mindestens ein jüdisches Eltern- bzw. Großelternteil besaß. Bis 1935 waren mit dem Frontkämpferprivileg jüdische Beamte, die im Ersten Weltkrieg gekämpft hatten, davon ausgeschlossen.
- Am 2. Mai 1933 lösten die Nationalsozialisten die **Gewerkschaften** auf und beschlagnahmten ihr Vermögen. Am 10. Mai 1933 gründeten sie als Ersatz die Deutsche Arbeitsfront (DAF), in der Arbeitnehmer und Arbeitgeber zwangsvereinigt wurden. Der 1. Mai (Tag der Arbeit) wurde als Feiertag eingeführt. Mit der Zerschlagung der Gewerkschaften und der Gründung der DAF verloren die Arbeiter ein Instrument zur Durchsetzung ihrer Interessen.
- Mit dem „**Gesetz gegen die Neubildung von Parteien**" (14. Juli 1933) wurde nach dem Verbot und der Selbstauflösung der Parteien ihre Neu- und Wiederbegründung unter Strafe gestellt. Deutschland wurde **Einparteienstaat** mit der NSDAP als einzig legaler Partei. Damit endete der für Demokratien charakteristische Parteienpluralismus.
- Der „**Röhm-Putsch**" (Ende Juni/Anfang Juli 1934) war eine Mordaktion, die auf Auseinandersetzungen innerhalb des NS-Regimes zurückging. Hitler ließ den Stabschef der nationalsozialistischen Sturmabteilung (SA) Ernst Röhm und weitere Führungskräfte der Organisation ermorden. Dies geschah unter dem Vorwand, Röhm plane einen Staatsstreich gegen ihn und seine Regierung. Mit dieser Mordaktion schaltete Hitler Gegner innerhalb der eigenen Partei aus und verhalf der ihm nahestehenden Schutzstaffel (SS) zum Aufstieg.

- Am 1. August 1934 vereinigte Hitler mit dem „**Gesetz über das Staatsoberhaupt**" das Amt des Reichskanzlers und Reichspräsidenten und nahm nach Hindenburgs Tod am 2. August den Titel „Führer und Reichskanzler" an. Die Reichswehr ließ er auf sich und nicht mehr auf die Verfassung vereidigen.

Der Ausbau der NS-Herrschaft

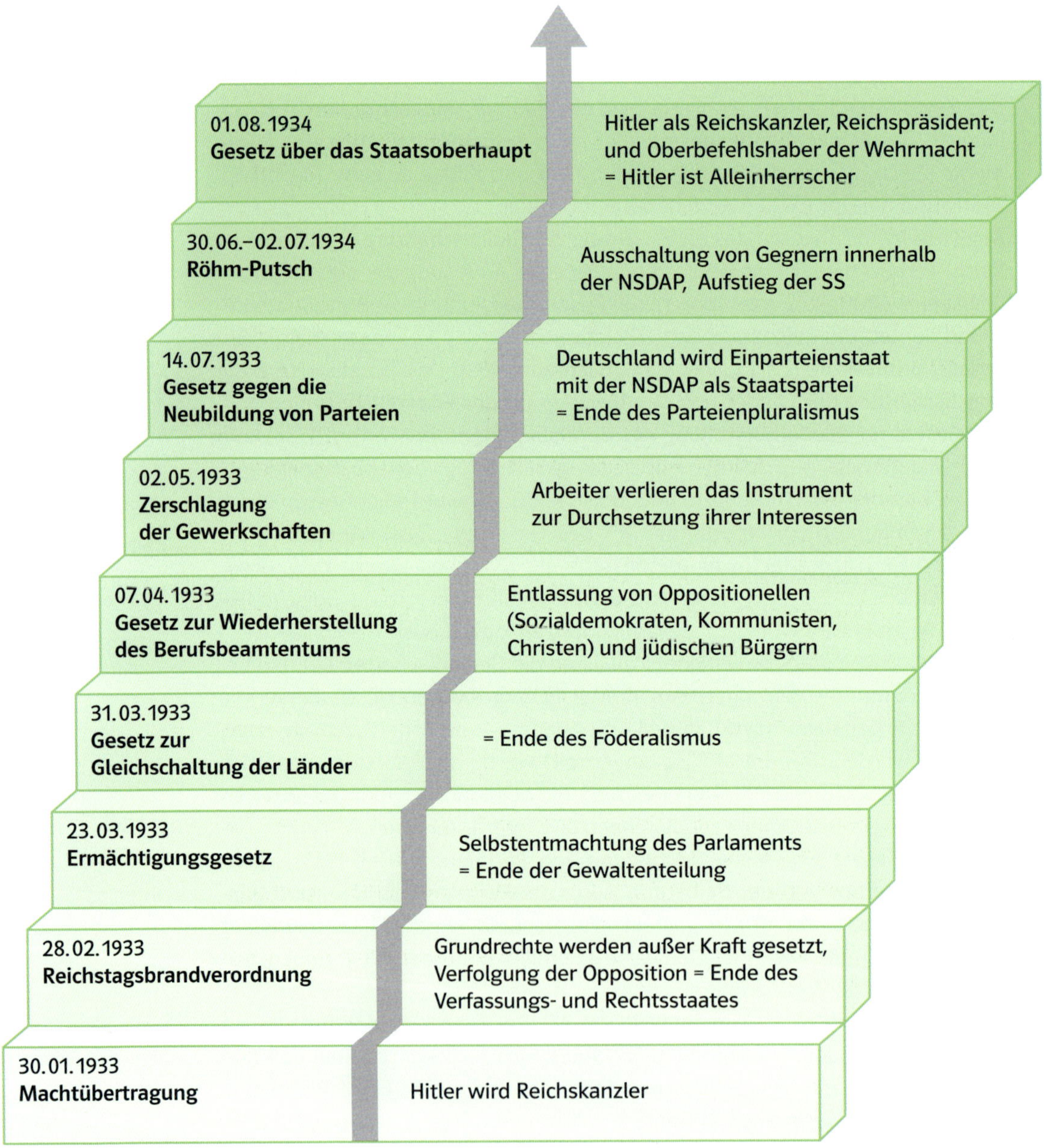

9.2 Die Ideologie des Nationalsozialismus

Lange Zeit war es in der Geschichtswissenschaft umstritten, ob Hitler über eine **geschlossene Ideologie** und damit über ein langfristiges Programm verfügte, oder ob er seine Politik nur opportunistisch den Gegebenheiten angepasste, um seine eigene Macht zu erhalten und auszubauen. Heute ist bekannt, dass Hitler, als er 1933 an die Macht kam, klare innen- und außenpolitische Vorstellungen hatte und somit eine Ideologie besaß. Diese entwickelte er in den Jahren zwischen 1919 und 1925. Lediglich die Methoden und die Mittel passte er den jeweiligen Umständen an, insbesondere in der Außenpolitik. Seine Ideologie formulierte er im Wesentlichen 1925 in seiner Schrift **„Mein Kampf"**, wobei diese keine systematische Darstellung der nationalsozialistischen Bewegung ist.

Adolf Hitler (1889–1945)
1908 bis 1913 Gelegenheitsarbeiter in Wien, seine Aufnahme an der Kunstakademie scheitert. Soldat im Ersten Weltkrieg; ab 1921 Vorsitzender der NSDAP. Nach dem Hitler-Putsch am 9.11.1923 Verurteilung wegen Hochverrats, Haftstrafe, Niederschrift von „Mein Kampf". 1925 Neugründung der NSDAP, 1929 bis 1933 stetiger Machtzuwachs. 30.1.1933 Ernennung zum Reichskanzler, bis zu seinem Selbstmord am 30.4.1945 Diktator des Deutschen Reiches.

Hitlers Weltanschauung erwuchs jedoch nicht aus seinen eigenständigen Ansichten, sondern stammte aus dem **„Ideenschutt"** (Joachim C. Fest) des 19. Jahrhunderts.

Der Historiker Hans-Ulrich Thamer führt dazu aus: „Bis zur Mitte der zwanziger Jahre hatte Hitler aus den verschiedenen Versatzstücken der völkisch-antisemitischen, rassenbiologistischen und sozialdarwinistischen, nationalistischen und imperialistischen, antidemokratischen und antimarxistischen Vorstellungen sein persönliches Weltbild zusammengetragen, das von zwei **Ideensträngen** zusammengehalten wurde: von einem **radikalen**, **universalen Rassenantisemitismus** und von der **Lebensraumdoktrin**."

Hitler war zudem von der Idee getrieben, dass die menschliche Geschichte ein ständiger „Kampf der Völker um Lebensraum" sei. Dieser könne nur unter Herstellung und Wahrung der „Rassenreinheit" siegreich geführt werden (Hans-Ulrich Thamer).

Die NS-Ideologie hatte in der NS-Diktatur folgende Funktionen:

- Neben der Mobilisierung, Aufklärung und Erziehung der Massen sollte sie die Herrschaft Adolf Hitlers legitimieren.
- Darüber hinaus diente sie dazu, die in Klassen gespaltene Gesellschaft in eine Volksgemeinschaft zu integrieren. Feste und Aufmärsche sollten die Massen ablenken und verklären.
- Ferner sollte die Ideologie soziale Konflikte und wirtschaftliche Schwierigkeiten verschleiern.
- Letztlich hatte sie eine sinnstiftende Funktion: Sie gab der Bevölkerung quasi eine „Ersatz-Religion".

Elemente der Ideologie

- **Sozialdarwinismus**: Der Begriff lehnt sich an die Evolutionstheorie von Charles Darwin an und taucht bereits Anfang der 1870er-Jahre auf. Darwins Theorie besagt im Kern, dass bei Tieren im „Kampf ums Dasein" eine natürliche Auslese stattfindet, bei der sich letztlich der Stärkste durchsetzt (*Survival of the Fittest*). Diese Theorie wurde unkritisch auf die menschliche Gesellschaft übertragen: Auch die Entwicklung der Menschen folge dem Gesetz einer natürlichen Selektion, bei der schließlich der Stärkere den Sieg davontrage. In der nationalsozialistischen Ideologie erfuhr der Sozialdarwinismus eine besondere Zuspitzung, da er mit der Rassenlehre verbunden wurde.
- **Rassenlehre**: In der NS-Ideologie wurden die Begriffe „Volk" und „Rasse" weitgehend synonym verwendet. „Völker" und „Rassen" seien abgeschlossene „Arten", die unter sich bleiben, denn eine Vermischung sei gegen die Natur und führe zu Zerfall. Die wesentliche Aufgabe des Staates sei daher die Reinhaltung der „Rasse". Zwischen „Rassen" und Völkern herrsche das Gesetz des ewigen Kampfes, in dem sich die stärkere „Rasse" durchsetze, das Recht zur Herrschaft besitze (Legitimation der Lebensraumerweiterung) und Schwächere unterworfen und auch vernichtet würden. Als stärkere und hochstehende „Rasse" bezeichnete Hitler die „nordische Rasse" (gleichgesetzt mit „arisch" oder „germanisch"), jüdische Menschen zählte er zu den „minderwertigeren Rassen". Die Zugehörigkeit zu einer „Rasse" liege, so Hitler, „ausschließlich im Blute". Die „jüdische Rasse" sah er als Bedrohung für den Herrschaftsanspruch der „Arier".
- **Antisemitismus**: Der nationalsozialistische Antisemitismus knüpfte an alte europäische Traditionen an. Das Judentum wurde von allen Rassentheoretikern des 19. Jahrhunderts als minderwertig angesehen. Für Hitler unterschied sich das deutsche Volk von der jüdischen Bevölkerung dadurch, dass es ein „Raumvolk" sei, während er das Judentum als „raumloses", herumziehendes Volk, unfähig zur Staatenbildung, bezeichnete. Laut Hitler verbreiteten jüdische Menschen die politischen Prinzipien wie Internationalismus, Pazifismus, Demokratie, Marxismus, Kommunismus, die die „natürliche Lebensform der Rassen" bedrohen würden. Die jüdische Bevölkerung sei an der Russischen Revolution, der Niederlage im Ersten Weltkrieg und der Revolution von 1918 schuld. Ebenso glaubte Hitler an eine „jüdische Weltverschwörung", zu der er den russischen Bolschewismus und dessen Ziel einer proletarischen Weltrevolution zählte. Seinen Kampf gegen diese angebliche Verschwörung und seinen damit verbundenen Antisemitismus begriff Hitler als wichtige Voraussetzungen für das Wiedererstarken des Deutschen Reiches nach dem verlorenen Ersten Weltkrieg.
- **Lebensraum**: „Lebensraum im Osten zu erobern und dessen rücksichtslose Germanisierung" war bereits am 3. Februar 1933 Ziel Hitlers. Die Lebensraumpolitik sollte die Ernährung und die wirtschaftliche Unabhängigkeit der „deutschen Herrenrasse" sicherstellen und ein „rassisch reines, germanisch-

Begründung einer Gemeinschaft
durch die Unterscheidung zwischen Gemeinschaftszugehörigen („Wir")
und Gemeinschaftsfremden („die Anderen")

↑ ↑ ↑

Wir (engl. *Ingroup*)
Volksgenossen; Bemühungen, die Arbeiterschaft, die Jugend und Frauen zu integrieren

→

Volksgemeinschaft
„Blut- und Schicksalsgemeinschaft, „Rassengemeinschaft" der „Arier", klassenlose Gesellschaft

←

Die Anderen (engl. *Outgroup*)
Ausgrenzung von „Gemeinschaftsfremden": jüdische Menschen, Sinti, Roma, homosexuelle Menschen, „Fremdrassige", „Erbkranke", politische Gegner (Sozialdemokaten, Kommunisten)

deutsches Großreich" begründen helfen. Rassismus und Sozialdarwinismus legitimierten die Suche nach Lebensraum im Osten.
Der politische Begriff des Lebensraums stammt aus dem 19. Jahrhundert und kam im Zusammenhang mit dem imperialistischen Kolonialismus auf.

- **Volksgemeinschaft**: Sie sollte die gesellschaftliche Spaltung überwinden und laut Hitler eine soziale Einheit sein, die sich „über Klassen und Stände, Berufe, Konfession und alle Wirrnis des Lebens hinweg" erhebe, „ohne Ansehung des Standes und der Herkunft, im Blute fundiert" (Rede am 10. März 1940 in Berlin). Das Versprechen einer egalitären Gesellschaft galt aber nur für „Volksgenossen", welche die rassischen Kriterien des Regimes erfüllten. Deutsche Staatsbürger jüdischen Glaubens gehörten nicht dazu, ebenso wenig Sinti, Roma, Slawen und homosexuelle Menschen.
- **Nationalismus**: Bereits im 19. Jahrhundert hatten die europäischen Großmächte ein übersteigertes Nationalbewusstsein herausgebildet. Es ging mit einem Machtstreben einher, das vor allem das Erstarken und die Ausdehnung der eigenen Nation bezweckte und die Rechte anderer missachtete.
- **Führerprinzip**: „Führer befiehl, wir folgen", auf dieses Prinzip ließ sich das Verhältnis zwischen Hitler als Führer und seiner Gefolgschaft reduzieren. Die Gesellschaft war pyramidenartig aufgebaut: Der Führer stand an der Spitze, das Volk ordnete sich seiner Autorität unter. Zudem musste im Führerstaat jeder höheren Ebene bedingungsloser Gehorsam und bedingungslose Treue geleistet und Befehle nach unten weitergereicht werden (→ S. 172 ff.).
- **Anti-Positionen**: Charakteristisch für Hitlers Weltbild sind Anti-Positionen wie Antimarxismus, Antiliberalismus, Antiparlamentarismus, Antikapitalismus und, bis zu einem gewissen Grad, auch Antikonservativismus.

9.3 Charakterisierung der NS-Herrschaft

Deutschland als Führerstaat

Das nationalsozialistische Herrschaftssystem wird als Führerstaat bezeichnet, in dem alle staatlichen Bereiche auf Hitler als Führer ausgerichtet waren: Das betraf die kommunale Ebene, die Länder- und Reichsebene. Zur Machtfülle des Führers gehörte, dass er den Oberbefehl über die Reichswehr hatte und nach dem Tod des Reichspräsidenten Paul von Hindenburg durch keine verfassungsrechtliche Institution mehr eingeschränkt werden konnte. Alle Instanzen, die eine Kontrolle über Hitlers Regime hätten ausüben können – der Reichspräsident, das Parlament, die Parteien oder die Wehrmacht –, waren ausgeschaltet.

Merkmale des NS-Führerstaates

Der NS-Führerstaat lässt sich durch folgende Merkmale charakterisieren:

- **Organisatorische Überlagerung von Partei- und Staatsorganen**: Im NS-Staat blieben die Regierungsressorts aus der Weimarer Republik formal erhalten, sie wurden jedoch gleichgeschaltet. Auch die Beamten behielten ihre Positionen. Ihnen wurden allerdings NSDAP-Funktionäre übergeordnet, die sie kontrollierten und den Kontakt zur Reichsspitze aufrechterhalten sollten (**Dualismus** zwischen Partei und Staat).
- **Personelle Verschmelzung von Staat und Partei** durch die Übernahme von Staatstätigkeiten durch Parteifunktionäre. Heinrich Himmler war beispielsweise Chef der Polizei (Staat) und Reichsführer SS (Partei).

Monokratie
= Allein-Herrschaft

Polykratie
= Viel-Herrschaft, konkurrierende Herrschaftsinstitutionen mit ähnlichen Kompetenzen bestehen nebeneinander

- **Nebeneinander von mono- und polykratischen Strukturen**: Der Aufbau des NS-Systems mit seiner propagierten Einheit von Staat und Partei und Hitlers Führerschaft suggerierten ein geschlossenes, einfaches Modell der Über- und Unterordnung. Hitler befahl als Oberbefehlshaber von oben, seine Anordnungen wurden in einer festen Hierarchie nach unten weitergegeben (**Monokratie**). Für Interessen einzelner Akteure gab es keinen Raum.
  Bei genauerer Betrachtung lassen sich jedoch **vier Säulen** bzw. **Machtzentren** erkennen: NS-Bewegung, Wirtschaft, Militär- und Ministerialbürokratie. Diese agierten zwar jeweils nach dem Führerprinzip, im Übrigen aber unabhängig voneinander und oftmals in Konkurrenz zueinander (**Polykratie**). Hitlers Macht erwuchs aus der Tatsache, dass es neben ihm keine Autorität gab, die diese Säulen zusammenhielt und koordinierte.
  Die jüngere Forschung zur NS-Zeit stellt polykratische Strukturen auch innerhalb und zwischen konkurrierenden Staats- und Parteiämtern heraus und weist auf die **Institutionen- und Kompetenzvielfalt** des NS-Systems hin. Beispielsweise waren die Waffen-SS und die „Organisation Todt" als Partei-Institutionen Rivalen der Wehrmacht. Auch intern splitterte sich die Wehrmacht weiter auf. Einige Forschende nehmen an, dass die NS-Führung die Konkurrenz und Rivalität von Institutionen, Ämtern, Kompetenzen und Personen auf institutioneller Ebene gezielt einsetzte, um diese zu schwächen und Hitler als unumstrittenen Führer zu installieren.

- Permanentes **Ringen der Führungselite um die Gunst** und das Wohlwollen Hitlers auf allen staatlichen Ebenen.
- **Führerkult, Führermythos und charismatischer Herrscher**: Ein wesentliches Element der NS-Propaganda war, Hitler als unfehlbaren „Führer" zu inszenieren. Bereits während der Aufstiegsphase der NSDAP wurde Hitler zum machtpolitischen und ideologischen Zentrum der Partei. Mithilfe der NS-Propaganda gelang es ihm dann, sich als einen von der Vorsehung **auserwählten Retter** und Erlöser von Volk und Nation zu inszenieren.
  In Anlehnung an den Soziologen Max Weber und seine Studien über Herrschaftstypen kann Hitler als **charismatischer Herrscher** bezeichnet werden, dem von seiner Anhängerschaft übermenschliche und jedenfalls außergewöhnliche Eigenschaften zugeschrieben wurden (Charisma) und der darum mit beinahe religiöser Hingabe als „Führer" verehrt wurde.

Der „Führerstaat"

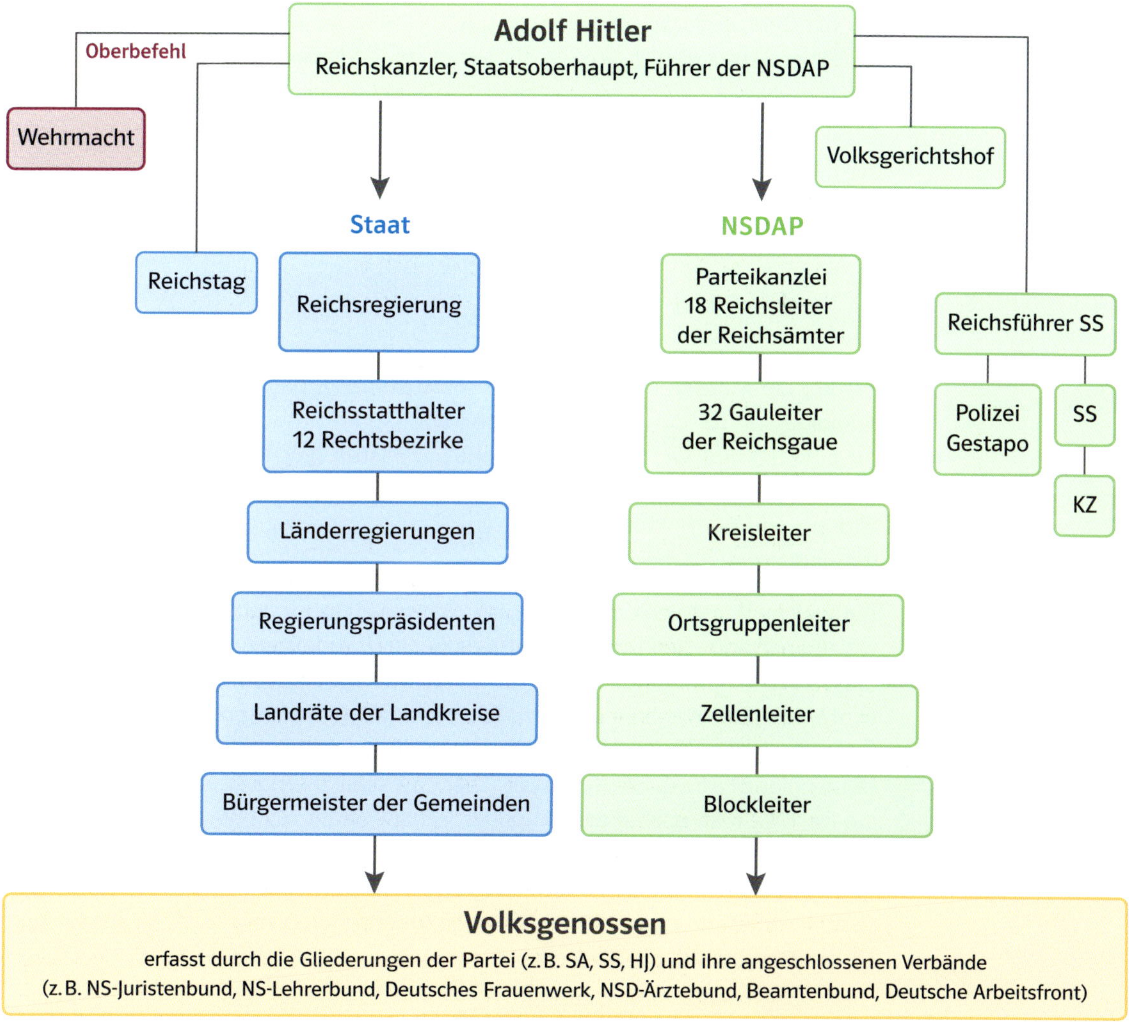

Geschichte kontrovers

Adolf Hitler – ein schwacher oder starker Diktator?

Bis in die 1960er-Jahre wurde die These von Hitler als starkem Führer vertreten, der zusammen mit Heinrich Himmler (Reichsführer SS) und Reinhard Heydrich (Leiter des Reichssicherheitshauptamtes) Haupttäter des Nationalsozialismus war.

Hans Mommsen dagegen bezeichnete Hitler 1971 als schwachen Diktator, dessen Ziel hauptsächlich die Wahrung seines Ansehens und seiner persönlichen Autorität war und der wesentlich von seiner Umgebung beeinflusst wurde. Mommsens These stieß eine Debatte an, die bis heute geführt wird.

Peter Longerich (2015) hingegen sieht Hitler als starken Führer, der die Politik des Regimes „bis in Details hinein" bestimmte. Hitlers Macht lässt sich laut Longerich nicht aus einem besonderen Charisma erklären, sondern daraus, wie er die Machtmittel der Diktatur anwandte. Longerich zufolge waren die oft überraschend flexiblen Eingriffe Hitlers in die unterschiedlichsten Politikbereiche deutlich größer, als bisher angenommen wurde.

9.4 Die nationalsozialistische Propaganda

Propaganda
(lat. *propagare* = ausbreiten), Verbreitung politisch-ideologischer Lehren und Ideen, die die Meinung und das Bewusstsein der Menschen beeinflussen sollen.

Die Propaganda des NS-Regimes war eines der wichtigsten Mittel, um die Bevölkerung im Sinne des Nationalsozialismus zu mobilisieren, Anhänger weiter zu integrieren und neue zu gewinnen. Ging es dem Regime vor 1933 insbesondere darum, die **Massen für den Nationalsozialismus** zu begeistern, mussten sie bei Kriegsbeginn für den Krieg gewonnen und gegen Kriegsende auf das Selbstopfer eingestimmt werden. Den Nationalsozialisten ging es dabei immer um die totale Erfassung der Bevölkerung. Das Monopol über die öffentliche Meinungsbildung und die Hoheit über die Kultur waren dabei wichtige **Stützfaktoren** der **nationalsozialistischen Macht**.

Auf welche Weise versucht wurde, die Massen zu gewinnen, zeigte sich beispielsweise im Wahlkampf um das Amt des Reichspräsidenten 1932. Hitler bekam für diesen Wahlkampf eine Flugzeugflotte zur Verfügung gestellt, die es ihm ermöglichte, auf 200 Wahlkampfveranstaltungen zu 15 Mio. Menschen zu sprechen. Über diese Flugreisen entstand im Anschluss der Propagandafilm „Hitler über Deutschland" sowie ein Fotobuch. Der britische Journalist George Weidenfeld stellte 1942 fest, dass dies der „gigantischste persönliche Werbefeldzug" gewesen sei, der „je von einem Mann ohne Amt ausgeführt wurde. Massenagitation in einem Maßstab, den die Welt noch nie gesehen hat." Hitlers Auftritte waren perfekt inszeniert durch die Aufheizung der Zuhörer durch Vorredner, Musik, Fackeln, Hitlers Gang durch die Massen etc.

Die Propaganda der Nationalsozialisten setzte auf wenige, aber einprägsame Themen, die, zu Parolen verkürzt, an die Gefühle der Menschen appellierten. Zentrale Themen der Propaganda waren u. a. die „Dolchstoßlegende" (→ S. 144), das „Schanddiktat von Versailles", die „jüdisch-bolschewistische Weltverschwörung", aber auch die „Volksgemeinschaft", die Erfolge der Nationalsozialisten, das Gedenken an Helden und der Führerkult um Adolf Hitler. Während des Krieges kamen noch die „Gewinnung von Lebensraum im Osten" und die Revision der Landverluste durch den Versailler Vertrag dazu.

Beeinflussung von Kunst und Kultur

Joseph Goebbels kontrollierte in seiner Funktion als „Reichsminister für Volksaufklärung und Propaganda" Presse, Rundfunk und Film sowie später auch das Fernsehen. Ab 1939 gehörte auch die deutsche Propaganda im Ausland zu seinem Tätigkeitsbereich. Bereits im September 1933 gründete er die **Reichskulturkammer**, in der alle Kulturschaffende zwangsvereinigt und damit gleichgeschaltet wurden. Ihm selbst oblag der Vorsitz sowie die Richtlinienkompetenz.

Joseph Goebbels (1897–1945)
1933 bis 1945 Minister für Volksaufklärung und Propaganda, Präsident der Reichskulturkammer

Der **Rundfunk** war bereits vor dem Machtantritt Hitlers in staatlicher Hand und wurde inhaltlich und formal von Goebbels gesteuert. Das eigens vom Propagandaministerium erschaffene Radiogerät, der **Volksempfänger**, war 1939 in 70 % der Haushalte vorhanden (1933: 25 %). Dank dieses Gerätes gelang es Goebbels, den Rundfunk zum wichtigsten „Massenbeeinflussungsinstrument" zu machen. In Gaststätten, Betrieben, Schulen wurde das Anhören verpflichtend.

Seit 1933 war der „**Völkische Beobachter**", die Parteizeitung der NS-Bewegung, quasi ein Regierungsorgan. Zunächst war seine Bedeutung bei rund 2400 Tageszeitungen im Deutschen Reich gering. Bis 1931 stieg die Auflage kontinuierlich auf 120 000 Exemplare. Nach der Machtübernahme steigerten sich die Auflagen schnell von rund 336 500 Exemplaren 1934 auf etwa 1,7 Mio. 1944. Seit 1934 war der „Völkische Beobachter" Zentralorgan der NSDAP und regierungsamtliche Zeitung, in der Verlautbarungen mit offiziellem Charakter veröffentlicht wurden. Nach dem Machtantritt der Nationalsozialisten kam es zur Beschlagnahmung kommunistischer und sozialdemokratischer Zeitungsbetriebe und ab April 1935 zu einer systematischen Konzentration im Zeitungswesen. Im Sommer 1939 gab es zwar noch 2200 Zeitungen, sie vereinten jedoch nur ein Drittel der Gesamtleser auf sich. Bis zum Kriegsende sank die Zahl auf insgesamt 625 Zeitungen.

Filme, seit den 30er-Jahren auch in Farbe, waren das erfolgreichste Bildmedium und wurden insbesondere dazu genutzt, Feindbilder zu stärken. Beispiele hierfür sind die antisemitischen Hetzfilme wie „Jud Süß" oder „Der Ewige Jude". Um auch die Soldaten an der Front mit der NS-Propaganda zu versorgen, gab es rund 440 Kinowagen. Welche Filme gezeigt werden durften, entschied eine „Filmprüfstelle". Entsprachen sie nicht der nationalsozialistischen Ideologie oder wirkten jüdische Schauspieler mit, erhielten sie keine Vorführerlaubnis. Den Kinofilmen war die „**Deutsche Wochenschau**" vorgeschaltet, eine Nachrichtensendung, die der Verbreitung der nationalsozialistischen Propaganda diente.

Auch im Bereich der **Kunst** verfügte das Regime über die **Gestaltungshoheit**. 1937 wurde die Wanderausstellung „**Entartete Kunst**“ mit 600 beschlagnahmten Werken von 120 Künstlern gezeigt (darunter z.B. Van Gogh, Kandinsky und Otto Dix), um diese zu diffamieren. Zuvor gab es eine entsprechende Ausstellung zum „Kulturbolschewismus“ und später zu „Entarteter Musik“.

Kontrolle der öffentlichen Meinung

Im Mittelpunkt der NS-Propaganda stand die Überhöhung Hitlers als „nationaler Heilsbringer“ und „Erlöser“. Der Bau der Autobahn (die „Straßen des Führers“) wurde durch die NS-Propaganda beispielsweise in Bildbänden, Büchern und Filmen als Symbol eines aufstrebenden Deutschlands unter den Nationalsozialisten und als Überwindung der Arbeitslosigkeit gepriesen.

Die Reichsregierung nutzte seit 1933 **Pressekonferenzen**, um Parolen zu verkünden und Journalisten darüber zu unterrichten, in welchem Umfang und mit welchen Begriffen berichtet werden darf. Das Mittel der **Rede** spielte bei der Beeinflussung der Öffentlichkeit eine wichtige Rolle. Reden sollten einfach, appellativ und gefühlsbetont sei. Weniger wichtig war dabei eine sachliche Argumentation.

Unterwerfungs-architektur
Architektur, die aufgrund ihrer Größe dem Menschen das Gefühl der Ehrfurcht und Ohnmacht vermitteln soll.

Ein weiteres Mittel zur Machtdemonstration war die **Baukunst**. Als „Erster Baumeister des Führers“ plante Albert Speer im Stil des eklektizistischen Neoklassizismus eine überdimensionale Repräsentations- und Herrschaftsarchitektur. Dazu zählte u.a. das Reichsparteitagsgelände in Nürnberg als Kult-, Herrschafts- und Unterwerfungsarchitektur.

Auf dem Gelände, das nie ganz fertiggestellt wurde, fanden bis 1938 Reichsparteitage statt, die von der Regisseurin Leni Riefenstahl zu Propagandazwecken filmisch dokumentiert wurden. Seit 1927 erarbeitete Speer Pläne für eine Umgestaltung Berlins, das mit einem Triumphbogen und pompösen Regierungsgebäuden die künftige Welthauptstadt „Germania“ werden sollte.

Die Kongresshalle auf dem Reichsparteitagsgelände in Nürnberg ist ein Beispiel für den nationalsozialistischen Monumentalbau.

Bis zu 1 Mio. Menschen besuchten die jährlichen Parteitage in Nürnberg, die der Selbstinszenierung der Nationalsozialisten dienten.

Des Weiteren gehörte das **Feiern** zum NS-Alltag, das bei den „Volksgenossen" eine emotionale Wirkung hervorrufen sollte. Um alle Bürger zu erreichen, wurden neben den Massenveranstaltungen auch auf lokaler und regionaler Ebene Feiern organisiert. Dazu gehörte der „Tag der Machtergreifung", der „Geburtstag des Führers" oder das „Reichserntedankfest". Der 1. Mai wurde 1933 zum Staatsfeiertag erklärt („Tag der nationalen Arbeit"). Die Arbeiterbewegung hatte lange dafür gekämpft und sollte durch diese Maßnahme nun für das Regime gewonnen werden. Häufig gab es bei den Feierlichkeiten große **Aufmärsche** mit Chor- und Marschmusik und Fackeln.

Auch Sportereignisse wie die **Olympischen Spiele 1936** wurden für propagandistische Zwecke instrumentalisiert – in diesem Fall, um dem Ausland ein positives Bild vom NS-Regime zu vermitteln.

Die Sprache der Verführung

Propagandaminister Goebbels strebte nach der Errichtung seines Ministeriums 1933 die **Lenkung** der öffentlichen Wahrnehmung an und forderte: „Das Volk soll anfangen, einheitlich zu denken, einheitlich zu reagieren [...]." Die Sprache spielte bei dieser **Manipulation** eine entscheidende Rolle. Durch neue Begrifflichkeiten sollte die Sprache verändert werden und Einfluss nehmen auf das Denken und die Wahrnehmung der Menschen. Folgende Mittel wurden dafür verwendet:

- Die **Zensur** und Anpassung von Wörterbüchern und Enzyklopädien an die NS-Ideologie sowie die Ergänzung des Dudens durch eine Vielzahl von **Wortneuschöpfungen** wie z.B. „Arbeitslager", „Volksgenosse", „Volljude", „Rassenschande" – bis 1941 wurden 883 neue Wörter geschaffen.
- Der Gebrauch von verhüllenden Formulierungen (**Euphemismen**), mit denen Sachverhalte beschönigt werden sollten, z.B. „Endlösung der Judenfrage" anstelle von „Ausrottung der jüdischen Bevölkerung" oder „Evakuation" bzw. „Sonderbehandlung" anstelle von „Deportation" in KZs.
- Um der Bevölkerung die **Technikaffinität** des Regimes zu vermitteln, wurden Begriffe aus der Elektrotechnik verwendet („Gleichschaltung", „Anschluss").
- **Superlative** sollten die Bedeutung einzelner Ereignisse oder Personen verdeutlichen, z.B. Hitler als der „größte Feldherr aller Zeiten".
- Die Verwendung **wissenschaftlicher** bzw. **medizinischer Begriffe** und ihre Übertragung auf andere Bereiche sollte den Eindruck von Seriosität erwecken.
- Abwertende **Vergleiche** vor allem jüdischer Menschen mit Parasiten, Schmarotzern oder Krebsgeschwüren oder die Verwendung von Tiermetaphern sollten die Gegner degradieren und entmenschlichen.
- Übernahme von Begriffen aus dem Bereich der **Religion**, z.B. „Heil".

9.5 Innenpolitik: Integration und Ausgrenzung

Die Nationalsozialisten begannen nach der Machtübernahme 1933, das deutsche Volk in eine „**Schicksalsgemeinschaft**" umzuwandeln, in der es keine Klassenunterschiede mehr geben sollte. Das in weiten Bevölkerungskreisen verbreitete Gefühl, sozial aufsteigen zu können auf Kosten sogenannter „Gemeinschaftsfremder" wie jüdische Bürger und Sinti führte zu einer nie dagewesenen ideologischen Übereinstimmung zwischen Volk und Führung. Der Historiker Götz Aly nennt Hitler daher nicht nur einen „unerbittlichen Ausgrenzer", sondern auch einen „großen Integrator". Das NS-Regime sei eine **Gefälligkeitsdiktatur** gewesen, in der das Wohlwollen und die Zustimmung der Bevölkerung durch sozialpolitische Faktoren erkauft worden sei. Dabei versuchte das Regime insbesondere die Arbeiterschaft, aber auch die Jugend und die Frauen zu integrieren.

Die Integration der Arbeiterschaft

Anspruch: Ziel der NSDAP war es, die Arbeiterschaft für sich zu gewinnen und in die Volksgemeinschaft zu integrieren, da sie in der NSDAP unterrepräsentiert war. Um dieses Ziel zu erreichen, verfolgte das NS-Regime eine Doppelstrategie:

- Im **Mai** 1933 erfolgte die **Zerschlagung** der Gewerkschaften.
- Außerdem ergriff das Regime Maßnahmen zur Beseitigung der Arbeitslosigkeit.

An die Stelle der Gewerkschaften trat die **Deutsche Arbeitsfront** (DAF). Sie war eine Einheitsorganisation für Arbeitgeber und Arbeitnehmer, die sich nicht mit arbeitsrechtlichen Fragen wie Tarifen etc. befasste, sondern mit der Integration der Arbeiterschaft in den Nationalsozialismus, was durch Überwachung, Schulung und propagandistische Maßnahmen geschah. Der 1. Mai als Tag der Arbeit wurde zum Feiertag.

Im November 1939 entstand „**Kraft durch Freude**" (KdF), eine Unterorganisation der DAF, um die Freizeit der Arbeiter und Angestellten im Sinne der nationalsozialistischen Ideologie zu lenken. Zum Angebot von KdF gehörten neben verbilligten Konzert- und Theaterkarten auch Erholungsprogramme, Reiseveranstaltungen, Wanderausflüge und Betriebssport. Diese Angebote waren bisher anderen Schichten vorbehalten gewesen. Dass sie nun für Arbeiter zugänglich wurden, sollte soziale Ungleichheiten beseitigen, eine große klassenlose Volksgemeinschaft schaffen und den sozialen Frieden sichern. Die Propaganda pries die günstigen Reisen als „Geschenk des Führers an die Arbeiter" an.

Realität: Die Maßnahmen der KdF-Organisation zur Entspannung und Erholung dienten in erster Linie der Leistungssteigerung des deutschen Volkes und letztendlich der Vorbereitung eines Krieges. Der Anspruch, mit den Angeboten der Freizeitorganisation KdF insbesondere die Arbeiter zu erreichen, wurde verfehlt, denn an den Reisen und kulturellen Veranstaltungen nahmen überwiegend Angestellte teil, weniger die Arbeiterschaft.

In Betrieben organisierte „Kraft durch Freude" Sport- und Freizeitveranstaltungen.

Frauen im NS-Staat

Auch Frauen waren unter den Mitgliedern und Wählenden Hitlers nicht stark vertreten. So waren 1935 von den 2,5 Mio. Mitgliedern der NSDAP nur 5,5% weiblich. Um die Unterstützung der Frauen zu gewinnen und ihre Rolle als Mutter in der Gesellschaft zu festigen, führten die Nationalsozialisten den Muttertag und das „Mutterkreuz" als Auszeichnung für kinderreiche Mütter ein.

Anspruch und Ziele des NS-Regimes

- **Anspruch**: Nach Hitlers Vorstellung („Mein Kampf") bemisst sich der Wert der Frau an ihrer „Gebärleistung" und ihrem **Einsatz für die Familie** („Mutterkult"). Die Aufgabe der Frau ist daher die **Mutterschaft**, die als „Dienst an der Volksgemeinschaft" gesehen wird.
- **Ziele**: Steigerung von „rassisch-wertvollen" Geburten, Verdrängung von Frauen aus der Arbeitswelt, Ideologisierung und Entpolitisierung der Frauen.

Umsetzung

- Steigerung der Geburtenraten durch sozialpolitische Maßnahmen (Kindergeld, Ehestandsdarlehen) und durch ein Verbot von Abtreibungen; Verbot von Beziehungen zwischen sogenannten „Ariern" und jüdischen Menschen („Rassenschande");
- Maßnahmen gegen die Berufstätigkeit der Frau, besonders in leitenden, akademischen, insbesondere naturwissenschaftlichen Berufen. Als akzeptabel galten nur pflegerische, soziale und landwirtschaftliche Dienste;
- Begrenzung der Studienplätze für Frauen (Frauenquote von 10%);
- Reduzierung von Führungspositionen, z.B. Absetzung von Schulleiterinnen, spätere Verbeamtung von Frauen;
- Verbot, politische Ämter zu übernehmen; nur im Rahmen der volksgemeinschaftlichen Ordnung, z.B. im „Bund Deutscher Mädel" erlaubt (→ S. 181);
- **Idealisierung der Mutterrolle** durch die Verleihung des „Mutterkreuzes" (Gold ab 8, Silber ab 6, Bronze ab 4 Kindern) und die propagandistische Gestaltung des Muttertages.

Realität: Tatsächlich stiegen die Geburtenraten sowie die Tätigkeit der Frauen in der Landwirtschaft und in Pflegeberufen. Allerdings mussten die Ideale der Frauen- und Familienpolitik den Zwängen des Krieges untergeordnet werden, um die Produktion aufrechtzuerhalten. Frauen wurden z.B. in der Rüstungsindustrie benötigt, wo ihr Einsatz zu einem Anstieg der Frauenerwerbsarbeit im industriellen Sektor führte. Darüber hinaus mussten Frauen zur Sicherung des Familieneinkommens beitragen und daher arbeiten.

Während des Krieges waren Frauen in der Verwaltung tätig, sie kamen aber auch in den besetzten Gebieten an der Ostfront zum Einsatz. Ab 1943 bestand eine Dienstverpflichtung der Frauen. Wegen des Einsatzes von Zwangsarbeiterinnen und Zwangsarbeitern aus den besetzten Ländern musste das weibliche Arbeitskräftepotenzial jedoch nicht vollständig abgeschöpft werden.

Jugend im NS-Staat

Es gab verschiedene nationalsozialistische Jugendorganisationen, die nach Alter und Geschlecht zusammengesetzt waren.

Mädchen	Jungmädelbund (JM) 10–14 Jahre Bund Deutscher Mädel (BDM) 14-21 Jahre
Jungen	Deutsches Jungvolk (DJ, „Pimpfe") 10–14 Jahre Hitlerjugend (HJ) 14–18 Jahre

Anspruch: Ziel des NS-Staates war es, die gesamte Jugend zu erfassen, sie gemäß der nationalsozialistischen Ideologie auszubilden und auf den Führer und die Partei auszurichten. Die Erfassung der Jugend sollte die Herrschaft sichern.

Mehrere Maßnahmen dienten der Umsetzung dieses Ziels:

- **Gleichschaltung**: Bereits 1933 stellte Reichsjugendführer Baldur von Schirach fest: „Wie die NSDAP nunmehr die einzige Partei ist, so muß die HJ die einzige Jugendorganisation sein." Bis 1933 wurden alle Jugendverbände, bis auf die katholischen, aufgelöst, lösten sich selbst auf oder wurden der HJ angeschlossen.
- **Gesetz über die Hitlerjugend** (1936): Das Gesetz bestimmte, dass „die gesamte deutsche Jugend innerhalb des Reichsgebietes [...] in der Hitlerjugend zusammengefasst" wird. Die HJ war folglich für die gesamte Erziehung der Jugend außerhalb des Elternhauses und der Schule zuständig. Die HJ wurde zur Staatsjugend, die Mitgliedschaft war noch bis 1939 freiwillig.
- **Jugenddienstpflicht** (1939): Die Jugenddienstpflicht galt für alle Jugendlichen zwischen 10 bis 18 Jahren, musste zweimal pro Woche abgeleistet werden und war der Wehrplicht gleichgesetzt. Versäumnisse wurden unter Strafe gestellt.
- Einrichtung von **Adolf-Hitler-Schulen**: Sie waren Ausleseschulen, für die sich Schüler nicht bewerben konnten, sondern nach schulischen und sportlichen Leistungen ausgewählt wurden.

„Wenn diese Knaben mit zehn Jahren in unsere Organisation hineinkommen, [...] kommen sie vier Jahre später vom ‚Jungvolk' in die ‚Hitlerjugend', und dort behalten wir sie wieder vier Jahre. [...] Und dann nehmen wir sie sofort in die Partei, in die Arbeitsfront, in die SA oder in die SS auf."
Adolf Hitler am 2.12.1938

Die Angebote der Hitlerjugend kamen den Interessen der Jugendlichen entgegen. Sie gingen beispielsweise auf ihre Abenteuerlust, ihren Geltungs- und Bewegungsdrang ein und förderten das Wettkampfdenken. Die Jugendlichen nahmen an verschiedenen Veranstaltungen teil, z.B. an wöchentlichen Heimabenden, Sportnachmittagen, Fahrten in die nähere Umgebung, Freizeitlager und schließlich auch an Feierstunden, Sportfesten und Aufmärschen der NSDAP. Neben den weltanschaulichen Zielen lag der Schwerpunkt bei den **Jungen** insbesondere auf einer **vormilitärischen Ausbildung**, bei den **Mädchen** auf **hauswirtschaftlichen Tätigkeiten** zur Vorbereitung der künftigen Mutterrolle. Gemäß Hitlers Forderung, die Jugend müsse von der Jugend geführt werden, basierte die Hitlerjugend auf dem Prinzip der Selbstführung und bot dadurch Jugendlichen Profilierungsmöglichkeiten als Führer oder Führerin einer HJ-Einheit.

Während des Krieges wurde die Hitlerjugend zum Kriegseinsatz herangezogen, dazu gehörten z. B. das Sammeln von Altmaterial und Altkleidern, Hilfsdienste bei der Partei und der Wehrmacht, Aufräumarbeiten nach Bombenangriffen oder der Einsatz als Erntehelfer. In der letzten Kriegsphase mussten Hitlerjungen als Kindersoldaten gegen die alliierten Truppen kämpfen und verloren zahlreich ihr Leben.
Bekannt ist auch die Beteiligung der HJ an antisemitischen Exzessen (→ S. 184).

Realität: Der Anspruch, die gesamte Jugend zu erfassen, gelang den Nationalsozialisten nicht vollständig. In evangelisch und städtisch geprägten Gebieten waren die Mitgliederzahlen höher als in kleineren Städten und ländlich-katholisch geprägten Gebieten. Katholische Jugendverbände versuchten, die ihnen gewährte Unabhängigkeit zu bewahren. 1938 waren dennoch 98 % aller deutschen Jugendlichen Mitglied in einer der Jugendorganisationen der HJ.

Der Lebensstil der Swing-Jugend war in den Augen des NS-Regimes „undeutsch" und galt als „entartet". Swing-Tanzen wurde daher verboten. Die jugendlichen „Swings" wurden verhaftet und mit Jugendarrest, aber auch mit KZ bestraft.

Im Zuge der Aufrüstung und der Kriegsvorbereitungen bildeten sich insbesondere in den Großstädten Jugendgruppen, die sich der vormilitärischen Ausbildung der HJ und dem totalitären Erziehungsanspruch des NS-Staates widersetzten (→ S. 204 ff.). Dazu gehörte die **Swing-Jugend**. Sie war zwar nicht politisch-oppositionell eingestellt, wich aber vom propagierten Jugendideal deutlich ab. Ihre Mitglieder hörten den von den Nationalsozialisten abgelehnten Swing, und sie fielen auch durch ihr Aussehen auf (längere Haare, karierte Sakkos, Regenschirm, Hut). Die Swing-Jugend stammte vornehmlich aus dem Mittelstand und dem gehobenen Bürgertum in Berlin und Hamburg und orientierte ihren Lebensstil an der amerikanischen und englischen Mode.

Auch die **Edelweißpiraten** entsprachen nicht dem nationalsozialistischen Jugendideal. Diese Jugendgruppe, die insbesondere aus dem rheinisch-westfälischen Industriegebiet und dem Arbeitermilieu stammte und eine Edelweißanstecknadel als Erkennungszeichen hatte, lehnte den Zwangscharakter, Drill und die Militarisierung der Hitlerjugend ab. Ihre Haltung gegenüber dem Regime war größtenteils unpolitisch. Im November 1944 wurden 13 Edelweißpiraten von der Gestapo verhaftet und zur Abschreckung öffentlich hingerichtet.

Diskriminierung der jüdischen Bevölkerung bis 1938

Schon bevor Hitler zum Reichskanzler ernannt worden war, waren jüdische Bürger der nationalsozialistischen Hetze ausgesetzt. Die Gesetze der Weimarer Republik schützten sie jedoch. Mit der „Machtübernahme" änderte sich dies für die rund 510 000 jüdischen Menschen in Deutschland (Bevölkerung insgesamt: 60 Mio.) Zwar wurden die anfänglich gewaltsamen Ausschreitungen aufgrund der Zusammenarbeit der Nationalsozialisten mit den Konservativen im Reichstag und mit Blick aufs Ausland eingestellt. Dennoch folgte ein systematischer Ausschluss der jüdischen Bevölkerung aus Wirtschaft, Kultur, Gesellschaft und Bildung.

Wirtschaft

- 1. April 1933: Aufruf zum **Boykott** jüdischer Kaufleute, Ärzte, Rechtsanwälte;
- 7. April 1933: Gesetz zur **Wiederherstellung des Berufsbeamtentums** mit „Arierparagraf": Jüdische Beamte werden aus der Beamtenschaft ausgeschlossen;
- 1. Januar 1934: **Schriftleitergesetz**, Schriftleiter (= Redakteure) müssen einen sogenannten „Ariernachweis" erbringen;
- 15. September 1935: **Nürnberger Rassengesetze** und Reichsbürgergesetz, Verdrängung der jüdischen Bürger aus zahlreichen Berufsgruppen (Notare, Beamte, Ärzte, Rechtsanwälte). Das Reichsbürgergesetz regelte später den Einzug jüdischen Vermögens bei deren Auswanderung;
- 21. Dezember 1935: Die „Zweite Verordnung zum Reichsbürgergesetz" bedeutete das **Ende der freien Berufsausübung** für jüdische Bürger;
- **Auftragsstopp** für jüdische Geschäftsleute; kein Zugang zu Rohstoffen → zahlreiche jüdische Unternehmen mussten aufgeben.

Kultur und Gesellschaft

- Ab 1933 beispielsweise **Verbote**, öffentliche Sportanlagen zu nutzen (Köln), auf Parkbänken zu sitzen und Parks zu betreten, Verbot von Vereinsmitgliedschaften (z. B. Ausschluss aus dem Deutschen Boxverband oder der Deutschen Turnerschaft), Verbot von Hotelübernachtungen und von Theater-, Film- und Konzertbesuchen;
- **Ausschluss** aus der **Reichskulturkammer** (zuständig für die staatliche Organisation, Überwachung und Gleichschaltung von Kunst und Kultur);
- **Nürnberger Gesetze 1935**: Das „Gesetz zum Schutz des deutschen Blutes und der deutschen Ehre" („Blutschutzgesetz") verbot Mischehen und Beziehungen zwischen „arischen" und jüdischen Menschen („Rassenschande");
- 17. August 1938: **Zwangsvornamen**, jüdische Männer mussten „Israel", Frauen „Sarah" als zweiten Namen führen;
- 5. Oktober 1938: „Verordnung über **Reisepässe** von Juden". Diese wurden ungültig, eingezogen oder mit einem „Judenstempel" versehen.

Bildung

- Ab Januar 1935 erhielten jüdische Männer und Frauen keine **Approbation** mehr, d.h. keine staatliche Zulassung zur Berufsausübung als Arzt;
- zudem wurde ein **Aufnahmestopp** an höheren Schulen verhängt und der Ausschluss von Prüfungen an Universitäten angeordnet.
- **Beschränkung**: An einzelnen Schulen und Universitäten durften nicht mehr als 5% jüdisch sein, im gesamten Reichsgebiet nicht mehr als 1,5%.

Während der **Olympischen Spiele 1936** nahmen die Ausschreitungen gegen die jüdische Bevölkerung ab, da das NS-Regime die Veranstaltung nicht gefährden wollte. In den USA hatte es Überlegungen gegeben, die Olympischen Spiele zu boykottieren. Nach ihrem Ende wurden die diskriminierenden Maßnahmen wieder verstärkt.

Mit der **Reichspogromnacht** am 9. auf den 10. November 1938 kam es zu einer **Zäsur** in der Judenverfolgung. Dieser vom NS-Regime als „Reichskristallnacht" bezeichneten Nacht ging ein Attentat auf den Legationsrat Ernst von Rath in Paris am 7. November 1938 voraus, das von dem jüdischen Jugendlichen Herschel Grynszpan verübt worden war. Das Attentat nahmen die Nationalsozialisten zum Anlass für ein gegen die jüdische Bevölkerung gerichtetes Pogrom, bei dem SA- und NSDAP-Mitglieder – darunter auch Angehörige der Hitlerjugend – 267 Synagogen in Brand setzten und zerstörten und ca. 7500 jüdische Geschäfte plünderten. Infolge des Pogroms wurden rund 26 000 jüdische Bürger in Konzentrationslager gebracht (Dachau, Buchenwald, Sachsenhausen). Der jüdischen Bevölkerung wurde als „Sühneleistung" für das Attentat die Zahlung von einer Milliarde Reichsmark auferlegt. Großunternehmen wurden „arisiert", d.h. der jüdische Besitzer wurde enteignet und sein Unternehmen einem neuen, „arischen" Eigentümer übereignet.

Die Reichspogromnacht markiert einen **Wendepunkt**. Es ging fortan nicht mehr nur um Ausgrenzung und Vertreibung, sondern um die Auslöschung der jüdischen Kultur in Deutschland. Während die Judenverfolgung zuvor von NS-Milizen durchgeführt wurde, lag sie nun in staatlicher Hand.

9.6 Hitlers Außenpolitik bis Kriegsbeginn 1939

Die Außenpolitik des NS-Regimes war von Kontinuität und Wandel geprägt. **Kontinuität** zeigte sich in den **territorialen und machtpolitischen Zielen**:

- Ebenso wie die Weimarer Republik war das NS-Regime bestrebt, die Bestimmungen des **Versailler Vertrags abzumildern** bzw. vollständig aufzuheben.
- Der Nationalsozialismus forderte den „Zusammenschluss aller Deutschen zu einem Großdeutschland" auf der Grundlage des Selbstbestimmungsrechts der Völker. Diese Forderung wurde bereits im 19. Jahrhundert und insbesondere im Wilhelminischen Zeitalter gestellt.

- Das Ziel des NS-Regimes, Deutschland in wirtschaftlicher und politischer Hinsicht eine hegemoniale Position in Europa zu sichern, strebte zuvor auch Wilhelm II. an (→ S. 107 f.).

Ein **Wandel** bzw. ein Bruch mit bisher geltenden Leitgedanken deutscher Außenpolitik wird bei der **Wahl der Mittel** deutlich: Hitler verfolgte eine Eroberungspolitik, die durch **Vertreibung** und **Vernichtung** auf der Basis rassischer und sozialdarwinistischer Prinzipien (→ S. 169 f.) durchgeführt wurde. Aufgrund der militärischen Schwäche Deutschlands, dem Misstrauen der Großmächte, das sie der neuen Regierung unter Hitler entgegenbrachten, und wegen der Notwendigkeit, die Unterstützung im eigenen Land zu bekommen, betrieb Hitler eine **Doppelstrategie**: Er beabsichtigte, das Ausland und die deutsche Bevölkerung zu beschwichtigen und sie im Glauben zu lassen, er führe die Außenpolitik der Weimarer Republik fort. Gleichzeitig setzte er die Alliierten mit Vertragsbrüchen vor vollendete Tatsachen und bereitete sein Land auf einen Krieg vor.

Etappen der NS-Außenpolitik

04.04.1933	Verlängerung des Freundschafts- und Nichtangriffsvertrags mit der UdSSR → vordergründige Beschwichtigung.
17.05.1933	Erste außenpolitische Rede vor dem Reichstag („**Friedensrede**“): Hitler beteuert seine Friedensliebe. → Er täuscht die Öffentlichkeit hinsichtlich seiner politischen Pläne, indem er sich friedliebend und staatsmännisch gibt.
Okt. 1933	Deutschland verlässt den **Völkerbund** und die Genfer Abrüstungsverhandlungen. → Bruch mit dem Konzept einer internationalen Konfliktregelung, Hitler befreit sich von Abrüstungsbestimmungen und Kontrollmechanismen.
26.01.1934	Unterzeichnung des **deutsch-polnischen Nichtangriffspaktes**: Streitfragen vor allem hinsichtlich der Gebiete, die Deutschland im Versailler Vertrag an Polen hatte abtreten müssen, sollten künftig friedlich gelöst werden. → Hitler gewinnt international an Prestige und sichert seine Aufrüstung, die von Frankreich mit Sorge gesehen wird, vor einem französischen Präventivschlag.
13.01.1935	Anschluss des **Saarlandes** nach einer Volksabstimmung, bei der sich 91% für die „Heimkehr in das Reich“ aussprechen → erster Schritt der Revisionspolitik.
16.03.1935	Einführung der allgemeinen Wehrpflicht → Verstoß gegen den Versailler Vertrag, Hitler sieht die deutsche Aufrüstung als „friedenstabilisierendes Element“.

18.06.1935	Deutsch-britisches Flottenabkommen: Das Stärkeverhältnis der Seestreitkräfte wird auf 35 (D) : 100 (GB) festgelegt, bei U-Booten auf 45 : 100. → Großbritannien akzeptiert die Revision des Versailler Vertrags und beginnt die **Appeasement-Politik** (Politik der Zurückhaltung und Beschwichtigung, um einen Krieg zu vermeiden). Hitler hofft auf ein Bündnis mit seinem Wunschpartner Großbritannien.
07.03.1936	Einmarsch der Wehrmacht in die **entmilitarisierte Zone des Rheinlandes** → offener Bruch mit dem Versailler Vertrag und dem Locarno-Pakt. Hitler geht ein hohes Risiko ein und nutzt die innenpolitische Schwäche Frankreichs aus. Er flankiert diesen weiteren Vertragsbruch mit Beschwichtigungen: „Wir haben in Europa keine weiteren territorialen Forderungen zu stellen." Er bietet Frankreich einen Nichtangriffspakt an.
ab 1936	Im **Spanischen Bürgerkrieg** leistet der deutsche Luftwaffen-Verband „Legion Condor" den Putschisten aus dem rechten Lager um General Franco Militärhilfe. → Waffentest der deutschen Luftwaffe, ideologische Ausrichtung gegen die kommunistische Volksfrontregierung in Spanien.
Aug. 1936	**Olympische Spiele** in Berlin. Vor allem in den USA und Frankreich gab es Aufrufe, die Spiele wegen der antisemitischen Ausschreitungen und der Verfolgung von Regime-Gegnern zu boykottieren. Sie scheiterten allerdings. → Das NS-Regime verfolgte eine Strategie der Beschwichtigung und verzichtete während der Spiele auf offensichtlich anti-jüdische Aktionen.
25.11.1936	**Antikomintern-Pakt**: Abkommen zwischen dem Deutschen Reich und Japan über die gemeinsame Abwehr kommunistischer Aktivitäten. In einem Geheimprotokoll wurde die gegenseitige Neutralität im Falle eines Angriffes der Sowjetunion vereinbart. 1937 traten Italien, 1939 u. a. Spanien und Ungarn bei.
ab Okt. 1936	Unterstützung der italienischen **Annexion Abessiniens** (späteres Äthiopien). → Kooperationsvertrag mit Italien („**Achse Berlin-Rom**"). Italien tritt in der Folge auch dem **Antikomintern-Pakt** bei. Im Stahlpakt 1939 sichern sich Deutschland und Italien im Kriegsfall gegenseitige Unterstützung zu (Mai 1939).
05.11.1937	**Hoßbach-Protokoll**: Hitler erläutert vor den hohen Militärs seine **Kriegspläne**. Der Krieg müsse bald kommen, da sich sonst das Kräfteverhältnis zu Deutschlands Nachteil entwickele.
1938	Hitler nutzt die Blomberg-Fritsch-Krise zur Errichtung des „**Oberkommandos der Wehrmacht**" (OKW) unter Wilhelm Keitel → Hitler übernimmt den Oberbefehl über die Streitkräfte.

März 1938	**„Anschluss Österreichs"**: Nach einem gescheiterten Umsturzversuch der österreichischen Nationalsozialisten 1934 und der Ermordung des Bundeskanzlers Dollfuß setzt Hitler 1938 den neuen Bundeskanzler von Schuschnigg unter Druck, den österreichischen Nationalsozialisten die Regierungsbeteiligung zu ermöglichen. → Nach Ansetzung einer Volksabstimmung über die Zukunft Österreichs ordnet Hitler den Einmarsch der deutschen Truppen an. Hitler verkündet in Wien den „Anschluss" seiner Heimat an das „Großdeutsche Reich". 99% der Österreicher stimmen in einer Volksabstimmung zu.
1938	**„Sudetenkrise"**: Konflikt mit der Tschechoslowakei über das Grenzgebiet (Sudetenland) mit deutschsprachiger Minderheit. → Hitler hat Interesse an der Zerschlagung der Tschechoslowakischen Republik und ist jetzt zum Krieg entschlossen. Im **Münchner Abkommen** gestehen Frankreich, Großbritannien und Italien Deutschland den Anschluss des Sudetenlandes zu. → Die UdSSR befürchtet eine Übereinkunft zwischen Deutschland und den Westmächten in einem potenziellen Krieg, Stalin prüft Bündnisoption mit Deutschland.
März 1939	**Zerschlagung der „Rest-Tschechei"**: Deutsches Militär besetzt das verbliebene Staatsgebiet, die Slowakei wird ein deutscher Vasallenstaat, der Rest als „Reichsprotektorat Böhmen und Mähren" Deutschland angegliedert. → Klare Verletzung des Selbstbestimmungsrechts der Völker; die Appeasement-Politik stößt in Großbritannien und Frankreich auf Ablehnung.
22.03.1939	Litauen tritt das **Memelland** an Deutschland ab. → Litauen hofft auf Unterstützung gegen die UdSSR.
28.04.1939	Hitler kündigt den deutsch-polnischen Nichtangriffspakt auf.
23.08.1939	**„Hitler-Stalin-Pakt"**: Nichtangriffspakt mit geheimen Zusatzprotokoll über die Teilung der Interessensphäre. → Konträr zur Ideologie der beiden Diktaturen; Überraschung im Westen. Deutsches Interesse: Verhinderung eines Zweifrontenkriegs, Festigung der Hegemonie und Rückgewinnung des „Polnischen Korridors", den Deutschland im Versailler Vertrag an Polen hatte abtreten müssen, Hoffnung auf Abschreckung der Westmächte; Rohstofflieferungen aus der UdSSR. Sowjetisches Interesse: Teilung Polens sowie Beherrschung des Baltikums, Zeitgewinn vor einem möglichen deutschen Angriff.
01.09.1939	Deutschland entfesselt den Zweiten Weltkrieg durch den **Überfall auf Polen**.

Die Doppelstrategie der NS-Außenpolitik im Überblick

Ziele der Außenpolitik

- Revision des Versailler Vertrags
- Eroberung von Lebensraum im Osten
- Vormachtstellung in Europa und Etablierung als Weltmacht
- Zusammenschluss aller Deutschen zu einem „Großdeutschland"

↔

Aber

- zunehmende Isolation des Deutschen Reiches nach 1933
- Rüstungsrückstand gegenüber Großbritannien und Frankreich

↓

Doppelstrategie

Öffentliche Friedensbeteuerungen

Sie sollen den Anschein einer gemäßigten, auf Ausgleich bedachten Außenpolitik vermitteln (Verschleierung der Kriegsabsichten):

- Reichstagsrede Hitlers, sogenannte „Friedensrede" (17.5.1933)
- Nichtangriffspakt mit Polen (1934)
- Deutsch-britisches Flottenabkommen (1935)
- Rückführung des Saarlands ins Deutsche Reich nach Volksabstimmung (1935)
- Olympische Spiele (1936)
- Münchner Abkommen (1938)

↔

Gezielte Verstöße

gegen den Versailler Vertrag und Kriegsvorbereitungen:

- Austritt aus dem Völkerbund (1933)
- allgemeine Wehrpflicht (1935)
- Einmarsch in die entmilitarisierte Rheinlandzone (1936)
- Bündnisse: Achse Berlin – Rom (1936); Antikomintern-Pakt zwischen Japan und Deutschem Reich gegen die UdSSR (1936, Italien ab 1937)
- Hoßbach-Protokoll (1937)
- Anschluss Österreichs (1938)
- Einmarsch in die Tschechoslowakei (1939)
- Kündigung des deutsch-polnischen Nichtangriffspakts (1939)
- Hitler-Stalin-Pakt (1939): wechselseitige Neutralität; Aufteilung Polens (geheimes Zusatzprotokoll)

Hitlers Außenpolitik – von langer Hand geplant oder der jeweiligen Situation angepasst?

In der Forschung wird diskutiert, ob Hitler in der Außenpolitik einem festen Plan folgte oder pragmatisch vorging, indem er passende Gelegenheiten ausnutzte.

Historiker wie Andreas Hillgruber gehen von einem Stufenplan der NS-Außenpolitik aus.
- Stufe 1: Machtausbau im Inneren als Voraussetzung für eine starke Außenpolitik;
- Stufe 2: Hegemonie über Europa;
- Stufe 3: Gewinn eines „kolonialen Ergänzungsraums" (Naher Osten, Afrika) und Aufstieg zu einer der Weltmächte neben den USA, Großbritannien, Japan;
- Stufe 4: Sieg im Entscheidungskampf um die Weltmacht gegen die USA.

Ian Kershaw hingegen lehnt die Vorstellung, dass Hitler einen konkreten Plan gehabt habe, ab. Er argumentiert, dass aus Hitlers „größenwahnsinnigen Reden" keine explizite Planung abgeleitet werden könne, und spricht von einer „Expansion ohne Ziel". Einigkeit herrscht darüber, dass Hitler die großen außenpolitischen Entscheidungen selbst getroffen hat. In der Außenpolitik verfügte er über ein größeres „Führungsmonopol" als in der Innenpolitik.

Reaktionen in Europa: Die britische Appeasement-Politik

Großbritannien beabsichtigte, die Deutschen zu Verträgen zu bewegen und den Frieden durch eine internationale Entspannung zu stabilisieren. Es verfolgte unter Premierminister Neville Chamberlain daher eine Politik der Beschwichtigung (**Appeasement**) und war zu **Zugeständnissen** gegenüber Deutschland bereit.

Für die britische Appeasement-Politik gab es folgende Gründe:
- Überzeugung, dass der Versailler Vertrag Härten enthielt, wodurch man Verständnis für die Revisionspolitik Hitlers hatte;
- Pazifismus und Kriegsangst der britischen Bevölkerung als Folge des Ersten Weltkrieges;
- Auseinandersetzungen in den britischen Kolonien und der Zerfall des Britischen Empires; die britischen Kolonien hätten sich einem europäischen Krieg verweigert;
- Unterschätzung Hitlers.

Nach dem Einmarsch der deutschen Wehrmacht und der Besetzung Prags am 15. März 1939 erklärte Chamberlain die Appeasement-Politik für gescheitert.

Frankreich ließ Hitler aufgrund innerer Streitigkeiten und einer pazifistischen Grundstimmung gewähren.

Geschichte kontrovers

Die Appeasement-Politik – ein Fehler der Briten?

Der britische Historiker Frank McDonough fragt nach den Optionen der britischen Regierung in den 1930er-Jahren und sieht in der Appeasement-Politik die einzig mögliche Option. Diese sei von Chamberlain jedoch mangelhaft umgesetzt worden, da sie zu spät und mit zu wenig Nachdruck verfolgt wurde und somit Hitler nicht aufhalten konnte. 1938 wäre dies noch möglich gewesen, da Großbritannien und Frankreich Deutschland militärisch überlegen waren.

Der Historiker Bernd-Jürgen Wendt sieht in der Appeasement-Politik ein notwendiges Krisenkonzept der Briten, ihren Abschied als Weltmacht hinauszuzögern. Ein Krieg hätte die britische Stellung in der Welt geschwächt. Großbritannien kämpfte zu dieser Zeit mit dem Niedergang seines Empires und einer wirtschaftlichen Strukturkrise im eigenen Land. Für die Verteidigung ihrer Interessen in Europa und im Empire fehlten den Briten Ressourcen. Sanktionen gegen Deutschland hätte negative Konsequenzen für die britische Wirtschaft gehabt. Als Handelsmacht war das Land zudem auf Deutschland und eine Stabilität in Mitteleuropa angewiesen.

9.7 Die Wirtschaft im Nationalsozialismus

Auch wenn sich die Konjunktur schon ab 1932 (5,6 Mio. Arbeitslose) erholte, waren die Erfolge der Nationalsozialisten auf wirtschaftlichem Gebiet spektakulär. Bis 1937 sank die Zahl der Arbeitslosen unter eine Million. Dies sorgte in erheblichem Maße dafür, dass die Herrschaft der NSDAP akzeptiert wurde.

Wirtschaftspolitische Maßnahmen

- **Arbeitsprogramme**: Beispielsweise sorgte der Autobahnbau, eine Idee aus den 20er-Jahren, für ca. 250 000 Beschäftigte. Die symbolische Bedeutung dieser Maßnahme überstieg die ökonomische Wirkung.
- **Investitionsprogramme**: Ein Beispiel sind die Reinhardt-Programme, benannt nach dem damaligen Staatssekretär im Reichsfinanzministerium. Dahinter verbarg sich ein wirtschaftspolitisches Sozialprogramm zur Senkung der Arbeitslosigkeit, durch das Deutschland 1936 als eines der ersten Länder nach der Weltwirtschaftskrise wieder Vollbeschäftigung erreichte.
- **Einführung der zweijährigen Wehrpflicht (1935) und des Reichsarbeitsdienstes** (RAD), ab 1935 für alle Männer zwischen 18 und 25, ab 1939 auch für Frauen verpflichtend; durch den RAD erfolgte eine weitere Reduktion der Arbeitslosenzahl.
- **Aufrüstung**: 1938 benötigte z. B. der Flugzeugbau 240 000 Beschäftigte.

Der Zeitraum zwischen 1933 bis 1936 war von einer **relativen Selbstständigkeit der Wirtschaft** geprägt. Die Großwirtschaft profitierte von Maßnahmen wie der Zerschlagung der Gewerkschaften, staatlich abgesicherten niedrigen Löhnen, Enteignungen im Zuge der „Arisierung" jüdischer Unternehmen, aber auch von Investitionsprogrammen, z. B. in Infrastruktur, Wohnungsbau, öffentliche Bauten.

Ab August 1936 galt das **Primat der Politik**, die Wirtschaft wurde Hitlers politisch-ideologischen Zielen untergeordnet. Hitler formulierte einen **Vierjahresplan**, dem zufolge Deutschland innerhalb von vier Jahren kriegsfähig gemacht werden sollte. Ziel der Wirtschaftspolitik war somit die Aufrüstung zur „Wiederwehrhaftmachung" und die Vorbereitung eines Krieges.

Die **Finanzierung** der Maßnahmen sollte nicht über Steuern erfolgen, um die Popularität bei der Bevölkerung nicht zu verspielen. Stattdessen gab es Steuerbefreiungen z. B. von der Kfz-Steuer zur Ankurbelung des Konsums. Kredite wurden außerhalb des Etats vergeben, um das Ausland vom Verstoß gegen die Bestimmungen des Versailler Vertrags abzulenken. Ein Finanzierungsinstrument waren die sogenannten **Mefo-Wechsel**. Die Mefo (= **Me**tallurgische **Fo**rschungsgesellschaft) war eine Scheinfirma, die 1933 von Reichsbankpräsident Hjalmar Schacht mit Kapital u. a. der Firmen Krupp und Siemens gegründet wurde. Sie bürgten mit ihrem Namen für Kredite des Staates. Durch die Mefo-Wechsel war der Staat nicht auf Bankkredite angewiesen und konnte die Staatsverschuldung verschleiern. Die Rückzahlung der Kredite sollte aus den Profiten eines gewonnenen, zukünftigen Krieges geleistet werden.

Hermann Göring wurde 1937 die zentrale Figur der NS-Wirtschaft. Bereits 1936 wurde er zum Beauftragten für den Vierjahresplan ernannt. Ein Ziel der Kriegsvorbereitung war die Reduktion der Rohstoffabhängigkeit (Gummi, Benzin, Kohle, Stahl) vom Ausland. Hierfür gründete er ab 1937 die späteren „Reichswerke Hermann Göring" zur Eisenerzgewinnung. Grundsätzlich sollte die Wirtschaft nach den Erfahrungen mit der britischen Seeblockade im Ersten Weltkrieg autark sein.

Herrmann Göring (1893–1946)
war ein enger Vertrauter Hitlers mit großer Machtfülle durch zahlreiche Ämter und Sondervollmachten.

Trotz der Fokussierung auf die Rüstungsindustrie sollte auch der **private Konsum** nicht vollständig reduziert werden, da das Regime die Zustimmung der Bevölkerung nicht verspielen wollte. Die doppelte Konzentration auf die Bedürfnisse der Rüstung und des Friedens bedingte ein Konzept, das nicht auf einen langen „Abnutzungskrieg", sondern eher auf kurze „Blitzkriege" setzte (→ S. 194).

Die Arbeiterschaft profitierte nicht von den Produktivitätssteigerungen, da ihre Löhne nicht angepasst wurden.

Kriegswirtschaft

Mit Beginn des Krieges erfolgte die Umstellung auf die Kriegswirtschaft. Darunter versteht man eine Wirtschaftsordnung, welche die eigene Volkswirtschaft und die der eroberten Gebiete auf Kriegsführung ausrichtet. Staatliche Eingriffe in die Marktwirtschaft umfassten u.a. die Preis- und Lohnkontrolle, die Rationierung der Lebensmittelversorgung über Lebensmittelkarten sowie die Steuerung von Investitionen und der Rohstoffversorgung.

Ab 1942 wurde die Produktion von Rüstungsgütern hochgefahren und die Verbrauchsgüterherstellung reduziert. Albert Speer, der neue Reichsminister für Bewaffnung und Munition, setzte in der Großindustrie auf das Prinzip der weitgehenden **wirtschaftlichen Selbstverwaltung**, um eine endgültige Umstellung auf eine „totale" Kriegswirtschaft zu erreichen. Im Zuge der Dezentralisierung leiteten Manager und nicht Parteifunktionäre die Wirtschaft. Die Unternehmer standen generell nicht unter staatlicher Lenkung, sondern hatten eigene Handlungsspielräume.
Der staatliche Dirigismus zeigte sich jedoch in Staatsunternehmen wie den „Reichswerken Hermann Göring", die ausländische Konzerne gewaltsam integrierten und im Krieg zum größten Wirtschaftsunternehmen Europas wurden.

Während des Krieges leisteten mehr als zwölf Millionen Menschen **Zwangsarbeit** in Deutschland. Hierzu zählten Kriegsgefangene, KZ-Häftlinge, Fremd- bzw. Zivilarbeiter aus West- und Osteuropa – Männer wie Frauen. Sie wurden teilweise brutal und gegen ihren Willen „angeworben". Ab 1942 wurden die „Ostarbeiter" in großer Zahl mit Zügen ins Deutsche Reich deportiert. Zwangsarbeiter und Zwangsarbeiterinnen kamen vor allem in der Land- und Bauwirtschaft sowie der Rüstungsindustrie zum Einsatz, aber auch im Handwerk und in Privathaushalten. Sie hielten die landwirtschaftliche Versorgung und die Rüstungsproduktion aufrecht. Deutsche Unternehmen waren in vielfacher Weise in den Tatkomplex Zwangsarbeit verstrickt und profitierten davon.

Die brutale Ausbeutung ihrer Arbeitskraft bei oft schlechter Unterbringungs- und Ernährungssituation kostete 2,5 Mio. dieser „Fremdarbeiter und Fremdarbeiterinnen" das Leben.

Bewertung der NS-Wirtschaftspolitik

Schon 1932 war ein **konjunktureller Aufschwung** zu spüren, der sich allerdings erst ab 1933 in der Absenkung der Arbeitslosenzahlen bemerkbar machte. Die Arbeitsbeschaffungsmaßnahmen, z.B. der Autobahnbau, gingen auf die Weimarer Republik zurück und waren ein Propaganda-Erfolg des NS-Regimes. Der Rückgang der Arbeitslosenzahlen bis Herbst 1934 auf 2,7 Mio. war einer der zentralen **Stabilitätsfaktoren für das Regime**. Trotz vielfältiger staatlicher Eingriffe kann man das Wirtschaftssystem **nicht als staatliche Planwirtschaft** bezeichnen. Es ist eher von fließenden Übergängen zwischen privatwirtschaftlichen Entscheidungen und staatlicher Einflussnahme gekennzeichnet.

Das Jahr 1936 stellte eine Zäsur dar: Die Industrie war nun politisch gleichgeschaltet und ganz in den Dienst der Kriegsvorbereitung gestellt. Insgesamt war die Wirtschaft aufgrund ihrer inflationsfördernden Finanzierung und der einseitigen Bevorzugung der langfristig unproduktiven Rüstungsindustrie auf einen erfolgreichen Krieg angewiesen oder andernfalls dem Untergang geweiht.

Der Faktor Arbeit galt einerseits als „Ehrendienst", z.B. im Reichsarbeitsdienst (RAD), andererseits war Arbeit mit Ausbeutung und Vernichtung verbunden.

NS-Wirtschaftspolitik im Überblick

Ziele

- Akzeptanz des Regimes durch Beseitigung der Arbeitslosigkeit
- wirtschaftliche Autarkie (Unabhängigkeit)
- Kriegsvorbereitung

Merkmale

- Vierjahresplan
- Primat der Politik
- Schwerpunkt auf Rüstungsindustrie

Maßnahmen

- Ankurbeln des Konsums (Steuererleichterungen)
- Eingriffe in die Wirtschaft: Aufhebung der Lohnautonomie, staatlich abgesicherte Niedriglöhne; Regulierung von Preisen, Produkterzeugung durch Staatsaufträge; Preis-/Lohn-Stopp
- Steuerentlastung der Industrie
- staatliches Beschäftigungsprogramm: Autobahnbau, Rüstung
- Einführung der zweijährigen Wehrpflicht und des Reichsarbeitsdienstes

Finanzierung

erfolgte durch immense Staatsausgaben und eine hohe Staatsverschuldung

↓

siegreicher Krieg als Voraussetzung der Finanzierbarkeit

9.8 Der Zweite Weltkrieg

Überblick: Phasen des Zweiten Weltkrieges

Der Blitzkrieg 1939 bis 1940

Blitzkrieg-Strategie
Sie setzt auf ein Zusammenspiel aus massiven Überraschungsangriffen durch Panzer- und Luftkräfte und auf einen schnellen, operativen Sieg.

- 1.9.1939 **Polenfeldzug**: Überfall auf Polen und Kapitulation von Warschau; gemäß des Hitler-Stalin-Pakts Einmarsch sowjetischer Truppen in Ostpolen, Aufteilung („Vierte Teilung") des Landes. Das **Generalgouvernement Polen** wird errichtet (Distrikte Warschau, Krakau, Radom, Lublin, Galizien); dieser Teil Polens wird nicht ins Deutsche Reich eingegliedert, aber militärisch besetzt.
- 3.9.1939: Großbritannien und Frankreich erklären Deutschland den Krieg.
- Ab April 1940: **Unternehmen Weserübung** (= Deckname für den Angriff auf Norwegen und Dänemark) endet mit der Besetzung beider Länder. Ziel: Sicherung der Erzvorkommen.
- Ab Mai 1940 **Westfeldzug**: Deutschland greift die neutralen Staaten Niederlande, Belgien und Luxemburg an; Niederlage und Besetzung der Länder. Die Invasion in Frankreich endet mit dem Waffenstillstand im Wald von Compiègne am 22.6.1940: Auf die Niederlage Frankreichs folgt die Teilung des Landes. Der Norden mit Paris kommt unter deutsche Besatzung, im Süden wird der Kurort Vichy Sitz der neuen, hitlerfreundlichen Vichy-Regierung.
- Hitler ist auf dem Höhepunkt seiner Popularität und wird vom Oberkommando der Wehrmacht (OKW) als „größter Feldherr aller Zeiten" bezeichnet.
- 10.6.1940: Kriegseintritt Italiens gegen Großbritannien und Frankreich
- 10.7. bis 31.10.1940: **Luftoffensive gegen Großbritannien**. Da Großbritannien unter Premierminister Winston Churchill nicht aufgibt, beginnt Hitler den Luftkrieg gegen Großbritannien (*Battle of Britain*) zur Vorbereitung einer Invasion. Nach großen Verlusten auf deutscher Seite wird der Luftkrieg abgebrochen. Dieser erste bedeutende Rückschlag beendet die Phase der Blitzkriege.

Phase der Ausweitung des Krieges 1941 bis 1942

- 1941 Eintritt in den **Afrikafeldzug**: Unterstützung des Bündnispartners Italien in Nordafrika durch das „Afrikakorps" unter Generalfeldmarschall Erwin Rommel, auch „Wüstenfuchs" genannt. Vorstoß bis an die ägyptische Grenze, deutsche Kapitulation in Afrika Mai 1943.
- Ab April 1941 **Balkanfeldzug**: zunächst erfolgreiche Feldzüge gegen Griechenland und Jugoslawien.
- 22.6.1941 „**Unternehmen Barbarossa**": Überfall auf die Sowjetunion (Ostfeldzug), Schlacht um Stalingrad (1942/1943).
- 7.12.1941 **Pearl Harbor**: Japan greift die US-Pazifikflotte auf Pearl Harbor an, Ausweitung des Krieges zu einem Weltkrieg.
- 11.12.1941: Kriegserklärung des Deutschen Reiches an die USA
- Januar/Februar 1943 **Kriegswende**: Einkesselung und Kapitulation der 6. Armee in Stalingrad.

Phase des Rückzugs und der Kapitulation 1943 bis 1945

- 18.2.1943: Ausrufung des „totalen Krieges“ durch Joseph Goebbels
- Mai 1943: Niederlage des „Afrikakorps“, im Juli Landung der Westalliierten auf Sizilien
- 6.6.1944: Mit der **Invasion der Alliierten in der Normandie** (D-Day) beginnt die Befreiung Westeuropas von der NS-Herrschaft und die Eröffnung einer zweiten Front, wie sie Stalin neben der Ostfront gefordert hatte.
- 4.2. bis 11.2.1945: Konferenz von Jalta: Churchill, Roosevelt, Stalin
- 13.–15.2.1945: **Bombardierung Dresdens** durch die Alliierten, ca. 25 000 Tote
- 7./8.5.1945: **Bedingungslose Kapitulation** durch das Deutsche Reich
- 6. und 9.8.1945: amerikanische Atombombenabwürfe auf Hiroshima und Nagasaki
- 2.9.1945: **Kapitulation Japans**

Konferenz von Jalta (Februar 1945)
Treffen zwischen Churchill, Roosevelt und Stalin zur Verständigung über eine Nachkriegsordnung (→ S. 213)

Der Krieg im Westen

Im Gegensatz zu den langwierigen Kämpfen im Ersten Weltkrieg wurde der Feldzug gegen Frankreich in sechs Wochen beendet. Sowohl die französischen als auch die deutschen Planungen ließen eine Wiederauflage des Stellungskrieges von 1914 erwarten. Die Deutschen wollten in leichter Abänderung des Schlieffen-Plans (→ S. 121) über Belgien und die Niederlande in Nordfrankreich einmarschieren und in einer Kesselschlacht den Sieg erringen. Die Franzosen erwarteten an der Maginot-Linie exakt diese Strategie. Da der alte deutsche Plan durch Zufall den Franzosen in die Hände gefallen war, entwickelte Erich von Manstein den sogenannten **Sichelschnittplan**. Er sah vor, dass die deutschen Truppen mit allen Panzerverbänden überraschend durch die bewaldeten **Ardennen** vorstoßen, um dann die alliierten Truppen zu trennen und schnell bis zum Ärmelkanal vorzustoßen. Der Plan war hochriskant, gelang aber aufgrund des massiven Einsatzes von Panzern in Kombination mit der deutschen Luftüberlegenheit. Die Alliierten wurden bei **Dünkirchen** eingekesselt. Hitler und die Militärs setzten nach diesem Erfolg im Kampf gegen die Sowjetunion ebenfalls auf diese Blitzkrieg-Strategie.

Maginot-Linie
Benannt nach dem französischen Verteidigungsminister André Maginot. Verteidigungssystem, das zwischen 1930 und 1940 gebaut wurde und aus Bunkern entlang der französischen, belgischen, luxemburgischen, italienischen und deutschen Grenze bestand. Sie sollte helfen, Angriffe insbesondere von Deutschland und Italien abzuwehren.

Der Krieg im Osten

Unter dem Decknamen „**Barbarossa**“ befahl Hitler am 18. Dezember 1940, Vorbereitungen für einen Angriff auf die Sowjetunion zu treffen, obwohl führende Militärs vor einem Zweifrontenkrieg warnten. Der Angriff gegen die Sowjetunion begann am 22. Juni 1941 mit verbündeten rumänischen, slowakischen, ungarischen und finnischen Truppen. Die UdSSR war von dem Angriff überrascht, musste hohe Verluste hinnehmen und Teile der westlichen Sowjetunion abgeben. Diese ersten militärischen Erfolge ließ das deutsche Militär auf einen schnellen Sieg hoffen. So hatte Generalstabschef Halder am 3. Juli 1941 kaum Zweifel, dass „der Feldzug gegen Rußland innerhalb von 14 Tagen gewonnen“ würde. Mit der Schlacht um Moskau (Oktober 1941) wurde jedoch ersichtlich, dass die Blitzkrieg-

Strategie in der Sowjetunion ebenso wenig erfolgreich war wie gegen Großbritannien. Ab 1942 konnten die deutschen Truppen nur noch geringe Landgewinne vorweisen. Die Einkesselung der 6. Armee in **Stalingrad** im Januar 1943 brachte die **Kriegswende**.

Ziele des Ostfeldzugs

- **Politisch-ideologische Ziele**: Die Vernichtung des angeblich „jüdischen Bolschewismus", die Unterwerfung und Dezimierung der slawischen Bevölkerung und Verhinderung einer weiteren Expansionspolitik der Sowjetunion in Ost- und Südosteuropa.
- **Wirtschaftliche Ziele**: Sicherung von Rohstoffen (z. B. rumänisches Erdöl, finnischer Nickel) und der Versorgung der deutschen Bevölkerung; das Interesse galt insbesondere der Ukraine als „Kornkammer" Russlands. Außerdem: Gewinnung von „Lebensraum" im Osten für die „arische Rasse".
- **Militärische Ziele**: Eine britisch-russische Allianz sollte verhindert werden. Die Deutschen hofften, dass es nach einem Sieg zu einem Friedensschluss mit Großbritannien käme und die Briten die deutsche Vormachtstellung in Europa anerkennen würden. Außerdem sollte durch einen Sieg Japan von der sowjetischen Bedrohung befreit werden. Durch eine aggressive Politik sollte Japan dann die USA in Asien binden und von einem Kriegseintritt abhalten.

Besatzungspolitik in Polen und der Sowjetunion

Der Krieg im Osten wurde von Anfang an als **Weltanschauungs- und Vernichtungskrieg** geführt. Er diente der Auslöschung des „jüdischen Bolschewismus" (→ S. 170) und verband Ideologie mit Machtpolitik, die Eroberung von „Lebensraum" mit radikalem Antisemitismus. Wehrmacht, SS und Einsatztruppen gingen gegenüber sowjetischen Soldaten, aber auch gegenüber der Zivilbevölkerung, mit größter Härte vor und verstießen gegen damals bereits geltendes Völkerrecht.

Anweisungen für das Vorgehen im Vernichtungskrieg im Osten:

- „**Kommissarbefehl**": Politkommissare der Roten Armee sollten nach ihrer Gefangennahme sofort erschossen werden. Nach Protesten der deutschen Wehrmacht wurde der Befehl ab Mai 1942 aufgehoben.
- „**Kriegsgerichtsbarkeitserlass**": Kriegsverbrechen wurden nicht verfolgt; völlige Entrechtung der Menschen in der UdSSR.
- **Härte gegenüber Kriegsgefangenen**: 57 % der sowjetischen Gefangenen starben u. a. an Hunger (ca. 3,3 Mio. von 5,7 Mio.). Auch gegenüber der Zivilbevölkerung der UdSSR wurde eine Hungerpolitik betrieben.

Die letzte Kriegsphase und der Kriegseintritt der USA

Die Niederlage der deutschen Armee in **Stalingrad** Ende Januar 1943 führte zur entscheidenden **Wende des Krieges**. Es war nun offensichtlich, dass die Blitzkrieg-Strategie gescheitert war und sich das Volk und die Wirtschaft auf einen längeren Krieg einstellen mussten. Im Januar 1943 hatte Hitler die **totale Mobilmachung** sämtlicher materieller wie personeller Ressourcen für den anstehenden „Endsieg" befohlen. Alle Männer zwischen 16 und 65 und Frauen zwischen 17 und 45 Jahren konnten zur Verteidigung des Reiches an der Heimatfront herangezogen werden. Einen Monat später, am 18.2.1943, rief Reichspropagandaminister Goebbels im Berliner Sportpalast das NS-Regime zum **„totalen Krieg"** auf. Die Bevölkerung war zu dieser Zeit ängstlich, aber, so der Historiker Kershaw, nicht aufsässig.

Durch die Einberufung fast aller deutschen Männer waren Unternehmen, die Rüstungsindustrie, Kommunen, die Landwirtschaft etc. auf Zwangsarbeiter und Zwangsarbeiterinnen aus den besetzten Gebieten (→ S. 192) angewiesen. In manchen Werken stellten sie mehr als ein Viertel der Belegschaft. Auch KZ-Häftlinge mussten Zwangsarbeit leisten.

Mit der Ausrufung des totalen Krieges wuchs bei den Alliierten die Überzeugung, der Krieg könne nur mit einer bedingungslosen Kapitulation Deutschlands beendet werden. Um die Kampfmoral und den Verteidigungswillen der Deutschen zu brechen, setzten die Briten und Amerikaner auf **Flächenbombardierungen**, die nicht nur Industrieanlagen und die Infrastruktur, sondern auch die Zivilbevölkerung treffen sollten und seit 1943 fast täglich stattfanden. Den **Luftangriffen** auf **Dresden** (13. bis 15.2.1945) fielen rund 25 000 Menschen zum Opfer. Die Demoralisierung der deutschen Bevölkerung gelang jedoch nicht. Vielmehr wurde der NS-Propaganda und der NS-Führung mehr Glauben geschenkt.

Im Sommer 1944 rückte die sowjetische Armee nach Westen vor, und die Briten und Amerikaner erreichten am 6. Juni, dem sogenannten **D-Day** (*Decision Day* = Tag der Entscheidung) die Normandie. Bis zum Jahreswechsel 1944/45 hatten die Alliierten die Reichsgrenze erreicht.

Das Vorrücken der Roten Armee im Osten sorgte dafür, dass Millionen Menschen auf **Flüchtlingstrecks** aus den deutschen Ostgebieten flohen, um sich zu retten. Außerdem befahl Himmler die Auflösung der KZs und ließ die Häftlinge auf **Todesmärschen** Richtung Westen schicken. Rund 300 000 Menschen überlebten diese Strapazen nicht. Gleichzeitig versuchte die SS, die Spuren des Massenmords in den KZs zu beseitigen.

Am 6.6.1944 (D-Day) landeten alliierte Soldaten in der Normandie.

Bereits seit 1943, als sich die Ausweglosigkeit der militärischen Lage abzeichnete, reagierte die NS-Führung mit exzessiver Gewalt nach innen und außen. Hunderte **Todesurteile** wurden 1943 jede Woche von deutschen Gerichten verhängt, beispielsweise gegen Zivilisten und Soldaten wegen angeblicher Kriegssabotage. In den letzten Kriegsmonaten kam es zu weiteren Verbrechen, auch „Endphasenverbrechen" genannt, zu denen beispielsweise Massaker an ausländischen Zwangsarbeitern gehörten. Gleichzeitig verübte die Rote Armee beim Vorrücken auf deutsches Gebiet in einem Akt der Rache und Vergeltung viele Ausschreitungen und Massenvergewaltigungen von deutschen Frauen.

Regierung Dönitz
Großadmiral Karl Dönitz war als Nachfolger Hitlers letzter Reichspräsident und Oberster Befehlshaber der Wehrmacht. Seine Regierung existierte vom 2.5. bis 23.5.1945 in Flensburg-Mürwick, bis sie von den Alliierten festgenommen wurde.

Am 2. Mai 1945 gelang es der Roten Armee unter Beteiligung einiger polnischer Einheiten in der Schlacht um Berlin (16.4. bis 2.5.), die Hauptstadt Berlin zu besetzen. Hitler hatte sich bereits beim Vorrücken in die Stadt am 30. April das Leben genommen und das Amt des Reichspräsidenten an Großadmiral Karl Dönitz übertragen.

Die Besetzung Berlins sowie die Befreiung der besetzten Gebiete Europas durch die westlichen Alliierten bedeutete die vollständige militärische Niederlage des Deutschen Reiches. Am 7. Mai 1945 unterzeichneten Vertreter der Wehrmachtsführung im französischen Reims vor den Westalliierten die bedingungslose Kapitulation, in der Nacht vom 8. auf den 9. Mai vor der sowjetischen Militärführung in Berlin-Karlshorst.

Am 6. und 9. August 1945 warfen die USA Atombomben auf die japanischen Städte Hiroshima und Nagasaki und erzwangen so die Kapitulation Japans. Damit endete am 2. September 1945 auch der Krieg in Asien.

Eine Bilanz des Zweiten Weltkrieges

Der Zweite Weltkrieg gilt mit **50 bis 60 Mio. Toten** als größte Katastrophe der Menschheitsgeschichte (Erster Weltkrieg: rund 10 Mio. Tote). 7,5 Mio. Deutsche ließen ihr Leben (32,9 Mio. Soldaten und 4,9 Mio. Zivilisten), 15 bis 18 Mio. verloren ihre Heimat in den Fluchtwellen aus Ostpreußen, Pommern, Schlesien und den deutschen Siedlungsgebieten in Rumänien, Jugoslawien, Ungarn und der Tschechoslowakei. Die Hälfte der Deutschen waren 1945 Kriegsgefangene, Kriegsheimkehrer, Ausgebombte, Vertriebene oder Flüchtlinge. Deutschland verlor 24 % seines Staatsgebiets (Pommern, Ostbrandenburg, Ostpreußen, Schlesien).

Die größten Opferzahlen hatte die Sowjetunion mit mehr als 13,5 Mio. gefallenen Soldaten und sechs Millionen Zivilisten zu beklagen.

9.9 Der Holocaust: Die Vernichtung der jüdischen Bevölkerung

Der radikale Antisemitismus als Staatsdoktrin und Kern des Nationalsozialismus bildete die Basis für die Vernichtung der jüdischen Bevölkerung. Hitler hatte immer wieder betont, dass er die jüdische Bevölkerung für einen künftigen Krieg verantwortlich machen würde. Bei Kriegsbeginn 1939 gab es noch keine klaren Planungen, was mit der jüdischen Bevölkerung in Osteuropa geschehen sollte. Während des Polenfeldzugs 1939 fanden aber schnell Drangsalierungen und erste Massaker statt. Konsens herrschte darüber, die jüdische Bevölkerung aus dem eigenen Machtbereich zu entfernen.

Etappen des Holocaust

- Nach dem Überfall auf Polen kam es 1939 zu ersten „Aussiedlungen" der jüdischen Bevölkerung in das Generalgouvernement (→ S. 194) und der Errichtung von **Ghettos** als „Zwischenlösung" mit katastrophalen Wohnverhältnissen. In Warschau lebten z. B. mehr als 150 000 Menschen pro Quadratkilometer, wovon bis Sommer 1942 knapp 100 000 starben.
- Im **Reichsgau Wartheland**, der 1939 von den Deutschen völkerrechtswidrig annektiert worden war und in dem eine deutsche Minderheit lebte, kam es zur **Neuansiedlung von Deutschen** und zu einer **Assimilationspolitik**, die zum Ziel hatte, eine deutsche Mehrheit herzustellen. Nicht „eindeutschungsfähige" Menschen, d. h. insbesondere die jüdische Bevölkerung, wurden in das Generalgouvernement **zwangsumgesiedelt**. Zudem kam es zur Errichtung jüdischer Ghettos im Wartheland und 1941 zur Errichtung des Vernichtungslagers Kulmhof. Verantwortlich für die Umsetzung der Politik war Heinrich Himmler.
- Nach dem Sieg über Frankreich schlug Reinhard Heydrich, der Leiter des Reichssicherheitshauptamts (RSHA), 1940 die „Umsiedelung" jüdischer Menschen nach Madagaskar vor. Dieser Plan nahm ein Massensterben billigend in Kauf, wurde nach dem Überfall auf die UdSSR, der Millionen jüdische Menschen in den Einflussbereich der deutschen Herrschaft brachte, jedoch fallen gelassen.
- Mit den **Euthanasie-Programmen** (seit 1939) begann der Mord an kranken und behinderten Menschen. Zunächst wurden Kinder, später im Zug der „**Aktion T4**" auch Erwachsene getötet. Bereits bei der „Aktion T4" – die Bezeichnung bezieht sich auf den Sitz der Organisationszentrale in der Berliner Tiergartenstraße 4 – erfolgte die systematische, industrielle Ermordung von Menschen in speziell dafür eingerichteten Tötungseinrichtungen. Die hierfür verwendeten Gaskammern, auch das arbeitsteilig organisierte Vorgehen, wurden bei den späteren Morden an der jüdischen Bevölkerung übernommen. Das „Tötungspersonal" der Aktion T4 wurde in den Osten geschickt, um dort die Vernichtung zu organisieren.
- Die Systematisierung des Massenmordes erfolgte wahrscheinlich durch einen Befehl Hitlers im Herbst 1941 („Endkampf mit dem Weltjudentum").

Holocaust/Shoah
Bezeichnungen für den nationalsozialistischen Mord an den europäischen Juden. „Holocaust" stammt aus dem Griechischen und wurde im Altertum als Begriff für die Brandopferung von Tieren verwendet. In Israel hat sich stattdessen der hebräische Begriff „Shoah" („Zerstörung, „Katastrophe") durchgesetzt. Er stellt die historische Einzigartigkeit des Verbrechens an den Juden heraus.

Antisemitisches Plakat aus den 1940er-Jahren

- Auf der **Wannseekonferenz** am 20. Januar 1942 wurde die Vernichtung der europäischen jüdischen Bevölkerung, im NS-Jargon die „Endlösung der Judenfrage", koordiniert und ihre Deportation in Konzentrationslager organisiert.
- Im Rahmen der **Aktion Reinhard** (Juli 1942 bis Oktober 1943) wurden alle jüdischen Menschen aus den besetzten polnischen Gebieten in die Konzentrationslager Belzec, Treblinka oder Sobibór deportiert und dort umgebracht. Nur 150 von 1,8 Mio. Deportierten überlebten diese systematischen Vernichtungsaktionen, bei denen häufig Motorabgase eingesetzt wurden.

Aktion Reinhard
Benannt nach dem Leiter des Reichssicherheitshauptamts Reinhard Heydrich, der Ende Mai 1942 bei einem Attentat tödlich verletzt wurde. Der Name deutet an, dass es sich bei der Aktion um einen Akt der Vergeltung handelte.

- Im Lager **Auschwitz-Birkenau** baute das NS-Regime die Tötungsmaschinerie weiter aus. Seit 1942 wurden die Menschen in Gaskammern mit dem Giftgas Zyklon B ermordet. Ihre Leichen wurden in Krematorien verbrannt. Über 1,5 Mio. Menschen verloren in Auschwitz ihr Leben.
- Bis zum Ende des Krieges wurden sechs Millionen jüdische Menschen getötet.

Die Umsetzung des Massenmords

- Innerhalb des **SS-Apparates** gab es einen **Konsens** über den Völkermord (Genozid) an den der jüdischen Bevölkerung. Deshalb war folgerichtig nicht die Befehlskette von oben, sondern die Streuung der Verantwortung Kennzeichen des Vernichtungsprozesses.
- Das **Reichssicherheitshauptamt** (RSHA) fungierte im Sinne einer „kämpfenden Verwaltung" als Zentrale der Genozidplanung und -durchführung. Die Mitglieder des RSHA waren die Kerngruppe der Täter. Die Übergänge zwischen Schreibtischarbeit und Tötungen vor Ort waren fließend. Als Angehörige einer „Generation des Unbedingten" (Michael Wildt) verloren sie alle Hemmungen und verstanden den Massenmord als „Endlösung" eines existenziellen Ringens zwischen „Ariern" und „Juden".
- Die Einsatzgruppen des Reichssicherheitshauptamts waren Sondereinheiten, die den Wehrmachtstruppen nachfolgten und das rückwärtige Gebiet von „Reichsfeinden", in der Mehrheit jüdische Menschen, „säuberten". Insgesamt wurden ungefähr eine Million Menschen vor allem durch Massenhinrichtungen getötet.

Der Eingang zum KZ Auschwitz, dem größten Lagerkomplex während des Nationalsozialismus

Die Vorstellung vom Holocaust als **industrialisiertem Massenmord**, der in „Todesfabriken" stattfand, vermittelt das Bild eines sterilen Tötungsvorgangs. Die Täter haben viel dafür getan, die Opfer über ihr Schicksal im Ungewissen zu lassen, in dem sie die Gaskammern als „Brausebad" bezeichneten. Aber: In der Realität war die Welt der Lager von Gewaltexzessen und apokalyptischen Zuständen gekennzeichnet (Verwesungsgeruch, Rauch der Krematorien etc.).

Der Völkermord hatte eine europäische Dimension. Unter den millionenfachen Opfern waren deportierte jüdische Menschen, Kriegsgefangene, Sinti und Roma.

Der Holocaust und die Verbrechen der Nationalsozialisten in Zahlen

Gruppe	Tote
jüdische Menschen	6 Mio.
sowjetische Zivilisten	ca. 7 Mio. (davon 1,3 Mio. sowjetisch-jüdische Zivilisten, die bei den 6 Mio. jüdischen Menschen mitgezählt sind)
sowjetische Kriegsgefangene	ca. 3 Mio. (500 000 jüdische Soldaten)
nicht-jüdische polnische Zivilisten	ca. 1,8 Mio. (davon gehörten zwischen 50 000 und 100 000 der polnischen Elite an)
serbische Zivilisten	312 000
Euthanasieopfer	270 000
Sinti und Roma	bis zu 250 000
Zeugen Jehovas	1900
homosexuelle Menschen	ca. 5000

Das Reichssicherheitshauptamt und Adolf Eichmann

Das Reichssicherheitshauptamt (RSHA) wurde am 27. September 1939 durch eine Zusammenlegung der Sicherheitspolizei (Sipo) und des Sicherheitsdienstes (SD) von Reichsführer SS Heinrich Himmler gegründet. Zu den Machtbefugnissen des RSHA gehörten u. a. die Verhängung von Schutzhaft, Einweisungen in Konzentrationslager ohne Gerichtsverfahren und Berufungsmöglichkeiten. Es bestimmte auch die Maßnahmen der Einsatztruppen der Sicherheitspolizei und des Sicherheitsdienstes an der Frontlinie, die angebliche Staatsfeinde und die jüdische Bevölkerung aufzuspüren und zu töten hatten. Reinhard Heydrich, der erste Chef des RSHA, wurde 1941 von Hermann Göring dazu ermächtigt, die „Gesamtlösung der Judenfrage" im europäischen Einflussgebiet vorzubereiten. Zum RSHA gehörte auch das Referat IV B4, in dem Adolf Eichmann den Völkermord an der jüdischen Bevölkerung im Einzelnen plante.

Adolf Eichmann (1906–1962) war als Leiter des Referats IV B4 des RSHA verantwortlich für die Planung und Durchführung der Deportation der jüdischen Bevölkerung.

Im Zusammenhang mit dem Prozess gegen Eichmann 1961 in Israel (→ S. 207) prägte Hannah Arendt den Begriff des „**Schreibtischtäters**", eines Tätertypus, der vom Schreibtisch aus Anordnungen erlässt, die durch andere umgesetzt werden. Eichmann nutzte dabei staatliche Machtstrukturen aus, während andere die Straftaten begingen. Die Historikerin Elisabeth Stangneth lehnt für Eichmann die Bezeichnung „Schreibtischtäter" allerdings ab. Ihrer Einschätzung nach war Eichmann „ein Praktiker, er ist unterwegs, er interessierte sich für das, woran er, wie er es nennt, arbeitet – also das Morden –, und er möchte diesen Prozess perfektionieren."

Gab es einen jüdischen Widerstand?

Wenngleich man von einem breiten und systematischen jüdischen Widerstand gegen das NS-Regime kaum sprechen kann, gab es doch verschiedene bemerkenswerte Aktionen. Bekannt sind der Aufstand im Warschauer Ghetto 1943 sowie Aufstände in Sobibór und Treblinka. Berichtet wird auch von Fluchtversuchen aus Deportationszügen oder von Untergrundbewegungen in den besetzten Gebieten, von Partisanenkämpfern in Italien und Kroatien und von Flugblättern von jüdischen Menschen aus dem Ausland.

Angesichts des teuflisch ausgeklügelten Vernichtungssystems des NS-Regimes waren die Möglichkeiten der jüdischen Bevölkerung, Widerstand zu leisten, allerdings sehr eingeschränkt. Auch war die jüdische Gemeinschaft im Deutschen Reich zersplittert und bekam kaum Unterstützung vom Rest der Bevölkerung.

Wie war der Holocaust möglich?

Wie konnte der Holocaust überhaupt passieren? Wie ist die Rolle Hitlers und der anderen Führungspersonen des Regimes zu bewerten? Und welche Verantwortung trug die Bevölkerung? Diese Fragen werden seit Jahrzehnten teils kontrovers in Forschung und Öffentlichkeit diskutiert.

Die Rolle Hitlers

Am 20. Januar 1942 trafen in einer Villa am Großen Wannsee in Berlin hochrangige Vertreter des NS-Regimes zusammen. Das Protokoll der **Wannseekonferenz** führte in der Geschichtswissenschaft zu einer Kontroverse: Wurde erst auf dieser Konferenz die „Endlösung der Judenfrage“ beschlossen? Oder war der Völkermord von Hitler bereits zuvor entschieden worden?

In den 1990er-Jahren entwickelte sich daraus eine Forschungsdiskussion zwischen den Intentionalisten, Funktionalisten und Strukturalisten:

- **Intentionalisten**: Hitler war die treibende Kraft des Holocaust. Bereits in den 1920er-Jahren hatte er von der physischen Ausrottung der jüdischen Bevölkerung gesprochen.
- **Funktionalisten**: Hitlers Bedeutung beschränkte sich auf Weltanschauungsfragen. Die tatsächliche Politik war das Ergebnis eines Gegen- und Miteinanders rivalisierender Gruppen, von Eigendynamiken und Sachzwängen. Entscheidend sei die Improvisation von Entscheidungen gewesen.
- **Strukturalisten**: Die Ingangsetzung des Mordes an der jüdischen Bevölkerung muss im Zusammenhang bereits begangener Massenverbrechen gesehen werden, wie den Morden im Zuge der Besatzungspolitik in Polen, Jugoslawien und der Sowjetunion, aber auch im eigenen Land (Euthanasieprogramme, Aktion T4 → S. 199). Außerdem waren an der „Judenpolitik“ zahlreiche weitere Personen und Institutionen beteiligt. Es gab also keinen „Führerbefehl“, der den Anstoß gegeben hat, vielmehr bildete sich der Holocaust ab 1941 in dynamischen Prozessen heraus (Prozess der „kumulativen Radikalisierung“).

Erklärungsansätze für den Holocaust in der Forschung

- **Christopher Browning** (1992) untersuchte das Verhalten der Männer des **Reserve-Polizei-Bataillons 101** aus Hamburg, die für die Ermordung von mindestens 38 000 jüdischen Menschen in den Jahren 1941/42 verantwortlich waren. Browning bezeichnet sie als „ganz normale" Männer (Familienväter mittleren Alters, keine SS-Angehörigen). Er erklärte ihr Verhalten nicht mit einer in Kriegszeiten üblichen Brutalisierung, vielmehr sei es von oben gesteuert worden: Die offizielle Regimepolitik gab ein klares Freund-Feind-Denken vor, an dem sich die Männer orientierten. Als sie zu morden begannen, wurde dies zur Routine.

- Der amerikanische Politologe **Daniel J. Goldhagen** (1996) stellt die These auf, dass der schon im 19. Jahrhundert ausgeprägte deutsche Antisemitismus die Triebkraft für den Holocaust gewesen sei. Hitler konnte auf dieser Tradition aufbauen und den Antisemitismus weiter anheizen. Laut Goldhagen gehörte der Antisemitismus zu den Grundüberzeugungen der deutschen Kultur; bereits im 19. Jahrhundert sei die Vernichtung jüdischer Menschen diskutiert worden. Die Täter hätten nicht unter Zwang, sondern freiwillig und aus Überzeugung gehandelt. Goldhagen spricht daher von einem in der Gesellschaft verankerten „eliminatorischen Antisemitismus".

- **Harald Welzer** (2005) stützt sich auf Brownings Untersuchung. Auch er fragt danach, wie aus normalen Menschen in kürzester Zeit Massenmörder werden konnten. Welzer spricht in diesem Zusammenhang von einem **Referenzrahmen**. Jeder handle mehr oder weniger unbewusst innerhalb eines Rahmens an persönlichen und gesellschaftlichen Werten und Normen. Wer sich innerhalb dieses Rahmens bewegt, erhält eine Bestätigung für sein Handeln durch das soziale Umfeld. Innerhalb des nationalsozialistischen Referenzrahmens war es selbstverständlich, dass es Menschen unterschiedlicher Kategorien gibt, die unterschiedlich behandelt werden dürfen. Die Täter mordeten innerhalb dieses für sie gültigen nationalsozialistischen Referenzrahmens, die Taten wurden nicht als Verbrechen wahrgenommen. Ein Nichtmitmachen hätte für die Beteiligten soziale Konsequenzen gehabt.

- Der Historiker **Götz Aly** (2005) bezeichnet den Holocaust als „konsequentesten Massenraubmord der modernen Geschichte", für den die Bevölkerung hauptverantwortlich sei. 95 % der Deutschen hätten direkt von der Ausbeutung und Vernichtung der europäischen jüdischen Bevölkerung profitiert, wodurch die Akzeptanz für die Kriegspolitik des NS-Regimes stieg. Folglich sei die Vorstellung falsch, nur NS-Funktionäre und die Verwaltung wären für den Holocaust verantwortlich.

Geschichte kontrovers

„Davon haben wir nichts gewusst."

„Davon haben wir nichts gewusst." So hieß es in der BRD nach 1945 häufig. In der Forschung herrscht mittlerweile jedoch Einigkeit darüber, dass die Deportationen der jüdischen Bevölkerung ein offenes Geheimnis waren, spielten sie sich doch teilweise vor aller Augen ab. Strittig ist, ob auch ihre Tötung bekannt war. Es gab wiederholt Äußerungen von Hitler, die die systematische Vernichtung andeuteten, Details waren den offiziellen Verlautbarungen aber nicht zu entnehmen (Peter Longerich: „Politik der gezielten Andeutung"). Nach Eberhard Jäckel war das Wissen um den Massenmord größer, als die Zeitgenossen nach Kriegsende behaupteten. Das betraf vor allem die Massenhinrichtungen durch die Einsatzgruppen im Osten, von denen Widerstandskämpfer schon 1942 Kenntnis hatten. Auch wenn die verfügbaren Fakten auf eine Massenvernichtung hinwiesen und der „gewöhnliche Deutsche" aus heutiger Sicht also davon hätte wissen müssen, darf bei der Bewertung nicht außer Acht gelassen werden, dass der Holocaust als „Zivilisationsbruch" präzedenzlos und somit kaum vorstellbar gewesen war.

9.10 Widerstand gegen das NS-Regime

Der deutsche Widerstand war **keine Massenbewegung**. Weite Kreise der Bevölkerung waren bereit, dem Regime einen „Vertrauensvorschuss" (Hans Mommsen) einzuräumen, Regimegegner und Oppositionelle hatten in der Bevölkerung darum kaum Rückendeckung. Auch die engmaschige Überwachung und das brutale Vorgehen gegen politische Gegner verhinderten eine breite, koordinierte Widerstandsbewegung.

Dennoch versuchten verschiedene Gruppen, aber auch Einzelne, gegen das NS-Regime vorzugehen. Dabei gab es unterschiedliche Formen. Das Spektrum reichte von Umsturz- und Attentatsversuchen, Sabotageakten, Befehlsverweigerung, Flugblättern bis zu „leiseren" Formen des Widerstands wie eine gute Behandlung von „Fremdarbeitern" oder jüdischen Menschen oder das Nachdenken über Gesellschaftsmodelle für die Zeit nach Hitler. Auch die Motive waren unterschiedlicher Natur. Widerstand erfolgte aus politischer, religiöser oder ethischer Überzeugung.

Widerstandrecht im Grundgesetz
Aufgrund der Erfahrung mit der NS-Diktatur wurde mit Art. 20 Abs. 4 das Recht auf Widerstand im Grundgesetz verankert. Jeder Deutsche hat das Recht, gegen jedermann Widerstand zu leisten, der es unternimmt, die im Grundgesetz verankerte freiheitliche demokratische Grundordnung außer Kraft zu setzen.

Das Verhalten vieler Widerstandskämpfer ist ambivalent einzuschätzen – nicht jeder stellte sich gleich zu Beginn gegen das System (z. B. von Stauffenberg; Henning von Tresckow), praktisch keiner war für eine Demokratie. Arno Lustiger hat mit der Etablierung der Kategorie „Rettungswiderstand" gezeigt, dass eine Widerstandshandlung nicht immer auf die Beseitigung des NS-Regimes abzielen musste. Der Wehrmachtsfeldwebel Anton Schmid hat z. B. mehr als zweihundert jüdische Menschen vor dem Tod gerettet und wurde dafür selbst getötet.

Widerstandsgruppen im Nationalsozialismus

Widerstand der Arbeiterschaft

- Der Widerstand gegen das Regime seitens der Arbeiterschaft (Kommunisten, Sozialdemokraten, Gewerkschaften) war zahlenmäßig am bedeutendsten.
- Er existierte seit Beginn der NS-Herrschaft, allerdings wurde die Arbeiterbewegung bis 1936 weitgehend zerschlagen.
- Er erfolgte z. B. durch Wandparolen, Flug- und Propagandaschriften und z. B. ab 1939 durch den Aufbau betrieblicher Widerstandgruppen zur Sabotage der Rüstungswirtschaft und der Unterstützung von Verfolgten.
- Aufgrund der massiven Verfolgung durch den NS-Staat musste der Widerstand bald aus dem Untergrund oder dem Exil stattfinden.
- Beispiele: „Rote Kapelle“, ein Netzwerk linker Widerstandsgruppen, das ca. 400 Personen umfasste; „Neu Beginnen“, eine Gruppe junger Sozialisten u. a.

Claus Schenk Graf von Stauffenberg (1907–1944) schleuste eine Bombe in das „Führerhauptquartier“, doch Hitler überlebte den Anschlag, Stauffenberg wurde erschossen.

Militärischer Widerstand

- Zunächst Kooperation des Militärs mit dem Regime, seit 1938 zuweilen Widerstand gegen militärische Pläne.
- Gezielten Widerstand gab es erst ab den militärischen Niederlagen 1943.
- Motive: Die Verbrechen im Osten und die aussichtslose militärische Kriegslage.
- Beispiel: Missglücktes Sprengstoffattentat vom 20. Juli 1944 durch Claus Schenk Graf von Stauffenberg, Henning von Tresckow u. a.; die Attentäter wurden verhaftet und erschossen.

Bürgerlicher Widerstand

- Die Begeisterung für Hitler ließ mit den militärischen Niederlagen nach.
- Die Motive waren uneinheitlich, z. B. Ablehnung der NS-Verbrechen, Reaktion auf militärische Niederlagen, Reinwaschen des eigenen Images für die Zeit nach dem Sturz des Regimes.
- Beispiel: „Kreisauer Kreis“ um Helmuth Graf von Moltke, der über politische, wirtschaftliche und soziale Konzepte für die Zeit nach Hitler diskutierte und sich 1944 Stauffenberg anschloss.

Kirchlicher Widerstand

- Kirchliche Opposition nahm seit Beginn der Euthanasie zu. Neben ethischen Motiven galt der Widerstand auch der Verteidigung der Glaubensfreiheit.
- Der kirchliche Widerstand war kein geschlossener und koordinierter Widerstand der Amtskirchen, sondern erfolgte durch einzelne Geistliche.
- Beispiele katholische Kirche: Bischof Graf von Galen predigte 1941 gegen die Euthanasie, Pater Rupert Mayer gegen das Regime und seine Ideologie.
- Evangelische Kirche: Gründung des „Pfarrernotbunds“ 1933 durch Martin Niemöller gegen die Entlassung jüdischer Geistlicher („Arierparagraf“). Daraus entwickelte sich die „Bekennende Kirche“ (Unvereinbarkeit von Christentum und NS-Rassenideologie); Vertreter: z. B. Dietrich Bonhoeffer.

Sophie Scholl (1921–1943)
Die Studentin engagierte sich gemeinsam mit ihrem Bruder Hans in der Widerstandsgruppe Weiße Rose, beide wurden hingerichtet.

Widerstand der Jugend

- Opposition gegen Bevormundung, Einschränkung der Freiheit, geistige Unterdrückung, Wehrplicht und Inhumanität der NS-Regimes;
- Maßnahmen: Verweigerung des Hitlergrußes oder des Arbeitsdiensts, unangepasste Kleidung, Musikstil und Lebensweise (z. B. Swing-Jugend und Edelweißpiraten → S. 182), Verbreitung von Parolen, Flugschriften (Weiße Rose);
- Die Ziele waren uneinheitlich. Weiße Rose: politischer Widerstand, Niederwerfung des NS-Regimes; Swing-Jugend/Edelweißpiraten: unpolitisch, Schaffung einer autonomen Jugendkultur, Ausleben der eigenen Identität.

Attentatsversuche Einzelner

- Attentatsversuche durch über 40 Einzeltäter aus allen Schichten mit individuellen Beweggründen.
- Beispiel: Georg Elsers Sprengstoffattentat im Münchner Bürgerbräukeller am 8.11.1939, Elser wurde inhaftiert und im KZ Dachau getötet.

Der Historiker Detlev Peukert hat ein Modell entwickelt, um die verschiedenen Formen des Widerstands beschreiben und kategorisieren zu können. Dabei fragt er nach Ort und Ausmaß des Widerstands. Findet er im privaten oder öffentlichen Raum statt? Handelt es sich um eine generelle oder nur partielle Kritik am politischen System? Je nach Position innerhalb dieser beiden Spannungsfelder ordnet Peukert den Formen der Auflehnung die Begriffe Nonkonformität, Verweigerung, Protest und Widerstand zu.

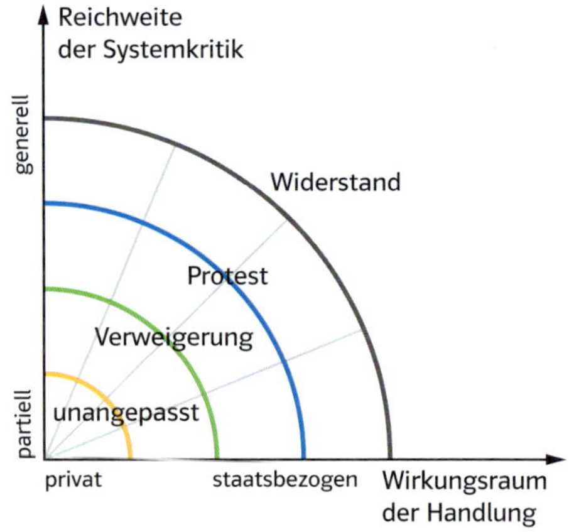

Kategorien widerständigen Verhaltens nach Peukert (2007)

Bezogen auf die Gruppen der Jugendlichen gehört die Swing-Jugend mit ihrem unangepassten Verhalten demnach in die Kategorie der Nonkonformität. Die Gruppe der „Weißen Rose“ hingegen, da sie das Regime und seine Menschenrechtsverletzungen gänzlich ablehnte und durch Flugblätter im öffentlichen Raum wirkte, bildet laut Peukerts Modell eine Gruppe des Widerstands.

9.11 Der Umgang mit der NS-Vergangenheit

Die 1950er-Jahre

Die Anfangsjahre der BRD und die Zeit des Wirtschaftswunders waren von einer **Verdrängung der NS-Verbrechen** geprägt (Stille der 50er-Jahre). Der Blick war nach vorne und nicht in die Vergangenheit gerichtet. Die Entnazifizierung wurde als „Hexentreiben" bezeichnet, denn in der Wahrnehmung vieler Deutscher waren die NS-Verbrecher Opfer des NS-Systems und des Krieges. Die Taten in den Vernichtungslagern schrieben sie einer kleinen Clique von sadistischen SS-Männern zu. 1949 wurde das **Amnestiegesetz** für NS-Belastete verabschiedet, um ehemalige NS-Anhänger zu rehabilitieren und in den demokratischen Staat zu integrieren. Ziel, so der Historiker Ulrich Herbert, war die „politische Neutralisation", die eine personelle Kontinuität innerhalb der Verwaltungseliten, insbesondere der Richterschaft, nach sich zog.

1952 verbot das Bundesverfassungsgericht die **Sozialistische Reichspartei (SRP)** aufgrund ihrer Wesensverwandtschaft mit der NSDAP und ihrer Zielsetzung, die freiheitlich-demokratischen Grundordnung zu beseitigen.

Der **Ulmer Einsatzgruppenprozess** von 1958, ein Verfahren gegen ehemalige Angehörige der Einsatzgruppe A, die in Litauen Tausende jüdische Menschen getötet hatte, war der erste große Prozess vor einem deutschen Gericht. Er markierte einen Wendepunkt und zeigte, dass die Verbrechen der NS-Zeit nicht länger verdrängt und geleugnet werden konnten. In der Folge wurde die „Zentrale Stelle der Landesjustizverwaltungen zur Aufklärung nationalsozialistischer Verbrechen" in Ludwigsburg eingerichtet. Zahlreiche antisemitische Vorfälle, z. B. das Beschmieren der Kölner Synagoge 1959 oder der Fall Hans Globke, der, obwohl er zu den Mitverfassern der Nürnberger Gesetze zählte, lange Zeit Chef des Bundeskanzleramts unter Adenauer war, verdeutlichen aber die langen Schatten der Vergangenheit.

Die 1960er-Jahre

In Jerusalem fand **1961** der Prozess gegen **Adolf Eichmann** statt (→ S. 201). Eichmann hatte im Reichssicherheitshauptamt die Deportation und Ermordung der jüdischen Bevölkerung geplant und war vom israelischen Geheimdienst Mossad aus Argentinien entführt worden. Der Prozess endete mit einem Todesurteil und Eichmanns Hinrichtung am 1. Juni 1962. Die jüdische Philosophin und Prozessbeobachterin **Hannah Arendt** nannte Eichmann einen „Hanswurst" und sprach von der „Banalität des Bösen", die sich in seinem Verhalten zeige. Sie wollte damit verdeutlichen, dass sich das „Böse" und eine „unauffällige Normalität" nicht ausschließen. Die heutige Forschung hat dagegen einen radikalen Antisemitismus als Triebfeder Eichmanns herausgearbeitet.

In der BRD steigerte der Eichmann-Prozess das Interesse an der Aufarbeitung der NS-Vergangenheit. Er bewirkte, dass sich die Bevölkerung mit dem Thema Nationalsozialismus wieder befasste, wobei kontroverse Einstellungen zu den Gräueltaten der NS-Diktatur deutlich wurden. Die Bestrafung Eichmanns wurde von zwei Dritteln der Deutschen als richtig empfunden.

Da Umfragen zeigten, dass das Wissen der jungen Deutschen über die Zeit des Nationalsozialismus gering war, wurde die **Bundeszentrale für politische Bildung** gegründet und mit einer intensiveren Beschäftigung mit der NS-Geschichte in der Schule begonnen.

Von 1963 bis 1965 fanden in Frankfurt die größten Prozesse der deutschen Nachkriegsgeschichte gegen Angehörige des Lagerpersonals des Vernichtungslagers Ausschwitz-Birkenau statt (**Auschwitzprozesse**). Dies geschah zwei Jahre, ehe Mord, Mordversuch und Beihilfe zum Mord 1965 nach damals geltendem Recht verjährt gewesen wären. Die NS-Verbrechen lösten in der BRD eine **Debatte** über die **Verjährung von Mord** aus. Eine knappe Mehrheit der Bevölkerung und die Politik sprachen sich gegen eine Verlängerung der Verjährungsfrist von Mord und somit auch gegen die weitere strafrechtliche Verfolgung von NS-Tätern aus. Viele Initiativen aus dem In- und Ausland (Israel, USA, Russland) wandten sich gegen diese Auffassung. Am Ende stand ein Kompromiss: Die Verjährung wurde um vier Jahre verlängert. Allerdings galt die Beihilfe zum Mord ohne „niedere Beweggründe" als Mordversuch und verjährte deshalb. Mitarbeiter von SD, Gestapo und RSHA blieben oft straffrei.

Die Justiz nahm sich der NS-Verbrechen nun deutlich umfassender an. Die Erkenntnisse aus diesen Verfahren wurden sehr öffentlichkeitswirksam diskutiert, und die emotionalisierte jüngere Generation forderte eine entschiedenere Aufklärung der Vergangenheit und eine Veränderung der gesellschaftlichen und politischen Strukturen. Die **Studentenbewegung** Ende der 1960er-Jahre (→ S. 267 f.) verlangte schließlich eine gründliche Vergangenheitsbewältigung und u. a. auch den Austausch belasteter Professoren an den Universitäten.

Die 1970er-Jahre

Obwohl in den 1970er-Jahren noch ca. die Hälfte der Deutschen den Nationalsozialismus erlebt hatte, sich die Generation der Zeitzeugen noch im Berufsleben befand und viele Täter noch lebten, spielte die Geschichte des Nationalsozialismus zunächst keine zentrale Rolle im öffentlichen Diskurs. In den Fokus geriet sie aber wieder durch die Fernsehserie „**Holocaust – Die Geschichte der Familie Weiss**", die 1978 in den USA und 1979 auch in der Bundesrepublik ausgestrahlt wurde. Die Serie erreichte hohe Einschaltquoten und löste breite Diskussionen über den Umgang mit der NS-Vergangenheit aus. Seither ist für den Genozid an der europäischen jüdischen Bevölkerung auch in Deutschland der Begriff Holocaust gebräuchlich.

Die 1980er-Jahre

In den **1980er-Jahren** entstand eine Debatte über die Einzigartigkeit des Holocaust und seine Bedeutung für die Identität der Deutschen. Der sogenannte **Historikerstreit 1986/87** entbrannte an einem Artikel von Ernst Nolte, der den Holocaust als Reaktion auf vorausgegangene Massenverbrechen und -morde im Gulag-System der Sowjetunion sah. In dieser Lesart war der Mord an der jüdischen Bevölkerung kausal mit den „ursprünglicheren" Taten der Bolschewisten verbunden und konnte gar als Abwehrreaktion des europäischen Bürgertums gegen den Bolschewismus gesehen und der Nationalsozialismus somit als reiner Antibolschewismus verstanden werden. Noltes These, da sie die Singularität des Genozids an der europäischen jüdischen Bevölkerung relativierte und die Frage aufwarf, inwiefern der Holocaust das deutsche Geschichtsbild prägen solle, löste heftige Kontroversen aus.

Der Historikerstreit führte zu einer Intensivierung die Holocaustforschung, die den Ablauf des Massenmords an den europäischen jüdischen Bürgern nun detaillierter untersuchte und dabei auch die Perspektive der Opfer stärker berücksichtigte.

Die 1990er-Jahre

In den 1990er-Jahren veröffentlichte **Daniel J. Goldhagen** seine Dissertation über die Motive der Täter („Hitlers willige Vollstrecker"). Darin geht er davon aus, dass ein „eliminatorischer Antisemitismus" die Hauptursache für den Völkermord an den jüdischen Menschen gewesen sei, der in der Kulturgeschichte der Deutschen verankert und nicht erst im Nationalsozialismus ausgebildet worden sei. Diese These löste 1996 eine öffentliche Debatte aus (→ S. 203) und wurde von renommierten Historikern bestritten, darunter Eric Hobsbawm, **Christopher Browning** („Ganz normale Männer") und Götz Aly („Hitlers Volksstaat").

Die Jahre seit 2000

Im April 2015 begann am Landgericht Lüneburg der **Auschwitzprozess gegen Oskar Gröning**, der wegen Beihilfe zum Mord in 300 000 Fällen von der Staatsanwaltschaft angeklagt wurde. Die Verurteilung des „Buchhalters von Auschwitz" markierte eine juristische Zäsur. Die Morde wurden nun als einheitliche Tat verstanden. Folglich genügen fortan die bloße Anwesenheit und die funktionale Mitwirkung am Genozid, um eine Verurteilung wegen Beihilfe zu erreichen. Der Nachweis einer konkreten Mitwirkungshandlung ist nicht mehr erforderlich. Dies ermöglicht letzte NS-Prozesse.

Nach einer Umfrage 2020 in „Die Zeit" (19/2020) wollen 53 % der Deutschen heute einen Schlussstrich unter die NS-Vergangenheit ziehen. 66 % möchten mehr über dieses Thema wissen, 53 % gehen davon aus, dass nur einige Verbrecher den Krieg angezettelt und die jüdische Bevölkerung umgebracht hätten, und 76 % haben die Hoffnung, aus der Geschichte zu lernen.

Nationalsozialismus und Zweiter Weltkrieg 1933 bis 1945

30.01.1933	Hitler wird **Reichskanzler** („Machtergreifung“).
27.02.1933	**Reichstagsbrand**
28.02.1933	„Verordnung zum Schutz von Volk und Staat“ setzt Grundrechte außer Kraft; zunehmende Verfolgung politischer Gegner.
22.03.1933	Erstes Konzentrationslager (KZ Dachau) wird eröffnet.
23.03.1933	**Ermächtigungsgesetz** – Aufhebung der Gewaltenteilung
31.03.1933	**Gleichschaltung der Länder**
14.07.1933	**Gesetz gegen Neubildung von Parteien**
01.12.1933	Durch das Gesetz zur Sicherung der Einheit von Partei und Staat“ entsteht formal ein Einparteienstaat.
30.06.1934	**Röhm-Putsch**: SA verliert an Bedeutung; Aufstieg der SS.
02.08.1934	Tod Hindenburgs: Hitler vereinigt die Ämter des Reichspräsidenten und Reichskanzlers („Führer“).
15.09.1935	**Nürnberger Rassengesetze**
13.03.1938	„Anschluss“ Österreichs
29.09.1938	Annexion des Sudentenlandes
09.11.1938	Reichspogromnacht
15.03.1939	Einmarsch in die Tschechoslowakei
23.08.1939	**Hitler-Stalin-Pakt**
01.09.1939	**Überfall auf Polen**: Beginn des Zweiten Weltkrieges
22.06.1941	Überfall auf die Sowjetunion
19.09.1941	„Judenstern“ wird für alle jüdischen Bürger verpflichtend
08.12.1941	**Eintritt der USA in den Krieg**
20.01.1942	**Wannseekonferenz**: Organisation des Holocaust
18.02.1943	Goebbels-Rede: „Wollt ihr den totalen Krieg?“
19.04.1943	Aufstand im Warschauer Ghetto
06.06.1944	**Landung der Alliierten in der Normandie** (D-Day)
20.07.1944	**Attentat auf Hitler** (Operation Walküre)
27.01.1945	**Befreiung von Auschwitz**
04.02.1945	Beginn der **Konferenz von Jalta** (Churchill, Roosevelt und Stalin)
07. u. 08.05.1945	Unterzeichnung der **bedingungslosen Kapitulation**
06. u. 09.08.1945	Abwurf der **US-Atombomben** auf **Hiroshima** und **Nagasaki** (**Japan**)
02.09.1945	**Kapitulation Japans** und Ende des Zweiten Weltkrieges

10 Die Welt nach 1945

Am 8. Mai 1945 endete der Zweite Weltkrieg mit der Kapitulation Deutschlands. Im Juni 1945 übernahmen die Alliierten, die schon während des Krieges Pläne für Nachkriegsdeutschland gemacht hatten, die oberste Regierungsgewalt in Deutschland.

Nach dem Sieg über Deutschland brachen die während des Krieges zurückgestellten Gegensätze zwischen den Siegermächten wieder auf. Es bildeten sich politisch, wirtschaftlich und militärisch gegensätzliche Blöcke unter der Führung der UdSSR und der USA, die eine bipolare Weltordnung entstehen ließen. Der pluralistisch-demokratische Westen stand dem sozialistisch und zentralistisch ausgerichteten Osten gegenüber. Die Entwicklung der beiden 1949 gegründeten deutschen Staaten BRD und DDR ist vor dem Hintergrund dieser Blockbildung zu verstehen. Während in der BRD die Westintegration vorangetrieben wurde, verband sich die DDR mit dem Osten.

Der Kalte Krieg der Supermächte wurde global und auf militärischer, politischer, kultureller und wirtschaftlicher Ebene geführt. Der Konflikt und die Angst vor der atomaren Vernichtung prägten die Welt für ein halbes Jahrhundert.

10.1 Deutschland nach Kriegsende

Bereits vor dem Ende des Zweiten Weltkrieges wurden Differenzen und gegenseitiges Misstrauen zwischen den USA und der UdSSR deutlich. Solange der gemeinsame Gegner noch nicht besiegt war, wurden die Meinungsverschiedenheiten innerhalb der Anti-Hitler-Koalition zurückgestellt, um den Sieg über Deutschland, Italien und Japan nicht zu gefährden.

Meinungsverschiedenheiten gab es bei folgenden Kernfragen, die auf verschiedenen Kriegszielkonferenzen zwischen 1943 und 1945 kontrovers diskutiert wurden:

- Sollte Deutschland als Einheitsstaat erhalten bleiben? Oder sollte es in unabhängige Einzelstaaten zerstückelt werden? Wie sollten die künftigen Außengrenzen aussehen?
- Wie sollte Deutschlands künftige politische und wirtschaftliche Ordnung sein?
- In welcher Weise sollte es in eine zu schaffende europäische Nachkriegsordnung eingebunden werden?
- In welcher Höhe und auf welche Weise sollte Deutschland Reparationen zahlen?

Deutschlandpläne der Alliierten: die Kriegskonferenzen im Überblick

Atlantik-Konferenz (August 1941):

Der britische Premierminister Churchill und der amerikanische Präsident Roosevelt formulierten in der **Atlantik-Charta** vier Freiheiten als Grundsätze ihrer internationalen Politik: Selbstbestimmungsrecht der Völker bei der Wahl ihrer Regierungsformen, Garantie der Unabhängigkeit und Souveränität der einzelnen Staaten, wirtschaftliche Gleichberechtigung, Verzicht der Staaten auf jegliche Gebietserweiterungen.

Konferenz von Casablanca (Januar 1943)

Roosevelt und Churchill verkündeten als Kriegsziel die **„bedingungslose Kapitulation Deutschlands"** (*Unconditional Surrender*).

Konferenz von Moskau (Oktober/November 1943)

Die Außenminister der USA, Großbritanniens und der UdSSR trafen Vorabsprachen, wie Nachkriegsdeutschland nach dem Krieg behandelt werden sollte. Ein schnelles Wiedererstarken Deutschlands sollte auf jeden Fall verhindert und das Land nachhaltig geschwächt werden durch Besetzung mit alliierten Truppen, Übernahme der Regierungsgewalt, Entmilitarisierung, Entnazifizierung, Demokratisierung, Zerstörung der Kriegsindustrie, NSDAP-Verbot, Reparationszahlungen.

Die Frage nach der territorialen Behandlung Deutschlands wurde wegen Uneinigkeiten aufgeschoben. Man beschloss, die *European Advisory Commission* (EAC) zu gründen, die sich mit der Lösung des Problems beschäftigen sollte.

Konferenz von Teheran (November/Dezember 1943)

Bei dieser Konferenz der „Großen Drei" (Churchill, Roosevelt, Stalin) wurden zwei grundsätzliche Entscheidungen getroffen, die die europäische Nachkriegsgeschichte langfristig beeinflussten:

- Als künftige Ostgrenze Polens akzeptierten Roosevelt und Churchill die Curzon-Linie und die Verschiebung Polens nach Westen auf Kosten Deutschlands.
- Churchill wollte eine zweite Kriegsfront von der Adria zur Ostsee, um das Vordringen der Roten Armee nach Mitteleuropa zu verhindern. Stalin forderte sie in Nordfrankreich, damit die Rote Armee weit nach Mitteleuropa vordringen konnte. Stalin setzte sich durch.

Das Kernproblem der Konferenz war der territoriale Status Deutschlands. Es zeigten sich erneut deutliche Differenzen innerhalb der Anti-Hitler-Koalition.

- Roosevelt (USA) sah Deutschland als „Versuchsfeld" für eine friedliche Zusammenarbeit mit der Sowjetunion. Er wollte Deutschland dauerhaft wirtschaftlich und politisch schwächen und das Land in fünf souveräne Länder aufteilen. Bedeutende Wirtschaftszentren sollten einer internationalen Kontrollbehörde unterstellt werden.

- Churchill (GB) ahnte die nach Kriegsende unvermeidliche Auseinandersetzung zwischen der UdSSR und den Westmächten. Er forderte daher ein starkes Süddeutschland als „Bollwerk" gegen die Sowjetunion inklusive einer Zweiteilung Deutschlands in Nord und Süd und eine Isolierung Preußens.
- Stalins Ziel war es, den Kommunismus und seine Macht nach dem Krieg auszudehnen. Er lehnte Churchills Plan ab, forderte eine weitgehende Zerstückelung Deutschlands und akzeptierte Roosevelts Plan nur als Minimallösung.

Londoner Protokoll (September 1944)

Die EAC vereinbart die Aufteilung Deutschlands in drei Besatzungszonen und Berlins in Sektoren unter einer interalliierten Regierungsbehörde.

Morgenthau-Plan
Die Zerstückelung Deutschlands war immer wieder im Gespräch. Am weitesten ging im August 1944 der amerikanische Finanzminister Morgenthau. Sein Plan sah vor, Gebiete im Osten an die Sowjetunion und Polen und im Westen an Frankreich abzutreten. Zudem sollte Deutschland durch Deindustrialisierung, Demontagen und Stilllegungen in einen Agrarstaat verwandelt werden. Von Roosevelt 1944 zunächst gebilligt, wurde der Plan schließlich fallen gelassen.

Konferenz von Jalta (Februar 1945)

Sie brachte eine Reihe wichtiger Beschlüsse durch die „Großen Drei":
- Erklärung über das befreite Europa: Verständigung über eine neue Nachkriegsordnung in Anlehnung an die Atlantik-Charta;
- Aufnahme Frankreichs in den Kreis der Siegermächte;
- die Provisorische Regierung der Republik Polen sollte durch eine „Regierung der Nationalen Einheit" ersetzt werden, Festlegung der Curzon-Linie als polnische Ostgrenze;
- Beschluss zur Gründung der Vereinten Nationen (UNO);
- Grundzüge der Besatzungspolitik: Aufteilung Deutschlands in vier Besatzungszonen, Verwaltung durch einen Alliierten Kontrollrat, Entnazifizierung, Entmilitarisierung, Demokratisierung;
- Reparationsleistungen Deutschlands in Höhe von 20 Mrd. Dollar, 50 % sollten an die UdSSR gehen;
- keine Zerstückelung Deutschlands.

Keine Einigung konnte erzielt werden:
- hinsichtlich der zukünftigen wirtschaftlichen Behandlung Deutschlands.
- Churchill und Roosevelt gelang es auch nicht, das Prinzip des Selbstbestimmungsrechts der Völker durchzusetzen.
- Stalin forderte die Festlegung der deutschen Ostgrenze auf die Oder-Neiße-Linie, was er in Jalta aber nicht durchsetzen konnte.

Die alliierte Besatzungspolitik

Deutschlands **bedingungslose Kapitulation** am 8. Mai 1945 bedeutete nicht nur den Zusammenbruch der nationalsozialistischen Herrschaft, sondern auch das Ende des deutschen Nationalstaates. Die Alliierten übernahmen die oberste Regierungsgewalt (Berliner Erklärung Juni 1945) in Deutschland.

In der **Konferenz von Potsdam** (Juli/August 1945) beratschlagten Truman (USA), Churchill/Attlee (GB) und Stalin erneut über Deutschland und die europäische Nachkriegsordnung. Die Vorstellungen lagen nach wie vor weit auseinander und die Konferenz endete mit keinem völkerrechtlich bindenden Abkommen.

Die unterschiedlichen Ideologien der Siegermächte und die uneinheitliche Umsetzung der Potsdamer Beschlüsse bewirkten schließlich die verschiedenartige Entwicklung in den Besatzungszonen und die Teilung Deutschlands.

Die **wichtigsten Beschlüsse** der **Potsdamer Konferenz** waren:

- Deutschland wird in vier Besatzungszonen, Berlin in vier Sektoren aufgeteilt;
- Festlegung von politischen Grundsätzen im Umgang mit Deutschland: Denazifizierung, Demilitarisierung, Demokratisierung, Dezentralisierung, Demontage (5 Ds);
- Bildung eines Außenministerrates für übergeordnete Fragen und eines Alliierten Kontrollrates, der sich aus den Militärgouverneuren der Besatzungszonen zusammensetzte und die höchste Regierungsgewalt ausüben sollte;
- Reparationen entnehmen die Siegermächte aus ihrer Zone, die UdSSR zusätzlich 10 % aus den Westzonen;
- das nördliche Ostpreußen fällt an die UdSSR, die Oder-Neiße-Linie wird als vorläufige Ostgrenze akzeptiert, eine endgültige Regelung sollte in einem späteren Friedensvertrag erfolgen;
- die deutsche Bevölkerung aus den abgetretenen Gebieten sollte in die vier Besatzungzonen umgesiedelt werden.

Am 7. August 1945 stimmte auch Frankreich den Ergebnissen zu. Das Potsdamer Abkommen war bis zum Abschluss des Friedensvertrages (Zwei-plus-Vier-Vertrag) mit dem wiedervereinten Deutschland 1990 gültig (→ S. 302).

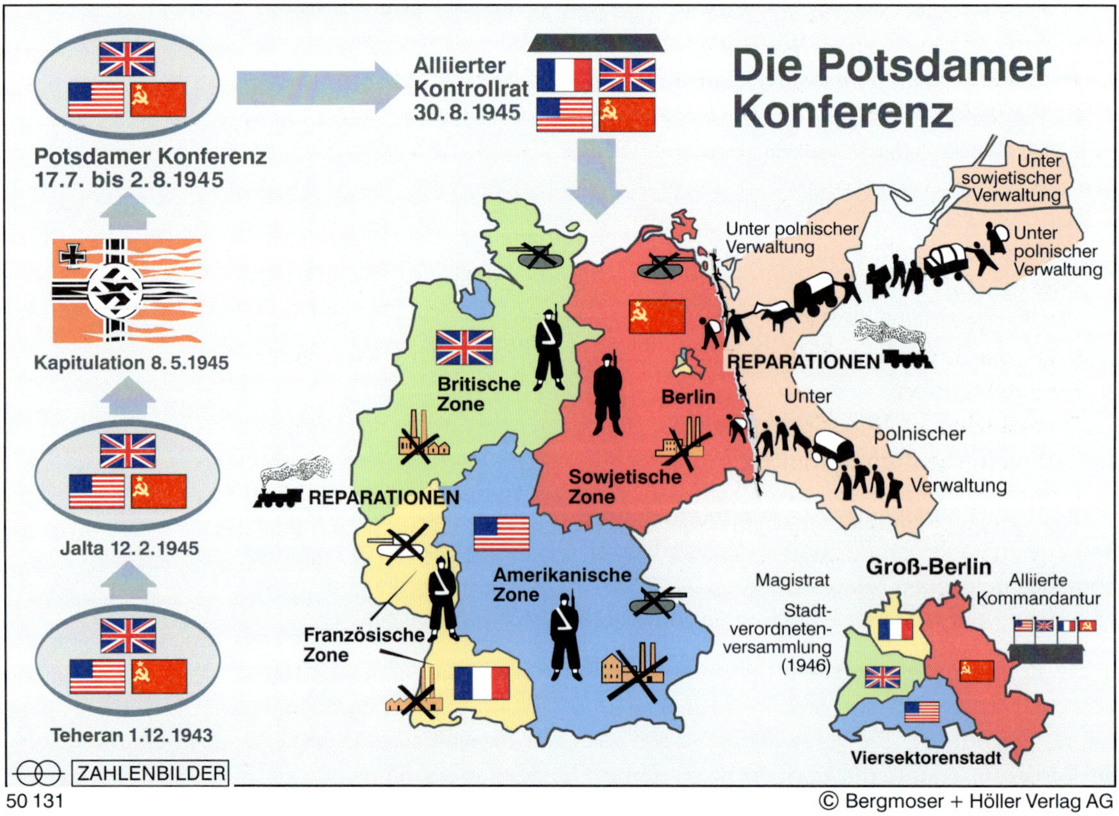

50 131

Ein zerstörtes Land – die „Stunde Null"

Für den Zusammenbruch und den darauffolgenden Neuanfang Deutschlands hat sich die Bezeichnung **„Stunde Null"** eingebürgert. „Zusammengebrochen" war fast alles, nicht nur materielle Werte, denn große Teile der Bevölkerung standen durch Kriegszerstörungen praktisch vor dem Nichts, sondern auch immaterielle Werte und Traditionen.

Die **Auswirkungen des Krieges** gingen weit über die politischen Folgen hinaus und lassen sich in fast allen Bereichen ausmachen:

- **Gesellschaft**: Die Gesellschaft war „zwangsmobilisiert". Es gab 8 bis 10 Mio. *Displaced Persons*, also „verschleppte" Personen, die sich außerhalb ihres Heimatstaates aufhielten: Zwangsarbeiterinnen und Zwangsarbeiter, KZ-Häftlinge, ausländische Kriegsgefangene. Hinzu kamen 8 Mio. „Evakuierte" aufgrund von Bombardierungen und Betriebsverlagerungen und ca. 12 Mio. Vertriebene und Flüchtlinge. Von 18 Mio. Soldaten war ca. jeder Dritte tot, 10 Mio. waren in Kriegsgefangenschaft geraten.

Vertriebene in Berlin 1945

- **Kultur**: Der Holocaust, der einen Zivilisationsbruch darstellte, erschütterte Deutschlands Selbstverständnis als „Kulturnation".
- **Wirtschaft**: Industrieanlagen waren nur zu einem geringen Teil beschädigt. Die Warenknappheit und Zwangsbewirtschaftung über Lebensmittelscheine sorgte für die Etablierung des Schwarzmarktes (1946/47: geschätzt 15% des Gesamtmarktes). Geld war praktisch wertlos geworden. „Hamsterfahrten" auf das Land und Nahrungsmittelpakete aus den USA (CARE-Pakete) sicherten das Überleben.
- **Infrastruktur**: Alliierte Luftangriffe hatten rund 80% der Städte, 30% der Wohnungen in den vier Besatzungszonen und weite Teile des Schienennetzes sowie der Strom- und Wasserleitungen zerstört. 1,5 Mio. Menschen lebten in Notunterkünften.
- **Psychologie und Alltagsleben**: Viele Menschen wussten nichts über den Verbleib von Angehörigen. Hunger herrschte vor allem im Winter 1946/47: Nahrungsmittel wurden rationiert, d.h. über Lebensmittelkarten zugeteilt. Viele Mangelkrankheiten brachen aus. Die Sorge um das Überleben und der Rückgang der gesellschaftlichen Solidarität prägten das Leben und verdrängten politische Fragen.

Geschichte kontrovers

Stunde Null, ein Mythos?

Der Begriff „Stunde Null" suggeriert, dass nach dem Zusammenbruch des Deutschen Reiches ein Neuanfang und damit ein Bruch mit der Vergangenheit stattfand. Unstrittig ist, dass sich 1945 hinsichtlich des politischen Systems ein Bruch ereignete: Das NS-Regime war beendet, die Alliierten besetzten und kontrollierten Deutschland. Allerdings gab es trotz der Entnazifizierung personelle Kontinuitäten in Politik und Wirtschaft. Auch die politische Kultur, die Einstellungen und das Verhalten der Menschen änderten sich 1945 nicht zwangsläufig.

Der Historiker Hans-Ulrich Wehler betont mit Blick auf die Nachkriegszeit den Aspekt der Kontinuität, wenn er von einem rasanten Werte- und Normenzerfall spricht, der schon unter Hitler eingesetzt und sich nach 1945 bruchlos fortgesetzt habe.

Richard von Weizsäcker (Bundespräsident 1984 bis 1994) sagte 1985 mit Blick auf den 8. Mai, den er als „Tag der Befreiung" bezeichnete: „Es gab keine Stunde Null, aber wir hatten die Chance zu einem Neubeginn."

Der Historiker Christoph Kleßmann relativiert die Vorstellung vom Neuanfang 1945, da weder die Niederlage so total, noch die Zerstörung so umfassend gewesen seien, „dass die Deutschen als Volk um ihr physisches Überleben fürchten mussten". Auch habe es keine „gesellschaftliche Tabula rasa" gegeben, „die einen völligen Neuanfang ohne Bindungen an tradierte Strukturen ermöglicht hätte".

Flucht und Vertreibung: Ein Volk in Bewegung

Die Vertreibung aus den fast nur von Deutschen bewohnten Territorien in Ost- und Westpreußen sowie aus Pommern und Schlesien begann schon in den letzten Monaten des Zweiten Weltkrieges. Nach der Potsdamer Konferenz kam die Überführung der deutschen Bevölkerung aus Ungarn, Polen und der Tschechoslowakei hinzu. Obwohl die „Umsiedlungen" „in ordnungsgemäßer und humaner Weise erfolgen" sollten, erlebten die Flüchtlinge und Vertriebenen nun oftmals die Gewalt, die zuvor von der deutschen Besatzungsmacht ausgeübt worden war.

Die Siegermächte wollten mit dem „**Bevölkerungstransfer**" eine Mischung der Bevölkerungen und somit Konflikte verhindern, die zwischen ethnischen Minderheiten entstehen und den Frieden gefährden hätten können.

1946/47 traf das Gros der Vertriebenen aus den Ostgebieten in Deutschland ein, was zu einer **Verschärfung der Wohnungsnot** führte. Die Wohnraumsituation änderte sich erst in den 1950er-Jahren, als die Bauwirtschaft, angekurbelt durch die Währungsreform, wieder auf die Beine kam.

Von der Vertreibung und Zwangsumsiedlung muss die **Flucht** unterschieden werden. Aus Furcht vor dem Vorrücken der Roten Armee versuchten rund 5 Mio. Deutsche aus dem Osten, sich im Winter 1944/45 im Westen in Sicherheit zu bringen. Die Angst vor russischer Vergeltung war größer als die Angst, gegen das Fluchtverbot der NS-Machthaber zu verstoßen. Die Flüchtenden wurden teils Opfer der Kampfhandlungen in den letzten Kriegswochen (Opfer der Jagdflieger, Panzer der Roten Armee) oder starben an Hunger und Erfrierungen.

Der Nürnberger Hauptkriegsverbrecher-Prozess

Von November 1945 bis Oktober 1946 tagte ein **internationales Militärtribunal** aus Vertretern der vier Alliierten gegen 24 Hauptkriegsverbrecher in Nürnberg, der Stadt der NS-Reichsparteitage. Ranghöchster Angeklagter war Hermann Göring. Anklagepunkte waren Verbrechen gegen den Frieden, Verbrechen gegen die Menschlichkeit und die Vorbereitung und Durchführung eines Angriffskrieges.

Die Angeklagten beriefen sich in den Prozessen auf ihre Unwissenheit: Hitler habe die wesentlichen Entscheidungen getroffen, sie hätten nur Befehle ausgeführt, ihre Machtposition sei unbedeutend gewesen. Der Hauptprozess endete mit zwölf Todesurteilen, sieben langjährigen Haftstrafen und drei Freisprüchen. Hermann Göring entzog sich der Vollstreckung des Todesurteils durch Suizid. 1946 bis 1949 fanden **zwölf Nachfolgeprozesse**, u.a. gegen Mediziner statt.

Das Militärtribunal wurde von der Bevölkerung unterschiedlich bewertet. Die Abwesenheit deutscher Richter und die Anklage ausschließlich deutscher Kriegsverbrechen wurde von Teilen der Bevölkerung als „Siegerjustiz" empfunden. Der Prozess führte auch dazu, dass die Tätergruppe in der Wahrnehmung der deutschen Bevölkerung auf die oberste Führungsspitze und die SS verengt und die eigene Verantwortung dadurch verschleiert wurde. Der Vorwurf der „Siegerjustiz" speiste sich nicht nur aus dem Umstand, dass keine deutschen Richter beteiligt waren, sondern auch daraus, dass der Prozess gegen das Rückwirkungsverbot verstieß, wonach die Strafbarkeit einer Handlung vor Begehen der Tat bestimmt sein muss. Dem ist jedoch entgegenzusetzen, dass das deutsche Rechtswesen nach dem Krieg nicht in der Lage war, die Verbrechen zu ahnden. Dagegen bedurfte es dringend einer Aufklärung über die systematischen Massenverbrechen. Die Taten waren auch vor der NS-Zeit nach übergeordnetem Recht illegitim und die Behauptung, die Gräueltaten seien nur auf Befehl begangen worden, nicht haltbar.

Die UN-Generalversammlung bestätigte 1946 die universelle Gültigkeit der Nürnberger Prinzipien.

Entnazifizierung

In der unmittelbaren Nachkriegszeit wurde der Nationalsozialismus als „Betriebsunfall" und als eine Verkettung unglücklicher Umstände erklärt. Die deutsche Bevölkerung glaubte, keine Verantwortung zu tragen, und sah sich als Opfer eines skrupellosen, demagogischen Verbrechers. An den Gräueltaten in den KZs sei ein kleiner Kreis sadistischer SS-Männer schuld gewesen. Die Entnazifizierung wurde von den „kleineren Leuten" oft als ungerecht empfunden. Dieser Umstand sowie die wirtschaftlichen und sozialen Probleme verhinderten bei der deutschen Bevölkerung eine kritische Auseinandersetzung mit dem Nationalsozialismus.

In den vier Besatzungszonen wurde die Entnazifizierung unterschiedlich gehandhabt, sie hing von den Zielen der jeweiligen Besatzungsmacht ab. Folgende Entnazifizierungsmaßnahmen wurden u.a. durchgeführt:

- **Verhaftung** von 250 000 Deutschen durch die Amerikaner, Entlassung von ehemaligen NSDAP-Mitgliedern aus dem Staatsdienst;
- **Konfrontation** der Bevölkerung mit den Gräueltaten, z.B. in Weimar durch den Besuch des KZs Buchenwald;
- weitere **Prozesse** gegen Täter bis 1949: Verurteilung von ca. 5000 Tätern, 500 Hinrichtungen;
- **Überprüfung**: In der US-Besatzungszone mussten alle Erwachsenen Fragebögen zu ihrer Mitgliedschaft in NS-Organisationen ausfüllen. Mit deutschen Laienrichtern besetzte Spruchkammern entschieden über die Strafe. Viele Deutsche wurden als „Mitläufer" oder Unbelastete kategorisiert und auf diese Weise offiziell entlastet, oft konnten sie sich „Persilscheine" besorgen.

Persilscheine
umgangssprachliche Bezeichnung für ein Dokument, das die Unschuld einer Person bescheinigen sollte.

In der Sowjetischen Besatzungszone (SBZ) erfolgte eine schnelle Entnazifizierung mit dem Ziel, Gegner des Sozialismus auszuschalten. Rund eine halbe Million ehemaliger Nationalsozialisten wurden aus Wirtschaft und Verwaltung entfernt. In der SBZ und der späteren DDR wurde die Mitschuld der Bevölkerung bestritten mit dem Hinweis, es habe dort kommunistischen Widerstand gegeben. Auch sei der Faschismus durch den Sozialismus vollständig abgelöst worden. Eine Auseinandersetzung mit dem Nationalsozialismus fand nicht statt.

Die Entnazifizierung stellte sich als ineffizient heraus und wurde bald abgebrochen. Das **Amnestiegesetz** (Straffreiheitsgesetz) von 1954 beendete die alliierte Entnazifizierungspolitik: Vor dem 15. September 1949 begangene Straftaten waren unter bestimmten Umständen straffrei. Ziel dieses Schrittes war die Reintegration ehemaliger NS-Anhänger und deren Unterstützung beim Wiederaufbau des Landes. Die Folge war, dass sich in Verwaltung, Justiz, Wirtschaft weiterhin ehemalige NS-Anhänger befanden. Der endgültige Generationswechsel erfolgte erst in den 1970er-Jahren.

Auch wenn die Entnazifizierungsmaßnahmen einige Schwächen aufwiesen, gelang es mit ihrer Hilfe doch, die **Ideologie des Nationalsozialismus** weitgehend zu **diskreditieren** und hochrangige Nazis aus dem öffentlichen Leben herauszuhalten.

10.2 Der Kalte Krieg

Als Kalten Krieg bezeichnet man den Konflikt zwischen den Westmächten unter Führung der USA und den Ostmächten unter Führung der Sowjetunion, der von 1947 bis 1991 (Auflösung der Sowjetunion) ausgetragen wurde. Diese auch als Ost-West-Konflikt benannte Ära bestimmte die weltweite Außen- und Sicherheitspolitik der zweiten Hälfte des 20. Jahrhunderts. Zu einer direkten militärischen Konfrontation kam es nicht, wohl aber zu Stellvertreterkriegen (→ S. 222).

Ursachen, Formierung und Schuldfrage 1945 bis 1949

Die Konstellation des Kalten Krieges wurde bereits 1918 deutlich. Das 14-Punkte-Programm Wilsons (→ S. 131) war auch gegen die Bolschewiki gerichtet. Zwar änderte sich das amerikanisch-sowjetische Verhältnis im Zweiten Weltkrieg, als amerikanische Waffenlieferungen den sowjetischen Zusammenbruch verhinderten. Doch brachen die Konflikte in der Nachkriegszeit wieder auf, als das gemeinsame Ziel der Beseitigung des Nationalsozialismus erreicht worden war.

Unmittelbar nach dem Krieg verlief die Konfrontation in vier Phasen:

Erste Phase: Sommer 1945 bis Juli 1946

Im Sommer 1944 konnten sich die Alliierten noch über Einflusssphären in Ost- und Südosteuropa einigen.

Nach Kriegsende wuchs jedoch unter den westlichen Alliierten die Sorge, dass die Sowjetunion und mit ihr verbündete Parteien in den vom Krieg befreiten Ländern Tatsachen schufen. Das Vorgehen der UdSSR 1945 in Polen und Griechenland, wo kommunistische Nachbarstaaten (z. B. Jugoslawien unter Tito) kommunistische Partisanen unterstützten, stieß insbesondere in Großbritannien auf Kritik.

Partisanen
Sie sind bewaffnete Kämpfer und Kämpferinnen, die nicht zur regulären Armee eines Landes gehören, und aus dem Hinterhalt feindliche Truppen angreifen.

Mit Besorgnis wurde die Zunahme von kommunistischen Parteien beobachtet. Bei den ersten demokratischen Wahlen nach dem Krieg gelang es beispielsweise der Kommunistischen Partei in Italien (KPI), rund ein Fünftel der Stimmen auf sich zu vereinen und an der Übergangsregierung beteiligt zu sein. Nach 1947 schied sie aufgrund ihrer Bindung an die Sowjetunion aus der Regierung aus.

Stalin verweigerte 1945 die Unterschrift unter die Beschlüsse von Bretton Woods. 1944 hatten sich im amerikanischen Bretton Woods die Finanzminister und Notenbankgouverneure aus 44 Ländern getroffen, um die wirtschaftliche Nachkriegsordnung zu gestalten. Das Ergebnis des Treffens war die Gründung der **Weltbank** und des **Internationalen Währungsfonds** (IWF). Während die Weltbank bei der Kreditvergabe zur Finanzierung des Wiederaufbaus helfen sollte, oblag dem Währungsfonds die Gewährleistung und Überwachung des internationalen Zahlungsverkehrs.

Satellitenstaat
ein von einer Großmacht abhängiger Staat, obwohl er formal unabhängig ist.

Da die Sowjetunion eine Bevormundung durch die USA durch diese Gremien befürchtete, traten sie und ihre Satellitenstaaten keinem der beiden Gremien bei. Mit der Weigerung, dem Bretton-Woods-System anzugehören, isolierte Stalin die kommunistische Welt wirtschaftlich und finanziell von der westlichen Welt.

Containment-Politik
Eindämmungspolitik der USA, die diese gegenüber der Sowjetunion seit 1947 verfolgte, um eine Ausbreitung des Kommunismus zu verhindern.

Bereits im März 1946 sprach Winston Churchill von einem **„Eisernen Vorhang"**, der die Länder unter sowjetischem Einfluss von der westlichen Welt trennte. Der US-Gesandtschaftsrat George F. Kennan befürchtete, dass die Sowjetunion alle Gelegenheiten nutzen werde, ihren Einflussbereich auszuweiten. Daher müsse die Einflusssphäre der Sowjetunion **„eingedämmt"** werden (**Containment-Politik**), da sonst die internationale Position und das Gesellschaftsmodell der USA in Gefahr gerate. Trotz dieses offensichtlichen gegenseitigen Misstrauens überwog bei den Alliierten noch der Wille, Deutschland gemeinsam zu regieren. Die Containment-Politik wurde erst im März 1947 in die Öffentlichkeit getragen.

Zweite Phase: Sommer 1946 bis Frühjahr 1947

Die UdSSR lehnten es ab, die Besatzungszonen zu einer Wirtschaftseinheit zusammenzufassen. Daraufhin vereinten die Briten und Amerikaner ihre Zonen am 2.12.1946 zur Bizone, was entscheidend für die Teilung Deutschlands wurde.

Dritte Phase: März bis Juni 1947

Harry S. Truman
war von 1945 bis 1953 der 33. Präsident der Vereinigten Staaten.

Am 12. März 1947 gab US-Präsident Harry S. Truman eine Erklärung ab (**Truman-Doktrin**). Sie ging auf Meldungen zurück, wonach kommunistische Gruppierungen in Griechenland und der Türkei einen Umsturz planten. Truman sprach daraufhin im Kongress davon, dass die Welt zweigeteilt sei. Jede Nation müsse sich zwischen westlicher Demokratie und kommunistischer Diktatur entscheiden. Er versprach Hilfe für Länder, die von der Sowjetunion bedroht wurden, und erklärte, dass die USA bereit seien, den Kommunismus einzudämmen und zurückzudrängen. Die Rede gilt als **Ausgangspunkt des Kalten Krieges**. Die UdSSR reagierte mit einer „Zwei-Lager-Theorie", die ebenfalls von einer Spaltung in eine westliche und östliche Hemisphäre ausging.

In den USA setzte sich die Überzeugung durch, der Kommunismus verbreite sich besonders einfach in wirtschaftlich instabilen Ländern. Deshalb müsse den Europäern, v. a. den Deutschen, wirtschaftlich geholfen werden. Dazu diente das *European Recovery Program* (ERP), das am 5. Juni 1947 von US-Außenminister George Marshall bekannt gegeben wurde (**Marshall-Plan**). Diese Wirtschaftshilfe richtete sich an alle europäischen Länder, setzte aber freie Märkte und freie Handelsbeziehungen voraus. Der Marshall-Plan gab den Anstoß für die Gründung der Organisation für wirtschaftliche Zusammenarbeit (OEEC, später OECD). Der Marshall-Plan war ein **Meilenstein** und förderte den wirtschaftlichen Aufschwung. Durch den Beitritt zur OEEC war Deutschland zumindest wirtschaftlich wieder ein Partner in Westeuropa. Die vorangegangene Demontage der Industrieanlagen erwies sich nun als Vorteil: Mit den Geldern des Marshall-Plans konnten neue Maschinen gekauft und die Produktivität deutlich erhöht werden.

Vierte Phase: Juni 1947 bis Juni 1948

Im Juni 1947 lehnte die UdSSR die Marshall-Plan-Gelder ab. Als Gegenmodell wurde am 25. Januar 1949 der **Rat für gegenseitige Wirtschaftshilfe** (RGW) mit eigenem Finanzsystem aufgelegt. Am 20. März 1948 verließ der sowjetische Vertreter den **Alliierten Kontrollrat**, was für einen Bedeutungsverlust der Institution sorgte und die Gräben zwischen den Alliierten vertiefte.

Zu einer weiteren Entfremdung führte die **Berlin-Blockade** (24. Juni 1948 bis 12. Mai 1949, auch Erste Berlin-Krise), die in engem Zusammenhang mit der Währungsreform im Juni 1948 stand (→ S. 230). Die Umstellung der Währung von der Reichsmark auf die Deutsche Mark war nötig für die Teilnahme am Marshall-Plan. Die UdSSR reagierte darauf mit einer Reform der Ostwährung unter Einbeziehung Berlins. Nach dem Scheitern von Verhandlungen über eine gemeinsame Währung wurde die Deutsche Mark auch im Westen Berlins gültige Währung. Als Moskau daraufhin alle Zufahrtswege zur Stadt blockierte, wurden die ca. 2,2 Mio. Westberliner durch Flugzeuge der Alliierten („Rosinenbomber") mit Lebensmitteln und anderen Hilfsgütern versorgt. Die **Luftbrücke** erzeugte enorme Sympathien für die Westmächte.

Rat für gegenseitige Wirtschaftshilfe (RGW) 1949 als Gegenstück zum Marshall-Plan und zur OEEC gegründet. Der RGW stand unter der Führung der Sowjetunion und sollte die Staaten Osteuropas wirtschaftlich enger an die Sowjetunion binden. Der RGW hatte 11 Mitgliedsstaaten. Nach Öffnung des „Eisernen Vorhangs" wurde er 1991 aufgelöst.

Die Berlin-Blockade führte zu einer antikommunistischen Solidarität zwischen den Westmächten, den Westdeutschen und den Westberlinern. Damit verknüpft war auch die Garantie der Westalliierten für den Verbleib Westberlins im eigenen politischen Lager, selbst unter Inkaufnahme des Risikos eines Atomkrieges. Berlin wurde dadurch zu einem politischen Symbol. Die Berlin-Blockade war der erste Höhepunkt des Kalten Krieges, dessen Fronten hier für alle offensichtlich waren. Die Blockade der Stadt durch die Sowjetunion wurde angesichts ihrer Erfolglosigkeit im Mai 1949 aufgegeben.

Geschichte kontrovers

Die Schuldfrage im Kalten Krieg

Für den Westen war der auf globale Expansion angelegte Charakter der marxistisch-leninistischen Ideologie schuld am Dauerkonflikt der Supermächte. Die sowjetische Lesart sah im US-Imperialismus bzw. Atomwaffenmonopol die Ursache der Konfrontation. In den 1970er-Jahren entstand die Auffassung, die bilaterale Auseinandersetzung habe ihre Ursache in missverstandener Kommunikation und Wahrnehmung.

In der Forschung wird über die Motivation Stalins in der unmittelbaren Nachkriegszeit diskutiert. Verfolgte er eine aggressive Strategie mit dem Ziel der Verbreitung des Kommunismus? Oder dominierten defensive Motive wie Sicherheit durch einen „Sicherheitsgürtel" neutraler oder abhängiger Staaten in Osteuropa bzw. die Absicherung der Reparationen? Die Berichterstattung über das Verhalten der Rotarmisten in Deutschland beeinflusste die öffentliche Meinung im angelsächsischen Raum dahingehend, Westeuropa nicht in den Einflussbereich der Sowjetunion kommen zu lassen.

Die bipolare Welt – Stellvertreterkriege und Stellvertreterkonflikte

Historiker und Politikwissenschaftler charakterisieren die internationale Staatenwelt zwischen 1945 und 1990/91 als bipolar. Bipolar bedeutet in diesem Zusammenhang, dass sich zwei einander feindlich gesinnte Machtzentren gegenüberstanden, die die internationalen Beziehungen und damit die Außenpolitik anderer Länder kontrollierten. Nach dem Zweiten Weltkrieg befanden sich zahlreiche Länder der westlichen Hemisphäre in der Gefolgschaft der USA, Länder der östlichen Hemisphäre in der Gefolgschaft der Sowjetunion. Beide unterstützten die entsprechenden Staaten beispielsweise mit Waffenlieferungen, Auslandshilfen und Exportgarantien. Sie mischten sich zudem in regionale Konflikte in Mittel- und Lateinamerika, Afrika und Südostasien ein, um dadurch den Einfluss der anderen Führungsmacht zurückzudrängen und die eigenen machtpolitischen Interessen voranzutreiben (Stellvertreterkriege). Die wichtigsten Auseinandersetzungen waren der Koreakrieg, die Zweite Berlin-Krise, die Kubakrise und der Vietnamkrieg.

Der Koreakrieg (1950 bis 1953)

Korea wurde 1945 in zwei Staaten aufgeteilt.

Nach dem Zweiten Weltkrieg teilten die USA und die Sowjetunion Korea entlang des 38. Breitengrades in zwei Teile. 1948 rief Kim Il-Sung im sowjetischen Einflussbereich die kommunistische Demokratische Volksrepublik Korea aus. Diese griff, mit sowjetischer und chinesischer Zustimmung, 1950 zur „Vollendung des nationalen Territoriums" den unter amerikanischem Schutz stehenden Süden, die Republik von Korea, an. Der Sicherheitsrat der UN ermächtigte eine Koalition unter Führung der USA zum Eingreifen aufseiten Südkoreas. Das Vetorecht der UdSSR im Sicherheitsrat kam nicht zur Geltung, da die Sowjets dieses Gremium wegen einer Auseinandersetzung um den Status Taiwans blockiert hatten. Nach der Eroberung von Pjöngjang, der Hauptstadt Nordkoreas, durch die internationale Streitmacht griffen die Chinesen mit „Freiwilligentruppen" und der Zustimmung der UdSSR Ende 1950 ein und eroberten Pjöngjang zurück. Der Oberkommandierende der UN-Koalition, General Douglas MacArthur, forderte den Atomschlag gegen China. Präsident Truman lehnte dies allerdings ab.

Der Waffenstillstand 1953 festigte nahezu den alten Grenzverlauf. Die „Demilitarisierte Zone" (DMZ) symbolisierte fortan als stark gesicherte „tote Zone" diese dynamische Entwicklung des Kalten Krieges. Bis heute garantieren die USA die Sicherheit Südkoreas.

Mit dem Eingriff in den Koreakrieg wollten die USA verdeutlichen, dass sie dem Vormarsch der Kommunisten energisch entgegentreten. Noch während des Krieges setzte sich der US-Außenminister John Foster Dulles für eine Politik des „**Rollback**" ein. Sie war darauf angelegt, die Ausbreitung des Kommunismus nicht nur zu verhindern, sondern ihn auch zurückzudrängen. Nach dem Koreakrieg rüsteten die Amerikaner ihre konventionelle Armee massiv auf.

Zweite Berlin-Krise (1958 bis 1961)

Auf der Potsdamer Konferenz (1945) wurde Berlin, die ehemalige Hauptstadt des Deutschen Reiches, in vier Sektoren geteilt. Westberlin wurde 1949 eine Exklave der BRD, Ostberlin entgegen dem Viermächtestatus der Siegermächte zur Hauptstadt der DDR. Trotz der Teilung der Stadt seit der Ersten Berlin-Krise 1948 (→ S. 221) wurden die Sektorengrenzen täglich von 500 000 Menschen überquert.

Im November 1958 schickte Nikita S. Chruschtschow an die Besatzungsmächte, die BRD und die DDR eine Note (**Berlin-Ultimatum**, auch **Chruschtschow-Ultimatum**). Darin drohte er, der DDR die Kontrolle über die Zufahrtswege zwischen Westdeutschland und Westberlin zu übertragen, sollten die Alliierten nicht innerhalb eines halben Jahres zustimmen, Westberlin in eine freie Stadt zu verwandeln. Zudem sollte ein Friedensvertrag abgeschlossen werden. Chruschtschow wollte damit nicht nur Berlin einnehmen, sondern auch die Anerkennung der DDR forcieren. Das Ultimatum wurde abgewiesen, setzte aber in der BRD eine Neuorientierung in der Deutschlandpolitik in Gang. Die SPD gab nun der Westintegration und nicht länger der deutschen Einheit den Vorrang.

Nach einem neuen Ultimatum, in dem Chruschtschow die völkerrechtliche Anerkennung der DDR gefordert hatte, formulierte John F. Kennedy 1961 seine *„three essentials"*:

1. Besatzungsrecht der westlichen Truppen in Westberlin,
2. freier Zugang nach Westberlin und
3. Freiheit und Sicherheit für die Bewohner Westberlins.

Eine Verletzung dieser drei Essentials würde eine militärische Auseinandersetzung bedeuten.

Kennedy wollte damit den Status quo wahren. Allerdings schlossen die Essentials die Abriegelung des Ostsektors nicht aus, Kennedy hatte die Freiheit der Ostberliner nicht angesprochen.

Da die Zahl der Menschen, die vom Ost- in den Westteil der Stadt flohen, ständig stieg, beschlossen Moskau und Ostberlin, den östlichen Teil der Stadt am 13. August 1961 durch eine **Mauer** abzuriegeln. Die Mauer wurde in der DDR fortan propagandistisch instrumentalisiert und galt als „antifaschistischer Schutzwall".

Trotz der Einwände Willy Brandts, des Regierenden Bürgermeisters von Berlin, waren die Westalliierten nur zu symbolischen Gegenmaßnahmen bereit.

Die Kubakrise (1962) – die Welt am Abgrund?

Seit dem 19. Jahrhundert versuchten die Amerikaner, sich in die Politik der südamerikanischen Länder und ihrer benachbarten Inselstaaten einzumischen. 1898 unterstützen sie den Unabhängigkeitskampf Kubas gegen Spanien militärisch und behielten auch nach dem Ende des Krieges 1902 Einfluss in Kuba. Um ihre **Wirtschaftsinteressen** zu schützen, unterstützten sie General Batista, der 1952 durch einen Putsch an die Macht kam. 1959 beendete **Fidel Castro** durch eine Revolution, die von der Sowjetunion unterstützt wurde, die US-freundliche Diktatur Batistas. Nach der Machtübernahme durch Fidel Castro, die zu einer Verschiebung des Status quo zulasten der USA führte, begannen die USA, Kuba mit Embargos, Militäraktionen, Sabotagen und Propaganda zu bekämpfen.

John F. Kennedy war von 1961 bis 1963 der 35. Präsident der Vereinigten Staaten. Er wurde am 22.11.1963 Opfer eines Attentats.

Zu einer Zuspitzung und zum Höhepunkt des Kalten Krieges kam es 1962, als die UdSSR **Mittelstreckenraketen** mit atomaren Sprengköpfen auf **Kuba** stationierte und sich die USA dadurch unmittelbar bedroht fühlten (Entfernung zu Florida ca. 170 km). John F. Kennedy forderte den sowjetischen Staats- und Parteichef Nikita Chruschtschow daraufhin auf, diese zu entfernen. Gleichzeitig mobilisierte er seine Streitkräfte und verhängte eine Seeblockade gegen Kuba. Schiffe, die mit Kriegsmaterial beladen waren, sollten notfalls mit Waffengewalt gestoppt werden.

Ein **Atomkrieg** war in den Tagen vom 22. bis 25. Oktober 1962 zum Greifen nahe. 1945 bis 1949 waren die USA noch als einzige Macht im Besitz der Atombombe, seit 1949 holten die UdSSR diesbezüglich jedoch auf. Seit den 1950er-Jahren bestand zwischen beiden Mächten ein **atomares Patt**, das „Gleichgewicht des Schreckens“ genannt wurde: Beide Kontrahenten waren in der Lage, mit ihren Atomwaffen die Erde mehrfach zu zerstören. Keiner von beiden konnte gegen den anderen militärisch vorgehen, ohne Gefahr zu laufen, sich dadurch selbst zu vernichten.

Diese unmittelbare Gefährdung beider Seiten führte dazu, dass sich die Konfliktparteien an den Verhandlungstisch setzten und einlenkten. Die UdSSR zog die Langstreckenraketen ab, die USA sicherte im Gegenzug zu, auf Kuba nicht zu intervenieren und in der Türkei stationierte Raketen ebenfalls abzubauen. Außerdem verständigten sich beide auf den „heißen Draht“ (30. August 1963), eine Fernschreibeverbindung als direkte, ständige Verbindung zwischen Moskau und Washington, über den sich die Kontrahenten im Konfliktfall schneller verständigen konnten.

Um einen Atomkrieg zu vermeiden, gingen die Kontrahenten in kleinen Schritten aufeinander zu, ohne die weitere Aufrüstung zu beenden. John F. Kennedy setzte allerdings kurz vor seiner Ermordung 1963 das Thema Entspannungspolitik auf die Agenda der USA.

Der Vietnamkrieg (1955 bis 1975) – das amerikanische Trauma

Der Vietnamkrieg (auch Zweiter Indochina-Krieg) war der blutigste und längste Krieg während der Zeit des Kalten Krieges. Die Vorgeschichte des Vietnamkrieges beginnt nach dem Zweiten Weltkrieg. Frankreich, ehemalige Kolonialmacht von Indochina, führte einen Krieg zur Rekolonisierung Vietnams (Erster Indochina-Krieg 1946 bis 1954). 1950 schickte US-Präsident Truman Militärberater nach Vietnam, um die französische Kolonialmacht gegen die kommunistische Aufstandsbewegung der Viet Minh unter Führung von Hồ Chí Minh zu unterstützen. Nach der Niederlage in Điện Biên Phủ **1954** zogen sich die Franzosen aus Vietnam zurück. Das Land wurde auf der Indochina-Konferenz in Genf aufgeteilt in ein **kommunistisches Nordvietnam**, das Hilfe vom Ostblock und China bekam, und in das **prowestliche Südvietnam**, in dem die USA den Diktator Ngo Diem unterstützten. Nach der Teilung brach von 1955 bis 1964 ein Bürgerkrieg in Vietnam aus. Die Việt Minh wollten die antikommunistische Regierung Südvietnams stürzen und das Land wiedervereinen.

Die USA fürchteten, dass mit Vietnam ganz Südostasien kommunistisch werden könnte. 1954 hatte Präsident Eisenhower die **Domino-Theorie** verkündet. Demnach bestand die Gefahr, dass ein Land, das sich in Nachbarschaft zu einem kommunistischen befand, ebenfalls kommunistisch werden könnte. Wie in einem Dominospiel könnten sich immer mehr Länder vom Westen abwenden. J. F. Kennedy bezeichnete Vietnam 1956 als „Eckpfeiler der freien Welt in Südostasien" und als „Bruchstelle des Deiches". Vietnam wurde zum Symbol für die Bereitschaft der USA, eigene Verbündete zu stützen. Die USA versuchten in offener oder verdeckter Weise, den Kommunismus einzudämmen bzw. ganz zurückzudrängen (Rollback → S. 223). Dies wirkte bisweilen kontraproduktiv. Das Eingreifen der USA in Laos und Kambodscha während des Vietnamkrieges stärkte die dortigen kommunistischen Gruppierungen. Moralische Kriterien schienen beim antikommunistischen Engagement der USA kaum eine Rolle zu spielen. Sie wurden der Realpolitik untergeordnet, die USA unterstützten auch Diktatoren wie z. B. in Südvietnam.

Dwight D. Eisenhower war von 1953 bis 1961 der 34. Präsident der Vereinigten Staaten.

Offiziell griffen die Amerikaner 1964 in den Vietnamkrieg ein, nachdem es im Golf von Tonkin angeblich zu einem Angriff auf einen US-Zerstörer durch Nordvietnamesen gekommen war. Präsident Johnson entsandte Kampftruppen, deren Zahl sukzessive auf über 500 000 Mann anstieg. Der **Vietcong** („Nationale Front für die Befreiung Südvietnams"), der vom kommunistischen Nordvietnam unterstützt wurde, kämpfte gegen das prowestliche Südvietnam. Dem Vietcong gelang es mit seiner Guerilla-Taktik, in einem asymmetrischen Krieg dem US-Militär hohe Verluste zuzufügen. Zwei ungleiche Gegner standen sich gegenüber, dennoch konnten sich die USA nicht durchsetzen. Sie reagierten mit dem Einsatz harter Kampfmethoden (*Search and Destroy/Bodycount*) und verwendeten zur Entlaubung des Waldes erstmals 1965 das chemische Kampfmittel *Agent Orange*. Das Gift wurde mit Flugzeugen und Hubschraubern versprüht, um dem Vietcong die Tarnung durch den Dschungel zu nehmen und die Lebensmittelversorgung zu

Lyndon B. Johnson war von 1963 bis 1969 der 36. Präsident der Vereinigten Staaten.

Richard M. Nixon war von 1969 bis 1974 der 37. Präsident der Vereinigten Staaten.

kappen – mit katastrophalen Folgen. Es verursachte schwere Fehlbildungen, Krebs, Immunschwächen. Bis zu 200 000 US-Soldaten und hunderttausende Vietnamesen erkrankten schwer.

Die groß angelegte Tet-Offensive Nordvietnams im Januar 1968 festigte die Einsicht der USA, dass der Krieg nicht zu gewinnen ist. Präsident Nixon begann 1969 die in Vietnam stationierten Soldaten langsam abzuziehen, bis 1973 waren fast alle abgezogen. Nixon schloss mit Nordvietnam einen Waffenstillstand. 1975 folgte der endgültige Sieg der Kommunisten in einer Offensive gegen den Süden und die schmachvolle Flucht aus Saigon.

Die Bilanz des Krieges sind fast 60 000 tote amerikanische Soldaten und bis zu drei Millionen getötete Vietnamesen. In My Lai richteten die Amerikaner 1968 ein Blutbad an, das als das „Massaker von My Lai" in die Geschichte eingegangen ist und dem über 500 Zivilisten zum Opfer fielen.

Die Kriegsverbrechen der Amerikaner wurden anfangs vor der eigenen Bevölkerung vertuscht. Nach ihrer Aufdeckung bewirkten sie einen Umschwung der öffentlichen Meinung in den USA. Die Berichte über die Kriegsführung ließen sich nicht mit dem Selbstbild, der moralische und politische Anführer der freien Welt zu sein, vereinbaren. Eine **nationale** und **globale Protestbewegung** entstand, 1967 demonstrierten über 100 000 Menschen in Washington. Teile der amerikanischen Zivilgesellschaft waren nicht mehr bereit, für einen „kleinen" Krieg in einem weit entfernten Erdteil große Opfer zu erbringen. Auf der anderen Seite gab es die Frustration der „schweigenden Mehrheit" über den Krieg, der nicht zu gewinnen war (*get out or win*). Diese Gruppierung empfand die Kriegsgegner als unpatriotisch. Sie kritisierte nicht den Krieg als solchen, sondern die als unentschlossen empfundene Art der Kriegsführung. Der gescheiterte Vietnamkrieg wurde zum nationalen Trauma der USA, das die Nation ideologisch spaltete. Viele ehemalige US-Soldaten litten und leiden noch Jahre nach dem Krieg unter ihren Erlebnissen (Vietnam-Syndrom).

Die Vereinten Nationen und der Kalte Krieg

Mit dem Zweiten Weltkrieg, dem zweiten globalen Krieg innerhalb von 30 Jahren, kam die Idee, ein **System der kollektiven Sicherheit** in Form einer internationalen Organisation zu schaffen, wieder auf die Agenda. 1945 wurden die Vereinten Nationen (UNO/UN) gegründet, mittlerweile gehören der UNO mehr als 190 Staaten an. Obwohl einige Fehler des alten Völkerbundes vermieden wurden, machte der Kalte Krieg Geburtsfehler der UNO sichtbar. Im Sicherheitsrat, dem wichtigsten Gremium der Vereinten Nationen, können die **fünf ständigen Mitglieder** (Großbritannien, USA, Frankreich, UdSSR und China) durch ihr **Vetorecht** Entscheidungen blockieren, die zu ihrem Nachteil wären. Der Historiker Bernd Stöver kommt zu der Einschätzung, dass die friedensfördernde Wirkung der UNO bei Konflikten zwischen den Blöcken (Interkoalitionskonflikten) eher gering war.

Nachkriegszeit und Kalter Krieg

Aug. 1941	**Atlantik-Konferenz**: Churchill (GB) und Roosevelt (USA) legen gemeinsame Grundsätze für ihre internationale Politik fest (**Atlantik-Charta**).
Jan. 1943	**Konferenz von Casablanca**: Churchill und Roosevelt fordern die bedingungslose Kapitulation Deutschlands.
Okt./Nov. 1943	**Konferenz von Moskau**: Die Außenminister der USA, GBs und der UdSSR legen Grundlagen für die Behandlung Deutschlands nach dem Krieg fest (u. a. Besatzung, Demokratisierung).
Nov./Dez. 1943	**Konferenz von Teheran**: Die Großen Drei (Churchill, Roosevelt, Stalin) verhandeln über eine territoriale Neuordnung und die zukünftigen Grenzen Deutschlands.
September 1944	**Londoner Protokoll** legt die Aufteilung Deutschlands und Berlins in drei Besatzungszonen bzw. Sektoren fest.
Februar 1945	**Konferenz von Jalta**: Verständigung der Großen Drei über eine neue Nachkriegsordnung in Anlehnung an die Atlantik-Charta; Frankreich wird in den Kreis der Siegermächte aufgenommen.
08.05.1945	Die **bedingungslose Kapitulation** Deutschlands beendet den Zweiten Weltkrieg.
Juli/Aug. 1945	**Konferenz von Potsdam**: Die Siegermächte formulieren als Leitlinie für ihren Umgang mit Deutschland die 5 Ds: Demilitarisierung, Dezentralisierung, Demokratisierung, Demontage, Denazifizierung.
Nov. 1945–Okt. 1946	**Nürnberger Prozesse**: Ein internationales Militärtribunal aus Vertretern der vier Alliierten erhebt Anklage gegen 24 deutsche Hauptkriegsverbrecher.
ab 1945	Zunehmende Entfremdung zwischen den Westmächten und der Sowjetunion; Churchill spricht am 5.3.1946 von einem „**Eisernen Vorhang**“ zwischen den beiden Hemisphären.
12.03.1947	**Truman-Doktrin** verspricht von der UdSSR bedrohten Staaten Hilfe, die Doktrin markiert den **Beginn des Kalten Krieges**.
Juni 1947	**Marshall-Plan**: amerikanisches Hilfsprogramm für Europa, insbesondere für Deutschland. Die UdSSR lehnt die Hilfsgelder ab.
24.06.1948–12.05.1949	**Berlin-Blockade**: D-Mark wird in Westberlin gültige Währung. Moskau blockiert daraufhin sämtliche Zufahrtswege zur Stadt. Westberlin wird durch eine Luftbrücke der Westalliierten versorgt („Rosinenbomber“).
1950–1953	**Koreakrieg**
1958–1961	**Zweite Berlin-Krise** (Berlin-Ultimatum)
13.08.1961	Bau der Berliner Mauer
1962	**Kubakrise**
1955–1975	**Vietnamkrieg**, ab 1964 unter militärischer Beteiligung der USA

10.3 Die Entstehung der zwei deutschen Staaten

Die unterschiedliche Entwicklung in den Besatzungszonen

Sowohl die BRD als auch die DDR legitimierten sich über die Abgrenzung vom Nationalsozialismus. Darüber hinaus ist die Gründungsgeschichte der beiden deutschen Staaten eng mit der Polarisierung der Welt während des Kalten Krieges verbunden. Geostrategisch stießen in Deutschland die Interessen der Supermächte frontal aufeinander.

Die Entwicklungen verliefen in den westlichen Besatzungszonen und in der sowjetischen Zone von Anfang an unterschiedlich.

Entwicklung in den westlichen Zonen

Demontage
Abbau und Abtransport von Produktionsanlagen und Produktionsmitteln. Die Demontagen wurden von den Alliierten als Ausgleich für erlittene Kriegsschäden und als ein Mittel zur Demilitarisierung gesehen.

- **Maßvolle Demontagen**, um die Versorgung der Bevölkerung nicht zu gefährden.
- Die **politische Beteiligung** der Deutschen sollte von unten nach oben aufgebaut werden.
- **Parteien**: Die SPD wurde 1945 wiedergegründet. Die CDU (Christlich Demokratische Union Deutschlands) wurde als überkonfessionelle Sammlungspartei neu gegründet. In der CDU übernahm der ehemalige Kölner Oberbürgermeister **Konrad Adenauer**, der ein autoritäres Demokratieverständnis hatte, die Führungsrolle. In der neu gegründeten FDP (Freie Demokratische Partei) versammelten sich die unterschiedlichen liberalen Strömungen.
- 1946 fanden erste Kommunalwahlen, 1947 Landtagswahlen statt, durch die die ersten **demokratisch legitimierten Landesregierungen** gewählt wurden.
- Durch die Vergabe von Lizenzen an politisch zuverlässige Personen wurde die **Presse- und Rundfunklandschaft** neu aufgestellt, z. B. 1947 Gründung des Nachrichtenmagazins „Der Spiegel" mit Rudolf Augstein als Herausgeber.

Entwicklung in der Sowjetischen Besatzungszone (SBZ)

- Ca. 2/3 der **Schwerindustrie** wurden nach der **Demontage** in die UdSSR gebracht. In vielen Betrieben fanden Enteignungen ohne Entschädigung mit der Begründung statt, dass das Nazi-Regime von Großkapitalisten gestützt worden sei. Von **Enteignungen** betroffen war auch der Grundbesitz von sogenannten Kriegsverbrechern.
- Durchführung einer **Bodenreform** (September 1945 bis Frühjahr 1946): Bauern mit Grund von mehr als 100 Hektar wurden enteignet, ihre Betriebe entweder verstaatlicht oder an neue Eigentümer verteilt.
- **Industriebetriebe**, **Versicherungen und Banken** waren ebenfalls von Enteignungen betroffen und wurden in Volkseigene Betriebe (VEB) überführt.
  209 999 Flüchtlinge und Landarbeiter erhielten 2,3 Mio. Hektar land- und forstwirtschaftliche Fläche.
- **Presse und Rundfunk** wurden nicht pluralistisch, sondern gezielt kommunistisch ausgerichtet.

- Positionen in der Verwaltung wurden möglichst von Kommunisten besetzt.
- Bereits vor der Potsdamer Konferenz (→ S. 213 f.) waren Parteien und Gewerkschaften zugelassen worden. Es galt dabei die Devise: „Es muss demokratisch aussehen, aber wir müssen alles in der Hand halten" (Walter Ulbricht). Die CDU, SPD, die Liberalen (LDP) und die KPD bildeten zusammen die **Einheitsfront der antifaschistisch-demokratischen Parteien**, mit klarer Dominanz der KPD.
- 1946 wurden SPD und KPD zur „Sozialistischen Einheitspartei Deutschlands" (SED) zwangsvereinigt und die SED nach dem Muster der russischen KPdSU zu einer Kaderorganisation umgeformt.
- 1948 verabschiedete die Deutsche Wirtschaftskommission ihren ersten **Zweijahresplan** (Vorbild: Sowjetische Fünfjahrespläne).

Der Weg zur doppelten Staatsgründung

Zusammenschluss der Westzonen zur Bi- und Trizone

Bereits seit 1946 drängten die Amerikaner darauf, Deutschland wirtschaftlich zu stabilisieren, den wirtschaftlichen Wiederaufbau zu befördern und eine wirtschaftliche Selbstständigkeit zu erreichen. Mit diesen Maßnahmen sollte u. a. die Ausbreitung des Kommunismus verhindert werden.

Am 6. September 1946 sprach der amerikanische Außenminister **James Byrnes** in Stuttgart („**Speech of Hope**") über die Notwendigkeit, dem deutschen Volk die Regierung wieder zurückzugeben und Deutschland als Wirtschaftseinheit zu verwalten. Sollte Letzteres mit Blick auf die Franzosen und Sowjets nicht gemeinsam möglich sein, empfahl er die „größtmögliche Vereinigung". Am 20. Juni 1946 schlug der amerikanische Militärgouverneur die wirtschaftliche Verbindung der Besatzungszonen vor. Während die Briten aufgrund ihrer ungünstigen finanziellen Situation zustimmten (u. a. Verringerung von Verwaltungskosten), lehnten die Franzosen und Sowjets den Vorschlag ab. Am **1. Januar 1947** wurde, auch als Reaktion auf die Versorgungsschwierigkeiten im „Hungerwinter" 1946/47, die Bizone gegründet. Die **Bizone**, die Verbindung der amerikanischen und britischen Besatzungszonen, war ein erster Schritt auf dem Weg zur deutschen Teilung, da nun der Gegensatz zur Sowjetischen Besatzungszone noch deutlicher wurde.

Auf der **Moskauer Außenministerkonferenz** (10. März bis 24. April 1947) und der **Münchener Ministerpräsidentenkonferenz** (6. bis 7. Juni 1947) wurden die Gegensätze zwischen den Besatzungsmächten erneut deutlich. In Moskau wurde keine Einigkeit darüber erlangt, wie stark eine Zentralinstanz in Deutschland sein sollte. Die Sowjetunion wandte sich gegen alle britischen und amerikanischen Föderalisierungspläne. Die Konferenz in München scheiterte, da die Ziele der Ministerpräsidenten zu unterschiedlich waren. Während die Ministerpräsidenten der westlichen Zonen Pläne für wirtschaftliche Verbesserungen vorlegten, war das Ziel des Vertreters der SBZ die „Bildung einer deutschen Zentralverwaltung durch Verständigung der deutschen demokratischen Parteien und Gewerkschaften zur Schaffung eines deutschen Einheitsstaates".

Nach dem Scheitern der Konferenzen trieben die USA den Ausbau der Bizone verstärkt voran.

Auf der **Londoner Sechsmächtekonferenz** (23. Februar bis 2. Juni 1948), an der die USA, Großbritannien, Frankreich und die Benelux-Staaten teilnahmen, wurde der Anschluss der französischen Zone an die Bizone beschlossen (Trizone) und am 8. April 1949 vollzogen. Da Übereinkommen mit der Sowjetunion nicht mehr möglich waren, wurde beschlossen, einen **westdeutschen Staat** zu errichten.

Außerdem sollten die Ministerpräsidenten dazu ermächtigt werden, eine **verfassunggebende Versammlung** einzuberufen. Unter dem Eindruck des von der Sowjetunion gelenkten kommunistischen Staatsstreichs in der Tschechoslowakei wurde der **Fünf-Mächte-Vertrag** geschlossen, der in seiner Zielsetzung zumindest implizit gegen die Sowjetunion gerichtet war. Der sowjetische Militärgouverneur verließ daraufhin den Alliierten Kontrollrat.

Währungsreform (20./21. Juni 1948) und Berlin-Blockade

Das Deutsche Reich war mit 451,7 Mrd. Reichsmark verschuldet (das Fünffache des Sozialprodukts). Im Nachkriegsdeutschland befanden sich große Geldsummen im Umlauf, ohne dass ein Gegenwert in der Produktion vorhanden war. Unter der Regie der Amerikaner wurde am 20. Juni 1948 eine Währungsreform durchgeführt und die D-Mark als neue Währung ausgegeben. Die Währungsreform war eine Bedingung für die Umsetzung des **Marshall-Plans** in Deutschland (→ S. 220). Die Zustimmung der UdSSR für eine Währungsreform in ganz Deutschland war nicht mehr eingeholt worden.

Die Währungsreform in Westdeutschland bedeutete das Ende der Mangelwirtschaft und des Schwarzmarktes. Es kam zu einer enormen Steigerung der industriellen Produktion, zu Preissteigerungen und Abwertung der großen Sparguthaben um 90 %. Das Ergebnis war eine riesige Enteignung und ein Schuldenschnitt nach innen. Sachwerte waren hiervon nicht betroffen, d. h. Haus- und Grundbesitzer sowie Unternehmen waren im Vorteil.

Im Anschluss an die Währungsreform bereitete das **Leitsätzegesetz** eine grundlegende Wirtschaftsreform vor. Es regelte die Aufhebung der staatlichen Preisfestsetzungen mit Ausnahme für Lebensmittel, Mieten und einige Rohstoffe und ging auf den Wirtschaftsdirektor der Bizone, Ludwig Erhard, zurück. Das Gesetz bedeutete nach 10 Jahren Planwirtschaft und Preiskontrollen einen radikalen Schnitt. Damit fiel die Entscheidung für eine **kapitalistische Wirtschaftsordnung**.

Unmittelbar vor der Währungsreform begann die Sowjetunion mit ersten Störungen des Personenverkehrs von Ost nach West. Anlass war die Frage, welche Währung in der Vier-Sektoren-Stadt Berlin gelten sollte. Das Ziel bestand darin, die Westmächte zu schwächen, sie zu diffamieren und die eigene Macht zu demonstrieren. Am 22. Juni 1948 verkündete der Vertreter der Sowjetischen Militäradministration in Deutschland (SMAD) den westlichen Alliierten, dass die „sowjetische Seite Sanktionen in Wirtschaft und Verwaltung anwenden werde, damit in Berlin allein die Währung der SBZ verwendet wird." In der Nacht vom 23. zum 24. Juni wurden Zufahrtswege nach Berlin gesperrt und der Strom für Westberlin abgeschaltet (→ S. 221). Am 24. Juni 1948 führte die Sowjetunion in Ostberlin eine eigene, neue Währung ein.

Der Parlamentarische Rat und die Gründung der BRD

Am 1. Juli 1948 überreichten die westlichen Militärgouverneure den elf Länderchefs, darunter auch jene der französischen Zone, die **Frankfurter Dokumente**, in denen drei Forderungen an die Länderchefs gestellt wurden: die Einberufung einer verfassunggebenden Versammlung zur Erarbeitung einer Verfassung bis zum 1. September 1948, die Neuordnung der Länder und eine Stellungnahme zu einem Besatzungsstatut, das von den Militärgouverneuren vorgelegt worden war.

Die Einberufung einer verfassunggebenden Versammlung stieß auf Ablehnung in der Bevölkerung, da sie eine Teilung Deutschlands festschreiben würde. Die Ministerpräsidenten riefen, zum Ärger der Westmächte, einen „Parlamentarischen Rat" ein, der keine Verfassung, sondern ein Grundgesetz erarbeiten sollte. Der Begriff „Grundgesetz" sollte auf den provisorischen Charakter des Staates hinweisen und die Hoffnung auf einen einheitlichen deutschen Staat wachhalten.

Vom 10. bis zum 23. August 1948 tagte der **Verfassungskonvent** auf Herrenchiemsee im Auftrag der Ministerpräsidenten. Er war mit der Aufgabe betraut worden, dem Parlamentarischen Rat einen Verfassungsentwurf vorzulegen. Dies geschah am 1. September, er wurde am 8. Mai 1949 (Jahrestag der bedingungslosen Kapitulation) angenommen und von den Alliierten unter Vorbehalten genehmigt. Nach Annahme durch die Länderparlamente verkündete der Präsident des Rates am **23. Mai 1949** das **Grundgesetz**.

Das Grundgesetz legte fest, dass die Abgeordneten des Deutschen Bundestages in allgemeinen, unmittelbaren, freien, gleichen und geheimen Wahlen für vier Jahre gewählt werden.

Bei den **ersten Wahlen** zum Deutschen Bundestag am 14. August 1949 erhielten CDU/CSU 31%, SPD 29,2%, FDP 11,9% und KPD 5,7% der Stimmen. Am 12. September 1949 wurde Theodor Heuss (FDP) zum ersten Bundespräsidenten und am 15. September Konrad Adenauer (CDU) mit 202 von 402 Stimmen zum ersten Bundeskanzler der Bundesrepublik Deutschland gewählt.

Die Volkskongressbewegung und die Gründung der DDR

Als Reaktion auf die Ende November 1947 bei der Londoner Außenministerkonferenz erkennbare Tendenz der Westmächte, eine westliche Teillösung des Deutschlandproblems zu suchen, rief die SED in der Ostzone am 26. November 1947 die Volkskongressbewegung ins Leben. Der **Deutsche Volkskongress für Einheit und gerechten Frieden** setzte sich für eine gesamtdeutsche Regierung ein, an der Vertreter aller demokratischen Parteien beteiligt sein sollten. Bereits ein Jahr zuvor hatte die Sowjetische Militäradministration in Deutschland (SMAD) die Führung der SED angewiesen, einen Entwurf für eine gesamtdeutsche Reichsverfassung zu erarbeiten. Damit wollte die SED ihr Ziel verdeutlichen, ein in ihren Augen demokratisches Gesamtdeutschland zu schaffen.

Einheitsliste
In der DDR wurde bereits vor der Wahl die Anzahl der Mandate festgelegt, die einer Partei bzw. den Massenorganisationen zustanden. Die Wählenden erhielten bei der Wahl eine Einheitsliste mit allen Kandidierenden. Sie hatten die Möglichkeit, Kandidierende von der Liste zu streichen, was nur von wenigen gemacht wurde. Erwartet wurde vom Wählenden, auf eine geheime Wahl zu verzichten und dem offiziellen Wahlvorschlag zuzustimmen. Es war daher die Regel, die Einheitsliste öffentlich in die Wahlurne zu stecken. Wahlen in der DDR wurden daher spöttisch auch als „Zettelfalten" tituliert.

Die 2000 Delegierten des **ersten Volkskongresses** am 6./7. Dezember 1947 kamen hauptsächlich aus der SBZ. Darunter waren Vertreter und Vertreterinnen aus Wissenschaft, Massenorganisationen, Parteien, Betriebsräten, Bauernverbänden, Künstler – 605 davon Mitglieder der SED. Sie waren durch keine demokratische Wahl legitimiert worden. Der Volkskongress, der die Aufgabe eines **gesamtdeutschen Vorparlaments** ausüben sollte, wollte eine Volksabstimmung über die Einheit Deutschlands unter einer zentralen Regierung erreichen. Die Wirkung des Volkskongresses blieb jedoch auf die SBZ beschränkt.

Der **zweite Volkskongress** tagte am 17./18. März 1948 mit 1898 Teilnehmern, von denen 512 aus den Westzonen kamen. Beschlossen wurde die Ablehnung des Marshall-Plans, die Anerkennung der Oder-Neiße-Grenze und ein Volksbegehren zur deutschen Einheit. Außerdem wählten die Delegierten den **Ersten Deutschen Volksrat** (400 Delegierte, darunter 100 aus dem Westen; die SED in der Mehrheit). Ein Ausschuss, der vom Volksrat gebildet wurde, sollte eine Verfassung für eine Deutsche Demokratische Republik ausarbeiten. Der Entwurf wurde schließlich an den **dritten Volkskongress** übergeben, der am 29./30. Mai 1949 tagte und zuvor von den Bürgern gewählt worden war. Allerdings konnten die Bürger dabei nicht einzelne Kandidierende oder Parteien wählen, sondern nur einer **Einheitsliste** von Vertretern der Parteien und Massenorganisationen zustimmen oder sie ablehnen.

Der Volkskongress nahm den Verfassungsentwurf an und wählte einen **Zweiten Deutschen Volksrat**, der sich am 7. Oktober 1949 zur provisorischen Volkskammer erklärt. Aus Vertretern der Länder wurde eine „Provisorische Länderkammer" gegründet und Otto Grotewohl (SED) mit der **Regierungsbildung** betraut. Am 11. Oktober wählten die Provisorische Volkskammer und die Provisorische Länderkammer Wilhelm Pieck einstimmig zum Präsidenten der DDR, und am 12. Oktober bestätigte die Provisorische Volkskammer, wiederum einstimmig, Otto Grotewohl zum Ministerpräsidenten einer Regierung aus Ministern aller Parteien (SED: 8, CDUD: 4, LDPD: 3, NDPD und DBD jeweils 1, ein Parteiloser).

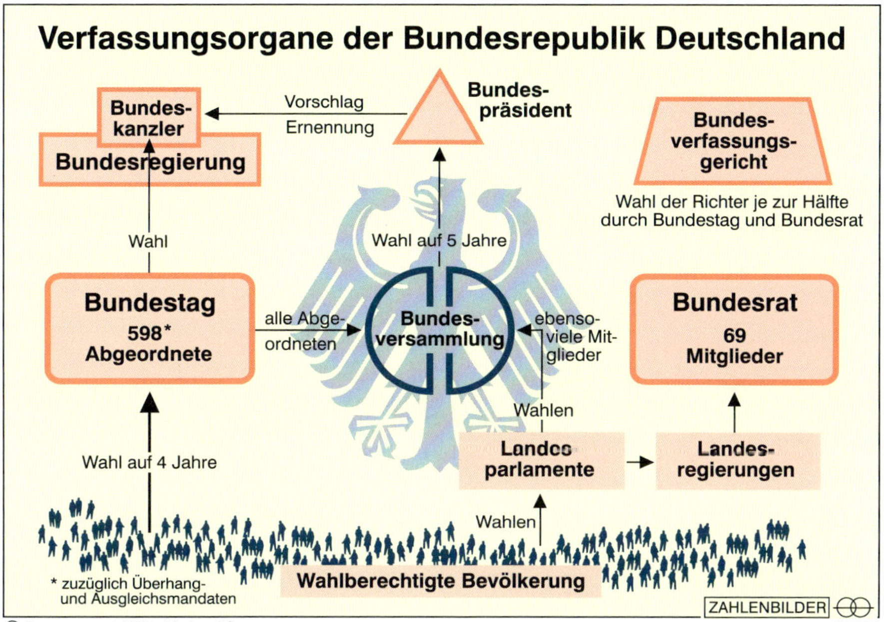

Das Grundgesetz der BRD und die Verfassung der DDR

Das Grundgesetz der BRD

Das Grundgesetz (GG) der BRD trat am 23. Mai 1949 in Kraft. In einer dem Gesetz vorangestellten **Präambel** wird zum Ausdruck gebracht, dass es ein Provisorium ist. Es sollte vorerst nur für die Weststaaten und bis zur Vollendung der deutschen Einheit gelten. Mit dem Grundgesetz konstituierte sich die BRD als eine parlamentarische Republik und repräsentative Demokratie.

Der parlamentarische Rat, der mit der Ausarbeitung und Verabschiedung des Grundgesetzes beauftragt war, legte neben der Paulskirchenverfassung von 1849 vor allem die Weimarer Reichsverfassung zugrunde. Allerdings sollten Schwächen der Weimarer Verfassung, die den Aufstieg des totalitären und inhumanen NS-Regimes begünstigt hatten, im Grundgesetz vermieden werden.

So haben die **Grundrechte**, die am Anfang der neuen Verfassung stehen, eine vorrangige Bedeutung. Sie garantieren den Schutz der Menschenwürde und die Freiheits- und Gleichheitsrechte der Bürger und sind, anders als in der Weimarer Reichsverfassung, **einklagbar**. Auch können sie, wieder im Unterschied zur Weimarer Verfassung, nicht durch Notverordnungen außer Kraft gesetzt werden, da sie als **unveränderlicher Verfassungskern** durch eine **Ewigkeitsklausel** (Artikel 79) geschützt sind. Die Ewigkeitsklausel gilt auch für Artikel 20 des Grundgesetzes, der die wichtigsten Strukturprinzipien der BRD festlegt: Demokratie, Bundesstaatlichkeit, Rechts- und Sozialstaatlichkeit, Recht auf Widerstand, Bindung aller Gewalten an Recht und Gesetz.

Zudem wollten die Mitglieder des Parlamentarischen Rates, die miterlebt hatten, wie Hitler die Weimarer Demokratie von innen heraus zerstört und auf scheinbar legalem Weg in eine Diktatur umgeformt hatte, eine sogenannte **wehrhafte Demokratie** schaffen. Sie sollte mit rechtsstaatlichen Mitteln gegen ihre Feinde vorgehen können. Das Grundgesetz sieht daher vor, dass Parteien oder Vereine, die die freiheitliche Grundordnung oder den Bestand der Bundesrepublik gefährden, verboten werden können. Über das Verbot entscheidet das Bundesverfassungsgericht.

Um instabile politische Verhältnisse wie in der Weimarer Republik zu vermeiden, definierte der Parlamentarische Rat auch die **Rolle der Parteien** und die **Befugnisse wichtiger Führungsämter** neu. Der folgende Vergleich zeigt die Unterschiede zwischen der Weimarer Verfassung und dem Grundgesetz.

Weimarer Reichsverfassung	Grundgesetz
Parteien • Schwache Rolle der Parteien, da sie nicht in der Verfassung verankert waren. • Auch kleine Parteien konnten in den Reichstag einziehen, da es keine Sperrklausel gab → Parteienzersplitterung, die die Bildung von Koalitionen erschwerte.	**Parteien** • Gestärkte Position der Parteien durch Verankerung im GG; nach Art. 21 übernehmen sie eine entscheidende Aufgabe bei der politischen Willensbildung (BRD als Parteiendemokratie). • Einführung der Sperrklausel (5 %-Hürde): Parteien brauchen für den Einzug in den Bundestag 5 % der Zweitstimmen (Einzug aber über Direktmandate möglich).
Reichspräsident • Starke Position des Reichspräsidenten, der vom Volk gewählt wurde. • Er konnte durch Notverordnungen (Art. 48) und ohne parlamentarische Mehrheit regieren („Ersatzkaiser") → Präsidialkabinette am Ende der Weimarer Republik.	**Bundespräsident** • Schwache Position des Bundespräsidenten, der überwiegend repräsentative Aufgaben hat. • Er wird durch die Bundesversammlung gewählt, die zu gleichen Teilen aus Mitgliedern des Bundestages und Personen besteht, die von den Parlamenten der Bundesländer ausgewählt werden.
Reichskanzler • Schwache Position des Reichskanzlers, der vom Reichspräsidenten ernannt und nicht durch das Parlament gewählt wurde. • Der Reichstag konnte dem Kanzler das Misstrauen aussprechen, ohne einen Nachfolger zu bestimmen (destruktives Misstrauensvotum). → politische Handlungsunfähigkeit der Republik.	**Bundeskanzler** • Der Bundeskanzler wird vom Bundestag gewählt und ist vom Vertrauen des Parlaments abhängig, nicht vom Präsidenten. • Gestärkte Position des Kanzlers durch die Richtlinienkompetenz innerhalb der Regierung. • Das Parlament kann ihm nur dann das Misstrauen aussprechen, wenn ein Nachfolger feststeht (konstruktives Misstrauensvotum, Art. 67 GG).

Die Verfassung der DDR

Auch für die Verfassung der DDR diente die Weimarer Reichsverfassung als Vorbild, die allerdings im marxistischen Sinne uminterpretiert wurde, denn Ziel der Kommunisten war der **Aufbau einer sozialistischen Gesellschaftsordnung**.

Die Verfassung der DDR sah keine Gewaltenteilung und keine unabhängige Justiz vor. Alle Gewalt lag bei der **Volkskammer** als „höchstem Organ der Republik", die von der wahlberechtigten Bevölkerung alle fünf Jahre gewählt wurde. Zwar garantierte die Verfassung Bürgerrechte (z. B. Rede-, Presse-, Versammlungsfreiheit), die in der Wirklichkeit jedoch nicht erfüllt und nicht einklagbar waren. Die DDR war formal eine **Volksdemokratie**. Der Begriff Volksdemokratie wurde in Abgrenzung zu den westlichen Demokratien verwendet und sollte zum Ausdruck bringen, dass man keine bürgerliche Demokratie nach westlichem Vorbild sei, aber auch noch nicht das Stadium des Sozialismus, wie in der Sowjetunion, erreicht habe. Die DDR war zudem ein sozialistisches **Einparteiensystem**, in dem die SED ihren Führungsanspruch in der Regierung und in der Volkskammer durchsetzte. Seit der Verfassungsreform von 1968 war die Führungsfunktion der SED in der Verfassung verankert.

Art. 1. Verfassung der DDR (1968)
Die Deutsche Demokratische Republik ist ein sozialistischer Staat deutscher Nation. Sie ist die politische Organisation der Werktätigen in Stadt und Land, die gemeinsam unter Führung der Arbeiterklasse und ihrer marxistisch-leninistischen Partei den Sozialismus verwirklichen.

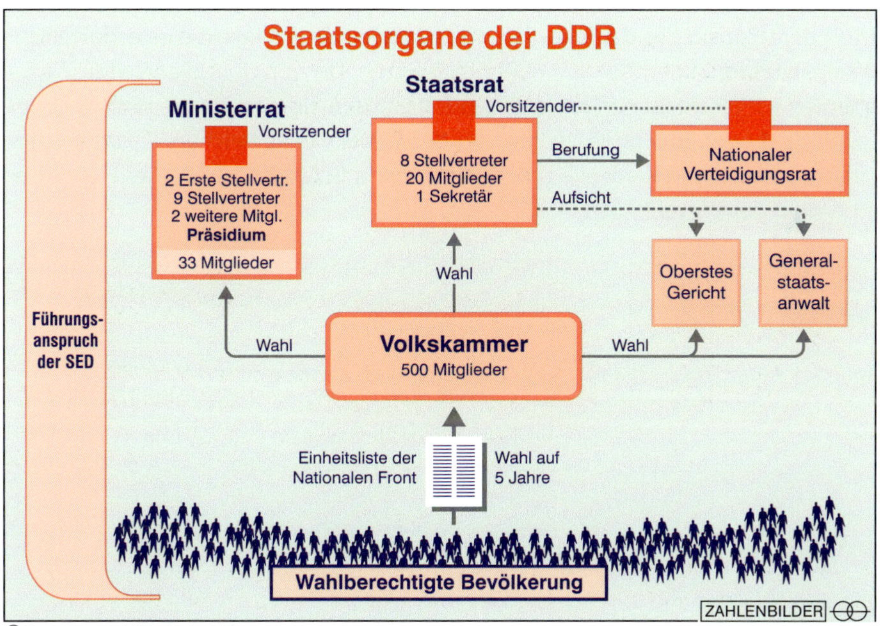

 555 125

Nachdem das Privateigentum an Produktionsmitteln aufgehoben worden war, war Politik im Verständnis der SED kein Ort der Konfliktaustragung zwischen Parteien und Interessengruppen mehr, sondern ein Ort der Bündnispolitik. Jegliche Form der Opposition wurde als systemwidrig und verbrecherisch eingestuft. Unter der Führung der SED bildeten die Parteien daher einen **Parteienblock**, zu dem die Christlich-Demokratische Union (Ost-CDU), die Liberal-Demokratische

Partei (LDPD), die National Demokratische Partei (NDPD) und die Demokratische Bauernpartei Deutschlands (DBD) gehörten. Diese sogenannten Blockparteien bildeten zudem den Kern der **Nationalen Front der Deutschen Demokratischen Republik** („Bündnis aller patriotischen Kräfte unter der Führung der geeinten Arbeiterklasse und ihrer revolutionären Partei"). Sie war der Dachverband aller Parteien und gesellschaftlichen Organisationen in der DDR, zu denen der Freie Deutsche Gewerkschaftsbund (FDGJ) oder die Freie Deutsche Jugend (FDJ) gehörten, und ein Instrument der DDR-Führung, die Blockparteien und die Massenorganisationen zu kontrollieren und zu disziplinieren.

Durch ihre Macht über den Staatsapparat konnte die SED die gesellschaftliche Entwicklung in der DDR bestimmen. Im Sommer 1948 beschloss die SED-Führung, die Partei in eine **Partei „neuen Typs"** und damit von einer Massenpartei sozialistischer Prägung zu einer Kaderpartei mit Parteifunktionären an der Spitze umzuwandeln. Das oberste Organ der Partei und das **Machtzentrum der DDR** war das **Politbüro**, das höchste Organ des Zentralkomitees (ZK). Seine Mitglieder, rund 15, wurden vom Generalsekretär vorgeschlagen und vom Zentralkomitee bestätigt. Das Politbüro traf alle wesentlichen Entscheidungen für Staat und Gesellschaft, die dann vom Ministerrat und Fachministerien umgesetzt wurden.

Kaderpartei
eine nach autoritärem Führungsprinzip aufgebaute und straff organisierte Partei.

Nach dem Prinzip des **demokratischen Zentralismus** erfolgte die innerparteiliche Willensbildung in der SED von oben nach unten. Die von übergeordneten Parteigremien vorgeschlagenen Kandidierenden wurden einstimmig gewählt. Kein Parteimitglied oder Funktionär durfte von der Parteilinie abweichen. Sie unterlagen einer permanenten Kontrolle und durften keine Gruppierungen oder Fraktionen innerhalb der Partei bilden.

Die Entstehung der zwei deutschen Staaten

Potsdamer Konferenz (Juli bis August 1945; Churchill/Attlee, Stalin, Truman): Abkommen über den Umgang mit Nachkriegsdeutschland; Deutschland wird in vier Besatzungszonen, Berlin in vier Sektoren aufgeteilt.

Westliche Besatzungszonen

Sept. 1946: US-Außenminister **James Byrnes** empfiehlt, Deutschland als Wirtschaftseinheit zu betrachten.

1947: Zusammenschluss der amerikanischen und britischen Besatzungszonen zur **Bizone**

1947 **Marshall-Plan**: Wirtschaftsförderungsprogramm der USA für die europäischen Länder einschließlich Nachkriegsdeutschland

23.02.–02.06.1948: Auf der **Londoner Sechsmächtekonferenz** wird der Anschluss Frankreichs an die Bizone beschlossen (**Trizone**).

20.06.1948: **Währungsreform**

01.07.1948: Übergabe der **Frankfurter Dokumente** an die Ministerpräsidenten; sie enthalten u.a. die Aufforderung, eine verfassunggebende Versammlung einzuberufen.

23.05.1949: Verabschiedung des **Grundgesetzes**; Gründung der Bundesrepublik Deutschland (BRD)

Gemeinsame Ereignisse

Nov. bis Dez. 1947: **Londoner Außenministerkonferenz** der vier Siegermächte; Bruch zwischen der Sowjetunion und den USA

24.06.1948 bis 12.05.1949: **Berlin-Blockade**: Auf Anordnung der SMAD werden die Land- und Wasserwege nach Westberlin blockiert. Die Westalliierten versorgen die Westsektoren der Stadt durch eine Luftbrücke.

Sowjetische Besatzungszone

Seit 1945 Einleitung von **Strukturreformen** als Grundlage für ein kommunistisches Herrschafts- und Gesellschaftssystem

06.12.1947: **Erster Deutscher Volkskongress** für Einheit und gerechten Frieden

17.–18.03.1948: **Zweiter Volkskongress** beschließt u.a. Ablehnung der Marshall-Plan-Hilfen und wählt den **Ersten Deutschen Volksrat**, der aus Mitgliedern aller Besatzungszonen besteht. Er soll eine Verfassung für eine Deutsche Demokratische Republik ausarbeiten.

21.06.1948: **Währungsreform**

29./30.05.1949: **Dritter Deutscher Volkskongress** nimmt Verfassungsentwurf an; Wahl eines **Zweiten Volksrats**, der sich zur **Provisorischen Volkskammer** erklärt und Otto Grotewohl mit der **Bildung einer Regierung** beauftragt.

07.10.1949: Inkrafttreten der **Verfassung**; Gründung der Deutschen Demokratischen Republik (DDR)

10.4 Die BRD in der Ära Adenauer 1949 bis 1963

Kanzlerdemokratie unter Adenauer

Konrad Adenauer (1876–1967)
Oberbürgermeister von Köln 1917–1933 und erneut 1945; Gründungs- und Vorstandsmitglied der CDU, 1949–1963 erster Kanzler der BRD (CDU); 1951–1955 übernahm er zusätzlich das Amt des Bundesministers des Auswärtigen.

Konrad Adenauer und die CDU konnten die erste Bundestagswahl im August 1949 knapp gegen den SPD-Vorsitzenden Kurt Schumacher für sich entscheiden. Am 15. September 1949 wurde er im ersten Wahlgang mit der Mehrheit einer Stimme (seiner eigenen) zum ersten Bundeskanzler einer kleinen Koalition (CDU/CSU, FDP und DP) gewählt. Der Wahlsieg nach hartem Lagerwahlkampf kann als Zustimmung zum Konzept der **Sozialen Marktwirtschaft** des bisherigen Wirtschaftsdirektors der Bizone, **Ludwig Erhard**, verstanden werden. Als erster **Bundespräsident** wurde der Liberale **Theodor Heuss** gewählt.

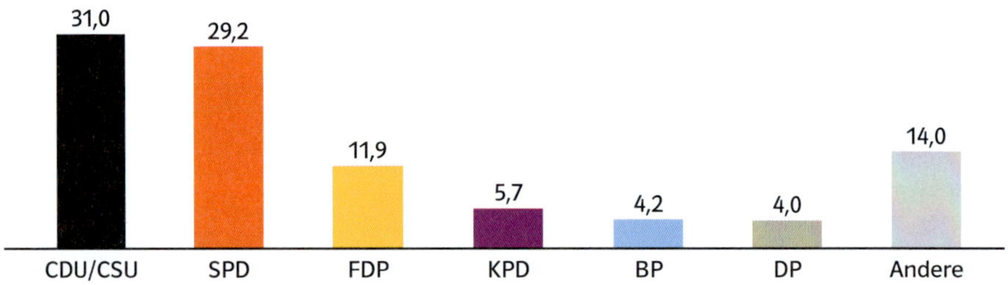

Bundestagswahl 1949, Wahlbeteiligung 78,5 %, 1949 nur eine Stimme pro Wähler

Konrad Adenauer war für seinen **autoritären Führungsstil** bekannt. Dabei konnte er sich auf seine Vorrangstellung als Regierungschef berufen, die ihm die Verfassung zugestand. Sein Führungsstil wird auch als „Kanzlerdemokratie" bezeichnet, da der Regierungschef prägenden Einfluss ausübte und ihm eine besonders starke Stellung einräumt wurde (Gegensatz: Koordinationsdemokratie).

Adenauers herausragende Machtstellung resultierte auch daraus, dass er Bundeskanzler und zugleich Parteivorsitzender der CDU (1950 bis 1966) war und zusätzlich das Amt des Bundesministers des Auswärtigen (1951 bis 1955) übernahm, wodurch er eine dominierende Rolle in der Außenpolitik spielte. So liefen beispielsweise alle Kontaktaufnahmen zu den Alliierten über ihn.

Nach der Wahl 1949 entschied Adenauer, keine große Koalition mit der SPD einzugehen, sondern eine kleine Koalition mit der FDP und der rechtsgerichteten Deutschen Partei (DP) zu bilden.

In Adenauers Regierungszeit wurden die entscheidenden Weichen für die Integration der BRD in den Westen und die Aussöhnung mit Frankreich (Élysée-Vertrag) gestellt. Die BRD trat der NATO (1955) und der Westeuropäischen Union (WEU) bei und erlangte mit dem Ende des Besatzungsstatus ihre völkerrechtliche Souveränität wieder. Wirtschaftlich erfuhr sie eine Phase des rasanten Aufschwungs (Wirtschaftswunder). Nach der Denazifizierungspolitik erfolgte in den 1950er-Jahren die Integration auch „Belasteter" in die Gesellschaft und die Arbeitswelt.

Die Soziale Marktwirtschaft

Nach dem Zweiten Weltkrieg überwog in der BRD die Vorstellung, dass der Staat eine aktive Rolle in der Wirtschaft übernehmen sollte. Er sollte nicht als Nachtwächterstaat (→ S. 37) auftreten, sondern die wirtschaftlichen Rahmenbedingungen vorgeben und vor allem bei sozialen Verwerfungen korrigierend in die Marktprozesse eingreifen. Entsprechend entwickelten die Ökonomen Alfred Müller-Armack und Walter Eucken (Freiburger Schule) in den 1950er-Jahren das Konzept einer **Sozialen Marktwirtschaft**. Es verband Grundsätze der freien Marktwirtschaft mit dem Gedanken der sozialen Gerechtigkeit, die gegebenenfalls durch Eingriffe des Staates gewährleistet werden sollte, etwa durch sozial- oder konjunkturpolitische Maßnahmen.

Ludwig Erhardt (1897–1977)
Vordenker der Währungsreform und erster Wirtschaftsminister der BRD 1949 bis 1963, von 1963 bis 1966 zweiter Bundeskanzler der BRD. Der CDU-Politiker gilt als „Vater der Sozialen Marktwirtschaft" und Wegbereiter des „Wirtschaftswunders".

Der Erfolg der Sozialen Marktwirtschaft seit ihrer Einführung, der auch ein Verdienst des CDU-Politikers und ersten Wirtschaftsministers **Ludwig Erhard** war, trug erheblich zur **Stabilisierung** der jungen Bundesrepublik bei.

Eine florierende Ökonomie war in der Nachkriegszeit ein gesamteuropäisches Phänomen und galt auch für die sozialistischen Staaten. In der Zeit zwischen 1950 und 1973 konnte ein durchschnittliches Wachstum von rund 5 % mit erheblichen Folgen für die Gesellschaften der Nachkriegszeit verzeichnet werden (zum Vergleich: 1913 bis 1950 1,4 %). In der BRD waren die Erfolge zwischen 1950 und 1960 besonders spektakulär: Die Arbeitslosigkeit sank von 10,3 % auf 1,3 % (Vollbeschäftigung). Die BRD besaß 1956 global die höchsten Devisen- und Goldreserven und die Bruttolöhne verdoppelten sich. Die Ursache für den Erfolg lag primär an den Exporten der Investitions- und Konsumgüterindustrie (1960 ca. 1/3 des Bruttosozialprodukts).

Darüber hinaus werden von der Forschung folgenden Gründe angeführt:
- Kaum zerstörte und relativ moderne Industrieanlagen (1944: 6,5 % der Werkzeugmaschinen);
- **Arbeitskräftepotenzial** durch Vertriebene aus den Ostgebieten und Flüchtlinge aus der DDR;
- **Korea-Boom**: wirtschaftlicher Aufschwung infolge des Koreakriegs 1950 bis 1953, steigende Nachfrage nach deutschen Produkten im Ausland. Deutschland profitiert vor allem von der Nachfrage nach Konsumgütern, die deutsche Industrie durfte keine Rüstungsgüter produzieren;
- nach jahrelangem Konsumverzicht großer **Nachholbedarf**;
- staatliche Wirtschaftsförderung des **Wohnungsbaus**;
- die Liberalisierung des Außenhandels und die Unterbewertung der D-Mark bewirkten eine Stärkung des Exports;
- Wiederherstellung der Kreditwürdigkeit durch das **Londoner Schuldenabkommen** von 1953: Schuldenschnitt nach außen;
- liberale Wirtschaftspolitik mit steuerlichen Vergünstigungen für Unternehmen;

- Korporatismus des **Rheinischen Kapitalismus**: Im Wirtschafsmodell der BRD wurden durch eine Verzahnung von Staat, Banken, Gewerkschaften und Unternehmen verschiedene gesellschaftliche Gruppen an den politischen Entscheidungsprozessen beteiligt (Korporatismus). Ziel war der Ausbau des Sozialstaates und die Teilhabe möglichst breiter Bevölkerungsschichten an der gesamtwirtschaftlichen Wertschöpfung. Beispielsweise wurden Sozialleistungen über Beitragszahlungen und nicht direkt über Steuern finanziert, Geldbeschaffung erfolgte über Banken und nicht primär über Börsen.
- **Rolle des Marshall-Plans**: Seine Bedeutung liegt v.a. in der psychologischen Wirkung und nicht im finanziellen Volumen, denn die BRD lag nur auf Platz 14 der Transfers. Jedoch rückten andere Länder von Reparationsforderungen ab, Deutschland wurde in die europäische Wirtschaftsordnung integriert.

Der rasche wirtschaftliche Aufschwung in der BRD wird auch als **Wirtschaftswunder** bezeichnet und gilt als eine historische Ausnahmesituation. In der Folge kam es zu einem enormen Anstieg des Lebensstandards, einem Strukturwandel hin zur Industriegesellschaft und einer Verlagerung von der Montanindustrie (rohstoffverarbeitende Schwerindustrie, Bergbau) hin zu Maschinen- und Automobilbau sowie chemischer und kunststoffverarbeitender Industrie.

Die SPD (**Godesberger Programm** von 1959) und die Gewerkschaften (Düsseldorfer Grundsatzprogramm von 1963) akzeptierten das Konzept der Sozialen Marktwirtschaft als ökonomische Rahmenbedingung und verabschiedeten sich vom Marxismus. Dies bedeutete einen **Kontinuitätsbruch** in der deutschen **Arbeiterbewegung**.
Mit dem Godesberger Programm wandelte sich die SPD von einer sozialistischen Arbeiterpartei zu einer Partei, die sich zur Sozialen Marktwirtschaft und dem Privateigentum von Produktionsmitteln bekennt. Dies machte die SPD als Volkspartei koalitions- und regierungsfähig. Seit 1961 war Willy Brandt ihr Kanzlerkandidat.

Sozialpolitik in der BRD

Die Soziale Marktwirtschaft sieht idealtypisch vor, dass die Bevölkerung Eigentum erwirtschaftet und eine staatliche Sozialpolitik somit überflüssig wird. Allerdings machten die sozialen Verwerfungen der Nachkriegszeit und die ungleiche Vermögensverteilung den Ausbau staatlicher Sozialleistungen nötig. Diese Sozialpolitik hatte einen starken integrativen Effekt auf die Gesellschaft der jungen BRD.

Sozialpolitische Maßnahmen waren:

- 1950 **Bundesversorgungsgesetz**: Versorgung von Kriegsgeschädigten und -hinterbliebenen
- 1951 **Montan-Mitbestimmungsgesetz**: Paritätische, d.h. gleichberechtigte Mitbestimmung von Arbeitnehmern und Arbeitgebern/Anteilseignern in der Montanindustrie. Das von SPD und Gewerkschaften geforderte Montan-Mitbestimmungsgesetz war eine Gegenleistung für deren Zustimmung zur Wiederbewaffnung der BRD.
- 1954 (Wieder-)Einführung des **Kindergeldes**
- 1957 Lohnfortzahlung für Arbeiter im Krankheitsfall sowie drei „Grundgesetze" der Sozialen Marktwirtschaft:
  - Einrichtung der Deutschen Bundesbank als unabhängige Zentralbank zur Überwachung der **Geldstabilität** (Kartellgesetz);
  - Einführung der **dynamischen Rente**: Die Höhe der Altersversorgung wird an die Lohnentwicklung gekoppelt.
  - Die arbeitende Bevölkerung erwirtschaftet mit ihren Beitragszahlungen zur Rentenversicherung die Leistungen für die Rentner („**Generationenvertrag**").
- Ab 1960 schrittweise Einführung der **40-Stunden-Woche**
- 1961 **Bundessozialhilfegesetz**

Außenpolitik: Westintegration und die Frage der deutschen Einheit

Eines der Ziele deutscher Außenpolitik war die Wiedererlangung der **staatlichen Souveränität**, die durch das Besatzungsstatut eingeschränkt war. Oberste Priorität für Adenauer hatte aber die **Wiedervereinigung** Deutschlands. Er war überzeugt, dass diese nicht durch Neutralität oder eine Annäherung an die Sowjetunion, sondern nur langfristig und mithilfe einer **Integration der BRD in den Westen** verwirklicht werden könne.

Besatzungsstatut (1949–1955)
Deutschland war kein souveräner Staat, sondern unterstand der Alliierten Hohen Kommission der Westmächte, die weitgehende Befugnisse besaß und u.a. die Außenpolitik kontrollierte.

Die Integration in den Westen

Um sein Ziel zu erreichen, musste Adenauer folgende außenpolitische Voraussetzungen berücksichtigen:

- Niedergang Europas als Folge zweier von Deutschland verursachten Weltkriege und **Skepsis gegenüber** dem deutschen **Demokratiebewusstsein**;
- Befugnisse der Alliierten und ihr Vorbehalt u.a. bei Fragen der Außen- und Rüstungspolitik (**Besatzungsstatus**);

- **sowjetischer Expansionsdrang**, Entstehung sowjetischer Satellitenstaaten;
- **Ost-West-Konflikt**, der dazu führte, dass Adenauer als Gegenmaßnahme zum sowjetischen Expansionsdrang den Zusammenschluss der freien Völker unter der Führungsmacht der USA befürwortete und durchgängig unterstützte;
- **Wiedervereinigungsgebot**, das in die Präambel des Grundgesetzes aufgenommen worden war: „Das gesamte Deutsche Volk bleibt aufgefordert, in freier Selbstbestimmung die Einheit und Freiheit Deutschlands zu vollenden." Das Bundesverfassungsgericht entschied in seiner Rechtsprechung, dass die Wiedererlangung der Einheit für alle Staatsorgane ein bindendes Gebot ist.

Adenauer betonte bereits in seiner ersten Regierungserklärung den **Alleinvertretungsanspruch** der BRD für Gesamtdeutschland, da nur sie durch den freien Willen des Volkes legitimiert sei. Er wandte folgende Strategien an, um die Teilung Deutschlands zu überwinden:

- Eintreten für eine rasche und umfassende **Westintegration** im militärischen, politischen, wirtschaftlichen und ideologischen Bereich. Adenauer ging davon aus, dass ein neutrales, wiedervereintes Deutschland Gefahr lief, unter die Suprematie, d.h. die Vorherrschaft der UdSSR zu geraten;
- **Aussöhnung** mit Frankreich; Schaffung gemeinsamer deutsch-französischer Institutionen;
- **Einbindung der BRD** in ein möglichst dichtes Netz supranationaler und multinationaler Institutionen (NATO, UNO, EGKS/Montanunion) und Verwirklichung einer berechenbaren und verlässlichen Außenpolitik;
- Eintreten für die **Magnettheorie**, die von Kurt Schumacher 1946/47 entwickelt worden war und davon ausging, dass ein ökonomisch gestärkter Westen den Osten magnetisch anzöge und es so zur deutschen Einheit käme.

Kurt Schumacher (1895–1952)
Er war Parteiführer der SPD (1946–1952) und Oppositionsführer im Deutschen Bundestag (1949–1952). Er prägte die SPD in den Nachkriegsjahren maßgeblich und gehört zu den Gründervätern der BRD.

Adenauer griff den Kerngedanken der Magnettheorie Schumachers auf, ergänzte ihn allerdings. Er wollte die Wiedervereinigung durch eine „**Politik der Stärke**", d.h. durch eine wirtschaftliche Verflechtung mit dem Westen, insbesondere mit Frankreich, erreichen. Aus dieser Position heraus sollte es auf dem Verhandlungsweg zu einem Ausgleich mit der UdSSR kommen. Adenauer war davon überzeugt, dass sowjetische Expansionspläne von der Bevölkerung im Ostblock nicht mitgetragen würden, da dadurch der Lebensstandard zu stark absinken würde.

Wichtige Etappen der Westintegration 1950 bis 1963	
Mai 1950	Der französische Außenminister Robert Schuman plante einen **gemeinsamen Markt für Kohle und Stahl**, an dem Frankreich, die BRD, Italien und die Benelux-Staaten teilhaben sollten (**Schuman-Plan**).
Juli 1950	Die BRD trat dem **Europarat** als assoziiertes Mitglied bei, im Mai 1951 wurde sie vollberechtigtes Mitglied. Die 1949 gegründete internationale Organisation setzt sich auch heute noch für Menschenrechte, Demokratie und Rechtsstaatlichkeit ein.
April 1951	Gründung der **Europäischen Gemeinschaft für Kohle und Stahl** (**EGKS/Montanunion**). Sie ging auf den Schuman-Plan zurück und markierte den Beginn der europäischen Integration. Die gemeinsame Hohe Behörde entwickelte sich zur Europäischen Kommission, die Parlamentarische Versammlung wurde zum Europaparlament.
Mai 1952	Erste Fassung des **Deutschlandvertrags**, der die Aufhebung des Besatzungsstatuts vorsah.
September 1952	**Wiedergutmachungsabkommen** mit **Israel** (3 Mrd. DM in 14 Jahresraten). Das Abkommen konnte im Bundestag nur mit den Stimmen der SPD und gegen die Mehrheitsmeinung der Bevölkerung geschlossen werden. Adenauer begründete das Abkommen mit der moralischen Verpflichtung zur Entschädigung der Opfer. Die BRD erlangte dadurch auch außenpolitische und wirtschaftliche Vorteile.
Mai 1955	Inkrafttreten der **Pariser Verträge**: Sie enthielten eine revidierte Fassung des **Deutschlandvertrags** von 1952, mit der das Besatzungsstatut aufgehoben und die innere und äußere Souveränität der BRD wiederherstellt wurde. Weiterhin regelten die Verträge den Beitritt der BRD zur **NATO** und zur **Westeuropäischen Union** (WEU).
September 1955	**Moskaureise Adenauers**: Der Kanzler erwirkte die Heimkehr der letzten Kriegsgefangenen aus der Sowjetunion. Im Gegenzug wurden die von Moskau geforderten diplomatischen Beziehungen zwischen der UdSSR und der BRD aufgenommen. Dies widersprach dem Alleinvertretungsanspruch der BRD für Gesamtdeutschland, da auch die DDR in Moskau diplomatisch vertreten war. Der Staatssekretär im Auswärtigen Amt, Walter Hallstein, formulierte die außenpolitische Leitlinie, nach der die BRD allen Staaten, die die DDR völkerrechtlich anerkannten, mit dem Abbruch der diplomatischen Beziehungen drohte (**Hallstein-Doktrin**). Die DDR sollte auf diese Weise außenpolitisch isoliert und der Alleinvertretungsanspruch der BRD bekräftigt werden. Die Hallstein-Doktrin verlor mit der Neuen Ostpolitik unter Bundeskanzler Willy Brandt 1969 ihre Gültigkeit (→ S. 270).
November 1955	**Gründung der Bundeswehr**, Einstellung der ersten freiwilligen Rekruten. Im Zuge des sich verschärfenden Ost-West-Konflikts wurde von westlicher Seite wiederholt ein deutscher Wehrbeitrag angemahnt. Adenauer setzte sich trotz starker innenpolitischer Kritik nach dem Koreakrieg hierfür ein. Die Bundeswehr musste auf ABC-Waffen verzichten, die Rüstungsproduktion wurde überwacht.

März 1957	**Römische Verträge**: Zu den Unterzeichnern gehörten Frankreich, Belgien, Italien, Luxemburg, die Niederlande und auch die BRD. Sie trat damit der Europäischen Wirtschaftsgemeinschaft (EWG) und der Europäischen Atomgemeinschaft (EURATOM) bei.
Januar 1963	**Élysée-Vertrag**: Deutsch-Französischer Freundschaftsvertrag, den Adenauer und der französische Staatspräsident Charles de Gaulle unterzeichneten. Mit ihm gelang die symbolische Aussöhnung zwischen der BRD und Frankreich. Er sah regelmäßige Politikertreffen und Kooperationen in Bildung und Kultur vor, z. B. die Gründung des Deutsch-Französischen Jugendwerks.
Juni 1963	**Rede** des US-Präsidenten **John F. Kennedy** vor dem Rathaus Schöneberg in Berlin. Kennedy stellte die Solidarität der USA mit Westberlin heraus („Ich bin ein Berliner.").

Die Stalin-Note

Am 10. März 1952 überreichte die UdSSR den Westmächten eine schriftliche Mitteilung, in der sie Verhandlungen über die Wiedervereinigung Deutschlands anbot und Vorschläge zur Regelung des Deutschlandproblems unterbreitete.

Diese sogenannte **Stalin-Note** enthielt folgende Angebote und Forderungen:

Angebote
- Wiedervereinigung Deutschlands als souveräner, demokratischer Staat;
- Abzug alliierter Streitkräfte innerhalb eines Jahres;
- Unterhalt eigener Streitkräfte in begrenztem Umfang;
- demokratische Freiheitsrechte, Menschen- und Bürgerrechte; freie Betätigung demokratischer Parteien und Organisationen;
- Aufnahme in die Vereinten Nationen (UNO);
- Beendigung der Entnazifizierung.

Forderungen
- Neutralität, d. h. keine Militärbündnisse oder Koalitionen gegen einen Staat, der am Krieg gegen Deutschland teilgenommen hat, also auch kein NATO-Beitritt;
- Akzeptanz der Oder-Neiße-Grenze;
- Verbot friedensfeindlicher Organisationen.

Mit der neuen gesamtdeutschen Regierung sollte dann der endgültige Friedensvertrag geschlossen werden.

Die Westmächte wiesen das sowjetische Angebot in weiteren Notenwechseln zurück, da sie insbesondere die Frage der Neutralität, d. h. kein Beitritt zur NATO, und die Anerkennung der Oder-Neiße-Linie als Grenze ablehnten. Sie waren davon überzeugt, dass Stalins Vorschlag als Störmanöver gegen eine weitere Westintegration und die Wiederbewaffnung der BRD zu interpretieren sei.

Konrad Adenauer teilte diese Einschätzung und das Misstrauen gegenüber Stalin. Außerdem sah er die Gefahr einer Bolschewisierung eines neutralen deutschen Staates. Zudem ging Adenauer davon aus, dass Stalin auf eine Ablehnung durch die Westmächte aus war, um ihnen so die Schuld an der dauerhaften Teilung Deutschlands zuschieben zu können.

Geschichte kontrovers

Stalin-Note: Verpasste Chance auf eine Wiedervereinigung oder nur ein taktisches Manöver?

Die Mehrheit der Historiker ordnet Stalins Vorschlag als „Propaganda-Coup“ ein, der dazu diente, „die Verantwortung für die Spaltung Deutschlands den Westmächten und der Bundesregierung in die Schuhe zu schieben“ (Edgar Wolfrum). Stalin habe die DDR nie aufgegeben, sondern vielmehr versucht, einen Keil zwischen die BRD und den Westen zu treiben und die DDR fest in den Ostblock zu integrieren.

Die SPD bewertete die Ablehnung als vertane Chance auf die deutsche Einheit. Das Angebot hätte ernsthafter geprüft werden müssen.

Einige Historiker gehen trotz unklarer Quellenlage von einem seriösen Angebot aus. Sie sind der Auffassung, dass Stalin mehr daran gelegen gewesen sei, eine weitere Westintegration der BRD und damit auch die dauerhafte Stationierung amerikanischer Truppen auf westdeutschem Gebiet zu verhindern als den Fortbestand des SED-Staates zu sichern.

Eine Bewertung der Außenpolitik unter Adenauer

Adenauers Einschätzung, dass eine Wiedervereinigung Deutschlands nur über die Westintegration der Bundesrepublik zu erlangen sei, war umstritten. Immerhin wurde im Zuge des sich verschärfenden Ost-West-Konflikts deutlich, dass die Integration der BRD in den Westen die Bonner Republik zwar stabilisierte, die Gräben zwischen den beiden deutschen Staaten aber vertiefte. Rückblickend kann andererseits argumentiert werden, dass erst „der lange Weg nach Westen“ (Heinrich August Winkler) eine deutsche Einheit nach dem Vorbild einer westlichen Demokratie ermöglicht hat. Der Historiker Rudolf Morsey urteilt ähnlich und stellt fest, dass Adenauers Deutschlandpolitik mit der Wiedervereinigung 1989 „eine späte […] und vollständige Rechtfertigung erfahren“ habe.

Die Wiedererlangung staatlicher Souveränität

Die BRD war 1949 noch kein souveräner Staat, da die Alliierten aufgrund des Besatzungsstatuts Vorbehaltsrechte hatten. Die **Alliierte Hohe Kommission** kontrollierte u.a. die Außenpolitik, die Abrüstung, den Außenhandel. Jedes Gesetz musste von ihr bestätigt werden.

Petersberger Abkommen

Ein erster Schritt in Richtung Souveränität erfolgte mit dem **Petersberger Abkommen** im November 1949, das den Beitritt der BRD zur Internationalen Ruhrbehörde regelte. Diese Behörde war im April 1949 gegründet worden zur Überwachung der Koks- und Stahlproduktion des Ruhrgebiets. Die internationale Überwachung hatte das Ende der wirtschaftlichen Autonomie bedeutet. Im Gegenzug wurde die Demontage von Industrieanlagen stark begrenzt. Mit der Aufnahme der BRD in die Ruhrbehörde hatte sie ein Mitspracherecht bei der Kontrolle der Bodenschätze und Montanerzeugnisse des Ruhrgebiets erlangt. Außerdem bekam die BRD das Recht, konsularische Beziehungen zu westlichen Staaten zu unterhalten, Handelsbeziehungen aufzunehmen und Mitglied in internationalen Organisationen zu werden. Da Adenauer das Abkommen ohne das Parlament und im Alleingang mit den Hohen Kommissaren ausgehandelt hatte, kam es zu heftigen Debatten im Parlament. Kurt Schumacher (SPD) war der Ansicht, dass die Bundesrepublik mit der internationalen Ruhrkontrolle einen allzu hohen Preis für die Zugeständnisse der Alliierten zahle und diffamierte Adenauer als „Bundeskanzler der Alliierten".

Deutschlandvertrag und Pariser Verträge

Der Deutschlandvertrag, der zwischen der Bundesrepublik und den drei Westmächten geschlossen und am 26.5.1952 unterzeichnet wurde, sah die Aufhebung des Besatzungsstatuts und die Wiederherstellung der deutschen Souveränität vor. Allerdings trat er erst am 5.5.1955 in einer revidierten Fassung und als Teil der **Pariser Verträge** (1954/55) in Kraft.
Dieser **revidierte Deutschlandvertrag von 1955** beendete den Besatzungsstatus und stellte die innere und äußere Souveränität der BRD wieder her. Sie erhielt die vollständige Gesetzgebungshoheit zurück und die Zusicherung, dass Berlin Teil der BRD ist. Allerdings behielten sich die Alliierten weiterhin Rechte für Berlin und hinsichtlich der Wiedervereinigung vor. Zudem blieben Truppen zum Schutz der Bevölkerung in Deutschland stationiert.
Im Rahmen der Pariser Verträge wurde auch der Beitritt der BRD zur **NATO** und zur **Westeuropäischen Union** (WEU) geregelt. Die Westmächte akzeptierten die Bundesregierung fortan als einzig legitime deutsche Regierung, bekannten sich zur Wiedervereinigung und garantierten die Sicherheit der BRD und Berlins.
Die Pariser Verträge wurden am 27.2.1955 vom Deutschen Bundestag gebilligt, sie waren jedoch umstritten. Die SPD und Teile der deutschen Öffentlichkeit glaubten, dass insbesondere der Deutschlandvertrag die Teilung Deutschlands endgültig festschriebe.

Die westdeutsche Gesellschaft in der Ära Adenauer 1949 bis 1963

Herausforderungen

Die westdeutsche Gesellschaft in der Ära Adenauer stand als „Zusammenbruchsgesellschaft“ vor der Herausforderung, drei große Migrationswellen zu integrieren. Bis in die Mitte der 1950er-Jahre musste die BRD durch den Zuzug von ca. 8 Mio. Vertriebenen und Flüchtlingen eine große Integrationsleistung vollbringen. Flüchtlinge und Vertriebene stellten in Schleswig-Holstein beispielsweise ein Drittel der Bevölkerung. Dass die Integration reibungslos vonstattengegangen sei, zählt zu den Mythen der BRD. Konflikte zwischen Alt- und Neubürgern waren an der Tagesordnung. Viele Neubürger wurden mit Neid, Feindseligkeit und Vorurteilen konfrontiert und empfanden die BRD als „kalte Heimat“ (Andreas Kossert), auch wenn sie einen wesentlichen Anteil am Wirtschaftswunder hatten. Der wirtschaftliche Erfolg der BRD und Entschädigungszahlungen durch das **Gesetz über den Lastenausgleich** (1952) verbesserten die Situation, lösten allerdings die gesellschaftlichen Spannungen vorerst nicht. Das änderte sich erst, als die internationale Politik eine Rückkehr in die alte Heimat endgültig aussichtslos erscheinen ließ.

Gesetz über den Lastenausgleich 1952
Heimatvertriebenen, Bombengeschädigten und DDR-Flüchtlingen, die durch den Krieg Vermögensverluste erlitten hatten, wurde eine finanzielle Entschädigung gezahlt. Finanziert wurden sie durch eine Art Zusatzsteuer, die Vermögende leisten mussten.

Zu den Vertriebenen und Flüchtlingen kamen zwischen 1949 bis 1961 über 3 Mio. **DDR-Flüchtlinge** dazu, die überwiegend jung, männlich und gut qualifiziert waren. Sie sorgten für einen Talentschwund in Ostdeutschland und für einen Modernisierungsschub im Westen.

Eine weitere Herausforderung war der **Arbeitskräftemangel**. Die BRD glich ihn aus, indem sie Arbeitskräfte aus dem Ausland anwarb (Arbeitsmigranten, „Gastarbeiter“). Dafür schloss sie bilaterale Verträge z. B. mit Italien (1955), Spanien und Griechenland (1960), der Türkei (1961), Marokko (1963), Portugal (1964), Tunesien (1965) und Jugoslawien (1968).

Charakteristik der Gesellschaft zur Zeit des Wirtschaftswunders

Zeitgenössische Soziologen vertraten unterschiedliche Auffassungen darüber, wodurch die Gesellschaft der BRD in der Nachkriegszeit gekennzeichnet war. 1953 zeichnete der Soziologe **Helmut Schelsky** von der BRD im Wiederaufbau das Bild einer **„nivellierten Mittelstandsgesellschaft“** (nivellieren = angleichen). Diese sei entstanden, da sich durch die Weltkriege Auf- und Abstiegsprozesse in der Gesellschaft kreuzten. Die Gesellschaft zeichne sich daher durch eine erhöhte soziale Mobilität aus. Während Industriearbeitern, Facharbeitern, technischen Angestellten und Verwaltungsangestellten der Aufstieg in den Mittelstand gelang, stiegen wohlhabendere Schichten des Besitz- und Bildungsbürgertums z. B. durch ihre Vertreibung aus dem Osten ab. Diese Angleichung der Gesellschaftsschichten habe eine gleichberechtigte Teilhabe an der Wohlstandsgesellschaft geschaffen.

Der Soziologe **Ralf Dahrendorf** widersprach Schelsky 1965. Seine Charakterisierung der Gesellschaft sei nicht haltbar, da diese weiterhin sehr ungleich gewesen sei. Dahrendorf entwarf das Modell der „**Schichtungsgesellschaft**": Die Gesellschaft sei zwar durch eine hohe Mobilität, aber immer noch durch bedeutende Trennlinien vor allem zwischen Bürgergesellschaft und Arbeitergesellschaft gekennzeichnet gewesen.

Die Rolle der Frauen

Da viele Männer im Krieg gefallen waren, stellten Frauen den größten Bevölkerungsanteil. In Westdeutschland wuchsen 20% der Kinder ohne Vater auf. Die Frage nach der Rolle der Frau in Familie und Gesellschaft und ihrer Erwerbstätigkeit stellte sich daher immer dringender. 1957/58 wurde das **Gesetz über die Gleichberechtigung von Mann und Frau** beschlossen, das die Position der Frau stärkte und einige Privilegien des Mannes abschaffte, z.B. dessen Alleinentscheidungsrecht in zentralen Fragen der Ehe und Erziehung und der Vermögensverwaltung. In konservativen Kreisen jedoch waren noch das Leitbild der Hausfrauenehe und die Ansicht verbreitet, dass allein der Mann der Ernährer der Familie sei. So brauchten Frauen noch bis 1977 die Einwilligung ihres Ehemanns, wenn sie arbeiten wollten. Im Übrigen mussten sie bei Aufnahme einer Erwerbstätigkeit weiterhin die Arbeit im Haushalt und die Kindererziehung übernehmen. Dennoch wollten immer mehr Frauen eine dauerhafte Tätigkeit ausüben. Die Einführung der Teilzeitarbeit kam ihrem neuen Rollenverständnis entgegen.

Kunst und Kultur

Die Hoch- und Populärkultur der Zeit war vielgestaltig. Die Leitmedien Radio und ab Ende der 50er-Jahre das Fernsehen beschleunigten zusammen mit dem langsamen Eindringen des Rock'n'Roll eine „Amerikanisierung von unten" (Edgar Wolfrum).

In der Literatur wandten sich Vertreter der **Gruppe 47** wie Heinrich Böll oder Günter Grass gegen den „**konservativen Muff" der Nachkriegskultur**, der sich in der Dominanz des Schlagers (z.B. Freddy Quinn „Heimweh") oder der Beliebtheit des Genres „Heimatfilm" manifestierte (z.B. „Der Förster vom Silberwald" oder die „Sissi"-Filme). Vordergründig schienen diese Filme unpolitisch zu sein, unterschwellig transportierten sie konservative und autoritätsgläubige Einstellungen.

Die aufkommende **Regenbogenpresse** erzielte Millionenauflagen und weckte zusammen mit entsprechenden Schlagern die Sehnsucht nach einer Auslandsreise (z.B. Caterina Valente „Komm ein bisschen mit nach Italien, komm ein bisschen mit ans blaue Meer"). Dank der **Massenmotorisierung** – in den 50er-Jahren vervierfachte sich der PKW-Besitz – konnten sich Millionen Bundesbürger den Wunsch nach einer Reise in den Süden erfüllen.

Manche sehen auch den überraschenden Sieg gegen den Favoriten Ungarn bei der **Fußball-WM 1954** als „wahre Geburtsstunde der BRD", da dadurch eine kollektive Aufbruchstimmung erzeugt worden sei („Wir sind wieder wer!").

Das Ende der Ära Adenauer und die Kanzlerschaft Erhards

Im Oktober 1962 erschien in der Zeitschrift „Der Spiegel“ der Artikel „Bedingt abwehrbereit“, der mögliche militärische Schwächen der BRD im Falle eines sowjetischen Überfalls darlegte. Der Artikel löste die **Spiegel-Affäre** aus. Konrad Adenauer sprach von einem „Abgrund von Landesverrat“ im eigenen Land. Redakteure wurden verhaftet, die Redaktion durchsucht und der Autor des umstrittenen Beitrages, Conrad Ahlers, in Spanien rechtswidrig festgenommen. Die Affäre, in deren Zentrum Verteidigungsminister Franz Josef Strauß (CSU) stand, führte schließlich zum Rücktritt des gesamten Kabinetts. Die deutsche Medienlandschaft reagierte mit Protesten auf die Verletzung der Pressefreiheit.

Der Historiker Heinrich August Winkler bewertet die Affäre als „Katalysator bei der Ablösung einer eher konservativen durch eine liberale Staatsauffassung“.

Die CDU hatte bereits bei der Bundestagswahl 1961 ihre absolute Mehrheit verloren. 1963 reichte Adenauer nach Absprache mit der FDP im Alter von 87 Jahren seinen Rücktritt ein. Die „autoritäre Kanzlerdemokratie“ war am Ende. Als Nachfolger wurde gegen den Willen Adenauers **Ludwig Erhard**, der populäre „Vater des Wirtschaftswunders“ gewählt. Innenpolitisch orientierte er sich am Konzept der **Formierten Gesellschaft**, in der nicht mehr organisierte Interessen wie z. B. Verbände oder Parteien über dem Gemeinwohl stehen, sondern alle Einzelinteressen zusammenwirken und dem Gemeinwohl untergeordnet sind. Erhard betrieb somit eine „**Politik der Mitte und Verständigung**“. Außenpolitisch zählte er nicht zu den „Gaullisten“, die vor allem für gute Beziehungen zu Frankreich eintraten, sondern zu den „Atlantikern“, denen an einer engen Verbindung mit den USA gelegen war.

Erhard hatte von Beginn an mit Gegnern innerhalb der eigenen Partei zu kämpfen, die ihm einen schwachen Führungsstil vorwarfen. Dennoch gelang ihm 1965 noch einmal ein großer Wahlerfolg. Der 1966 einsetzende Wirtschaftsabschwung, den die Bevölkerung teils als existenzielle Systemkrise wahrnahm, wurde dem Wirtschaftsexperten Erhard negativ angerechnet. Der Ausbau des Sozialstaates und wahlbedingte Steuergeschenke ließen das Staatsdefizit weiterwachsen.

Nachdem die FDP aufgrund geplanter Steuererhöhungen aus der Regierung ausgetreten war und sich die CDU 1966 von Erhard distanzierte, amtierte der Kanzler noch kurze Zeit als Chef einer Minderheitsregierung, trat aber am 30. November 1966 zurück. Zu seinem Nachfolger wurde am folgenden Tag Kurt Georg Kiesinger gewählt.

CHRONOLOGIE

Die BRD in der Ära Adenauer 1949 bis 1963

15.09.1949	Wahl Konrad **Adenauers** zum ersten **Bundeskanzler** der BRD
22.11.1949	**Petersberger Abkommen** ermöglicht der BRD u.a., konsularische Beziehungen und Handelsbeziehungen aufzunehmen und internationalen Organisationen beizutreten.
14.07.1950	Beitritt der BRD zum **Europarat**; erst assoziiertes, ab Mai 1951 vollberechtigtes Mitglied
18.04.1951	Gründung der Europäischen Gemeinschaft für Kohle und Stahl (EGKS, auch **Montanunion** genannt)
10.03.1952	**Stalin-Note**: Angebot der UdSSR zur Regelung der deutschen Wiedervereinigung, das die Westmächte ablehnen
26.05.1952	**Deutschlandvertrag**: Ende des Besatzungsstatuts, Wiederherstellung der Souveränität der BRD. Der Vertrag tritt erst 1955 in einer überarbeiteten Fassung in Kraft.
27.02.1953	**Londoner Schuldenabkommen**: Wiederherstellung der Kreditwürdigkeit der BRD, Voraussetzung für die staatliche Souveränität
05.05.1955	**Pariser Verträge**: Neufassung des Deutschlandvertrags, das Besatzungsstatut wird aufgehoben, die BRD erlangt ihre innere und äußere Souveränität zurück und wird Mitglied der **NATO** und der **Westeuropäischen Union** (WEU).
Sept. 1955	**Hallstein-Doktrin**: Die BRD droht Staaten, die die DDR völkerrechtlich anerkennen, mit dem Abbruch diplomatischer Beziehungen. Die Leitlinie soll die DDR außenpolitisch isolieren und bekräftigt den Alleinvertretungsanspruch der BRD für Gesamtdeutschland.
12.11.1955	Gründung der **Bundeswehr**
1957	Unterzeichnung der **Römischen Verträge**: Gründung der **Europäischen Wirtschaftsgemeinschaft** (EWG) und der Europäischen Atomgemeinschaft (EURATOM)
1959	**Godesberger Programm** der SPD: Die SPD akzeptiert das Konzept der Sozialen Marktwirtschaft und wandelt sich von einer sozialistischen Arbeiterpartei zu einer Volkspartei.
Okt. 1962	Spiegel-Affäre
22.01.1963	**Élysée-Vertrag**: Deutsch-Französischer Freundschaftsvertrag, der regelmäßige Politikertreffen und Kooperationen in Bildung und Kultur vorsieht und die Aussöhnung zwischen der BRD und Frankreich zum Ausdruck bringt.
26.06.1963	Berlin-Besuch des **US-Präsidenten Kennedy**: Der Präsident stellte in einer Rede die Solidarität der USA mit Berlin heraus („Ich bin ein Berliner.").
15.10.1963	Rücktritt Konrad Adenauers, sein Nachfolger wird **Ludwig Erhard**.

10.5 Die DDR in der Ära Ulbricht 1950 bis 1971

Der planmäßige Aufbau des Sozialismus

Walter Ulbricht (1893–1973) war 1919 Mitbegründer der KPD. Die Zeit von 1933 bis 1945 verbrachte er im Exil in Paris, Prag und in der Sowjetunion. 1945 kehrte er nach Deutschland zurück und wirkte beim Aufbau des Staatsapparates der DDR entscheidend mit. Von 1950 bis zu seinem Sturz 1971 war er Generalsekretär des Zentralkomitees der SED.

Auf dem zweiten Parteitag der SED 1952 verkündete Walter Ulbricht, der Generalsekretär des Zentralkomitees der SED, den Beschluss zum „**planmäßigen Aufbau des Sozialismus**“. Das bedeutete die Neuordnung von Politik, Wirtschaft und Gesellschaft nach dem sowjetischen Vorbild und beinhaltetet folgende Maßnahmen

- Etablierung des Stalinismus;
- Ausbau eines Repressionsapparates;
- staatliche Kontrolle von Massenorganisationen, Verwaltung, Justiz, Medien;
- Zwangskollektivierung in der Landwirtschaft;
- Aufbau einer Stahlindustrie;
- Aufrüstung auf Kosten der Konsummöglichkeiten der Bevölkerung

Die Neuordnung zementierte die Trennung zwischen der BRD und der DDR und hatte spürbare Auswirkungen auf alle Lebensbereiche der Menschen. Aufkeimende Widerstände gegen den Aufbau des Sozialismus wurden unterdrückt. Zwischen Mitte 1952 und Mitte 1953 kam es zu einer Verdopplung der Häftlingszahl in den Gefängnissen (ca. 66 000). Dennoch wurden die Maßnahmen bereits 1952 mit ersten Streiks und einem massiven Anstieg der Fluchtzahlen quittiert und gipfelten 1953 im Volksaufstand vom 17. Juni (→ S. 257).

Maßnahmen in Politik und Gesellschaft

In der DDR wurde das politische und gesellschaftliche Leben nach dem Vorbild der Sowjetunion ausgerichtet und somit der **Marxismus-Leninismus** zur Grundlage allen politischen Handelns. Die alleinige politische Herrschaft lag in den Händen der SED, eine Gewaltenteilung wie in westlichen Demokratien gab es nicht. Die SED sicherte sich in der DDR ihre Vorherrschaft mit folgenden Mitteln:

Parteiaufbau: 1946/47 wurde die SED in eine marxistisch-leninistische **Kaderpartei** und damit einhergehend seit 1948 in eine **Partei neuen Typs** umgewandelt. Das bedeutete, dass wichtige Positionen der SED mit besonders geschulten und der marxistisch-leninistischen Ideologie verpflichteten Mitgliedern besetzt wurden und die Partei nach dem Prinzip des **demokratischen Zentralismus** streng hierarchisch aufgebaut war:

- Alle Parteiorgane waren der jeweils übergeordneten Führung untergeordnet.
- An der Spitze der Partei stand das Politbüro, dessen Beschlüsse für alle Parteimitglieder in Parlamenten, Regierung und Verwaltung bindend waren.
- Widerspruch gegen die Beschlüsse wurde als Fraktionsbildung angesehen und war verboten.
- Innerhalb der SED waren Gruppenbildungen, zumal ehemaliger SPD-Mitglieder, streng untersagt.

 555 410

Die SED war nach dem Prinzip des demokratischen Zentralismus streng hierarchisch aufgebaut. An der Spitze stand das Politbüro.

Gründung der „Nationalen Front" (NF) im März 1950, Wahl der Einheitsliste: Die Nationale Front der DDR war ein Zusammenschluss aller Parteien und Massenorganisationen unter der Führung der SED. Sie sollte offiziell zeigen, dass alle gesellschaftlichen Gruppen am politischen Entscheidungsprozess beteiligt waren. In der Realität war sie ein Mittel der Disziplinierung der Parteien und Massenorganisationen (Demokratischer Block) durch die SED und so ein Mittel zur Festigung ihrer Vormachstellung.
Die Nationale Front hatte die Aufgabe, Wahlen vorzubereiten und die **Einheitsliste** zu erstellen. Mit der Einheitsliste war die Zusammensetzung der Volkskammer bereits vor der Wahl entschieden, denn die Mandate wurden den Parteien und Organisationen nach einem festgelegten Schlüssel zugeordnet. Zwar konnten die Bürger in einigen Wahlkreisen, in denen seit 1965 mehr Kandidierende zur Wahl standen, als Mandate zu vergeben waren, auf die Liste Einfluss nehmen, indem sie Kandidierende strichen und ersetzten. Doch entfielen seit 1950 mehr als 99% der Stimmen auf Kandidierende der Liste.

Säuberung der Partei: Im August 1950 beschloss das Zentralkomitee (ZK), das oberste Gremium der SED, auf seiner zweiten Tagung, Säuberungen innerhalb der Partei und Staatsführung vorzunehmen. Diese betrafen z.B. oppositionelle Sozialdemokraten, KPD-Mitglieder, die während des Krieges in den Westen emigriert waren, oder Splittergruppen der Arbeiterbewegung. Der Spionage bezichtigt, wurden sie aus der Partei ausgeschlossen. 1950/51 wurden rund 150000 SED-Mitglieder, vor allem ehemalige Sozialdemokraten, ausgeschlossen.

Nachdem 1952 offiziell der Aufbau des Sozialismus verkündet worden war, begründete die SED ihre Maßnahmen mit der Annahme, dass es in der Phase des sozialistischen Aufbaus zu einer Verschärfung des Klassenkampfes kommen werde. Im Beschluss des ZK der SED 1952 hieß es: „In der Periode des sozialistischen Aufbaus kann die Partei keine Abweichungen, keine doppelten Meinungen in ihren Reihen dulden. [...] Sie muss [...] die Parteimitglieder zur Unversöhnlichkeit erziehen." Zur Abschreckung und Einschüchterung der Gegner dienten z. B. Gefangenenlager wie in Bautzen und Waldheim. Mit Bautzen wurde eine sächsische Kleinstadt zum Symbol für zahlreiche schematisch gefällte Urteile ohne Gerichtsverfahren und Verteidigung.
Schätzungen zufolge gab es Anfang der 1950er-Jahre in der DDR 1829 politische Haftstrafen für Menschen zwischen 15 und 20 Jahren, 146 Menschen waren zu einer lebenslangen Zuchthausstrafe verurteilt worden und 32 zum Tode. Die Parteisäuberungen führten zu einer Atmosphäre des Misstrauens und begünstigten Denunziationen.

Bautzen II
Sonderhaftanstalt der DDR und Inbegriff des DDR-Unrechtsstaats. Das Lager sollte durch strenge Haftbedingungen und menschenunwürdige Zustände als Abschreckung dienen (überfüllte Zellen, schlechte Ausstattung, Gewalt unter Häftlingen). Mehr als 2800 politische Häftlinge saßen dort ab 1956 bis zur Wende unter unmenschlichen Bedingungen ein.

Gründung des Ministeriums für Staatssicherheit (MfS), die inoffizielle Bezeichnung war „Stasi". Die Stasi war dem Politbüro des Zentralkomitees direkt unterstellt. Sie stabilisierte die Macht der SED und galt als „Schwert und Schild" der Partei. Die Stasi hatte eine Doppelfunktion: Im Inneren überwachte sie die DDR-Bürgerinnen und -Bürger, im Ausland agierte sie als Nachrichtendienst für Spionage und Spionageabwehr (→ S. 261).

Zentralisierung der Macht durch die Auflösung der Länder: Im Juli 1952 wurden die fünf Länder zugunsten von 14 Bezirken aufgelöst und deren Leitung SED-Sekretären übertragen. Fortan waren SED-geführte Bezirkstage und Bezirksräte die obersten Organe der mittleren Verwaltungsbehörden. Ein SED-Funktionär stand an der Spitze des Bezirks. Die Verwaltungsstruktur der DDR war nach dem Vorbild der Sowjetunion gleichgeschaltet.

Die zweite **Verfassung von 1968**: Das ZK der SED legte 1968 einen neuen Verfassungsentwurf vor, der die Verfassung von 1949, die sich noch an die demokratische Weimarer Reichsverfassung angelehnt hatte, ablösen sollte. Die neue Verfassung schrieb den Herrschaftsanspruch der SED fest und orientierte sich an den Verfassungen osteuropäischer Volksdemokratien. In Artikel 1 hieß es: „Die Deutsche Demokratische Republik ist ein sozialistischer Staat der Arbeiter und Bauern. Sie ist die politische Organisation der Werktätigen in Stadt und Land unter der Führung der Arbeiterklasse und ihrer marxistisch-leninistischen Partei." Die Verfassung wurde per Volksentscheid, dem einzigen in der DDR, angenommen.

Massenorganisationen wie die Freie Deutsche Jugend (FDJ), der Kulturbund oder der Demokratische Frauenbund Deutschlands dienten dazu, das Volk zu kontrollieren, und festigten die Herrschaft der SED, indem sie deren Ziele von oben nach unten weiterleiteten.

Funktionalisierung der Kunst: Kunst wurde als ein Instrument der Erziehung gesehen und diente der Einübung von Normen und Werten. Künstler, die gegen die Vorstellungen der SED verstießen, wurden insbesondere in den 1950er-Jahren inhaftiert oder aus Organisationen wie dem Kulturbund und der Partei ausgeschlossen, wodurch ihnen Privilegien und Arbeitsmöglichkeiten verwehrt blieben. Im Übrigen erließ der SED-Staat Aufführungsverbote; Manuskripte und Bücher wurden in einem Druckgenehmigungsverfahren des Kulturministeriums zensiert, ihre Veröffentlichung gegebenenfalls untersagt.

Geschichte kontrovers

Gibt es Gemeinsamkeiten zwischen dem DDR-Regime und der totalitären NS-Diktatur?

Die Frage, ob das SED-Regime mit dem totalitären nationalsozialistischen Staat gleichgestellt werden kann, wird unterschiedlich beantwortet.

Der Historiker Karl Dietrich Bracher nennt die DDR eine „zweite deutsche Diktatur" und rückt sie so in die Nähe des nationalsozialistischen Totalitarismus. Auch andere Historiker weisen auf Übereinstimmungen hin, z. B. auf die Gleichschaltung von Parteien, Institutionen und Massenorganisationen in beiden Systemen oder auf die Verfolgung von Regimegegnern.

Einige Historiker sehen aber auch Unterschiede. Sie heben u. a. hervor, dass DDR-Bürgerinnnen und -Bürger immerhin die Möglichkeit hatten, in privaten Nischen, z. B. in kirchlichen Kreisen, eine Gegenkultur zu realisieren (→ S. 259). Vor allem aber wird darauf hingewiesen, dass das DDR-Regime Menschen nicht rassistisch verfolgt und millionenfach ermordet hat. Es könne darum mit dem totalitären NS-Staat, der „universal anerkannte Normen" der Menschlichkeit (Martin Sabrow) missachtet und mit dem Holocaust einen Zivilisationsbruch herbeigeführt hatte, nicht gleichgesetzt werden.

Die Zentralverwaltungswirtschaft

Mit der Gründung der BRD und der DDR entwickelten sich die beiden deutschen Staaten in den 1950er-Jahren nicht nur politisch und militärisch auseinander, sondern auch wirtschaftlich. Während in der BRD unter Ludwig Ehrhard und Alfred Müller-Armack die Soziale Marktwirtschaft geprägt und ausgebildet wurde (→ S. 239), war die Wirtschaftsordnung der DDR eine **Zentralverwaltungswirtschaft** bzw. eine **Planwirtschaft**. Die DDR war ihrem Selbstverständnis nach ein Arbeiter- und Bauernstaat und der erste sozialistische Staat auf deutschem Boden. Den Schutz des Privateigentums an Produktionsmitteln, wie im Kapitalismus üblich, hob die DDR auf.

Charakteristisch für eine Planwirtschaft ist, dass wirtschaftliche Entscheidungen und Abläufe nicht über den Markt, sondern zentral, über gesamtwirtschaftliche Pläne gesteuert werden (meist Fünfjahrespläne).

Weitere Merkmale sind:
- **Eigentumsform**: Das Eigentum an Produktionsmitteln liegt in den Händen der Gesellschaft → Kollektiveigentum, das durch den Staat verwaltet wird.
- **Planungs- und Lenkungsform**: Die Koordination von Dienstleistungen und die Produktion von Gütern erfolgt über Pläne. Der Staat entscheidet, welche Produktionstechniken angewendet und welche Produktionsfaktoren eingesetzt werden. Er entscheidet über Art und Umfang der Produktion, setzt die Preise fest und entscheidet über die Verteilung von Einkommen und Vermögen.

In der DDR kam es bereits in den 1950er-Jahren zu Enteignungen mittlerer Betriebe und einer systematischen Kollektivierung in der Landwirtschaft. Die Bauern mussten sich zu **Landwirtschaftlichen Produktionsgemeinschaften (LPGs)** zusammenschließen, um so eine höhere Konzentration und Spezialisierung der Produktion zu erzielen.

Die Kollektivierung führte dazu, dass zwischen 1950 und 1960 der Anteil sozialistischer Betriebe an der gesamten landwirtschaftlichen Nutzfläche von 6 % auf 92 % stieg. Die 1948 enteigneten, verstaatlichten und zu **Sowjetischen Aktiengesellschaften** transformierten Industriebetriebe, durch die die Sowjetunion ihre Reparationsleistungen aus der laufenden Produktion decken wollte, wurden der DDR 1953 als **Volkseigene Betriebe (VEB)** wieder zurückgegeben. Bis Ende der 50er-Jahre stammten bereits 90 % der erzeugten Industrieprodukte aus VEBs. Während einer zweiten Sozialisierungswelle 1972 wurde der Großteil der noch privaten bzw. halbstaatlichen Industrie- und Baubetriebe ebenfalls ins VEBs umgewandelt. Der Anteil staatlicher Betriebe im industriellen Sektor lag nun bei über 99 %.

Staatliche Handelsorganisation (HO)
1948 als staatliches Unternehmen des Einzelhandels gegründet. Die HOs verkauften bis zur Abschaffung der Lebensmittelmarken und Bezugsscheine knappe Lebensmittel und Artikel des täglichen Bedarfs, oft überteuert. Die HO führte Warenhäuser und Einzelhandelsgeschäfte.

Während der Großhandel vollkommen verstaatlicht war, gab es im Einzelhandel noch wenige private Geschäfte. Diesen wurde jedoch die 1948 gegründete **Staatliche Handelsorganisation (HO)** als staatliches Einzelunternehmen gegenübergestellt. 1949 wurden die **Konsumgenossenschaften (KG)**, die von den Nationalsozialisten aufgelöst worden waren, wiedereingesetzt. Da der private Handel mit hohen Steuerabgaben belegt und weiteren Benachteiligungen ausgesetzt wurde, verlor er nach und nach an Bedeutung. Wie in der UdSSR kam es in der DDR zum Aufbau der Schwerindustrie auf Kosten der Leicht- und Konsumgüterindustrie.

Wirtschaftliche Entwicklung und Lebensstandard (1945 bis 1961)

In der DDR wurde der wirtschaftliche Wiederaufbau im Unterschied zur BRD durch die Demontage von Industrieanlagen und die Entnahme von Reparationsleistungen aus der laufenden Produktion erschwert. Diese und ebenso die Besatzungskosten hatten 1950 einen Anteil von 33% am DDR-Inlandsprodukt. Hinzu kam, dass die DDR nicht am Marshall-Plan (→ S. 220) teilnahm und unter Kapitalmangel litt. Dennoch kam es in den 1950er-Jahren durch ein steigendes Wirtschaftswachstum zur Verbesserung der Grundversorgung, auch wenn der durchschnittliche private Pro-Kopf-Verbrauch eines DDR-Bürgers nur 50 bis 75% des westdeutschen Niveaus erreichte und die Lebensmittelrationierung erst 1958 beendet werden konnte. In der zweiten Hälfte der 1950er-Jahre konnte eine Verbesserung auch bei technischen Konsumgütern und Haushaltsgeräten erzielt werden, wobei das Angebot die Nachfrage nicht decken konnte (**Mangelwirtschaft**). Bis zum Bau der Mauer 1961 (→ S. 258) musste die Wirtschaft mit der Abwanderung qualifizierter Arbeitskräfte in den Westen umgehen.

Außen- und Verteidigungspolitk: die Ostintegration der DDR

Als Reaktion auf die Westintegration der BRD und aufgrund der Tatsache, dass die DDR von den westlichen Demokratien völkerrechtlich nicht anerkannt wurde, begann die Einbindung der DDR in das sowjetische Herrschaftssystem:

- 6.6.1950: Abkommen mit der Volksrepublik Polen über die **Anerkennung der Oder-Neiße-Grenze**, um das Verhältnis zu Polen zu verbessern und das Vertrauen der osteuropäischen Staaten zu gewinnen.
- 1950 Aufnahme der DDR in den **Rat für Gegenseitige Wirtschaftshilfe (RGW**, auch *Communist Economies/Comecon*): Das Ziel war, sich gegenseitig abzustimmen und zu unterstützen, um im Wettlauf mit dem Westen bestehen zu können und einen unabhängigen sozialistischen Weltmarkt zu schaffen. Durch die Aufnahme der DDR verdreifachte sich zwischen 1950 und 1955 der DDR-Außenhandel mit den Ländern des Ostblocks, während er sich mit der BRD nur verdoppelte. Rund 67% des DDR-Exports ging in Mitgliedsstaaten des RGW.
- Im **Staatsvertrag zwischen der DDR und der UdSSR 1955** wurde die Unabhängigkeit der DDR anerkannt (Rückgabe der Souveränität) und vereinbart, dass die Gestaltung der Beziehung auf Gleichberechtigung, der gegenseitigen

Achtung der Souveränität und der Nichteinmischung in die inneren Angelegenheiten beruhe. Vereinbart wurde zudem der Verbleib sowjetischer Truppen auf dem Territorium der DDR. Alliierte Vorbehaltsrechte – z. B. der Abschluss eines Friedensvertrags, die Entscheidung über die Wiedervereinigung und den Status von Berlin – blieben bei der Sowjetunion. Der Staatsvertrag war eine Reaktion der UdSSR auf die Politik der Westmächte, die die BRD schrittweise in das westliche Bündnissystem integrierten.

- **Beitritt zum Warschauer Pakt 1955** und Gründung der Nationalen Volksarmee (NVA) 1956: Für die Sowjetunion war die Aufnahme der DDR in den Warschauer Pakt, dem Militärbündnis des Ostblocks, aus militärischen, sicherheitspolitischen und geostrategischen Gründen von Interesse.

Die Integration der BRD in die NATO und der DDR in den Warschauer Pakt zementierte die Gegensätze zwischen den Staaten. Die DDR war von der Sowjetunion abhängig und außerhalb des Ostblocks isoliert. Sie hatte zwar das Recht, ihre inneren und äußeren Angelegenheiten selbst zu bestimmen, jedoch nur in dem Rahmen, den die sowjetische Führungsmacht vorgab.

Der Volksaufstand in der DDR am 17. Juni 1953

Der Volksaufstand in der DDR am 17.6.1953 wurde von der UdSSR militärisch niedergeschlagen.

Im Frühjahr 1953 war die Versorgung der Bevölkerung mit Lebensmitteln und Konsumgütern beeinträchtigt, da die SED-Wirtschaftspolitik die Investitionen überwiegend in die Schwerindustrie leitete. Bisherige Fehlentscheidungen der Planwirtschaft sollten zunächst durch Steuer- und Abgabeerhöhungen, Gehalts- und Prämienkürzungen korrigiert werden. Im Mai 1953 stimmte der Ministerrat einer generellen **Erhöhung der Arbeitsnorm** um 10 % zu, was einer Lohnkürzung gleichkam. Nach dem Tod Josef Stalins im März 1953 verkündete das Politbüro auf Weisung der sowjetischen Parteiführung im Juni 1953 den „**Neuen Kurs**" zur Korrektur von „Fehler[n] der Regierung und der staatlichen Verwaltungsorgane". Er sah Zugeständnisse und Maßnahmen beispielsweise zur Verbesserung der Versorgung der Bevölkerung vor. Die Erhöhung der Arbeitsnorm wurde jedoch beibehalten und führte zu einem Streik der Bauarbeiter in Ostberlin.

In der Folge kam es im Juni 1953 zu Streiks und Kundgebungen in weiteren größeren Städten der DDR. Es wird geschätzt, dass bis zu einer Millionen Menschen daran teilnahmen, v. a. aus der Arbeiterschaft, aber auch aus anderen Bevölkerungsschichten. Als am 17. Juni 1953 auch politische Veränderungen, vor allem freie Wahlen, die Wiedervereinigung und der Rücktritt der Regierung, gefordert wurden und das politische System der DDR gefährdet war, griff die UdSSR ein und schlug den Aufstand militärisch nieder.

Die Aufstände forderten ca. 300 Todesopfer, viele Tausend Gefängnisstrafen wurden verhängt. Ferner verbreitete sich das Gefühl, dass weitere Aufstände sinnlos seien, solange die UdSSR die SED-Herrschaft mit Waffengewalt garantierte.

Der Aufstand verunsicherte die DDR-Führung („Juni-Syndrom"), da er gezeigt hatte, dass die Bevölkerung mehrheitlich nicht hinter dem System stand. In der BRD war der 17. Juni als „Tag der deutschen Einheit" bis zur Wiedervereinigung ein gesetzlicher Feiertag.

Der Bau der Berliner Mauer am 13. August 1961

Zwischen 1949 und 1961 verließen drei Millionen Menschen die DDR und flohen in den Westen, darunter zahlreiche Naturwissenschaftler, Ärzte und qualifizierte Facharbeiter. Man spricht auch von einer „**Abstimmung mit den Füßen**", da sich die Menschen mit ihrer Flucht gegen die DDR-Führung und deren Mangelwirtschaft wandten, die insbesondere hochwertige Konsumgüter betraf.

Als Gerüchte über die Abriegelung der DDR und den Bau einer Mauer aufkamen, stiegen die Flüchtlingszahlen noch. Zwar verkündete Ulbricht am 15. Juni 1961 auf einer Pressekonferenz, dass „niemand die Absicht [habe], eine Mauer zu errichten", doch konnte seine Beteuerung den Flüchtlingsstrom von Ost nach West nicht stoppen. Um das „Ausbluten" der DDR zu verhindern, sperrten Einheiten der Volkspolizei, der Nationalen Volksarmee und Betriebskampfgruppen mit Rückendeckung des Warschauer Paktes in der **Nacht vom 12. auf den 13. August** die Sektorengrenze zwischen Ost- und Westberlin mit Barrikaden und Stacheldrahtzäunen ab und begannen mit dem **Mauerbau**. Die Mauer nahm 28 Jahre lang den rund 17 Mio. DDR-Bürgerinnen und -Bürgern die Möglichkeit, das Land zu verlassen. Nur in den ersten Wochen gelang noch Tausenden die Flucht, dann nahmen die Flüchtlingszahlen stark ab.

Die DDR begründete den Bau der Mauer damit, „dem Treiben der westdeutschen Revanchisten [bezüglich Gebietsforderungen] und Militaristen einen Riegel" vorzuschieben. Diese versuchten, so hieß es im Beschluss des Ministerrats weiter, „durch feindliche Hetze, durch Abwerbung und Diversionstätigkeit" der DDR und dem „sozialistischen Lager Schande zuzufügen". Ulbricht selbst bezeichnete die Mauer als „**antifaschistischen Schutzwall**" und nannte ihn einen „Beitrag zur Erhaltung des Friedens".

Die Westmächte beschränkten ihre Gegenmaßnahmen auf verbale Proteste. Die BRD forderte den amerikanischen Außenminister Rusk zu Gegenmaßnahmen auf. Dieser äußerte sich dahingehend, dass der Mauerbau im sowjetischen Machbereich stattfände und keine Bedrohung der Position der Westmächte in Berlin darstelle.

Der Bau der Mauer gilt auch als **„zweite Staatsgründung“** der DDR. Er markierte das Ende der Idee, dass der Sozialismus in einem Land mit offenen Grenzen verwirklicht werden könne. Die Menschen mussten sich fortan mit dem Regime arrangieren, da eine Flucht weitestgehend ausgeschlossen war. Seit dem 6. Oktober 1961 musste beispielsweise die Nationale Volksarmee Gebrauch von der Schusswaffe machen, wenn Menschen zu fliehen versuchten.

Der Mauerbau war der Ausgangspunkt für das Entstehen eines eigenständigen **DDR-Bewusstseins**. Die DDR konnte sich stabilisieren und konsolidieren. Für die Westalliierten und die Sowjetunion bedeutete die Mauer, dass der Konflikt um den Krisenherd Berlin entschärft war.

Im „Gleichgewicht des Schreckens“ fand sich die internationale Politik mit der Berliner Mauer ab. Dies führte zu einer Neuorientierung in der Ost-, Deutschland- und Berlinpolitik und ebnete der DDR den Weg, international anerkannt zu werden. US-Präsident Kennedy sprach bereits im Frühjahr 1962 mit Blick auf die DDR von einem zweiten deutschen Staat und erkannte die Oder-Neiße-Linie als Grenze an.

Die DDR nach dem Bau der Mauer

Die SED-Führung versuchte nach dem Mauerbau, sich wirtschaftspolitisch stärker an den Bedürfnissen der Bevölkerung zu orientieren. In den 1960er-Jahren gelang eine erkennbare ökonomische Stabilisierung. Die Lebensmittelkarten waren bereits 1958 abgeschafft worden. Die Wartelisten für begehrte Güter wie Fernsehapparate oder Kühlschränke wurden kürzer. Auch wenn die Mangelwirtschaft noch immer den Alltag beherrschte, breitete sich ein bescheidener Wohlstand aus. 1966 wurde die Wochenarbeitszeit auf 45 Stunden herabgesetzt und ab 1967 der Samstag arbeitsfrei. Viele Bürgerinnen und Bürger der DDR bezeichneten die Zeit als „Goldenes Zeitalter“.

Die Gesellschaft

Bei der Bevölkerung führte der Mauerbau vielfach zu einem Gefühl der **Resignation** und zu einem **Rückzug ins Private**. Zwar arrangierten sich die Menschen nach außen mit dem SED-Regime, kamen ihrer Pflicht zur Teilnahme an staatlichen Veranstaltungen oder auch betrieblichen Versammlungen nach, übten keine Kritik am Sozialismus und lebten **systemkonform**. Daneben schufen sie sich aber staats- und gesellschaftsferne Nischen (**Nischengesellschaft**), in denen Meinungen noch frei geäußert werden konnten. Zu diesen privaten Nischen gehörten beispielsweise kirchliche Kreise, die Familie, der Freundeskreis oder der Kleingarten mit Wochenendhäuschen (Datsche).

Wirtschaftspolitik

In den 1950er-Jahren bestimmten vorranging die Konservativen in der SED die Wirtschaftspolitik. Sie strebten nach dem sowjetischen Modell eine zentrale Planung und die Durchsetzung der Produktionsziele an. Wirtschaftlichen Fortschritt setzten sie mit einer weiteren Annäherung an das sowjetische Modell gleich. Sie befürworteten weder dezentrale Wirtschaftsregulierungen noch materielle Anreize zur Produktions- und Qualitätssteigerung. Stattdessen verließen sie sich auf „moralische Anreize", indem sie davon ausgingen, dass es fortan ein natürliches Interesse der Arbeiter als Teil der herrschenden Klasse sei, ihre Arbeitsproduktivität zu steigern. Als Ende der 1950er-Jahre deutlich wurde, dass die Ergebnisse der Planwirtschaft weit hinter denen der westlichen Marktwirtschaft lagen, schob die politische Führung dies auf die offenen Grenzen und dadurch mögliche „imperialistische Störmanöver".

Nach dem Bau der Mauer 1961 gelang es jedoch nicht, das Wirtschaftswachstum zu beschleunigen. Da Reformen von der sowjetischen Führung genehmigt werden mussten, reiste 1962 eine DDR-Delegation unter der Führung von Walter Ulbricht nach Moskau, um sich von Chruschtschow diese genehmigen zu lassen. Chruschtschow zeigte sich Maßnahmen, die sich lediglich auf eine Umgestaltung der Wirtschaft bezogen, zugewandt. Im Januar 1963 wurden die Reformen, die unter dem Namen NÖSPL (**Neues ökonomisches System der Planung und Leitung**) zusammengefasst wurden, auf dem VI. Parteitag beschlossen. Ziel der Maßnahmen war es, den Betrieben mehr Eigenverantwortung einzuräumen, z. B. sollten Gewinne selbst genutzt werden können. Darüber hinaus waren eine größere Flexibilität bei der Planung sowie die Nutzung von Marktmechanismen und die Anwendung moderner wissenschaftlicher Erkenntnisse vorgesehen. Eingeführt wurden zudem materielle Anreize für Arbeiter (z. B. Sonderzahlungen). Damit ging die Planwirtschaft in eine Mischwirtschaft über, die sich sowohl am Plan als auch am Markt orientierte (**Marktsozialismus**).

Die Reformen führten bereits 1964 zu einem Anstieg der Arbeitsproduktivität um 7%. Der Lebensstandard der Bevölkerung verbesserte sich und der staatliche Handel konnte dank überdurchschnittlicher Wachstumsraten das Angebot industrieller Konsumgüter steigern. Güter wie Fernseher, Waschmaschinen oder Kühlschränke waren fortan nicht mehr außer Reichweite. Steigende Nettoeinnahmen ermöglichten Familien den Erwerb eines **Autos** („Trabant", „Wartburg"), das zu einem **Statussymbol** wurde. Allerdings betrug die durchschnittliche Wartezeit zehn Jahre, und die Kosten entsprachen einem durchschnittlichen Jahreseinkommen. Die DDR entwickelt sich zu einer Leistungs- und Konsumgesellschaft, die, im Vergleich zu anderen Ostblockstaaten, einen höheren Standard aufweisen konnte.

Trotz der verbesserten wirtschaftlichen Situation konnten sich die Konservativen aber erneut durchsetzen. Sie nahmen die Reformen aus Sorge vor einem Machtverlust wieder zurück und verstärkten die zentralistische Leitung. 1967 kam es zu weiteren Änderungen der Reformen und einer Umbenennung in ÖSS, **Ökonomisches System des Sozialismus**, das Erich Honecker, der Nachfolger von Walter Ulbricht, 1971 durch die **Einheit von Wirtschafts- und Sozialpolitik** ersetzte (→ S. 281 ff.).

Die Ausweitung der Überwachung durch den Staat

Das Ministerium für **Staatssicherheit** (MfS, kurz Stasi) wurde am 8. Februar 1950 gegründet und war zugleich **Nachrichtendienst** und **Geheimpolizei** der DDR. Es agierte ohne rechtsstaatliche bzw. mediale Kontrolle und diente der SED zur Machtsicherung. Die Stasi unterhielt 17 eigene Untersuchungshaftanstalten und Gefängnisse. **Erich Mielke** war für ihren Ausbau ab 1949 verantwortlich, von 1957 bis zu seinem Rücktritt 1989 war er Minister für Staatssicherheit. In seiner Behörde arbeiteten 85 000 bis 91 000 Menschen hauptamtlich, rund 189 000 als inoffizielle Mitarbeiter (IMs) und weitere Informanten. Wie viele Menschen für die Stasi arbeiteten, wird kontrovers diskutiert. Auch Jugendliche wurden mit der Aussicht auf eine bestimmte berufliche Perspektive als IMs angeworben. IMs erhielten für Berichte über Vorgänge oder Personen, die sie an ihre Führungsoffiziere übermittelten, z. B. Honorare oder Vergünstigungen.

Die Hauptaufgabe der Stasi lag in der **Bewachung** der **innerdeutschen Grenze** und der Mauer in Berlin. Als **Geheimdienst** war sie im Ausland als Hauptverwaltung Aufklärung (HVA) als „Kundschafter für den Frieden" tätig. Dabei kooperierte sie mit den Geheimpolizeien aus anderen sozialistischen Ländern. Die Stasi versuchte zudem, Einfluss auf Politik und Medien im Ausland zu nehmen, plante für den Kriegsfall Sabotageakte und spionierte in den Bereichen Industrie, Technik, Wissenschaft und Militär.

Im Inneren beobachtete die Stasi all jene, die verdächtigt wurden, der offiziellen Parteilinie zu widersprechen oder Kontakte zum Westen zu haben („Ideologiepolizei"). In die Fänge der Stasi konnte tatsächlich jeder geraten, z. B. auch Jugendliche, die Musik aus dem Westen hörten, oder Personen, die sich öffentlich kritisch über den Staat äußerten oder sich in der Kirche engagierten.

Während sich die Stasi vor dem Mauerbau darauf konzentrierte, die Flucht von DDR-Bürgern zu verhindern und westliche Geheimdienste zu bekämpfen, änderte sie ihren Kurs nach dem Mauerbau. Der Fokus wurde fortan verstärkt auf Prävention, d. h. auf die Verfolgung von „Feinden" im Inneren gelegt. Die Stasi konnte sich dabei auf die „Doktrin der politisch-ideologischen Diversion" berufen, die bereits 1958 formuliert worden war. Ihr zufolge galt jedes von der offiziellen Parteilinie abweichende Verhalten als oppositionelle, also feindliche Aktivität.

Diversion
= Angriffe auf den Staat

Das Ende der Ära Ulbricht 1971

Ende der 1960er-Jahre wurde trotz der Wachstumsraten und Verbesserungen des Lebensstandards in der DDR immer deutlicher, dass die Vorstellung von der Überlegenheit des sozialistischen Wirtschaftsmodells unrealistisch war. In der BRD waren sowohl die wirtschaftliche Leistungsfähigkeit als auch der Lebensstandard durchgängig höher. Die Nachfrage nach hochwertigen Konsumgütern überstieg in der DDR meist das Angebot, zudem waren die Produkte deutlich teurer als im Westen. Darüber hinaus konnten zahlreiche DDR-Industriewaren mit westlichen Standards in Bezug auf Technik, Qualität und Komfort nicht mithalten.

Hinzu kam, dass die Sowjetunion eigene wirtschaftliche Schwierigkeiten hatte und benötigte Rohstoffe wie Erdöl, Steinkohle, Walzstahl und einige chemische Ausgangsstoffe nicht liefern konnte. In der DDR kam es infolgedessen zu Produktionsausfällen und sie geriet Anfang der 1970er-Jahre in eine wirtschaftliche Krise. Ulbricht hielt an seinem Kurs fest und verlor dadurch an Rückhalt im Politbüro, in dem sich zwei Lager herausgebildet hatten: **Reformer um Ulbricht**, die für eine Modernisierung des Staates eintraten, und **Reformgegner um Erich Honecker**, die den Machtverlust der SED durch Reformen befürchteten. Zusammen mit dem sowjetischen Parteichef Leonid Breschnew arbeiteten sie seit Anfang 1971 an der Ablösung Ulbrichts. Von Honecker gezwungen, beschloss das Zentralkomitee der SED am 3. Mai 1971, Ulbricht aus Altersgründen und auf eigenen Wunsch aus seinem Amt zu entlassen. Er wurde stattdessen zum Vorsitzenden der SED gewählt. Damit bekam er ein Amt, das eigens für ihn geschaffen worden war und keinen Einfluss und Machtbefugnisse hatte. Erich Honecker wurde im Anschluss einstimmig zum Ersten Sekretär des Zentralkomitees gewählt.

Honecker strebte einen **wirtschaftspolitischen Kurswechsel** und damit die **Rückkehr zur Planwirtschaft** an (→ S. 281 ff.).

Auch in der **Außenpolitik** setzte er andere Akzente als Ulbricht. Ulbricht hatte sich um eine Annäherung zwischen der DDR und der BRD bemüht, und es kam zu zwei, wenn auch ergebnislosen Treffen zwischen dem deutschen Kanzler Willy Brandt und dem DDR-Ministerratsvorsitzenden Willi Stoph. Die DDR hatte nicht ohne die Zustimmung Moskaus gehandelt, doch betrachtete Breschnew die deutsch-deutsche Annäherung mit Argwohn. Er sprach sich zwar für eine gesamteuropäische Entspannung aus, wollte aber einen deutsch-deutschen Sonderweg nicht akzeptieren. Ebenso ablehnend verhielten sich die ideologischen Hardliner im Politbüro der DDR. Sie sahen die Sozialdemokraten aus der BRD nach wie vor als „Klassenverräter" und Honecker sorgte, ganz im Sinne Breschnews, dafür, dass eine weitere Annäherung durch seine Forderungen, z. B. die volle völkerrechtliche Anerkennung der DDR, abgebrochen wurde

Die DDR in der Ära Ulbricht 1950 bis 1971

1946–1948 Die SED wird marxistisch-leninistische **Kaderpartei** und eine **„Partei neuen Typs“**. Wichtige Positionen der Partei werden fortan mit besonders geschulten und der marxistisch-leninistischen Ideologie verpflichteten Mitgliedern besetzt.

08.02.1950 Gründung des **Ministeriums für Staatssicherheit** (MfS, Stasi); es stabilisiert die Macht der SED.

30.03.1950 Gründung der **Nationalen Front**, einem Zusammenschluss aller Parteien und Massenorganisationen unter Führung der SED; sie hat u.a. die Aufgabe, Wahlen vorzubereiten.

25.07.1950 **Walter Ulbricht** wird zum Generalsekretär des Zentralkomitees (ZK) der SED gewählt.

Aug. 1950 Das ZK der SED beschließt **Säuberungen** innerhalb der Partei und Staatsführung; Ausschluss vor allem von Sozialdemokraten und KPD-Mitgliedern.

29.09.1950 Beitritt der DDR zum **Rat für gegenseitige Wirtschaftshilfe** (RGW), der Wirtschaftsgemeinschaft der Ostblockstaaten; Ziel des RGW: Schaffung eines unabhängigen sozialistischen Weltmarktes.

1950–1960 Aufbau einer Zentralverwaltungs- bzw. **Planwirtschaft**. Kollektivierung der Landwirtschaft, u.a. Gründung von Landwirtschaftlichen Produktionsgemeinschaften (LPGs).

17.06.1953 Der **Volksaufstand** in der DDR wird durch sowjetische Truppen niedergeschlagen.

03.07.1952 **Neugliederung der fünf Länder** in 14 Bezirke

09.07.1952 Zweiter Parteitag beschließt den **„planmäßigen Aufbau des Sozialismus“** und damit die Neuordnung von Politik, Wirtschaft und Gesellschaft nach sowjetischem Vorbild.

14.05.1955 Beitritt der DDR zum **Warschauer Pakt**, dem Militärbündnis des Ostblocks (Gegenstück zur NATO im Westen)

20.09.1955 **Staatsvertrag zwischen der DDR** und der **UdSSR**: Die Sowjetunion erkennt die Souveränität der DDR an.

01.03.1956 Gründung der **Nationalen Volksarmee (NVA)**

13.08.1961 **Bau der Berliner Mauer**

09.04.1968 **Zweite Verfassung**: Sie löst die Verfassung von 1949 ab, orientiert sich an den Verfassungen osteuropäischer Volksdemokratien und schreibt den **Herrschaftsanspruch der SED** fest.

03.05.1971 Walter Ulbricht wird aus seinem Amt entlassen, Erich Honecker wird Erster Sekretär des Zentralkomitees der SED.

10.6 Die BRD 1966 bis 1969: Große Koalition und Außerparlamentarische Opposition (APO)

Kurt Georg Kiesinger (1904–1988)
war ab 1933 Mitglied der NSDAP, nach 1945 Mitglied der CDU und von 1966 bis 1969 dritter Bundeskanzler der BRD.

Als 1966 in der BRD infolge der ersten Wirtschaftskrise die Steuereinnahmen sanken und es zu einer Rezession kam, zerbrach die Regierungskoalition aus CDU/CSU und FDP. Während die CDU/CSU das Haushaltsdefizit mit Steuersparmaßnahmen, dem Abbau von Steuervorteilen oder Steuererhöhungen, ausgleichen wollte, lehnte die FDP dies strikt ab. Vier FDP-Minister traten im Oktober 1966 zurück. Erneute Koalitionsverhandlungen scheiterten im November am Thema Steuererhöhungen.

Da weder die SPD noch die CDU eine Koalition mit der FDP eingehen wollten, blieb als Alternative nur die Bildung einer **Großen Koalition**. Der baden-württembergische Ministerpräsident **Kurt Georg Kiesinger** (CDU) wurde am 1. Dezember 1966 zum Bundeskanzler gewählt. Prominente Mitglieder des Kabinetts waren die Sozialdemokraten Karl Schiller (Wirtschaftsminister) und Willy Brandt (Außenminister) sowie Franz Josef Strauß (CSU) als Finanzminister. Die Große Koalition hatte insgesamt 447 Abgeordnete, die Opposition hingegen war mit 47 Abgeordneten sehr schwach. Die Große Koalition war vor die Aufgabe gestellt, den Staatshaushalt zu sanieren, die Rezession zu bekämpfen und die Staatsschulden einzudämmen.

Wirtschafts- und Sozialpolitik

In seiner Regierungserklärung vom 13. Dezember 1966 bezeichnete Kiesinger die Große Koalition als ein Regierungsbündnis auf Zeit, das unbewältigte Aufgaben zu lösen hätte, wozu der Haushaltsausgleich, die Wirtschafts- und Währungsstabilisierung und eine Finanzreform gehörten.

Folgende Maßnahmen der Wirtschafts- und Sozialpolitik fielen in die Zeit dieser Großen Koalition:

- **Erste konzertierte Aktion** (14.2.1967): Initiiert von Wirtschaftsminister Schiller (SPD) trafen sich erstmals Vertreter des Staates, der Tarifparteien und der Wissenschaft, um ihr Handeln in der Wirtschafts- und Sozialpolitik aufeinander abzustimmen.
- Erstes konjunkturpolitisches **Investitionsprogramm** (23.2.1967) durch den Bund zur Finanzierung vordringlicher Investitionen im Bereich des Verkehrs-, Post-, Bildungs- und Forschungswesens durch Kredite.
- **Stabilitäts- und Wachstumsgesetz** (14.6.1967): Die Wirtschaftspolitik Ende der 60er-Jahre war geprägt vom Glauben, ökonomische Prozesse staatlicherseits planen zu können. Kern dieser Globalsteuerung war das „Stabilitäts- und Wachstumsgesetz" von 1967, das die Bundesregierung zur Einhaltung vier grundlegender Ziele verpflichtete: hoher Beschäftigungsgrad, Preisstabilität, Leistungsbilanzausgleich und stetiges Wachstum („Magisches Viereck").

Während die Vorgängerregierung unter Ludwig Erhard mit Sparprogrammen und Maßhalteappellen eine prozyklische Wirtschaftspolitik betrieb, orientierte sich die Große Koalition unter Wirtschaftsminister Schiller an der Theorie von John Maynard Keynes. Keynes' antizyklische Wirtschaftspolitik (*deficit spending*) sieht vor, dass der Staat in Zeiten der Rezession die Konjunktur durch gezielte Staatsausgaben ankurbelt, um Konsum und Investitionen zu fördern (Anschubfinanzierung).

Die Maßnahmen leisteten einen entscheidenden Beitrag zur Verbesserung der wirtschaftlichen Lage. Ab 1967 setzte ein Aufschwung ein, ab 1969 herrschte Vollbeschäftigung. Das Bruttosozialprodukt verzeichnete einen Anstieg um 8%, die BRD war auf Arbeitskräfte aus dem Ausland angewiesen (1,5 Mio.).

Gesellschaftliche Entwicklungen in den 60er-Jahren

1964 veröffentlichte der Bildungsexperte Georg Picht das Buch „Die deutsche Bildungskatastrophe". Darin forderte er eine Verdopplung der Abiturientinnen-, Abiturienten- und Lehrkräftezahlen sowie den Ausbau der Universitäten. Die intensiv geführte Reformdiskussion führte zu einem enormen Anstieg der Schülerzahlen an Gymnasien und Realschulen und zur schnellen Expansion der Studierendenzahlen (Verdopplung von Ende der 1950er-Jahre bis 1970). Mit dieser Bildungsexpansion war eine „**Demokratisierung der Bildung**" verbunden, die zu mehr Chancengleichheit und Emanzipation führte.

Nach einem starken Anstieg der Geburtenzahlen Anfang der 1960er-Jahre (**Babyboom**) gingen die Zahlen in der zweiten Hälfte des Jahrzehnts deutlich zurück. Die Gründe sind weniger in der Zulassung der Anti-Baby-Pille 1961 („Pillenknick") als im strukturellen Wandel der Familie zu suchen. Frauen nahmen immer häufiger eine Erwerbsarbeit auf und entsprachen nicht mehr dem traditionellen Rollenbild der Hausfrau, die sich ausschließlich um Haushalt und Kindererziehung kümmerte.

Seit den 1960er-Jahren war ein „**Wertewandel**", nach Robert Inglehart eine „**stille Revolution**", zu beobachten. Die Menschen setzten neue Prioritäten im gesellschaftlichen und politischen Leben. Das Interesse an politischen Vorgängen und an der Mitgestaltung der Gesellschaft nahm zu. Der autoritäre Erziehungsstil trat in den Familien in den Hintergrund. Die „sexuelle Revolution" führte zu einer Enttabuisierung der Sexualität und zur Kritik an der als spießig empfundenen Sexualmoral der 1950er-Jahre.

Das Wirtschaftswachstum sorgte für eine enorme Verbesserung des Lebensstandards. Wohlstand verbreitete sich in der **Konsumgesellschaft** von oben nach unten in Form von Dienstleistungen und Gütern (1955 hatten nur 10% der Haushalte einen Kühlschrank, 1973 waren es 93%). Trotz weiterhin großer Ungleichheiten – Frauen mussten sehr oft große Gehaltsabstriche im Vergleich zu Männern hinnehmen – kam es zum „**Fahrstuhl-Effekt**". Dieser Begriff des Soziologen

Ulrich Beck beschreibt die gesellschaftliche Entwicklung nach 1945 bis in die 1980er-Jahre. In dieser Zeit führte der Anstieg des Wohlstands dazu, dass soziale Ungleichheiten in der Gesellschaft zwar weiter bestanden, Arm und Reich aber gemeinsam, wie in einem Fahrstuhl, eine Etage höher fuhren, wodurch die sozialen Unterschiede an Bedeutung verloren.

Die Sozialpsychologen Alexander und Margarete Mitscherlich stellten 1967 die These auf, dass die Deutschen nach dem Zweiten Weltkrieg „**unfähig zu trauern**" gewesen seien und sich stattdessen auf den Wiederaufbau fokussiert hätten. Die Verdrängung der NS-Vergangenheit in den 50er- und 60er-Jahren käme einer „zweiten Schuld" gleich. Auch wenn diese Deutung umstritten ist, wurde sie von der jungen Generation herangezogen, um ihre Elterngeneration zu kritisieren.

Recht und innere Sicherheit

Eine der wichtigsten innenpolitischen Aufgaben zur Zeit Kiesingers war die Verabschiedung der **Notstandsgesetze** (30.5.1968). Diese waren nötig, weil im Fall der äußeren oder inneren Gefährdung der BRD immer noch Rechte der vier Siegermächte, die der Deutschlandvertrag von 1952 festgeschrieben hatte, die Souveränität der BRD einschränkten.

Die „Notstandsgesetze" sollten den Fall eines Krieges oder einer Katastrophe regeln, im Extremfall sogar Grundrechte wie das Briefgeheimnis außer Kraft setzen oder einschränken und das Handeln der Exekutive beschleunigen.

Die Gesetze wurden 1968 unter starken Protesten mit der notwendigen Zweidrittelmehrheit verabschiedet. Damit waren auch die Sonderrechte der Westmächte, die sie zum Schutz ihrer im Land stationierten Truppen behalten hatten, aufgehoben. Um einem Missbrauch vorzubeugen, wurde das Recht auf Widerstand eingerichtet (Art. 20, Abs. 4 GG).

Die Notstandsgesetze sind die einzigen Gesetze der BRD, die bislang noch nicht angewandt wurden.

Die **Anti-Notstandsbewegung** sah in den Gesetzen ein Einfallstor für eine autoritäre Diktatur – analog zu den Notverordnungen in Art. 48 der Weimarer Zeit. 1966 entwickelte sich die Anti-Notstandsbewegung in Ermangelung einer echten innerparlamentarischen Opposition zur „Außerparlamentarischen Opposition" (APO).

Mit dem **1. und 2. Strafrechtsreformgesetz** (9. Mai 1969) wurden Ehebruch und Homosexualität bei Erwachsenen nicht mehr bestraft. Die Reform des Strafrechts stellte zudem den Gedanken der Resozialisierung neben den der Abschreckung. Geringe Vergehen sollten bevorzugt mit Geld- und Bewährungsstrafen statt mit Freiheitsstrafen belangt werden.

Die Außerparlamentarische Opposition (APO)

Forderungen der APO

In vielen Ländern protestierten 1968 junge Menschen, darunter viele Studenten, gegen ein als reaktionär und ungerecht empfundenen System: Der Kapitalismus, der Vietnamkrieg (→ S. 225 ff.) und veraltete Moralvorstellungen standen im Zentrum der Kritik.

Ein Vorbild für die deutsche Protestbewegung waren die Proteste amerikanischer Studenten gegen soziale, ethnische und politische Missstände. Die Kritik richtete sich in der BRD zunächst gegen den Funktionsverlust des Parlaments, dass durch die Große Koalition über keine einflussreiche Opposition mehr verfügte. Bald richtete sie sich aber auch gegen das gesamte politische und gesellschaftliche System und das „Establishment". In diesem politischen Klima entstand eine „**Außerparlamentarische Opposition**" (APO), die sich aus ideologisch unterschiedlichen Gruppen zusammensetze. Sie wollte bestimmte Funktionen, z. B. die Kontrolle der Regierung, übernehmen und stellte entsprechende Forderungen an die Parteien.
Zu den Zielen bzw. der Kritik der APO gehörten zudem:

- Kritik an der Notstandsgesetzgebung;
- Forderungen nach Hochschulreformen: Demokratisierung durch mehr studentische Mitsprache- und Entscheidungsrechte; Abbau verkrusteter Hierarchien, Kritik an Professoren als unumstrittene Autoritäten („Unter den Talaren – Muff von 1000 Jahren");
- Kritik an der Lebensart und den Wertvorstellungen der Eltern, an einer rigiden Sexualmoral, den tradierten Normen und Zwängen und am Autoritätsverständnis (Generationenkonflikt);
- Forderung nach einer Auseinandersetzung mit der NS-Zeit, Aufarbeitung statt Verdrängung;
- Kritik am Vietnamkrieg und der Rassentrennung in den USA und an der unkritischen Bindung der BRD an die USA;
- Etablierung einer klassenlosen, freien Gesellschaft; Befreiung von der Unterdrückung der „Konsumgesellschaft";
- Kritik an der Presse („Meinungsmonopol" des Springer-Konzerns).

An den Universitäten bildete der 1947 gegründete „**Sozialistische Deutsche Studentenbund**" (SDS) unter der Führung des Soziologiestudenten **Rudi Dutschke** den harten Kern der APO. Der SDS protestierte an den Universitäten durch Blockaden, sogenannte Sit-ins (Sitzstreiks), und Teach-ins (Veranstaltungen zu politisch oder gesellschaftlich polarisierenden Themen).

Radikalisierung und Zerfall der APO

Das Schlüsseldatum der 68er-Bewegung ist der 2. Juni 1967, als Studenten gegen den Besuch des diktatorisch herrschenden persischen Schahs Reza Pahlevi in Berlin protestierten. Die Berliner Polizei und die Leibwächter des Schahs gingen brutal gegen die Demonstrierenden vor. Inmitten des Chaos wurde der am Boden liegende Student **Benno Ohnesorg** erschossen. Auch wenn die genauen Umstände der Tötung immer noch umstritten sind, stellte dieser Vorfall einen **Wendepunkt** der Bewegung dar und sorgte für ihre **Radikalisierung**. In den Folgemonaten nahmen die Proteste überall zu. Die Studentenbewegung verbreitete sich an anderen Universitäten. Sie richtete sich nicht nur gegen die Wirtschaft und den Staat, sondern wandte sich auch gegen das Verhalten der „schweigenden Mehrheit", der konsumorientierten, „unpolitischen" Masse und den Umgang mit der NS-Vergangenheit, v.a. gegen die personellen Kontinuitäten aus der NS-Zeit.

Rudi Dutschke (1940–1979)
Wortführer der Studentenbewegung. Er starb 1979 an den Spätfolgen eines Attentats, das am 11. April 1968 auf ihn verübt worden war.

Als der Studentenführer **Rudi Dutschke**, Wortführer der APO und des SDS, nach einer Hetzkampagne der Bild-Zeitung („Stoppt den roten Rudi jetzt!") am 11. April 1968 durch das Attentat eines Neonazis schwer verletzt wurde, kam es vielerorts zu massiven Ausschreitungen, z.B. gegen den Springer-Verlag, und zur Polarisierung der Bevölkerung.

Die Protestbewegung hatte aufgrund ihrer Ablehnung des Vietnamkrieges und der Begeisterung für Widerstandsbewegungen in der Dritten Welt, z.B. für Hồ Chí Minh und Ché Guevara, **internationalen Charakter**. Aus Protest gegen den Völkermord in Vietnam setzte ein radikaler Teil der APO Anfang April 1968 ein Frankfurter Kaufhaus in Brand. Darunter befanden sich die Terroristen Andreas Baader und Gudrun Ensslin (→ S. 271). Andere forderten durch Flugblätter zu Sprengstoffanschlägen und Brandstiftung auf.

Nach 1969 verlor die APO ihre Bedeutung. Etliche ihrer Anhänger sympathisierten mit der sozialliberalen Koalition, die 1969 die Große Koalition ablöste, und sahen im neuen Bundeskanzler Willy Brandt einen Hoffnungsträger, mit dessen Reformkurs sie sich identifizieren konnten (→ S. 271 ff.). Im Übrigen löste sich die APO in Splittergruppen auf. Dabei bildeten sich auch alternative soziale Bewegungen heraus, z.B. die Friedensbewegung und die Anti-Atomkraftbewegung, die 1980 zur Gründung der Partei „Die Grünen" beitrugen.

Geschichte kontrovers

Das Erbe von 1968

Wer das Jahr 1968 als Zäsur ansieht, spricht oft von einer „zweiten Gründung" der BRD. Die demokratischen Institutionen seien durch die Partizipation der Bürgerinnen und Bürger und die Politisierung der Jugend gefestigt und aufgewertet worden. So habe der Kampf gegen die Notstandsgesetze den Sinn für Grundrechte gestärkt. Spätere Bürgerinitiativen seien ohne die Emanzipationsbewegung der 68er-Jahre nicht denkbar gewesen.

Kritiker führen dagegen an, dass die 68er-Bewegung die Demokratie nicht gestärkt, sondern durch eine Ideologisierung der Politik sogar geschwächt hätte. Der Skepsis gegenüber Autoritäten sei ein nachhaltiger Werteverfall von Tugenden wie Fleiß oder Leistungsbereitschaft gefolgt. Außerdem hätten viele Entwicklungen, die der 68er-Bewegung zugeschrieben werden, schon früher eingesetzt.

10.7 Die sozialliberale Koalition 1969 bis 1982 und die Ära Kohl bis zur Wiedervereinigung 1989

Die Kanzlerschaft von Willy Brandt 1969 bis 1974

Am 5. März 1969 löste **Gustav Heinemann** (SPD) den Christdemokraten Heinrich Lübke im Amt des **Bundespräsidenten** ab. Heinemanns Wahl, die mit den Stimmen der FDP möglich wurde, ließ darauf schließen, dass es auch bei den unmittelbar bevorstehenden Bundestagswahlen zu einem Machtwechsel und der Ablösung der Großen Koalition von CDU und SPD kommen würde. Zwar erhielt die CDU bei den Wahlen im September 1969 noch 46,1% der Stimmen, doch erlangten die SPD (42,7%) und die FDP (5,8%) eine knappe Kanzlermehrheit und bildeten die erste **sozialliberale Koalition** auf Bundesebene. Der neue Bundeskanzler **Willy Brandt** (SPD) und Außenminister **Walter Scheel** (FDP) waren sich vor allem darin einig, die Innen- und Außenpolitik der BRD neu auszurichten.

Willy Brandt (1913–1992) 1933 Flucht nach Norwegen, 1948 Rückkehr nach Deutschland. Er wurde Regierender Bürgermeister von Berlin (1957–1966), Außenminister in der Großen Koalition (1966–1969) und der erste sozialdemokratische Bundeskanzler (1969–1974).

Innenpolitik

In seiner Regierungserklärung vom 28. Oktober 1969 skizzierte Willy Brandt eine **„Politik der inneren Reformen“**. Er kündigte die **Demokratisierung der Gesellschaft** durch eine Erweiterung der politischen Partizipationsmöglichkeiten an („**Mehr Demokratie wagen**“; „Wir stehen nicht am Ende unserer Demokratie, sondern am Anfang.“).

Ferner ging es ihm um den Ausbau sozialer Leistungen. Brandts Regierung stand im Zeichen einer weitreichenden Reformpolitik mit diesen Maßnahmen:

- **Sozialstaatliche Reformen**: Anstieg der Ausgaben für Soziales um über ein Drittel zwischen 1970 und 1975 aufgrund von Steuerreform und der Ausweitung und Anhebung der Rentenversicherung; Einführung eines einkommensunabhängigen Kindergeldes und der sechswöchigen Lohnfortzahlung im Krankheitsfall für Arbeiter (seit 1957 bereits gültig für Angestellte); Verbesserung der Krankenkassenleistungen.
- **Erweiterung der politischen Partizipation**: Senkung des aktiven Wahlalters von 21 auf 18 Jahre und des passiven von 25 auf 21 Jahre (1970); das Betriebsverfassungsgesetz (1972) stärkte die Mitbestimmung der Betriebsräte bei personellen und sozialen Fragen.
- **Bildungspolitik** (Umsetzung durch die Länderregierungen): Die **Chancengleichheit** sollte durch eine höhere **Durchlässigkeit** zwischen den Schularten gefördert werden. Zudem trat 1971 das Bundesausbildungsförderungsgesetz (**BAföG**) in Kraft, das Lernenden und Studierenden aus einkommensschwächeren Familien eine finanzielle Unterstützung zusicherte.
- **Sozialpolitik**: Gleichstellung der Ehepartner und der nichtehelichen mit den ehelichen Kindern; Neuregelung des Paragrafen 218 (→ S. 275).

Außenpolitik

Willy Brandt leitete unter dem Motto „**Wandel durch Annäherung**" eine Neue Ostpolitik ein (→ S. 287 f.). Zwar schloss die BRD die völkerrechtliche Anerkennung der DDR weiterhin aus, doch verfolgte sie eine Politik, die durch Verträge und Abmachungen ein weiteres Auseinanderdriften der beiden Teile Deutschlands verhindern sollte. Die Neue Ostpolitik der sozialliberalen Koalition trug zur Entspannung des Ost-West-Konflikts bei. Willy Brandt erhielt dafür 1971 den Friedensnobelpreis. 1973 wurden die BRD und die DDR in die UNO aufgenommen.

Wirtschaft

Die Regierung Brandt bekannte sich zur Fortführung der Wirtschaftspolitik Karl Schillers. Dessen erfolgreicher Umgang mit der Rezession von 1967 (Globalsteuerung der Wirtschaft, Stabilitätsgesetz, Magisches Viereck → S. 264) hatte zu der Überzeugung geführt, dass ein dauerhaftes solides Wachstum durch die staatliche Steuerung der Wirtschaft erreicht werden könne. Infolgedessen legte die Regierung **kostenintensive Reformprogramme** auf, die den Staatshaushalt massiv belasteten.

Als **1973** erneut eine **Rezession** einsetzte und die BRD an den Folgen der **ersten Ölkrise** litt, konnte die kostspielige Reformpolitik nicht fortgeführt werden. Der Konjunktureinbruch 1974/75 war deutlich stärker als 1967, das Wirtschaftswachstum 1974 betrug nur 0,4 %, die Arbeitslosigkeit 1975 über 1 Mio. Das Vertrauen in ein dauerhaftes Wachstum und die Bundesregierung sank merklich.

Die **erste Ölkrise** war durch die erdölfördernden arabischen Staaten ausgelöst worden. Im Herbst 1973 drosselten sie ihre Öllieferungen in die USA und nach Westeuropa, um Länder, die im arabisch-israelischen Jom-Kippur-Krieg aufseiten Israels standen, unter Druck zu setzen. Die reduzierten Liefermengen und steigende Ölpreise (**Ölpreisschock**) sorgten für eine Wirtschaftskrise, die in der Nachkriegszeit als tiefer Einschnitt gilt. Sie zeigte den Industriestaaten nicht nur, wie abhängig sie von fossiler Energie waren. Sie führte der „Überflussgesellschaft" auch die „Grenzen des Wachstums" vor Augen, da sie unmittelbar in das Alltagsleben der Menschen hineinwirkte. Um Öl zu sparen, wurden in der BRD im November und Dezember 1973 an vier Sonntagen Autofahrverbote verhängt. Daneben galten für sechs Monate generelle Geschwindigkeitsbegrenzungen.

Brandts Rücktritt

Willy Brandt wurde bei einer vorgezogenen Bundestagswahl 1972 in seinem Amt noch einmal bestätigt, am 7. Mai 1974 gab er jedoch seinen Rücktritt vom Amt des Bundeskanzlers offiziell bekannt.

Neben der sich zuspitzenden Wirtschaftskrise zählten zu den Ursachen seines Rücktritts auch seine angeschlagene Gesundheit, innerparteiliche Querelen und die Affäre um seinen persönlichen Referenten Günter Guillaume („**Guillaume-Affäre**"). Guillaume, der als engster Mitarbeiter Brandts Zugang zu Informationen der höchsten Geheimhaltungsstufe und zum Privatleben des Kanzlers besaß, war im April 1974 als Mitarbeiter der Stasi und DDR-Spion enttarnt und verhaftet worden. Brandt übernahm mit seinem Rücktritt die Verantwortung für die „Guillaume-Affäre".

Die Kanzlerschaft von Helmut Schmidt 1974 bis 1982

Helmut Schmidt (1918–2015)
war von 1961 bis 1965 Senator der Polizeibehörde in Hamburg. Wegen seines umsichtigen Krisenmanagements während der Sturmflut von 1962 genoss er großes Ansehen. Schmidt war Versitzender der SPD-Bundestagsfraktion, Verteidigungs- sowie Finanzminister und von 1974 bis 1982 Bundeskanzler.

Nach Willy Brandts Rücktritt wurde **Helmut Schmidt** (SPD) zum neuen Kanzler gewählt. In seiner Regierungserklärung vom 17. Mai 1974 versprach er, mit „Kontinuität und Konzentration" die sozialliberale Politik Brandts fortzusetzen. Angesichts der öffentlichen Verschuldung wegen der massiven Reform- und Konjunkturprogramme und der staatlichen Subventionen wollte er sich jedoch auf das Wesentliche konzentrieren. Reformen dürften für die Privathaushalte keine zusätzliche Belastung darstellen. Durch eine **antizyklische Wirtschaftspolitik** (→ S. 265) gelang es Schmidt, die BRD in den Jahren von 1976 bis 1980 zu stabilisieren und das Land zur „**Lokomotive der Weltwirtschaft**" zu entwickeln. Zwar konnte er die Arbeitslosigkeit nicht bedeutend senken, doch wurde seine Politik auch international als Erfolg gewertet.

Gemeinsam mit dem französischen Präsidenten Valéry Giscard d'Estaing hatte Helmut Schmidt auch maßgeblichen Anteil an der Installation eines **europäischen Währungssystems**, das wesentliche Voraussetzungen für die spätere Einführung des Euro als europäische Gemeinschaftswährung schuf. 1975 riefen beide Politiker den **Weltwirtschaftsgipfel** ins Leben, der seither jährlich zusammentritt.

Die größte **innenpolitische Herausforderung** während der Amtszeit von Helmut Schmidt war die Bedrohung des Staates durch den **Terrorismus** der **Roten Armee Fraktion** (**RAF**). Die linksextremistische Vereinigung RAF hatte sich Ende der 60er-Jahre von der APO abgespaltet (→ S. 267 f.). Sie sah sich als kommunistische, antiimperialistische **Stadtguerilla** und hielt den **bewaffneten Kampf** für ein legitimes Mittel, den Staat und die Gesellschaft zu revolutionieren.

Bereits in den frühen 70er-Jahren hatte die **erste Generation der RAF** Anschläge verübt. Dies geschah aus Protest gegen den amerikanischen Bombenkrieg in Vietnam u. a. auf US-Einrichtungen in Frankfurt und Heidelberg. Zur ersten Generation gehörten Andreas Baader, Gudrun Ensslin, Horst Mahler und Ulrike Meinhof. Als nach weiteren Anschlägen etliche Mitglieder und wichtige Anführer der RAF verhaftet worden waren, schloss sich die zweite Generation der RAF zusammen und setzte die Terroraktionen fort. Sie zielten vor allem darauf ab, die inhaftierten Mitglieder der Gruppe zu befreien.

Der Terror der zweiten RAF-Generation eskalierte 1977: Im April wurden Generalbundesanwalt Siegfried Buback und zwei seiner Begleiter von der RAF erschossen. Im Juli tötete sie den Bankier Jürgen Ponto bei einem Entführungsversuch. Am 5. September entführte ein RAF-Kommando schließlich den Arbeitgeberpräsidenten **Hanns Martin Schleyer**, ermordete seinen Fahrer und drei seiner Personenschützer. Schleyer, so die Forderung der Terroristen, sollte gegen elf inhaftierte RAF-Mitglieder, darunter auch Baader und Ensslin, ausgetauscht werden.

Helmut Schmidt befürchtete, die Terroristen könnten weitere Verbrechen begehen, wenn sie freigelassen würden. Daher reagierte er auf die Entführung Schleyers mit Härte und Entschlossenheit. Er erklärte, dass sich der Staat nicht erpressen lassen dürfe, und gründete einen fraktionsübergreifenden Krisenstab, in dem drei Ziele vereinbart wurden: Schleyers Versteck sollte durch umfassende Fahndungsmaßnahmen ausfindig gemacht und die Geisel befreit werden; die Entführer sollten gefangen genommen und vor Gericht gestellt und die inhaftierten Terroristen nicht ausgetauscht werden.

Darüber hinaus verabschiedete der Bundestag das **Kontaktsperregesetz**, das den Gefangenen jeden Kontakt zur Außenwelt, auch zu ihren Strafverteidigern, untersagte. Man berief sich bei diesem Gesetz auf § 34 des Strafgesetzbuches und den Rechtsgedanken des „rechtfertigenden Notstandes".

Die **RAF** kooperierte mit **palästinensischen Terrorgruppen**. Etliche Mitglieder der RAF wurden in palästinensischen Lagern militärisch ausgebildet.

Am 13. Oktober 1977 – Schleyer war inzwischen mehr als vier Wochen in der Gewalt der RAF – entführten palästinensische Terroristen die **„Landshut"**, eine Touristenmaschine der Lufthansa. Mit der Entführung sollte der Druck auf Schmidt erhöht werden, die RAF-Gefangenen auszutauschen. Schmidt gab nicht nach. In der Nacht vom 17. auf den 18. Oktober wurde die Maschine von einer Spezialeinheit des Bundesgrenzschutzes (GSG 9) in Mogadischu/Somalia gestürmt. Alle Passagiere konnten gerettet werden. Helmut Schmidt erklärte später, dass er vom Amt des Bundeskanzlers zurückgetreten wäre, wenn die Stürmung der Lufthansa-Maschine Opfer gefordert hätte.

Noch in derselben Nacht begingen die Anführer der RAF Andreas Baader, Gudrun Ensslin und Jan-Carl Raspe in der JVA Stuttgart-Stammheim in ihren Gefängniszellen Selbstmord. Hanns Martin Schleyer wurde am 18. Oktober von RAF-Terroristen ermordet.

Die vom Terrorismus überschattete Zeit im September und Oktober 1977 wird auch als der Deutsche Herbst bezeichnet. Er war eine der schwersten Krisen der Bundesrepublik.

Misstrauensvotum gegen Helmut Schmidt

Anfang der 1980er-Jahre geriet die sozialliberale Koalition zunehmend unter Druck. Die Krise hatte verschiedene Gründe. Zunächst sorgte der **NATO-Doppelbeschluss** für Spannungen innerhalb der SPD. Er sah eine Stationierung von Atomraketen und Marschflugkörpern in Westeuropa vor. Während Helmut Schmidt den Beschluss befürwortete, lehnte ihn der linke Flügel der SPD ab. Auch FDP-Abgeordnete sprachen sich gegen den NATO-Doppelbeschluss aus.

Obendrein gerieten die Koalitionspartner über die Ausrichtung der Wirtschafts- und Sozialpolitik miteinander in Streit. Die **zweite Ölkrise 1979/80** hatte die BRD und die westliche Welt erneut in eine Wirtschaftskrise gestürzt. Angesichts von Inflation, hohen Lohnsteigerungen und wachsender Arbeitslosigkeit legte Wirtschaftsminister Otto **Graf Lambsdorff** (FDP) im September 1982 **Reformvorschläge** vor, die dem Wirtschaftskurs Helmut Schmidts widersprachen. Lambsdorff forderte u.a. Kürzungen von Sozialleistungen und eine konsequente Orientierung an marktwirtschaftlichen Prinzipien. Die Differenzen führten schließlich zum Bruch der sozialliberalen Koalition. Am 1. Oktober 1982 wurde Helmut Schmidt von der FDP und der CDU/CSU durch ein **konstruktives Misstrauensvotum** gestürzt. Helmut Kohl (CDU) wurde zum Bundeskanzler gewählt und 1983 durch Neuwahlen im Amt bestätigt.

Zweite Ölkrise 1979/80
Sie wurde ausgelöst durch die Revolution im Iran und den Ersten Golfkrieg zwischen dem Irak und dem Iran; Folgen: Verknappung der Ölliefermengen, Preissteigerungen.

Die Ära Kohl in den 1980er-Jahren

Helmut Kohl bildete nach der Bundestagswahl 1983 eine Koalition aus CDU/CSU und FDP mit Hans Dietrich Genscher (FDP) als Außenminister und Vizekanzler. Die christlich-liberale Koalition wurde in den folgenden drei Bundestagswahlen bestätigt und hatte bis 1998 Bestand.

Bei der Wahl 1983 zog die Partei Die Grünen mit 5,6% erstmals in den Bundestag ein. Die Partei war 1980 gegründet worden und ging aus der Umweltbewegung und den sozialen Bewegungen der 70er-Jahre hervor (→ S. 268). Mit den Grünen waren nun erstmals mehr als drei Fraktionen im Bundestag vertreten.

Kohl hatte bereits im Wahlkampf eine „**geistig-moralische Wende**" versprochen. Er wollte sich mit dieser Floskel von der Vorgängerregierung unter Helmut Schmidt absetzen, der er vorwarf, dem „Zeitgeist" nachgelaufen zu sein. Kohl forderte stattdessen eine Stärkung konservativer Werte und eine grundsätzliche Neuausrichtung der Regierungspolitik, vor allem der Wirtschafts- und Sozialpolitik.

Skandale und insbesondere die **Parteispendenaffäre** („Flick-Affäre") untergruben allerdings seinen Anspruch einer geistig-moralischen Erneuerung. Steuerfahnder fanden 1981 heraus, dass der Flick-Konzern zwischen 1969 und 1980 rund 15 Mio. Mark am Finanzamt vorbei an die CDU/CSU, 6,5 Mio. an die FDP und rund 4,3 Mio. an die SPD gezahlt hatte. Der Verdacht kam auf, dass die Zahlungen Entscheidungen der Politiker beeinflussen sollten. Die Affäre beschädigte Kohls Ansehen und das der Politik insgesamt, da sie den Eindruck vermittelte, Wirt-

Helmut Kohl (1930–2017)
war Ministerpräsident von Rheinland-Pfalz, Fraktionsvorsitzender der CDU/CSU im Bundestag und von 1982 bis 1998 Bundeskanzler. Er hatte entscheidenden Anteil an der deutschen Wiedervereinigung 1989/90.

schaftsunternehmen könnten Parteien und Politiker kaufen. Auf dem Parteitag der CDU in Bremen 1989 versuchten Lothar Späth, Kurt Biedenkopf und Heiner Geißler Kanzler Kohl zu stürzen. Dies gelang ihnen zwar nicht, doch zeigte sich, dass die Partei Risse bekommen hatte.

Ost-, Außen- und Sicherheitspolitik

In der Ostpolitik setzte Kohl keine neuen Akzente. Auch am NATO-Doppelbeschluss, der die SPD unter der Regierung Schmidt gespalten hatte, hielt er fest.

Ebenso setzte Kohl in der Außen- und Europapolitik auf Kontinuität. Wie seinen Amtsvorgängern lag ihm an guten deutsch-französischen Beziehungen. Sie fanden ihren besonderen Ausdruck, als er gemeinsam mit dem französischen Staatspräsidenten François Mitterrand am 22. September 1984 auf dem Schlachtfeld von Verdun der Toten der beiden Weltkriege gedachte. Der Händedruck beider Politiker wurde zum Symbol der deutsch-französischen Aussöhnung und Freundschaft.

Darüber hinaus förderten Mitterand und Kohl die europäische Einigung und waren Wegbereiter des Vertrages von Maastricht, der 1992 die Gründung und Ausgestaltung der Europäischen Union (EU) regelte. Für ihre Verdienste im europäischen Einigungsprozess erhielten sie 1988 den **Internationalen Karlspreis** der Stadt Aachen.

Unumstritten sind auch Helmut Kohls Verdienste um die Einigung Deutschlands 1989/90, die er energisch und schließlich auch im Einvernehmen mit den europäischen Partnern durchsetzte. Möglich war dies nicht zuletzt aufgrund seines vertrauensvollen Verhältnisses zu François Mitterrand, zu US-Präsident George H. W. Bush und, nach anfänglichen Schwierigkeiten, auch zum Generalsekretär des Zentralkomitees der KPdSU Michail Gorbatschow.

François Mitterrand und Helmut Kohl ehren in Verdun 1984 Hand in Hand die in den Weltkriegen gefallenen Soldaten beider Nationen.

Wirtschaftspolitik

Um deutsche Unternehmen im zunehmenden internationalen Konkurrenzkampf zu stärken, schwenkte die Regierung Kohl auf eine neoliberale Wirtschaftspolitik um. Kernpunkte dieser Politik waren mehr Wettbewerb, Steuerentlastungen für Unternehmen und Leistungskürzungen im Sozialbereich. Die Regierung Kohl wollte dadurch den Staatseinfluss in der Wirtschaft verringern, die Eigenverantwortung stärken (Subsidiarität) und so die wirtschaftliche Lage verbessern.

Dem Großteil der Bevölkerung ging es in den 1980er-Jahren materiell gut. Dennoch blieb die Regierung Kohl hinter den Erwartungen zurück. Das betraf das Wirtschaftswachstum und ebenso den Abbau der Arbeitslosigkeit. Da zur Förderung des Wirtschaftswachstums die Investitionsbedingungen für Unternehmer erleichtert wurden, stieg das **Unternehmer- und Vermögenseinkommen** an. Gleichzeitig sank die Lohnquote. Die Schere zwischen Arm und Reich öffnete sich weiter. Um Staatsausgaben zu senken, wurden in der Ära Kohl wiederholt **Sozialleistungen zurückgefahren** bzw. gestrichen. Beispielweise wurde das Arbeitslosengeld um 5% gekürzt und betrug dann nur noch 63% des früheren Nettogehalts.

Zur Sanierung des Staatshaushaltes erfolgte eine Reihe von **Privatisierungen**, für die vor allem die FDP eintrat, z. B. wurden ab 1986 Privatsender erlaubt, die staatliche Lufthansa wurde 1990 privatisiert und die Bundespost seit 1989 in private Einzelunternehmen (Post, Postbank, Deutsche Telekom) aufgeteilt.

Trotz der anspringenden Konjunktur blieb die Zahl der Arbeitslosen konstant über zwei Millionen. Die Unternehmen investierten vor allem in die Rationalisierung und nicht in den Ausbau der Produktionskapazitäten. Zudem konnte der Abbau von Arbeitsplätzen für „ungelernte" Arbeitskräfte nicht durch neue Arbeitsplätze im Dienstleistungssektor kompensiert werden.

Die **Gewerkschaften** waren der Kritik ausgesetzt, mit ihrer Verhandlungsmacht Löhne für die „Arbeitsplatzinhaber" oberhalb des Gleichgewichtslohns durchgesetzt zu haben. Dadurch hätten sich die Einstellungschancen für „Arbeitslose" verschlechtert. 1984 forderten die Gewerkschaften die Verkürzung der Arbeitszeit von 40 auf 35 Wochenstunden. Dabei sollte die Arbeit bei gleichzeitigem Lohnverzicht auf mehr Beschäftigte verteilt werden. Nach zahlreichen Arbeitskämpfen wurde die Arbeitszeit auf 38,5 Stunden reduziert.

Trotz der Einführung von **Arbeitsbeschaffungsmaßnahmen** und vermehrten **Frühverrentungen** konnte die Arbeitslosigkeit nicht abgesenkt werden. Als Bezeichnung für die neue Unterschicht wurde in den 1980er-Jahren der später kritisierte Begriff der **„Zwei-Drittel-Gesellschaft"** verwendet. Der Begriff weist auf das paradoxe Phänomen hin, dass die Volkswirtschaft zwar Wachstum und mehr Wohlstand für einen Großteil der Bevölkerung erzeugen konnte, ein kleinerer Bevölkerungsteil aber von sozialem Abstieg bedroht war, z. B. Langzeitarbeitslose, dauerhaft Unterbeschäftigte, Sozialhilfeempfänger.

Arbeitsbeschaffungsmaßnahmen (ABM)
Tätigkeiten, die von der Arbeitsagentur bezuschusst wurden und Arbeitslosen bei der Wiedereingliederung ins Berufsleben helfen sollten

Der **Strukturwandel**, z. B. im Steinkohleabbau an Saar und Ruhr, wurde durch den „Kohlepfennig" und den Ausbau der Subventionen künstlich abgebremst. Dennoch entwickelte sich aus Teilen der Arbeiterschaft (Proletariat) eine neue Bevölkerungsgruppe (Prekariat), deren Arbeitsverhältnisse unsicher (prekär) waren und die keine soziale Absicherung und Aufstiegschancen besaßen.

Einschnitte in das soziale Netz wurden in der Ära Kohl kaum vorgenommen. Es dominierte eine **familienbezogene Sozialpolitik**, die dem Leitbild der traditionellen Familie folgte (z. B. 1986 Einführung des Erziehungsgeldes).

Die Gesellschaft in den 1970er- und 1980er-Jahren

Seit den 1970er-Jahren stagnierte die Bevölkerungszahl in der BRD, erst ab 1990 kam es wieder zu einem leichten Geburtenüberschuss. Der demografische Wandel führte zur **Alterung der Bevölkerung**.

Um die Gesellschaft dieser Zeit zu charakterisieren, wird oft der Begriff der „**Risikogesellschaft**" des Soziologen Ulrich Beck gebraucht. Die Weltgesellschaft sei durch Technisierung, Individualisierung und Globalisierung Lebensrisiken ausgesetzt, die die klassische Zugehörigkeit zu Nation, Alter, Geschlecht und Milieu unbedeutend mache.

Die Individualisierung der bundesdeutschen Gesellschaft in den 1970er- und 80er-Jahren zeigte sich vor allem in der Herausbildung alternativer **Lebensstile**. So verlor das traditionelle Bild der Ehe an Verbindlichkeit, Lebensgemeinschaften Nichtverheirateter nahmen zu.

Diese Entwicklung förderte auch die **Emanzipationsbewegung der Frauen**. In den 70er-Jahren wurde die traditionelle Arbeitsteilung zwischen Mann und Frau infrage gestellt. Heftig gestritten wurde außerdem über eine Neureglung des Paragrafen 218. Mit der Parole „Mein Bauch gehört mir" kämpften Frauen für das „Recht auf Abtreibung". In den ersten drei Schwangerschaftsmonaten sollte ein Abbruch straffrei durchgeführt werden können (Fristenlösung). Die Debatte trug wesentlich zur Bildung einer neuen Frauenbewegung bei (z. B. rund um Alice Schwarzer). 1975 stoppte das Bundesverfassungsgericht eine Gesetzesreform, die die „Fristenlösung" einführen sollte. Stattdessen trat 1976 eine Indikationslösung in Kraft. Sie erlaubte eine Abtreibung in den ersten drei Monaten bei einer gesundheitlichen Gefährdung der Mutter, bei schwerer Schädigung des Ungeborenen, Vergewaltigung oder sozialer Notlage. In der DDR dagegen galt seit 1972 eine Fristenlösung.

Hinsichtlich der Lohn- und Gehaltsentwicklung verbesserte sich die Situation der Frauen nur langsam. In den 70er-Jahren verdiente eine Angestellte in der Industrie durchschnittlich 60 % des Lohns ihres männlichen Kollegen, 1990 waren es immer noch nur 65 %.

In den 1960er- und frühen 70er-Jahren hatte sich die BRD durch den Zuzug ausländischer Arbeitskräfte zu einem **Einwanderungsland** entwickelt, die Zahl ausländischer Arbeitskräfte hatte sich verzwanzigfacht.

Anfang der 1970er-Jahre war offensichtlich, dass die ausländischen Arbeitskräfte in der BRD bleiben würden. Versuche während der Kanzlerschaft Kohls, die Rückkehr der „Gastarbeiter" in ihre Heimatländer finanziell zu fördern, wurden in den 90er-Jahren aufgegeben; nicht zuletzt, weil die Menschen teilweise bereits in der zweiten und dritten Generation in Deutschland lebten und für die Wirtschaft unersetzlich waren. Mitte der 1970er-Jahre hatte jedes sechste Kind, das in diesem Zeitraum geboren wurde, ausländische Eltern.

Die Zahl ausländischer Bürgerinnen und Bürger stieg von 1970 bis 1980 von 3 Mio. auf 4,5 Mio. an. Der Anstieg verlangsamte sich in den 1980er-Jahren deutlich, 1989 waren es rund 4,8 Mio. ausländische Personen, was 2,7% der Bevölkerung entsprach. Seit den 1970er-Jahren bilden türkische Staatsbürger die größte Gruppe unter den Einwanderern. Die Entwicklung zu einer **multikulturellen Gesellschaft** führte dazu, dass sich der gesellschaftliche und kulturelle Horizont der Bürgerinnen und Bürger weitete.

Der nachlassende Reformeifer in der Ära Schmidt („Konzentration auf das Wesentliche"), die Kritik am Ausbau der Atomenergie und am „NATO-Doppelbeschluss" (→ S. 273, 279) führten, wie zu Zeiten der Großen Koalition unter Kiesinger, zu einer **Entfremdung** zwischen einem Teil der **Jugend** und den **Regierungsparteien**.

Zudem hatte die Ölkrise 1973/74 einen **Mentalitätswandel** in der Bevölkerung bewirkt. Es wurden nun Fragen gestellt wie: Ist ein stetiges Wirtschaftswachstum überhaupt möglich? Wie begrenzt sind die Rohstoffvorkommen? Wie zukunftsfähig ist der Konsum, der Müll produziert und die Umwelt zerstört? Diese Fragen führten zu langanhaltenden öffentlichen Diskussionen, einem wachsenden ökologischen Bewusstsein und hatten schließlich die Gründung von **Bürgerrechtsbewegungen** zur Folge (Umwelt-, Anti-Atomkraft-, Friedens- und Frauenbewegungen).

Am 13. Januar 1980 wurde die Partei **Die Grünen** gegründet, die 1983 erstmals in den Bundestag einzog. In ihr versammelten sich bürgerliche und linke Gruppierungen, Anhänger der Bürgerrechtsbewegungen, Umweltschützer, Grüne, Bunte und Alternative Listen. Ihre Grundwerte gaben sie als „ökologisch – sozial-basisdemokratisch – gewaltfrei" an.

In der Partei bildeten sich zwei Gruppen heraus: die Fundamentalisten („Fundis"), die keine Einbindung ihrer Partei in das bestehende System akzeptierten und dieses verändern wollten, und die Realpolitiker („Realos"), deren Ziel die politische Verantwortung und das konkrete Umsetzen grüner Ziele war. Sie sahen die SPD als möglichen Koalitionspartner an.

CHRONOLOGIE

Die BRD in den 1960- bis 1980er-Jahren

01.12.1966 Bildung einer **Großen Koalition** aus CDU/CSU und SPD. Bundeskanzler wird Kurt Georg Kiesinger (CDU), Willy Brandt (SPD) übernimmt das Außenministerium, Franz Joseph Strauß (CSU) das Finanzministerium. Die Aufgabe der Regierung lag vor allem in der Konsolidierung der Wirtschaft.

30.05.1968 Verabschiedung der **Notstandsgesetze**; im Gegenzug bildet sich die **Anti-Notstandsbewegung**, die sich gegen die Gesetze wendet.

1967–1969 Studentenbewegung und **Außerparlamentarische Opposition** (APO)

05.03.1969 **Gustav Heinemann** (SPD) wird **Bundespräsident**.

28.09.1969 Bundestagswahl: Die Große Koalition wird durch eine Koalition aus SPD und FDP mit **Willy Brandt (SPD)** als **Bundeskanzler** abgelöst. Leitgedanken der sozialliberalen Regierung: Demokratisierung der Gesellschaft („Mehr Demokratie wagen"), Reformierung des Sozialstaates und des Bildungssystems, Neue Ostpolitik („Wandel durch Annäherung").

1973–1975 **Erste Ölkrise** (Ölpreisschock); Rezession

07.06.1974 **Rücktritt Brandts** vom Amt des Bundeskanzlers; u.a. wegen der Guillaume-Affäre

16.05.1974 **Helmut Schmidt (SPD)** wird Bundeskanzler. Er setzt die Reformpolitik der Vorgängerregierung fort und **stabilisiert** zunächst auch die **Wirtschaft** (1976 bis 1980). Innenpolitische Belastungen durch den **Linksterrorismus** der Rote Armee Fraktion (RAF).

1977 **Höhepunkt des RAF-Terrorismus**: Entführung des Arbeitgeberpräsidenten Hanns-Martin Schleyer am 5.9. und der Lufthansa-Maschine „Landshut" am 13.10. Die Passagiere der „Landshut" können gerettet werden, Schleyer wird von den Terroristen getötet.

1979 Die **zweite Ölkrise** bremst den wirtschaftlichen Aufschwung.

01.10.1982 FDP und CDU/CSU stürzen Schmidt durch ein konstruktives **Misstrauensvotum**. Die sozialliberale Koalition zerbricht am Streit über die künftige wirtschafts- und sozialpolitische Ausrichtung. **Helmut Kohl (CDU)** wird **Bundeskanzler**.

06.03.1983 Kohl wird durch Neuwahlen als Bundeskanzler bestätigt. Er bildet eine **Koalition** aus **CDU/CSU** und **FDP** und fordert eine **Neuausrichtung** vor allem der Wirtschafts- und Sozialpolitik. Die Ostpolitik der sozialliberalen Koalition setzt er fort, ebenso wahrt er in der Außen- und Sicherheitspolitik Kontinuität.
Erstmals zieht die Partei Die Grünen in den Bundestag ein.

10.8 Die Entwicklung des Kalten Krieges bis in die 1980er-Jahre

Die 1960er- und 1970er-Jahre waren sowohl durch Maßnahmen der Auf- als auch der Abrüstung bestimmt. 1963 einigten sich die USA, Großbritannien und die Sowjetunion darauf, Kernwaffenversuche in der Atmosphäre zu unterlassen. Mit der Verabschiedung des **Atomwaffensperrvertrags** 1967 (Verzicht zur Weitergabe von Kernwaffen) stieg die Bereitschaft für Verhandlungen über strategische Nuklearwaffen (**Strategic Arms Limitation Talks**, **SALT**), die 1969 in Helsinki begannen und 1972 im ABM-Vertrag (**Anti-Ballistic Missile Treaty**) mündeten. Er begrenzte amerikanische und sowjetische Raketenabwehrsysteme.

1973 fand insbesondere auf Anregung der Warschauer Vertragsstaaten die Konferenz über Sicherheit und Zusammenarbeit in Europa (**KSZE**) als blockübergreifende Konferenz in Helsinki statt. Mit der **Schlussakte von Helsinki** verpflichteten sich 1975 35 Staaten Europas, den Status quo zu akzeptieren und die Menschenrechte einzuhalten. Oppositionsgruppen in den Ostblockstaaten stützten sich in der Folgezeit bei ihren Freiheitsforderungen auf die Schlussakte von Helsinki.

In den 1970er-Jahren gingen die USA von der Strategie der „massiven Vergeltung" zur Strategie der „**flexiblen Erwiderung**" über: Je nach Form der Aggression waren abgestufte Reaktionen und kein sofortiger Atomwaffeneinsatz vorgesehen. Die USA rüstete erneut auf, um über unterschiedliche Waffenarten zu verfügen.

Das Jahr **1979** gilt manchen Historikern als **Epochenjahr**. Nach Peter Sloterdijk ist 1979 das Schlüsseljahr des 20. Jahrhunderts, da die vielfältigen Krisen und Revolutionen von 1979 als Quelle für spätere Entwicklungen gesehen werden können.

Zu diesen Krisen und Revolutionen des Jahres 1979 gehörten:

- 1979 **SALT II** (18. Juni): Vertrag über die Reduktion bzw. Nicht-Vermehrung der Interkontinentalraketen, die Sowjetunion rüstete aber seit 1977 im Bereich der Mittelstreckenraketen des Typs „SS-20" auf. SALT II wurde nach dem Afghanistan-Einmarsch der UdSSR 1979 nicht ratifiziert, das Gleichgewicht des Schreckens (→ S. 259) geriet aus der Balance. Bundeskanzler Helmut Schmidt forderte daraufhin die Nachrüstung mit amerikanischen Mittelstreckenraketen in Europa.

- **NATO-Doppelbeschluss** (12. Dezember): Im Fall der Nichtabrüstung der sowjetischen Mittelstreckenraketen (SS-20) innerhalb von vier Jahren, würde die NATO mit vergleichbaren Raketen (Pershing II und Cruise-Missiles) nachrüsten. Es kam zu Massendemonstrationen der Friedensbewegung gegen den Doppelbeschluss, an denen bis zu 500 000 Menschen teilnahmen.

- **Revolution im Iran**: Ayatollah Khomeini kehrte Anfang Februar 1979 nach Teheran zurück und begann mit dem Aufbau einer islamischen Republik. Im November besetzten iranische Studenten die amerikanische Botschaft in Teheran und nahmen 52 Diplomaten als Geiseln. Sie forderten die Auslieferung des gestürzten Schahs, der von den USA aufgenommen worden war. Die Geiselnahmen konnte erst Anfang 1981 beendet werden.
  Die Revolution im Iran gilt als Wendepunkt in der Verbreitung des fundamentalistischen Islams. Der „amerikanische Imperialismus" wurde zum Feindbild im Nahen Osten. Der Anstieg der Ölpreise führte 1979/80 zur zweiten Ölkrise.

- Der **sowjetische Einmarsch in Afghanistan** (das sowjetische „Vietnam"): Am 24. Dezember 1979 marschierte die UdSSR in Afghanistan ein. Die dortige kommunistische Regierung sollte gegen rebellische islamische Guerillagruppen (Mudschaheddin) geschützt werden. Außerdem befürchtete man einen zunehmenden Einfluss der USA. Der Westen reagierte offiziell mit dem Boykott der Olympischen Spiele in Moskau 1980. Inoffiziell wurden die Mudschaheddin mit amerikanischen Stinger-Raketen beliefert, Waffenlieferungen kamen paradoxerweise auch aus dem Iran. Trotz hoher militärischer und finanzieller Aufwendungen erlebte die UdSSR in den unzugänglichen Gebirgsregionen im Partisanenkrieg ein Fiasko. 1988 befahl Gorbatschow den Abzug aus Afghanistan.

Ronald Reagan (1911–2004)
Der republikanische Politiker war von 1981 bis 1989 der 40. Präsident der USA.

Unter der Präsidentschaft von Ronald Reagan (1981 bis 1989) wandten sich die USA einer „**Politik der Stärke**" zu. Reagan nannte die Sowjetunion das „Reich des Bösen" und erklärte, dass ein Atomkrieg führbar sei. Die UdSSR stieg aus Abrüstungsverhandlungen mit den USA (*Strategic Arms Reduction Talks* = START) aus.

1983 kündigte Reagan an, dass die USA einen nichtnuklearen, im Weltraum stationierten Verteidigungsschirm (*Strategic Defense Initiative*, SDI; von Reagan auch „Star Wars" genannt) aufbauen werden. Der Erfolg dieses Programms hätte die anderen militärischen Systeme entwertet und damit letztlich den Frieden gefährden können. Es blieb als Sicherheitsgarantie nur noch die Gefahr der gegenseitigen Vernichtung (*Mutually Assured Destruction*, MAD).

Die USA konnten die Folgen der wieder in Gang gesetzten Aufrüstungsspirale ökonomisch besser verkraften. Das sowjetische Bruttoinlandsprodukt betrug ungefähr 1/6 des amerikanischen, davon wurden ca. 15 bis 17% für das Militär ausgegeben. Dies entsprach ungefähr dem Dreifachen der amerikanischen Verteidigungsausgaben.

10.9 Die DDR in der Ära Honecker

Am 19. Juni 1971 wurde Erich Honecker der Nachfolger Walter Ulbrichts als Erster Sekretär des Zentralkomitees der SED. Dem Machtwechsel gingen Konflikte an der Parteispitze über die Deutschland-, Wirtschafts- und Sozialpolitik voraus (→ S. 262).

Erich Honecker (1912–1994)
Von 1971 bis 1989 Erster Sekretär des Zentralkomitees der SED. Ab 1976 Vorsitzender des Staatsrates, womit er die höchsten Ämter in Partei und Staat innehatte. Honecker galt bis zum Zusammenbruch der DDR als reformfeindlich.

Erich Honecker strebte eine **Stabilisierung der DDR** an und verfolgte dabei eine **Doppelstrategie**: Er trieb die Integration der DDR in den Ostblock voran und stärkte die SED-Herrschaft, indem er eine strenge Parteidisziplin durchsetzte und vor allem in der zweiten Hälfte der 70er-Jahre den Überwachungsstaat weiter ausbaute. Daneben vollzog er Anfang der 70er-Jahre einen Kurswechsel in der Wirtschafts- und Sozialpolitik. Sie sollte künftig auch darauf ausgerichtet sein, den Lebensstandard der Bevölkerung zu erhöhen, um sie so stärker an das sozialistische System und das SED-Regime zu binden.

Wirtschaftspolitik

Während Ulbricht versucht hatte, sich aus der Vormundschaft der KPdSU zu lösen, setzte sich Honecker für die **bedingungslose Gefolgschaft** gegenüber der Partei ein. Für ihn galt der Primat der Politik und der Ideologie, dem die Wirtschaft untergeordnet werden müsse. Mit Honecker setzte so eine **ordnungspolitische Wende** ein, die sich auf die 1950er-Jahre rückbesann und die Planung und Leitung der Wirtschaft wieder zentralisierte.

Vor allem in den **frühen 70er-Jahren** war Honeckers Kurswechsel erfolgreich. Sie gelten als die **„goldenen Jahre der DDR"**. Es gelang, die wirtschaftliche Leistung durch Rationalisierung und Intensivierung beachtlich zu steigern. Trotz einer weltweiten Rezession erfuhr die Produktion bis 1976 jährlich eine durchschnittliche Steigerung von 6%. Der Export lag 1975 bei 25%. Das Bruttoinlandsprodukt betrug 1975 pro Kopf 3200 Dollar (BRD: 6830), womit die DDR führend im Ostblock war und weltweit auf Platz 10 lag.

In Verbindung mit der Wirtschaftspolitik richtete Honecker auch die Sozialpolitik neu aus. Hatte Ulbricht konsumorientierte Wirtschaftssektoren vernachlässigt und stattdessen die Modernisierung der industriellen Basis und die Entwicklung wichtiger Technologiebereiche vorangetrieben, forderte Honecker nun, dass Fortschritte in der Produktion auch der Bevölkerung zugutekommen sollten. 1971 verkündete er auf dem Parteitag der SED das Programm der **„Einheit von Wirtschafts- und Sozialpolitik"** und leitete sozialpolitische Maßnahmen ein, die den Lebensstandard der Menschen verbesserten. Dazu gehörten vor allem ein umfassendes Wohnungsbauprogramm (Plattenbau), aber z. B. auch die Gewährung zinsloser Kredite an junge Eheleute oder Rentenerhöhungen. Honecker sah in der **Sozialpolitik** ein **Instrument der Herrschaftssicherung**. Durch die Steigerung sozialpolitischer Leistungen sollte die Loyalität der Bevölkerung gewonnen werden.

Mittel- und langfristig schwächte Honeckers Strategie, die Sozialpolitik auf Kosten des wissenschaftlich-technischen Fortschritts voranzubringen, die DDR allerdings. Durch den Rückgang an Investitionen in Forschung und Entwicklung konnte die Industrie der DDR mit internationalen technischen Standards nicht dauerhaft mithalten.

Außerdem führte die Maxime, die Wirtschaft sei der Politik und Ideologie unterzuordnen, zu mehr Bürokratie und einer Zentralisierung, die die Volkswirtschaft zunehmend lähmten. Die letzte Enteignungs- und Verstaatlichungswelle bewirkte, dass 94,4 % der Betriebe der industriellen Warenproduktion volkseigen waren und die Erfahrung ihrer ehemaligen Eigentümer als wirtschaftliches Potenzial größtenteils verloren ging.

In den 1980er-Jahren verschlechterte sich die wirtschaftliche Lage trotz Milliarden-krediten aus der BRD. Stärker als in den Jahrzehnten zuvor, zeigten sich die Schwächen der Planwirtschaft mit ihren Fehlinvestitionen und der fehlenden Anreizstruktur. Auch ökologische Probleme, insbesondere in den Industriezentren, wurden offenbar. Die Unzufriedenheit der Bevölkerung mit dem SED-Regime wuchs, wenngleich ihr das Ausmaß der wirtschaftlichen Krise nicht bekannt war.

Opposition in der DDR

Mit dem Kurswechsel in der Wirtschafts- und Sozialpolitik Anfang der 70er-Jahre ging eine innenpolitische Liberalisierung einher. Im Bereich von Kunst und Kultur wurde sie beispielsweise durch die „Weltfestspiele der Jugend" 1973 angestoßen, bei denen sich die DDR als weltoffenes Land präsentieren wollte. Als jedoch erste Forderungen nach einem **freiheitlichen Sozialismus**, einer weiter gehenden Liberalisierung des politischen, gesellschaftlichen und kulturellen Lebens aufkamen, schränkte Honecker die Freiheiten wieder ein und forcierte den ohnehin fortgeschrittenen Ausbau des Überwachungs- und Bespitzelungsapparates.

Die Forderungen nach mehr Freiheit standen im Zusammenhang mit dem 1972 beginnenden **KSZE-Prozess** (Konferenz für Sicherheit und Zusammenarbeit in Europa) und der **Schlussakte von Helsinki** 1975 (→ S. 279), die auch die DDR unterzeichnet hatte. Die Oppositionsgruppen stützten sich bei ihren Freiheitsforderungen auf die Schlussakte von Helsinki.

In der DDR gehörte der Chemiker **Robert Havemann** zu den bekanntesten Oppositionellen. Zunächst systemtreu und sogar inoffizieller Mitarbeiter der Stasi, schuf er mit seiner Idee eines „demokratischen Sozialismus" in den 50er- und 60er-Jahren die Grundlage für die spätere Bürgerrechtsbewegung in der DDR. 1964 wurde er wegen seiner Regimekritik aus der SED und 1966 aus der Akademie der Wissenschaften ausgeschlossen. Seither stand er bis zu seinem Tod 1982 unter strenger Überwachung. In den 70er-Jahren stellte ihn die SED zeitweise auch unter Hausarrest.

Zu den Kritikern des SED-Regimes zählte auch der Liedermacher und Lyriker **Wolf Biermann**, ein Freund Robert Havemanns. Er war wegen kritischer Äußerungen und Texte immer wieder Schikanen ausgesetzt und wurde anlässlich eines Konzerts in Köln 1976 schließlich aus der DDR ausgebürgert. Biermanns Ausbürgerung löste in der DDR und BRD Proteste aus. Künstler in der DDR, die sich für ihn einsetzten, wurden mit Berufsverboten bestraft.

Der Liedermacher und Lyriker **Wolf Biermann**, der 1953 aus Hamburg in die DDR übergesiedelt war, wurde zum Kritiker des SED-Regimes. Wegen seiner Äußerungen und Texte war er Schikanen ausgesetzt, 1976 bürgerte ihn die DDR aus.

Die Unzufriedenheit vieler Bürgerinnen und Bürger der DDR mit den Zuständen in ihrem Land zeigte sich auch an der Zahl der Ausreiseanträge, die seit 1977 (8400 Neuanträge) kontinuierlich stieg und 1984 (57000) ihren Höhepunkt erreichte. Da der Ausreisewunsch als Absage an den Staat und den Sozialismus gewertet wurde und die SED-Führung dies nicht hinnehmen wollte, bekamen Antragsteller Schikanen zu spüren, z.B. den Verlust des Arbeitsplatzes oder Bespitzelungen durch die Stasi. Rund ein Drittel der Anträge wurden daraufhin zurückgezogen. Zwischen 1977 und 1989 verließen dennoch 176000 Menschen die DDR, inklusive der von der BRD freigekauften politischen Häftlinge.

Auch die **Kirchen** konnten sich zu einem Ort des Widerstandes entwickeln, da sie der einzig **staatsfreie Raum** in der DDR waren. Die SED duldete dies, zumindest so lange, wie sich die Aktivitäten auf christliche und karikative Aspekte beschränkten. 1971 wurde der „Bund der evangelischen Kirchen in der DDR" gegründet, der den Grundsatz vertrat: „Wir wollen Kirche nicht neben, nicht gegen, sondern Kirche im Sozialismus sein." Die Devise wurde unterschiedlich interpretiert: Zum einen konnte sie bedeuten, dass sich die Kirche dem Sozialismus anpasste und ihn akzeptierte, zum anderen konnte sie neutral und lediglich als Standortbestimmung der Kirche ausgelegt werden, die im Rahmen der bestehenden Verhältnisse für ihre Mitglieder agierte und Raum für oppositionelle Meinungen bot.

Nach der Schlussakte von Helsinki, der Ausbürgerung Biermanns und der Selbstverbrennung des Pfarrers Oskar Brüsewitz 1976, der mit seinem Selbstmord gegen die Verhältnisse in der DDR protestieren wollte, schloss Honecker im März 1978 mit der evangelischen Kirche einen Burgfrieden: Er gestand der Kirche mehr Autonomie zu und kam einigen ihrer Forderungen nach (Kirchenbau, religiöse Sendungen im Fernsehen, Seelsorge in Gefängnissen). Die Kirche war nach wie vor ein wichtiger Faktor in der Gesellschaft und Honecker hoffte, mit diesen Zugeständnissen Ruhe an der „Kirchenfront" herstellen zu können.

Innerhalb des Freiraums, den die Kirche nun bot, konnte sich in den 1980er-Jahren eine Opposition aus Friedens-, Umwelt- und Menschenrechtsgruppen bilden.

Die Ära Honecker in den 1970- und 1980er-Jahren

1971: Erich Honecker wird Nachfolger von Walter Ulbricht und Erster Sekretär des Zentralkomitees der SED.

↓

Neuausrichtung der Politik mit dem Ziel, die DDR und das SED-Regime zu stabilisieren. Honecker verfolgt dabei eine Doppelstrategie.

↓

Doppelstrategie

Programm der **Einheit von Wirtschafts- und Sozialpolitik** soll den Lebensstandard verbessern und die Bevölkerung an das sozialistische System und das SED-Regime binden.

Maßnahmen:
- umfassendes Wohnungsbauprogramm
- Erhöhung der Mindestlöhne und Rentenerhöhungen
- Unterstützung junger Paare durch zinslose Kredite
- Verbesserung der medizinischen Versorgung
- staatliche Ferien- und Freizeitangebote
- Steigerung des Konsumangebots durch Import von Westware

Erste Hälfte der 70er-Jahre: Verbesserter Lebensstandard erhöht Loyalität der Bevölkerung gegenüber dem SED-Regime. Nach Einbruch der Wirtschaft wächst die Unzufriedenheit der DDR-Bevölkerung.

+

Enge **ideologische Anlehnung an** die **UdSSR**: Rückkehr zu einer dirigistischen Wirtschaftspolitik; Integration der DDR in den Ostblock statt Annäherung an den Westen bzw. die BRD.

Maßnahmen:
- strenge Parteidisziplin
- Ausbau des Überwachungsapparates (Zahl hauptamtlicher und inoffizieller Mitarbeiter der Stasi steigt stark an)
- Unterdrückung und Verfolgung politischer Abweichler (z. B. Robert Havemann)
- Ausbürgerung oppositioneller Künstler bzw. Verhängung von Berufsverboten (z. B. Wolf Biermann)

Forderungen nach Liberalisierungen in Politik, Gesellschaft und Kultur, besonders nach der Unterzeichnung der Schlussakte von Helsinki 1975, forcieren den Ausbau des Überwachungsapparates.

10.10 Die innerdeutschen Beziehungen bis zum Ende der DDR

Deutsch-deutsche Beziehungen in den 1950er-Jahren

Grundlegend für die Deutschlandpolitik unter Adenauer war die **Westintegration**, also die politische, wirtschaftliche und militärische Integration der BRD in die westeuropäische Staatengemeinschaft (→ S. 241 ff.). Die DDR wurde von der BRD, vor allem wegen der fehlenden demokratischen Legitimation durch freie und geheime Wahlen, nicht als Staat im völkerrechtlichen Sinne anerkannt.

Die Regierung Adenauer behielt sich das Recht vor, Deutschland international als Ganzes zu vertreten (**Alleinvertretungsanspruch**). Adenauers Strategie lässt sich als „**Politik der Stärke**" charakterisieren. Er hoffte, dass ein starker Westen das System der DDR destabilisieren könne. Mit der 1955 verabschiedeten **Hallstein-Doktrin** wurden die völkerrechtlichen Folgen des Alleinvertretungsanspruchs formuliert: Wenn dritte Staaten mit der DDR diplomatische Beziehungen aufnehmen, wird dies von der BRD als „unfreundlicher Akt" gewertet und gegebenenfalls mit dem Abbruch der Beziehungen (Jugoslawien 1957) beantwortet. Mit der Hallstein-Doktrin rückte die Wiedervereinigung in weite Ferne.

Die **Deutschlandpolitik der DDR** kennzeichnete zunächst ein **Grundwiderspruch**: Einerseits bestand der Wunsch auf Wiedervereinigung, allerdings mit der DDR als „deutschem Kerngebiet" in einem „einheitlichen demokratischen Deutschland" unter kommunistischer Regierung. Andererseits grenzte sich die DDR gegen den Westen und den Kapitalismus deutlich ab. Die DDR forderte zu Beginn der 1950er-Jahre gesamtdeutsche Beratungen zwischen den Regierungen beider Staaten. Dies lehnte Adenauer ab, da es die Anerkennung der DDR bedeutet hätte.

Während die BRD für sich in Anspruch nahm, alle Deutschen zu vertreten, folgte die DDR seit der Genfer Gipfelkonferenz 1955 der These Chruschtschows, dass auf dem Territorium des 1945 untergegangenen Deutschen Reiches zwei souveräne deutsche Staaten mit unterschiedlicher gesellschaftlicher und wirtschaftlicher Ausrichtung entstanden seien (**Zwei-Staaten-These**).

Chruschtschow hatte darüber hinaus zur Bedingung gemacht, dass bei einer Annäherung der beiden deutschen Staaten die sozialistische Ordnung der DDR nicht aufgegeben werden dürfe. Damit zeichneten sich die endgültige Integration der DDR in den Ostblock und ein weiteres Auseinanderdriften der beiden deutschen Staaten ab. Für die DDR stand nun die Stabilisierung und Konsolidierung ihres Landes im Vordergrund, hatte sich doch beispielsweise beim Aufstand vom 17. Juni 1953 (→ S. 257) gezeigt, dass der SED die Legitimation der Masse fehlte.

Deutsch-deutsche Beziehungen in den 1960er-Jahren

Die Berlin-Krise von 1958 (→ S. 223) hatte gezeigt, dass Adenauers „Politik der Stärke“ im Blick auf die Wiedervereinigung keinen Erfolg hatte. Mit dem Bau der Mauer 1961 wurde die deutsche Teilung weiter zementiert. Langfristig führte der Mauerbau zu einer **Neuorientierung** in der Deutschland- und Ostpolitik, die vor dem Hintergrund der Entspannungspolitik zwischen den USA und der Sowjetunion unter Kennedy gesehen werden muss. Egon Bahr, der Pressesprecher des Westberliner Bürgermeisters Willy Brandt, charakterisierte die neue politische Tendenz in seiner Rede vom 15. Juli 1963 mit der Formel „Wandel durch Annäherung“.

Die **Regierung** unter **Ludwig Erhard** (1963 bis 1966) ließ vom **Alleinvertretungsanspruch** der BRD nicht ab, trat jedoch für eine „**Politik der Bewegung**“ gegenüber Osteuropa ein. Ziel der Außenpolitik war es, die Handelsbeziehungen mit osteuropäischen Staaten zu verbessern. Dadurch sollte die DDR, die als Belastung von der Sowjetunion schließlich aufgegeben werden würde, isoliert („**Zweizangentheorie**“) und so die deutsche Wiedervereinigung erreicht werden. Über den Austausch weniger Handelsvertretungen kam man aber nicht hinaus und insgesamt wurde die Außenpolitik der Adenauer-Ära fortgesetzt: Die Hallstein-Doktrin galt weiterhin, die Oder-Neiße-Grenze wurde nicht akzeptiert und die DDR völkerrechtlich nicht anerkannt.

Unter **Kurt Georg Kiesinger** (1966 bis 1969) wurde der Alleinvertretungsanspruch leicht abgewandelt und eine Politik der „**Alleinvertretung ohne Bevormundung**“ eingeleitet, in deren Rahmen der DDR-Führung Verhandlungen angeboten wurden. 1967 vereinbarte Außenminister Willy Brandt diplomatische Beziehungen mit Rumänien, später mit Jugoslawien, womit er die Hallstein-Doktrin aufweichte (faktisches, aber kein theoretisches Abweichen von der Doktrin). Außerdem kam es zu einem brieflichen Kontakt zwischen Kiesinger und dem Ministerpräsidenten der DDR, Willi Stoph. Dieser blieb zwar ergebnislos, war jedoch ein erster Ansatz einer Entspannungspolitik. Diese ersten Annäherungen wurden von Ostblockstaaten gebremst, die die Hallstein-Doktrin umkehrten: Vor der Aufnahme diplomatischer Beziehungen mit der BRD müsse diese die DDR völkerrechtlich anerkennen.

In den 60er-Jahren betrachtetet die DDR die Teilung als endgültig. Ulbricht erklärte 1967, dass es eine Vereinigung der beiden deutschen Staaten „erst im Sozialismus“ geben werde. Primäres Ziel der DDR-Führung war es nun, die diplomatische Isolierung der DDR zu beenden und ihre völkerrechtliche Anerkennung zu erwirken. Im selben Jahr wurde die einheitliche deutsche Staatsangehörigkeit, die in der DDR-Verfassung von 1949 noch festgeschrieben war, durch das Gesetz über die Staatsbürgerschaft der DDR aufgehoben. Die Gesetzesänderung sollte die Souveränität und die nationale Identität der DDR herausstellen. Fortan waren Bewohner der DDR offiziell **Bürgerinnen und Bürger der DDR**.

Weiter forderte die DDR 1969 die Aufnahme diplomatischer Beziehungen, die eine völkerrechtliche Anerkennung voraussetzte, und den Austausch von Botschaftern.

Deutsch-deutsche Beziehungen in den 1970-er Jahren

Die sozialliberale Koalition unter **Willy Brandt** (1969 bis 1974) nahm in der Ost- und Deutschlandpolitik eine **Strategieänderung** vor: Zuerst sollten Erfolge in der Entspannungspolitik, dann in der deutschen Frage erzielt werden. Egon Bahr, der Architekt dieser Politik, wollte ein weiteres Auseinanderdriften der beiden deutschen Länder verhindern, Vertrauen im Ostblock gewinnen und einen Beitrag zum internationalen Frieden leisten. In seiner Regierungserklärung 1969 deutete Brandt an, er wolle von einem **„geregelte[n] Nebeneinander zu einem Miteinander"** durch Verträge und Abmachungen gelangen. Auch wenn er die völkerrechtliche Anerkennung der DDR ausschloss, da dies einer Absage an eine Vereinigungspolitik gleichgekommen wäre, bedeuteten Verhandlungen mit der DDR faktisch deren Anerkennung. 1970 besuchte Willy Brandt den DDR-Ministerpräsidenten Willi Stoph in Erfurt. Es war das erste Gespräch auf höchster Ebene seit 1947 (**Erfurter Gipfeltreffen**). Brandt und Außenminister Scheel sahen ihre neue Ost- und Deutschlandpolitik im gesamteuropäischen Kontext und als **Beitrag zur Ost-West-Entspannung**.

Verträge im Rahmen der Neuen Ostpolitik

Basis des Vertragswerkes der Neuen Ostpolitik war der **Moskauer Vertrag** vom August 1970. Die BRD erkannte die Oder-Neiße-Grenze als Westgrenze Polens an. Die Grenze zur DDR wurde als „unverletzlich", aber nicht als „unveränderlich" bezeichnet, worauf im **„Brief zur deutschen Einheit"** ausdrücklich hingewiesen wurde. Dies geschah vor allem im Blick auf die Opposition im Bundestag, die der Regierung den Vorwurf gemacht hatte, mit dem Moskauer Vertrag gegen das im Grundgesetz verankerte Wiedervereinigungsgebot zu verstoßen. Im Übrigen behielt sich die Bundesregierung eine friedliche Neuregelung der im Vertrag anerkannten Grenzen vor.

Auf den Moskauer Vertrag folgten in kurzen Abständen weitere sogenannte Ostverträge:

- 7.12.1970 **Warschauer Vertrag** zwischen der BRD und Polen: Dabei handelt es sich um einen Parallelvertrag zum Moskauer Vertrag mit speziell deutsch-polnischen Anliegen. Die BRD erkannte die Oder-Neiße-Grenze an, die Westgrenze sollte nach einer deutschen Wiedervereinigung aber überarbeitet werden können. Von Teilen der CDU/CSU wurde der Vertrag als „Ausverkauf deutscher Interessen" stark kritisiert.

  Im Vorfeld der Vertragsunterzeichnung setzte **Willy Brandt** mit seinem **Kniefall** vor dem Monument für die Opfer des Aufstands im Warschauer Ghetto 1943 ein Zeichen der Versöhnung beider Staaten. Der Kniefall wurde zum Symbol der Ostpolitik und eines sich wandelnden Deutschlands.

- 3.9.1971 **Viermächteabkommen über Berlin** zwischen den USA, der UdSSR, Großbritannien und Frankreich: Das Abkommen sicherte auf der Basis von Gewaltverzicht und der Beibehaltung alliierter Berlin-Rechte und -Vorbehalte „praktische Verbesserungen" zu, z.B. den freien Transitverkehr durch die DDR nach Berlin. Westberliner konnten nun leichter in den Osten reisen. Festgehalten wurde aber auch, dass Westberlin „kein Bestandteil" der BRD sei.
- 21.12.1972 **Grundlagenvertrag**: Im Grundlagenvertrag vereinbarten die BRD und die DDR „normale gutnachbarliche Beziehungen" auf Grundlage der **Gleichberechtigung**. Die Formulierung kam beiden Staaten entgegen: Die DDR leitete daraus die Existenz zweier unabhängiger Staaten ab. Die BRD erwartete, dass die DDR ihren Bürgerinnen und Bürgern humanitäre Erleichterungen, z.B. Reise- und Besuchsmöglichkeiten, zugestand.
  Weiterhin regelte der Vertrag den Austausch „ständiger Vertreter" anstelle von Botschaftern. Die Einrichtung von Botschaften lehnte die BRD ab, da sie die DDR völkerrechtlich weiterhin nicht anerkannte. Darüber hinaus fügte die Bundesregierung auch diesem Vertrag den „Brief zur deutschen Einheit" bei, um zu betonten, dass sie am Ziel der Wiedervereinigung festhält.
  Die Hallstein-Doktrin gab die BRD allerdings auf. Sie verzichtete damit auf ihren Anspruch, Deutschland international als Ganzes zu vertreten (Alleinvertretungsanspruch).
- 11.12.1973 **Prager Vertrag** mit der ČSSR: Anerkennung der Nachkriegsgrenzen und Gewaltverzicht, aber Streit über die Deutung des Münchner Abkommens und somit über Entschädigungszahlungen an die vertriebenen Sudetendeutschen.
- 18.9.1973 Aufnahme der BRD und der DDR in die UNO.

Brandt genoss wegen seiner Neuen Ostpolitik weltweit hohes Ansehen und erhielt 1971 den **Friedensnobelpreis**. In der BRD war die Ratifizierung der Verträge jedoch sehr umstritten.

Mit einem unerwarteten Kniefall am Ehrenmal für die Toten des Warschauer Ghettos bat Willy Brandt am 7.12.1970 um Vergebung für Deutschland.

Auch wenn die Mehrheit der Bevölkerung die Neue Ostpolitik der Regierung Brandt begrüßte, darunter waren auch CDU/CSU-Anhänger, lehnte die Oppositionspartei sie mehrheitlich ab. Rainer Barzel, CDU-Oppositionsführer, spekulierte auf eine fragil gewordene Regierungsmehrheit und versuchte im April 1972 erstmals, den amtierenden Kanzler durch ein **konstruktives Misstrauensvotum** zu stürzen. Das Votum scheiterte allerdings, Brandt entschied es mit nur zwei Stimmen Vorsprung für sich.

Der folgende Wahlkampf war von einer enormen Polarisierung geprägt. Die Wahlbeteiligung erreichte den Rekord von 91,1%.

Bei den Wahlen am 19. November 1972 erlangte die SPD den größten Erfolg ihrer Geschichte. Mit 45,8% wurde sie knapp vor der CDU stärkste Partei, und die sozialliberale Koalition hatte eine klare Mehrheit im Bundestag. Der Wahlsieg Brandts kann auch als Bestätigung seiner Außen- und Deutschlandpolitik verstanden werden.

Geschichte kontrovers

Die Neue Ostpolitik

Die Neue Ostpolitik der ersten sozialliberalen Koalition war ähnlich umstritten wie zuvor Adenauers Politik der Westintegration.

Die CDU/CSU, zumindest ihr rechter Flügel, kritisierte, dass die „Staatsnation" preisgegeben würde. „Die Regierung Brandt verrät das Vaterland", hieß es. Die Verhandlungen mit den Diktaturen des Ostblocks seien moralisch fragwürdig, die Teilung zementiert, die Machtstrukturen der DDR sogar legitimiert und die Aufgabe der ehemaligen Ostgebiete sei ohne Zwang erfolgt (Konsolidierungstheorie).

Die Regierungskoalition beharrte hingegen darauf, dass die deutsche Einheit nur mit Zustimmung der UdSSR erreichbar sei. Bis dahin müsse vor allem die Einheit der „Kultur- und Bewusstseinsnation" gewahrt werden.

Brandts Außenpolitik hat sicher dazu beigetragen, dass im Ostblock die Angst vor einem Aufflammen des deutschen Revanchismus abnahm.

10.11 Zusammenbruch der DDR und friedliche Revolution 1989/90

Der Zusammenbruch der DDR hatte politische, wirtschaftliche und soziale Ursachen, die in die 1970er-Jahre zurückreichten und in den 1980-Jahren in eine allgemeine Systemkrise mündeten.

Die Krise der DDR muss auch im Zusammenhang mit den Krisen anderer sozialistischer Länder betrachtet werden, die nach 1945 das politische, wirtschaftliche und gesellschaftliche System der UdSSR aufgezwungen bekamen. Die osteuropäischen Länder hatten im 19. und 20. Jahrhundert eine andere Geschichte als die Sowjetunion durchlaufen und andere Einstellungen und Verhaltensweisen herausgebildet. Die Oktroyierung des sowjetischen Modells auf die Ostblockländer sorgte daher seit den 1970er-Jahren für Konfliktpotenzial, insbesondere durch Vergleiche mit westlichen Ländern.

Mit den Politologen Gabriel Almond und Sidney Verba (1965) kann auch von einer fehlenden Kongruenz zwischen der politischen Kultur und dem politischen System gesprochen werden (→ S. 103). Sie führte, so die beiden Wissenschaftler, zu einer Destabilisierung der betroffenen Länder.

Reformen in der UdSSR: Glasnost und Perestroika

Michail Gorbatschow (*1931)
1985–1991 Generalsekretär des Zentralkomitees der KPdSU, 1990–1991 Staatspräsident der Sowjetunion. Mit „Glasnost“ und „Perestroika“ leitete er das Ende des Kalten Krieges ein. 1990 erhielt er den Friedensnobelpreis.

Seit dem Ende der 1970er-Jahre stagnierte die sowjetische Wirtschaft. Als Michail Gorbatschow 1985 Generalsekretär der KPdSU wurde, waren das Wirtschaftswachstum rückläufig, die Produktion in Landwirtschaft und Industrie gering, der Stand der Technik vergleichsweise niedrig und die Produkte minderwertig. Der Lebensstandard der Bevölkerung lag deutlich unter dem Standard westlicher Industrienationen. Das Engagement der Sowjetunion in Afghanistan seit 1979 und der Rüstungswettlauf mit den USA waren kostspielig. Als überzeugter Sozialist versuchte Gorbatschow, das verkrustete System des Sowjetreiches zu reformieren. Dies erfolgte durch:

- **Perestroika** (Umbau/Umgestaltung): **Modernisierung** von Wirtschaft, Gesellschaft und Politik mit dem Ziel, das zentralistische Führungssystem zu verändern und die Wirtschaft durch die Einführung marktwirtschaftlicher Elemente effizienter zu organisieren. Betriebe erhielten z. B. das Recht, eigene Entscheidungen zu treffen. Ein kleiner Privatsektor entstand, Staatsunternehmen durften Arbeiter entlassen und konnten auch geschlossen werden. Ausländische Investoren in Form von Gemeinschaftsunternehmen (Joint Ventures) wurden zugelassen. Unter dem Slogan „Demokratizatsiya“ (**Demokratisierung**) sollte der Sozialismus durch freie Wahlen, Gewaltenteilung und den Ausbau des Rechtsstaates liberalisiert werden, wobei die Stellung der KPdSU nicht angetastet werden sollte.

Wirkung der Perestroika: Eine vollständige Umstellung von der Plan- zur Marktwirtschaft unterblieb, was zu einer Instabilität des Wirtschaftssystems führte. Missmanagement, auch in der Landwirtschaft, und ein Devisenmangel führten zur Zuspitzung der Wirtschaftskrise. 1988 waren Grundnahrungsmittel teilweise nur noch mit Lebensmittelkarten erhältlich. Bis 1991 sank das Bruttoinlandsprodukt um 17%, die Inflation stieg rasant.
Gorbatschows Popularität sank im Inland aufgrund völlig verfehlter Ansätze, z.B. durch seine Kampagne gegen Alkoholismus. Sie führte zu einer Zunahme von Schwarzbrennerei, Verknappung des Zuckers, Rückgang der Steuereinnahmen und brachte ihm den Spottnamen „Mineral(wasser)-Sekretär" ein.

- **Glasnost** (Offenheit) sollte den Reformprozess durch eine **öffentliche Diskussion** begleiten und die Veränderungen dadurch verstetigen. Entscheidungen im Partei- und Staatsapparat sollten transparenter werden, bis zu einem gewissen Grad sollte eine öffentliche Kontrolle etabliert werden.
Auch wenn Glasnost nicht mit der westlichen Vorstellung von Meinungs- und Pressefreiheit gleichgesetzt werden kann, setzte die Freilassung des verbannten Physikers und Menschenrechtlers Andrei Sacharow 1986 ein Zeichen.
- „**Neues Denken**" in der **Außen- und Sicherheitspolitik**: Gorbatschow verfolgte eine neue Strategie, die auf „gemeinsamen menschlichen Werten" beruhte. 1987 vereinbarte er mit US-Präsident Ronald Reagan in einem
- **Abrüstungsabkommen** den bilateralen Abbau der atomaren Mittelstreckenraketen und zahlreicher Kurzstreckenraketen. Mit Gorbatschows Reformpolitik verlor auch die Breschnew-Doktrin von 1968, die das Selbstbestimmungsrecht der Ostblockstaaten eingeschränkt hatte, an Bedeutung. So mussten die Ostblockstaaten, z.B. Ungarn und Polen, keinen militärischen Eingriff durch die Sowjetunion befürchten, sollten sie ebenfalls Reformen durchführen. Im Juli 1989 wurde die Breschnew-Doktrin praktisch aufgegeben.

Andrei Sacharow (1921–1989)
Als Physiker war er maßgeblich an der Entwicklung der sowjetischen Wasserstoffbombe beteiligt. Dann vollzog er einen Gesinnungswandel, wurde ab 1955 zum kompromisslosen Kämpfer gegen Atomwaffen und so zum Staatsfeind der UdSSR. 1975 erhielt er den Friedensnobelpreis. Seit 1980 lebte er unter Aufsicht des KGBs in der Verbannung in Gorki.

Breschnew-Doktrin
Außenpolitische Maxime der UdSSR 1968–1988, formuliert von Leonid Breschnew: ideologischer Führungsanspruch der UdSSR im Ostblock, „beschränkte" Souveränität der sowjetischen Satellitenstaaten, Eingreifen der UdSSR bei Abweichen vom Sozialismus

Bei Gorbatschows Reformen handelte es sich insgesamt um kein zusammenhängendes Konzept. Die Reformen selbst entwickelten jedoch eine hohe Eigendynamik und stellten das Herrschaftsmonopol der KPdSU infrage.

Wirkung auf die DDR und die Oppositionsbewegung

Gorbatschows Reformen führten dazu, dass die Bevölkerung in den Staaten des sowjetischen Einflussgebiets ebenfalls Reformen forderten. 1985 gestattete Gorbatschow den Staaten, ihre inneren Angelegenheiten selbstständig zu regeln (Abkehr von der Breschnew-Doktrin) und ihren „**eigenen Weg zum Sozialismus**" zu gehen. Die SED-Führung lehnte innenpolitische Reformen im Sinne von Glasnost und Perestroika ab, da Honecker bewusst war, dass diese das Ende der DDR bedeutet hätten. Er entwarf mit dem „**Sozialismus in der Farbe der DDR**" 1988 ein Gegenmodell zu Gorbatschows Reformen, in dem er am Führungsprinzip des demokratischen Sozialismus festhielt und die Eigenständigkeit der DDR gegenüber der Sowjetunion in Fragen der sozialistischen Ideologie betonte. Honeckers Abkehr von der UdSSR führte dazu, dass sich die DDR ideologisch von zwei Seiten abgrenzen musste: vom imperialistischen Westen und der Sowjetunion, die der DDR bisher Bestandsschutz gewehrt hatte.

Solidarność
(dt. Solidarität)
eine unabhängige Gewerkschaft in Polen, die 1980 nach sozialen Unruhen gegründet und 1982 verboten wurde. Sie wurde zum Zentrum der Opposition und agierte nach ihrem Verbot im Untergrund weiter.

Doch auch in der DDR verlieh Gorbatschows Politik der politischen Opposition weiteren Auftrieb. Sie hatte sich bereits in den 1970er-Jahren infolge der **KSZE-Schlussakte von Helsinki** 1975 (→ S. 282) gebildet und wurde in den 1980er-Jahren auch durch die polnische Gewerkschaftsbewegung **Solidarność** beeinflusst. 1986 entstand z. B. die oppositionelle Gruppe „Initiative für Frieden und Menschenrechte". Ab 1988/89 formierten sich dann verschiedene Oppositionsgruppen vor allem in der Kirche. Ihr Ziel war die Reform des Staates, die Wiedervereinigung stand bis November 1989 noch nicht auf der Agenda.

Strukturelle Ursachen für das Ende der DDR

Die BRD als „Spiegel": Demokratie und Wohlstand im Nachbarstaat

Obwohl die DDR das wohlhabendste Land im Ostblock war, galt die BRD als Vergleichsmaßstab. Die Bevölkerung war durch das „Westfernsehen", das auch in der DDR empfangen werden konnte, über den Lebensstandard des Kapitalismus informiert. Die Entspannungspolitik der sozialliberalen Koalition (→ S. 287 f.) hatte die Attraktivität des „Modells BRD" noch erhöht.

Defizite der Zentralverwaltungswirtschaft

Der Ausbau der Sozialleistungen seit Anfang der 1970er-Jahre erhöhte die Staatsverschuldung. Die Arbeitsproduktivität betrug weniger als 30 % der BRD. Zu Beginn der 1980er-Jahre geriet die DDR in eine **Liquiditätskrise**, da die UdSSR die Öllieferungen an den Ostblock verknappte und zugleich der Weltmarktpreis für Rohöl anstieg. Die Folge war eine Erhöhung der Auslandsverschuldung. 1982 hätte die DDR ihre **Zahlungsunfähigkeit** erklären müssen, wenn 1983 nicht ein **Milliardenkredit bundesdeutscher Banken**, initiiert durch Franz Josef Strauß und den MfS-Offizier Alexander Schalck-Golodkowski, erfolgt wäre.

Um sich Devisen zu beschaffen, ergriff die DDR folgenden Maßnahmen:

- Kredite aus der BRD;
- Import von Müll aus dem Westen und Verkauf von Blutkonserven an die BRD;
- Übergabe politischer Häftlinge gegen Geldzahlungen: Zwischen 1963 und 1989 erfolgte ein Freikauf politischer DDR-Gefangener durch die BRD, zu Beginn zahlte die BRD rund 40 000 DM pro Häftling, später 1 000 000 DM. Organisiert wurden die geheim gehaltenen Freikäufe von der Evangelischen Kirche. Auch für Familienzusammenkünfte wurde rund 250 000-mal Geld bezahlt;
- Transitgebühren nach West-Berlin;
- Intershop-Läden, dort war ein Einkauf nur mit Westwährung möglich;
- Liquidität vor Rentabilität: Verkauf von Produkten auch unterhalb der Herstellungskosten.

Die Devisen konnten allerdings die Grundprobleme wie die mangelnde Innovationsfähigkeit der rückständigen DDR-Ökonomie mit ihrer Konzentration auf Schwerindustrie und Landwirtschaft nicht kompensieren. Im Oktober 1989 legte eine Expertengruppe unter Leitung des Vorsitzenden der Staatlichen Plankommission, Gerhard Schürer, dem Politbüro einen Bericht vor, der keinen Zweifel darüber ließ, dass die DDR zahlungsunfähig war. Im Schürer-Bericht hieß es: „Allein ein Stoppen der Verschuldung würde im Jahr 1990 eine Senkung des Lebensstandards um 25 bis 30 % erfordern und die DDR unregierbar machen." Laut Sitzung des ZKs am 9. November 1989 hatte die DDR einen Subventionsbedarf in der Größe von jährlich 58 Milliarden Euro.

Geringe Legitimität der SED-Herrschaft

Die SED, deren Einparteienherrschaft nicht zuletzt auf Unterdrückung, Bevormundung und Gängelungen beruhte, warb um die Akzeptanz der Bevölkerung mit einer **sozialen Rundumversorgung**, wenn auch auf relativ niedrigem Niveau. Probleme der Versorgungslage (Mangelwirtschaft, niedriger Lebensstandard, schlechte Wohnverhältnisse und Versorgung, mangelhafte Infrastruktur) mussten das SED-Regime zwangsläufig in eine schwere Krise stürzen.

Hinzu kam die Unzufriedenheit mit der **Zweiklassengesellschaft**, die sich im Laufe der Jahre entwickelt hatte: Parteifunktionäre verfügten über Luxusgüter, dagegen hatte die „normale" Bevölkerung keinen Zugang zu diesen Gütern oder konnten sie nicht bezahlen. Die gesellschaftliche Spaltung stand im Widerspruch zur propagierten klassenlosen Gesellschaft im Sozialismus und untergrub die Glaubwürdigkeit und damit die Legitimität der SED-Herrschaft.

Auch die Jugend distanzierte sich zunehmend vom SED-Regime, das Berufsausbildungen einschränkte und Studienplätze „bedarfsgerecht" zuwies; die Zahl der Studierenden sank von 150 000 (1972) auf 130 000 (1984). Die Jugendlichen fühlten sich vom Staat um ihre Zukunft betrogen, da er ihnen weder den sozialen Aufstieg noch die Verwirklichung ihrer individuellen Lebensentwürfe versprach.

Die Glaubwürdigkeitskrise des SED-Regimes führte zu einem **Anstieg der Ausreiseanträge** von ca. 21 000 (1980) auf 110 000 (1988). Als am 1. Januar 1989 eine neue Reiseverordnung in Kraft trat, die keine nennenswerten Neuregelungen brachte, verließen bis September noch einmal 160 000 Menschen das Land.

Bei den Kommunalwahlen im Mai 1989 erreichte die Einheitsliste eine Zustimmung von 98,85 %. Bei der Auszählung der Stimmzettel waren Vertreter oppositioneller Gruppen anwesend, die nachwiesen, dass die Wahlergebnisse manipuliert waren. Dennoch bezeichnete Egon Krenz (Wahlleiter, SED) das Ergebnis der Wahl als „klares Votum des Volkes für starken Sozialismus und sicheren Frieden". Die Aufdeckung der **Wahlfälschung** im Mai 1989 verstärkte und beschleunigte die Oppositionsbewegung.

Die friedliche Revolution 1989

1989 nahm der Druck der Bevölkerung auf das SED-Regime zu. Die Unzufriedenheit der Bevölkerung führte einerseits zu einer Fluchtwelle in den Westen, andererseits forderten diejenigen, die das Land nicht verlassen wollten, auf Massendemonstrationen Reformen und eine friedliche Umgestaltung der DDR.

Die Fluchtwellen in den Westen

2. Mai	**Ungarn** kündigt die **Öffnung** des **Eisernen Vorhangs** zu Österreich an und beginnt mit dem Abbau von Grenzbefestigungen. Gorbatschow sichert Ungarn zu, sich nicht einzumischen.
7. Juli	Der Warschauer Pakt verkündet das **Ende der Breschnew-Doktrin**.
Juli/August	DDR-Bürger nutzen die Ferienmonate, um nach **Polen**, **Ungarn** und in die **ČSSR** zu reisen und dort Zuflucht in den **deutschen Botschaften** zu suchen. Die Botschaften müssen vorübergehend geschlossen werden, da ihre Aufnahmekapazitäten nicht ausreichen und es zu Versorgungs- und Hygieneproblemen kommt.
19. August	An der Grenze zwischen Österreich und Ungarn wird von ungarischen Oppositionellen ein **Paneuropäisches Picknick** als Friedensdemonstration veranstaltet, für das die Behörden beider Länder die Grenze symbolisch für drei Stunden öffnen. Es folgt die größte Massenflucht seit dem Mauerbau: 600 bis 700 Menschen nutzen die Grenzöffnung zur Flucht. Sie werden in der Botschaft in Wien betreut und dann nach Bayern weitergeleitet. Das Paneuropäische Picknick wird später zum Symbol für die Fluchtbewegung im Sommer 1989.
10./11. September	**Ungarn** öffnet seine **Grenzen zu Österreich**. Zehntausende Personen reisen über Österreich in die BRD, bis Ende September sind es ca. 30 000 DDR-Bürger.
30. September	Angesichts der angespannten Situation in den westdeutschen Botschaften drängt die BRD die DDR-Führung, in der Flüchtlingsfrage einzulenken. Am Abend des 30. September verkündet Hans-Dietrich Genscher, der Außenminister der BRD, auf dem Balkon der Prager Botschaft, dass die DDR-Flüchtlinge in den Westen ausreisen dürfen („Balkonrede").
Oktober bis November	Weitere **Ausreisewellen** mit Sonderzügen aus Prag, Warschau und über die ČSSR

Massendemonstrationen und Opposition

In der DDR kam es vor allem in Leipzig und Ost-Berlin zu Demonstrationen für Meinungs- und Versammlungsfreiheit. Die erste der **Montagsdemonstrationen** fand am 4. September 1989 in der Nikolaikirche in Leipzig statt. Die Demonstrationen wurden zunächst unterdrückt, hatten aber schnell großen Zulauf. Damit trug die Evangelische Kirche wesentlich zum Sturz des SED-Regimes bei.

Nikolaikirche Leipzig 1989 Ausgangspunkt der Montagsdemonstrationen, die sich aus den Friedensgebeten entwickelten. Die Demonstrationen fanden in immer mehr Städten statt.

Mit der Parole „**Wir bleiben hier**" und „Reisefreiheit statt Massenflucht" mahnten die Demonstranten **innere Reformen** an. Die erste Massendemonstration fand am 9. Oktober 1989 in Leipzig statt. Zu diesem Zeitpunkt rechneten die Teilnehmenden durchaus mit einer gewaltsamen Reaktion der Staatsmacht und einer Niederschlagung der Proteste, wie dies im Juni 1989 in China auf dem Platz des Himmlischen Friedens geschehen war („chinesische Lösung"). Die SED schreckte jedoch aus Angst vor einem Bürgerkrieg davor zurück. Auch wollte niemand innerhalb der SED die Verantwortung für eine gewaltsame Unterdrückung der Demonstrationen übernehmen. Die Zusicherung der Demonstranten, friedlich zu bleiben, und das Eintreten Moskaus für einen Gewaltverzicht, ebneten den Weg zur „friedlichen Revolution". Am 16. Oktober demonstrierten bereits 100 000 bis 120 000 Menschen unter dem Slogan „**Wir sind das Volk**".

In der Opposition war zu diesem Zeitpunkt das „**Neue Forum**" tonangebend, die erste Oppositionsbewegung außerhalb der Kirche, gegründet am 9./10. September 1989. Das Neue Forum sah sich selbst als politische Plattform zum gesellschaftlichen Diskurs und nicht als Partei. Am 12. September wurde die Bürgerbewegung „**Demokratie Jetzt**" ins Leben gerufen, die vor allem aus kirchlichen Kreisen stammte und sich ebenfalls nicht als Partei sah.

Als erste oppositionelle Partei konstituierte sich im Dezember der „**Demokratische Aufbruch**" mit sozialen und ökologischen Zielsetzungen. Er forderte die deutsche Einheit und eine „sozial-ökologische Marktwirtschaft".

Auf internen Druck wurde **Erich Honecker** am 18. Oktober 1989 zum **Rückzug** gezwungen und **Egon Krenz** als Nachfolger ins Amt des Generalsekretärs des Zentralkomitees der SED gewählt. Die Wahl erfolgte erstmals mit einer Gegenstimme und Enthaltungen. Krenz kündigte eine „Wende" an, betonte jedoch zugleich „der Sozialismus auf deutschem Boden" stehe nicht infrage.

Am 4. November 1989 nahmen in Ostberlin ca. 600 000 Menschen an der bisher größten Massendemonstration teil. Die Demonstrierenden forderten sofortige politische Reformen, aber noch nicht die deutsche Einheit.

Der Fall der Berliner Mauer

Am **9. November 1989** fiel die Berliner Mauer unerwartet. Der Grund dafür war eine im Fernsehen übertragene Pressekonferenz, in der **Günter Schabowski** (SED-Politbüromitglied) unabsichtlich und beiläufig die Novellierung des Reisegesetzes verkündete. Schabowskis Aussage löste eine Kettenreaktion aus, da sich schnell verbreitete, dass die Grenzübergänge offen seien, Menschenmassen an die Übergänge strömten, die Grenzbeamten mit dem Ansturm an Menschen überfordert waren und letztlich auf Kontrollen verzichteten.

Helmut Kohl war zu der Zeit in Polen und wurde von den Ereignissen überrascht, wie viele andere Entscheidungsträger. Allerdings legte er bereits am 28. November 1989 im Bundestag ein **Zehn-Punkte-Programm** vor, in dem er Vorschläge zur Überwindung der Teilung Deutschlands und Europas machte (→ S. 300). Das Zehn-Punkte-Programm, das Kohl zunächst ohne Absprache mit dem Koalitionspartner und den westlichen Bündnispartnern ausgearbeitet hatte, wurde zur Grundlage der deutschen Wiedervereinigung.

Am 1. Dezember 1989 beendete die Volkskammer der DDR durch eine Verfassungsänderung die Vorherrschaft der SED. Am 3. Dezember schloss das ZK der SED Erich Honecker und Erich Mielke, den Leiter des Ministeriums für Staatsicherheit, aus der Partei aus. Andere Parteifunktionäre wurden verhaftet. Das Politbüro mit Egon Krenz an der Spitze trat zurück. Am 6. Dezember gab Krenz alle politischen Ämter auf.

Menschen feiern den Fall der Mauer am Brandenburger Tor im November 1989.

Das Versagen der DDR-Führung 1989

Gorbatschow rief die DDR-Führung zu Reformen auf. Diese verweigerte allerdings die Perestroika, aus Furcht, der Reformprozess könnte ihr entgleiten. Im Januar 1989 verkündete Erich Honecker noch, dass die Mauer „so lange bleiben werde, wie die Bedingungen nicht geändert werden, die zu ihrer Errichtung geführt haben. Sie wird in 50 und auch 100 Jahren noch bestehen bleiben [...]". Auch war der 76-Jährige in der entscheidenden Phase des Jahres 1989 immer wieder krank und daher handlungsunfähig.

Das Politbüro als das eigentliche Entscheidungsgremium schätzte die Situation völlig falsch ein. Am 7. Oktober 1989 feierte die SED trotz Massenflucht und Montagsdemonstrationen noch unbeirrt das **40-jährige Bestehen der DDR** und die Errungenschaften des Sozialismus. Gorbatschow, Gast bei der Jahresfeier, mahnte die SED-Führung, Reformen in der DDR zuzulassen. Vor dem SED-Politbüro sagte er: „Wenn wir zurückbleiben, bestraft uns das Leben sofort." Der Satz wurde später sinngemäß referiert und mit der Formel „Wer zu spät kommt, den bestraft das Leben" wiedergegeben.

Geschichte kontrovers

Wende, Umsturz oder Revolution?

Der Begriff „Wende" wurde von Egon Krenz im Oktober 1989 gebraucht. Er bezog sich auf die Reformen, zu denen die SED-Führung damals bereit war. Von Historikern wird der Begriff aufgrund seiner Unschärfe kritisiert, da er die fundamentalen Veränderungen, die mit den Ereignissen 1989 einhergingen, nicht hinreichend erfasst.

Auch der Begriff „Umsturz" trifft nicht zu, da damit Gewalt assoziiert ist. Zu politisch motivierter Gewalt kam es in der DDR wie auch in den anderen sozialistischen Staaten nur gelegentlich. Vielmehr brach das SED-Regime unter dem Druck der Massendemonstrationen zusammen. Es kam ohne Blutvergießen zu einem Systemwechsel.

Schon eher lassen sich die tiefgreifenden Veränderungen in der DDR 1989 mit dem Begriff der „Revolution" beschreiben. Sie wurden durch große politische, gesellschaftliche und wirtschaftliche Spannungen ausgelöst, von der Masse des Volkes getragen und hatten den Sturz des SED-Regimes und die Etablierung eines neuen Systems zur Folge. Da dies ohne Blutvergießen geschah, sprechen Historiker auch von einer „friedlichen Revolution".

Die Ereignisse von 1989

01.01.	Neue Reiseverordnung bringt keine Verbesserungen: Anstieg der Ausreiseanträge.
02.05.	Ungarn verkündet die **Öffnung** des **Eisernen Vorhangs** zu Österreich. Gorbatschow sichert Ungarn zu, sich nicht einzumischen.
07.05.	Die Opposition stellt **Wahlfälschung** bei der Kommunalwahl fest.
07.07.	Der Warschauer Pakt verkündet offiziell das **Ende der Breschnew-Doktrin**.
Juli/August	Ausreisewillige DDR-Bürger fahren in den Urlaubsmonaten nach Polen, Ungarn und in die ČSSR und suchen Zuflucht in den deutschen Botschaften.
19.08.	Größte Massenflucht beim „Paneuropäischen Picknick" an der Grenze zwischen Ungarn und Österreich.
04.09.	**Erste Montagsdemonstration** in Leipzig; die Demonstranten fordern u.a. Versammlungs- und Meinungsfreiheit.
10./11.09.	Ungarn öffnet seine Westgrenze für alle Bürgerinnen und Bürger der DDR.
30.09.	Außenminister Genscher verkündet auf dem Balkon der Prager Botschaft, dass die DDR-Flüchtlinge in den Westen ausreisen dürfen.
09./10.9.	Gründung der Oppositionsbewegung **Aufbruch 89 – Neues Forum**
12.09.	Gründung der Bürgerbewegung **Demokratie Jetzt**
Okt./Nov.	**Ausreisewellen** aus Prag und Warschau und über die ČSSR
01./02.10.	Entstehung der Oppositionsgruppe „**Demokratischer Aufbruch**", die sich im Dezember als erste Oppositionspartei konstituiert.
07.10.	**40. Jahrestag der DDR**: SED feiert trotz Massenflucht und Montagsdemonstrationen die Errungenschaften des Sozialismus. Gorbatschow mahnt Reformen an: „Wer zu spät kommt, den bestraft das Leben."
09.10.	**Massendemonstration** in Leipzig; die Teilnehmer befürchten eine „chinesische Lösung", die SED greift aber nicht ein.
18.10.	**Sturz Honeckers**, Egon Krenz wird sein Nachfolger. Krenz spricht davon, eine „Wende" einzuleiten, betont aber zugleich, dass der „Sozialismus auf deutschem Boden" nicht infrage stehe.
04.11.	Ca. 600 000 Menschen bei Massendemonstration in Ostberlin; die Teilnehmer fordern sofortige Reformen.
09.11.	**Öffnung der Mauer**: Günter Schabowski verkündet am 9.11. die sofortige Reisefreiheit.
28.11.	Bundeskanzler Helmut Kohl legt dem Bundestag ein **Zehn-Punkte-Programm** vor, in dem er Vorschläge zur Überwindung der Teilung Deutschlands und Europas macht.
01.12.	Die Volkskammer der DDR beendet durch eine Verfassungsänderung die Vorherrschaft der SED.
03.12.	Das ZK der SED schließt Erich Honecker und Erich Mielke, den Leiter des MfS, aus der Partei aus. Das Politbüro mit Egon Krenz an der Spitze tritt zurück.
06.12.	Egon Krenz gibt alle politischen Ämter auf.

10.12 Der Weg zur deutschen Einheit

Bereits wenige Wochen nach dem Fall der Mauer im November 1989 wurde deutlich, dass es der Bevölkerung der DDR nicht nur um Freiheit und Demokratie, sondern auch um die Einheit Deutschlands ging. Auf den Demonstrationen wurde bald nicht mehr die Parole „Wir sind das Volk“, sondern die Forderung „Wir sind ein Volk“ skandiert. Unklar war zu diesem Zeitpunkt allerdings, wie die Wiedervereinigung im Inneren und auf internationaler Ebene organisiert und im Einzelnen ausgestaltet werden sollte – Fragen, auf die in kurzer Zeit politische Antworten gefunden werden mussten.

Die Übergangsphase in der DDR

Am 13. November 1989 übernahm **Hans Modrow** (SED), dem ein großer Teil der Bevölkerung trotz seiner Parteizugehörigkeit noch hohes Vertrauen schenkte, die Regierungsverantwortung in der DDR. Am 3. Dezember traten das Politbüro mit Egon Krenz als Generalsekretär und das ZK geschlossen zurück. Dies löste in der Bevölkerung Hoffnung auf Veränderungen aus, zumal die Freude über den Fall der Mauer und die Reisefreiheit groß war. Der anfänglichen Euphorie folgte aber bald Ernüchterung. Zu deutlich war das ökonomische Gefälle zwischen West und Ost. Es zeigte sich auch, dass Modrow Reformen nur langsam voranbrachte und ihm nicht daran gelegen war, alte Machtstrukturen aufzubrechen. Die SED, die sich im Januar 1990 in SED-PDS umbenannt hatte, versuchte, wieder an die Macht zu gelangen, und erhob erneut Anspruch auf die Führung im Staat.

SED-PDS
Im Dezember 1989 schlug die SED ihren eigenen Weg zwischen „stalinistischem Pseudosozialismus und der Herrschaft des Profits“ ein und ergänzte den bisherigen Parteinamen mit dem Zusatz „Partei des Sozialismus“ (PDS). Seit 1990 nannte sie sich nur noch PDS.

Auf den Montagsdemonstrationen wurden daher weite demokratische Reformen gefordert und Kritik am Führungsanspruch der SED und ihrem korrupten System geäußert. Da sich in der DDR immer deutlicher ein wirtschaftlicher Kollaps abzeichnete, forderten ab Dezember 1989 auch immer mehr Menschen eine rasche Wiedervereinigung, die Modrow allerdings ablehnte.

Zur Kontrolle der Regierung und Vorbereitung der ersten freien Volkskammerwahlen trat am 7. Dezember 1989 das erste Mal der **Zentrale Runde Tisch** zusammen. Er bestand jeweils zur Hälfte aus Vertretern oppositioneller Parteien und Gruppen sowie der alten politischen Eliten. Der Runde Tisch verhandelte zudem die **Auflösung des Ministeriums für Staatssicherheit** (MfS/Stasi) bzw. des Amtes für Nationale Sicherheit (ANS), der Nachfolgeorganisation des MfS. Auch bereitete er eine Verfassung vor, die später jedoch nicht berücksichtigt wurde. Modrow, obwohl er den Runden Tisch ablehnte, sah sich zur Zusammenarbeit gezwungen. Auch wenn der Runde Tisch keine Beschlüsse fassen konnte, beeinflusste er doch die öffentliche Meinung. Er löste sich nach der Wahl am 18. März 1990 auf.

Forderung nach der deutschen Einheit und erste Wahlen

Als die Grenze am 9. November 1989 überraschend geöffnet wurde, war unklar, wie die Vereinigung beider deutscher Staaten realisiert werden könnte. Ministerpräsident Modrow sprach in seiner Regierungserklärung vom 17.11. davon, dass die beiden deutschen Staaten ihre „**Verantwortungsgemeinschaft**" mit dem Ziel „qualifizierter guter Nachbarschaft" und „kooperativer Koexistenz" zu einer „Vertragsgemeinschaft" entwickeln sollten. Der Wiedervereinigung erteilte er eine Absage.

Bundeskanzler Kohl stellte am 28. November 1989 überraschend und ohne weitere Absprachen ein „**Zehn-Punkte-Programm** zur Überwindung der Teilung Deutschlands und Europas" vor. Es enthielt einen Stufenplan zur deutschen Vereinigung und sah u.a. Soforthilfen und eine verstärkte Zusammenarbeit mit der DDR, die Anpassung der DDR-Wirtschaft an die Marktwirtschaft sowie konföderative Strukturen zwischen beiden Staaten als Übergangsstadium zu einer bundesstaatlichen Ordnung vor. Wichtig war Kohl dabei, dass der Prozess der Wiedervereinigung in den europäischen Einigungsprozess eingebettet war. Das Programm wurde von der CDU/CSU und der FDP begrüßt, von der SPD wegen der fehlenden Garantie der Oder-Neiße-Grenze kritisiert. Die Grünen traten für eine dauerhafte Zwei-Staaten-Lösung ein.

Auch im Ausland wurde Kohls Programm kontrovers diskutiert. Während die USA einer Vereinigung unter der Bedingung einer weiterhin bestehenden NATO- und EG-Mitgliedschaft der BRD zustimmten, lehnten die Sowjetunion, Großbritannien und Frankreich das Programm ab, da kein Verzicht auf die deutschen Ostgebiete formuliert worden war. Sie befürchteten einen zu großen Machtzuwachs für Deutschland. Gorbatschow nannte Kohls Vorstoß eine „äußerst dreiste Einmischung in die inneren Angelegenheiten eines souveränen Staates".

Am 1. Februar 1990 präsentierte Modrow ebenfalls ein Konzept für die Neuordnung Deutschlands. In einem **Vierstufenplan** befürwortete nun auch er die Vereinigung Deutschlands, nachdem Gorbatschow am 30. Januar 1990 signalisiert hatte, einer Vereinigung prinzipiell nicht im Weg zu stehen. Modrows Plan sah eine Vertragsgemeinschaft, die Bildung einer Konföderation, die Übertragung der Souveränitätsrechte auf die Konföderationsorgane und schließlich die Schaffung eines einheitlichen deutschen Staates in Form einer Föderation oder eines deutschen Bundes vor. Sein Plan wurde jedoch von der „Vereinigten Linken" und der SED-PDS abgelehnt.

Am 18. März 1990 fanden in der DDR die **ersten freien Volkskammerwahlen** statt. Wegen der dramatischen Wirtschaftslage im Osten und der Abwanderung vieler DDR-Bürger in den Westen waren sie von Mai auf März vorverlegt worden. Die Wahlbeteiligung war mit 93,4% sehr hoch. Wahlsieger wurde mit 48% das Bündnis Allianz für Deutschland, das sich aus der CDU (40,8%), der neu gegründeten und der CSU nahestehenden Deutschen Sozialen Union (DSU: 6,3%) und dem Demokratischen Aufbruch (DA: 0,9%) zusammensetzte. Bündnis 90, in dem sich die Initiatoren der friedlichen Revolution zusammengeschlossen hatten, erhielt nur 2,9 %. Auch die SPD, obwohl sie vor der Wahl als Favorit galt, schnitt mit 21,9 % schlecht ab. Die PDS kam auf 16,4 %.

Entscheidenden Einfluss auf den Wahlsieg der Allianz für Deutschland hatte Bundeskanzler Kohl (CDU), der wenige Tage vor der Wahl eine schnelle Wiedervereinigung und den Umtausch der Privatvermögen der DDR-Bevölkerung im Verhältnis 1:1 versprochen hatte. Er kam damit den Erwartungen vieler Ostdeutscher entgegen.

Am 12. April wurde **Lothar de Maizière** von der Volkskammer zum Ministerpräsidenten gewählt und stand einer Koalitionsregierung aus CDU, SPD, DSU, DA und den Liberalen vor. De Maizière bekannte sich zur Wiedervereinigung, die mit „Tempo und Gefühl" vorangetrieben werden müsse, aber den Bewohnern der DDR nicht das Gefühl vermitteln dürfe, Bürgerinnen und Bürger „zweiter Klasse" zu sein.

Der Staatsvertrag

Ein entscheidender Schritt auf dem Weg zur Wiedervereinigung war der **Staatsvertrag zur Währungs-, Wirtschafts- und Sozialunion** zwischen der BRD und der DDR. Er trat am 1. Juli 1990 in Kraft und regelte die wirtschaftliche Eingliederung der DDR in die Bundesrepublik.

- **Währungsreform**: Die BRD und DDR bildeten ein **einheitliches Währungsgebiet**, d.h. die D-Mark wurde in der DDR eingeführt. Der Umtausch erfolgte bei wiederkehrenden Zahlungen (z.B. Löhne, Gehälter, Renten, Mieten) 1:1, ebenso bei Guthaben bis zu einem gewissen Wert (gestaffelt je nach Alter). Alle anderen Forderungen und Verbindlichkeiten wurden im Verhältnis 1:2 abgewickelt. Die Bundesbank wurde die alleinige Zentralbank.
  Die Währungsreform war die Voraussetzung für die Einführung der Sozialen Marktwirtschaft. Sie geschah aber auch auf Druck der Demonstranten. Sie hofften, mit der Einführung der D-Mark den Wohlstand des Westens zu erlangen und forderten z. B.: „Kommt die D-Mark, bleiben wir, kommt sie nicht, gehn wir zu ihr." Oder: „Ohne eins zu eins, werden wir nicht eins."
- **Wirtschaftsreform**: Grundlage der Wirtschaftsreform war die Soziale Marktwirtschaft mit Privateigentum, Leistungswettbewerb, freier Preisbildung und der uneingeschränkten Freizügigkeit von Arbeit, Kapital, Gütern und Dienstleistungen. In der DDR wurden dafür die notwendigen wirtschafts- und finanzpolitischen Rahmenbedingungen geschaffen. Die Landwirtschaft der DDR wurde in das EG-Agrarsystem eingefügt. Im Sinne einer Umweltunion übernahm die DDR die Sicherheits- und Umweltschutzanforderungen der BRD.
- **Sozialunion**: Die DDR führte schrittweise die bundesdeutschen Sozialversicherungen ein (Renten-, Kranken-, Arbeitslosen-, Unfallversicherung). Bei der Renten- und Arbeitslosenversicherung leistete die BRD eine Anschubfinanzierung. Die Sozialhilfe und die Arbeitsrechtsordnung (Streikrecht, Tarifauto-

nomie, Kündigungsschutz, Mitbestimmung etc.) wurden ebenfalls angepasst. Im Zusammenhang mit dem Staatsvertrag wurde auch beschlossen, dass die „Anstalt zur treuhänderischen Verwaltung des Volkseigentums" (**Treuhandanstalt**) die volkseigenen DDR-Betriebe saniert und in marktfähige Unternehmen umwandelt, privatisiert oder stilllegt. Problematisch waren dabei die geringe Produktivität und damit die fehlende Konkurrenz- und Existenzfähigkeit der Betriebe. Die rückständige Technik, aber auch ökologische Aspekte, ungeklärte Eigentumsfragen und der zusammenbrechende osteuropäische Markt bereiteten ebenfalls Schwierigkeiten. Zahlreiche DDR-Staatsbetriebe mussten stillgelegt werden, die Privatisierungen gingen meist mit Personaleinsparungen einher.

Der Einigungsvertrag

Am 31. August 1990 unterzeichneten die BRD und die DDR den **Einigungsvertrag**. Er regelte die staatlichen Grundlagen der Wiedervereinigung Deutschlands, erlangte völkerrechtliche Geltung allerdings erst, nachdem die Siegermächte des Zweiten Weltkrieges der Vereinigung zugestimmt hatten.

Der Vertrag sah folgende Regelungen vor:
- Das Grundgesetz sollte künftig auch in den fünf neuen ostdeutschen Bundesländern gelten, die zuvor gebildet worden waren (Beitritt nach Art. 23 GG).
- Die beiden Teile Berlins sollten zu einem Bundesland vereinigt werden.
- Das vereinigte Berlin sollte Hauptstadt der Bundesrepublik werden.
- Die Bundesrepublik übernahm Vermögen und Staatsschulden der DDR.

Der Zwei-plus-Vier-Vertrag

Die deutsch-deutsche Vereinigung setzte die **Zustimmung der Siegermächte** des Zweiten Weltkrieges (USA, Großbritannien, Frankreich, UdSSR) voraus, da ihnen seit dem Ende des Krieges **Vorbehaltsrechte** zustanden. In Großbritannien und Frankreich gab es große Vorbehalte gegen die deutsche Einheit. Die britische Premierministerin Margaret Thatcher wollte sie zu Beginn sogar verhindern („Zweimal haben wir die Deutschen geschlagen, jetzt sind sie wieder da."). Beide Länder schreckte eine noch stärkere Stellung Deutschlands in der Mitte Europas ab. Gorbatschow und der amerikanische Präsident George H. W. Bush zeigten sich dagegen offen, die Frontlinie des Kalten Krieges zu überwinden. Schon im Januar 1990 war im Kreml die Entscheidung gefallen, dass die DDR endgültig aufgegeben wird. Der enge Schulterschluss zwischen der BRD und Amerika überzeugte dann die Briten und schließlich auch die Franzosen.

Im Januar 1990 einigten sich die Außenminister der ehemaligen Besatzungsmächte auf der KSZE-Konferenz in Ottawa auf Verhandlungen zwischen den Siegermächten und den beiden deutschen Staaten. Sie mündeten in den Zwei-plus-Vier-Vertrag, der am 12. September 1990 unterzeichnet wurde.

Der **Zwei-plus-Vier-Vertrag** enthält folgende Regelungen:

- Die Besatzungsmächte verzichten auf ihre Vorbehaltsrechte.
- Das wiedervereinigte Deutschland erhält die volle Souveränität über seine inneren und äußeren Angelegenheiten zurück.
- Es lehnt Gebietsansprüche ab und akzeptiert damit die bestehenden Grenzen (Anerkennung der Oder-Neiße-Linie).
- Es verzichtet auf ABC-Waffen und stimmt einer Reduzierung der Armee von 500 000 auf 370 000 Mann zu.
- Die BRD bleibt Mitglied der NATO; Gorbatschow hatte einer freien Bündniswahl zugestimmt. Eine Stationierung von Atomwaffen und ausländischen Truppen auf dem Gebiet der ehemaligen DDR wird aber ausgeschlossen.
- Die Sowjetunion zieht ihre Truppen aus der DDR und Ostberlin bis 1994 ab.
- Der Vier-Mächte-Status von Berlin wird aufgehoben.

Der Zwei-plus-Vier-Vertrag regelte die deutsche Einheit auf internationaler Ebene und beendete die Nachkriegsordnung.

Beitritt oder neue Verfassung?

Als sich nach dem Fall der Mauer am 9. November 1989 die Wiedervereinigung der DDR und der BRD abzeichnete, wurde die Frage diskutiert, auf welcher verfassungsrechtlichen Grundlage die beiden Staaten geeint werden sollten. Das Grundgesetz sah zwei Wege vor: Die DDR konnte dem Geltungsbereich des bundesdeutschen Grundgesetzes beitreten (Art. 23 GG). Ebenso war es möglich, das Grundgesetz aufzuheben und durch eine neue, gesamtdeutsche Verfassung abzulösen (Art. 146 GG).

Die Bürgerrechtsbewegungen der DDR, zumal die Mitglieder des Runden Tisches, aber auch Teile der SPD, plädierten für eine neue Verfassung nach Art. 146 GG. Sie sahen darin die Chance eines gemeinsamen Neubeginns der Ost- und Westdeutschen. Im Übrigen wäre es der ostdeutschen Bevölkerung auf diesem Weg möglich gewesen, am Einigungsprozess gleichberechtigt mitzuwirken.

Die Allianz für Deutschland forderte hingegen den Beitritt der DDR nach Art. 23. Dabei konnte sie sich nicht nur auf Staatsrechtler berufen, die geltend machten, dass das Grundgesetz von Anfang an für alle Deutschen geplant worden sei (Josef Isensee). Auch Umfragen und das Verhalten der DDR-Bürger, die aufgrund der miserablen Wirtschaftslage in den ostdeutschen Ländern zahlreich in den Westen abwanderten, sprachen für eine schnelle Wiedervereinigung und darum für den Beitritt der neuen Länder zur Bundesrepublik.

Im September 1990 stimmten schließlich beide deutschen Parlamente dem Beitritt zu, indem sie den Einigungsvertrag annahmen (→ S. 302). Als er am 3. Oktober in Kraft trat, war die Wiedervereinigung offiziell vollzogen. Der 3. Oktober ist seither als Tag der Deutschen Einheit ein gesetzlicher Feiertag.

Die Wiedervereinigung

Am 3. Oktober 1990 wurde, nach vier Jahrzehnten Trennung, die Einheit vollzogen. Am 4. Oktober traf der erste gesamtdeutsche Bundestag zusammen, in den die Volkskammer Abgeordnete schickte. Im November kam der erste gesamtdeutsche Bundesrat zusammen. Juristisch abgeschlossen war der Wiedervereinigungsprozess jedoch erst am 2. Dezember 1990 mit der ersten freien, gesamtdeutschen Bundestagswahl seit 1933.

Vor der Wahl kam es zu Vereinigungen der Parteien in Ost und West. Anfang 1990 verband sich die Sozialdemokratische Partei in der DDR (SDP) mit der westdeutschen SPD. Mitte 1990 nahm die West-CDU die Ost-CDU, Teile des Demokratischen Aufbruchs (DA) und Die Demokratische Bauernpartei Deutschlands (DBD) auf. Die FDP übernahm die LDPD und die NDPD. Die Partei Bündnis 90, die Grünen in Ost und West schlossen sich zu Bündnis 90/Die Grünen – BürgerInnenbewegung zusammen.

Gewählt wurde in zwei Wahlgebieten Ost und West, damit die ostdeutschen Parteien die gleichen Chancen hatten. Dadurch konnte die PDS mit 11,1% im Osten und Bündnis 90/Die Grünen mit 6% in den Bundestag einziehen, sie wären sonst an der Fünf-Prozent-Hürde gescheitert.

Am 17. Januar 1991 wurde Helmut Kohl vom Bundestag zum ersten gesamtdeutschen Bundeskanzler gewählt. Er bildete eine Regierung aus CDU/CSU und FDP.

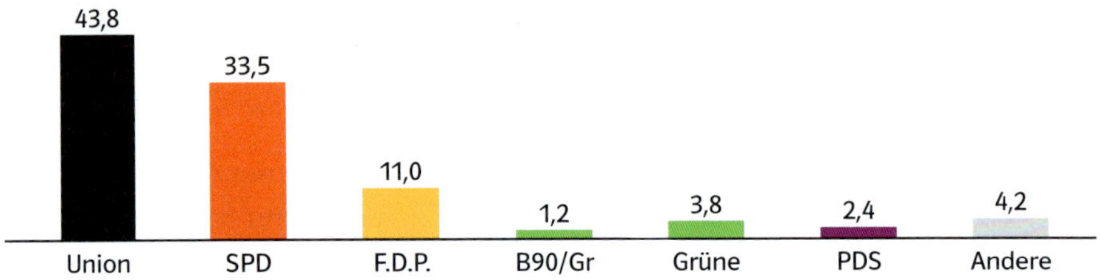

Bundestagswahl 1990, Wahlbeteiligung: 77,8%

In mancher Hinsicht ist die Wiedervereinigung der beiden deutschen Staaten gelungen. Die Lebensverhältnisse breiter Bevölkerungsschichten in Ostdeutschland wurden jenen der westdeutschen Länder rasch angeglichen. Größere soziale Konflikte in den neuen Bundesländern konnten durch die Übernahme des westdeutschen Sozialstaates abgefangen werden.

Allerdings bereitete die Umstrukturierung der ostdeutschen Wirtschaft durch die Treuhandanstalt (→ S. 302) mehr Schwierigkeiten als zunächst gedacht. Viele Betriebe waren nicht sanierungsfähig und mussten stillgelegt werden, ebenso gingen Privatisierungen häufig mit Personalabbau und Arbeitslosigkeit einher. Für Empörung sorgte bald auch das Lohngefälle zwischen West und Ost, das trotz einiger Angleichungen immer noch besteht. Die innere Einheit ist darum noch nicht vollständig geglückt, worauf auch das Armutsrisiko hinweist, das im Osten nach wie vor höher ist als im Westen.

Die Wiedervereinigung 1989/90

13.11.1989 Hans Modrow (SED) wird Ministerpräsident der DDR und spricht in seiner Regierungserklärung von einer „Vertragsgemeinschaft" zwischen der DDR und der BRD.

28.11.1989 Kohl veröffentlicht ein **Zehn-Punkte-Programm**, in dem er Vorschläge zur Überwindung der Teilung Deutschlands und Europas macht und betont, dass die Wiedervereinigung in den europäischen Einigungsprozess eingebettet sein müsse.

03.12.1989 Das ZK und das Politbüro der SED mit Egon Krenz als Generalsekretär treten zurück.

07.12.1989 Der **Zentrale Runde Tisch** tritt zum ersten Mal zusammen. Er setzt sich aus Vertretern oppositioneller Gruppen und Parteien und der alten politischen Eliten zusammen und soll u.a. die ersten freien Volkskammerwahlen vorbereiten.

01.02.1990 Modrow stellt seinen **Vierstufenplan** vor, in dem er die Schaffung eines einheitlichen deutschen Staates in Form einer Konföderation bzw. eines deutschen Bundes vorschlägt.

18.03.1990 Erste freie Volkskammerwahlen in der DDR, die die **Allianz für Deutschland** aus CDU, Deutscher Sozialer Union (DSU) und Demokratischem Aufbruch (DA) gewinnt. Wahlentscheidend war u.a. Kohls Versprechen einer schnellen Wiedervereinigung.

01.07.1990 **Staatsvertrag** zur Währungs-, Wirtschafts- und Sozialunion zwischen der BRD und der DDR tritt in Kraft. Er regelt die wirtschaftliche Eingliederung der DDR in die BRD.

31.08.1990 Unterzeichnung des **Einigungsvertrags**, der die staatlichen Grundlagen der Wiedervereinigung, u.a. den Beitritt der DDR zur Bundesrepublik (Art. 23 GG) regelt.

12.09.1990 Unterzeichnung des **Zwei-plus-Vier-Vertrags** zwischen den Siegermächten des Zweiten Weltkrieges und den beiden deutschen Staaten: Die Besatzungsmächte verzichten auf ihre Vorbehaltsrecht, das wiedervereinigte Deutschland erhält die volle Souveränität über seine inneren und äußeren Angelegenheiten zurück. Der Zwei-plus-Vier-Vertrag regelt die deutsche Einheit auf internationaler Ebene und beendet die Nachkriegsordnung.

Sept. 1990 Beide deutsche Parlamente nehmen den Einigungsvertrag an und stimmen damit dem **Beitritt der DDR** zur Bundesrepublik zu.

03.10.1990 Der Einigungsvertrag tritt in Kraft. Damit ist die Wiedervereinigung offiziell vollzogen. Der **3. Oktober** wird als **Tag der Deutschen Einheit** ein nationaler Feiertag.

02.12.1990 Die ersten freien gesamtdeutschen Wahlen seit 1933 finden statt.

17.01.1990 Helmut Kohl wird Bundeskanzler und bildet eine Koalition aus CDU/CSU und FDP.

11 Deutschland und Europa seit 1990

Am 20. Juni 1991 beschloss der Deutsche Bundestag, den Regierungs- und Parlamentssitz von Bonn nach Berlin zu verlegen. Aus der Bonner wurde die Berliner Republik. Vor allem die Bevölkerung in Ostdeutschland sah darin ein Bekenntnis zur Wiedervereinigung und ein Zeichen der Solidarität mit den neuen Bundesländern.

Die Erwartungen waren groß, zumal Helmut Kohl den neuen Bundesländern „blühende Landschaften“ versprochen hatte. Allerdings verlief die innere Einigung, insbesondere die wirtschaftliche Eingliederung der ostdeutschen Länder, nicht reibungslos, was eine „Wiedervereinigungskrise“ zur Folge hatte.

Trotz des Machtzuwachses nach der Wiedervereinigung sah das Ausland in Deutschland, der „Macht in der Mitte“, keine Bedrohung der europäischen Sicherheit mehr. Es betrachtete die Bundesrepublik als „gütigen Hegemon“, da die Grenzverläufe endgültig geklärt und das Land vielfältig in supranationale Strukturen eingebunden war.

1998 endete die Ära Kohl mit der erstmaligen Abwahl einer kompletten Regierung (CDU/CSU/FDP). Mit Gerhard Schröder (SPD) und Joschka Fischer (Bündnis 90/Die Grünen) kam die erste Rot-Grüne Koalition an die Regierung.

Herausforderungen im wiedervereinigten Deutschland

Der „Aufbau Ost“

Helmut Kohl gebrauchte bei der Einführung der Währungs-, Wirtschafts- und Sozialunion am 1. Juli 1990 die Metapher von den „blühenden Landschaften“, in die sich die neuen Bundesländer durch „gemeinsame Anstrengungen“ in den folgenden drei bis vier Jahren verwandeln sollten.

Die Realität sah jedoch anders aus. Die Lebensverhältnisse in Ostdeutschland verbesserten sich nur langsam. Während Arbeitslosigkeit in der DDR ein nahezu unbekanntes Problem gewesen war, sah sich die Gesellschaft nun mit Massenarbeitslosigkeit konfrontiert. Insbesondere ältere Arbeitnehmer und Frauen waren davon betroffen, da sie auf dem freien Arbeitsmarkt wenig Chancen hatten.

Unter der Bezeichnung „**Aufbau Ost**" wurden seit 1990 wirtschaftspolitische Maßnahmen getroffen, durch die die Lebensverhältnisse des Ostens an das Westniveau angeglichen werden sollten. Dazu gehörten u. a.:

- **Treuhandanstalt**, seit 1995 **Bundesanstalt für vereinigungsbedingte Sonderaufgaben (BvS)**: Die Treuhand war gegründet worden, um die volkseigenen Betriebe „wettbewerblich zu strukturieren und zu privatisieren" (Art. 25, Einigungsvertrag → S. 302). Sie konnte zahlreiche ehemalige DDR-Betriebe verkaufen, oft jedoch nur zu sehr ungünstigen Konditionen. Westliche Firmen versuchten, mögliche Konkurrenten im Osten durch Aufkauf zu beseitigen. Privatisierungen gingen meist mit Personaleinsparungen einher. So führte die Umstrukturierung der ostdeutschen Wirtschaft dazu, dass bis 1994 fast zwei Drittel der Arbeitsplätze, für die die Treuhand 1990 verantwortlich war, verloren gingen. Zahlreiche Betriebe mussten stillgelegt werden, da sich kein Käufer fand, beispielsweise aufgrund eines veralteten Maschinenparks. Der Treuhand wurde vielfach vorgeworfen, sie hätte den Fokus auf die Stilllegung und nicht auf den Verkauf oder die Sanierung gelegt.
  Die Privatisierung bedeutete für das wiedervereinigte Deutschland Einnahmen von rund 40 Mrd. Euro, denen Ausgaben von mehr als 166 Mrd. Euro gegenüberstanden. Die Hoffnung, die Verkaufserlöse könnten die Folgekosten der deutschen Vereinigung weitgehend kompensieren, wurde nicht erfüllt.
  In Ostdeutschland wurde die Arbeit der Treuhand oft als „Ausverkauf" der ehemaligen volkseigenen Betriebe (VEB) bezeichnet. Fast alle Führungspositionen wurden bis 1993 von Westdeutschen besetzt. Rund 80 % des DDR-Produktionsvermögens waren bis Mitte 1994 in westdeutschen Händen.
- **Gemeinschaftswerk Aufschwung Ost** (1991) mit einem Finanzvolumen von 24 Mrd. DM: Verabschiedung von Hilfsprogrammen, die Arbeitslosigkeit, Wirtschaftskrise und Zahlungsschwierigkeiten in den neuen Ländern mildern sollten. Dazu gehörten bauliche Investitionen z. B. in den Wohnungs- und Städtebau und der Ausbau des Verkehrsnetzes mit einem Volumen von 1,6 Mrd. DM bis 2013 (Verkehrsprojekte Deutsche Einheit: 17 Projekte, v. a. Schienen, Autobahnen, Wasserwege).
- **Solidarpakt I** (1995 bis 2004) und **Solidarpakt II** (2005 bis 2019): Einigung zwischen Bund und Ländern über die Zahlung von Transferleistungen im Rahmen des Länderfinanzausgleichs für besondere Lasten und Kosten der Vereinigung. Einführung des **Solidaritätszuschlags** („Soli"). Ab 1995 wurden 7,5 % auf Lohn-, Einkommen- und Körperschaftssteuer, 1998 5,5 % erhoben; ab 2021 entfiel der Zuschlag für 90 % der Bevölkerung wieder.

Streik der Kalikumpel
In Bischoferode 1993 traten die Kalikumpel in den Hungerstreik, um ihr Werk vor der Privatisierung zu bewahren. Dieser Streik wurde zu einem Symbol für den Kampf gegen die Treuhand.

Die gesellschaftliche Entwicklung in Ostdeutschland

Der gesellschaftliche Wandel, der in den 1990er-Jahren mit der Wiedervereinigung einherging, bereitete den Menschen in Ostdeutschland oft Probleme. Viele nahmen die Veränderungen als einen **Kulturbruch** wahr, der ihre bisherige Lebensweise und ihre Lebensleistung infrage stellte.

Großbetriebe und staatliche Organisationen, die zuvor für einen sozialen Zusammenhalt gesorgt hatten, brachen weg. Die Kirche, die zu DDR-Zeiten ein wichtiges Netzwerk war, spielte keine große Rolle mehr. Die Orientierung in einer individualisierten Gesellschaft fiel schwer, nachdem über 30 Jahre die Regeln des sozialistischen Kollektivismus gegolten hatten. Zur Aufarbeitung der Stasi-Akten wurde 1991 eine eigene Behörde geschaffen und Joachim Gauck (Bündnis 90) die Leitung übertragen (**Gauck-Behörde**). Was die Stasi-Akten zutage brachten, war oft belastend und mit persönlichen Verletzungen verbunden, wenn sich herausstellte, dass Spionage im engsten Umfeld stattgefunden hatte.

Oftmals verärgerte die Menschen in Ostdeutschland auch das arrogante Verhalten der Westdeutschen, vor allem jener, die nach Ostdeutschland geholt worden waren, um beispielsweise bei der Umstrukturierung der Verwaltung zu helfen. Etliche Ostdeutsche sahen sich von diesen sogenannten „Besserwessis“ bevormundet und zu Bürgerinnen und Bürgern zweiter Klasse herabgewürdigt.

Enttäuschungen und die Unzufriedenheit vor allem der Verlierer der Wiedervereinigung führten in Teilen der ostdeutschen Bevölkerung zu **Demokratiefeindlichkeit**, **Fremdenhass**, **Rechtspopulismus und Rechtsextremismus**. In den ersten Jahren nach der Vereinigung wurden mehrere Anschläge mit rechtsextremistischem und fremdenfeindlichem Hintergrund verübt, z. B. im sächsischen Hoyerswerda. Mitte der 90er-Jahre bildete sich der „Nationalsozialistische Untergrund“ (NSU), eine rechtsterroristische Bewegung, deren Hauptakteure aus Jena stammten und ab 1998 in Chemnitz und Zwickau untertauchten. Sie verübte viele Jahre mörderische Anschläge, vor allem auf türkischstämmige Menschen, und konnte erst 2011 zerschlagen werden.

Seit 2000 nahm die Entwicklung der Zivilgesellschaft dann aber eine positive Entwicklung und auch die Zufriedenheit mit der Demokratie nahm zu. Zwar waren die Zustimmungswerte nach wie vor schlechter als im Westen, aber deutlich besser als in anderen vergleichbaren Transformationsstaaten in Osteuropa.

Die Wiedervereinigung – eine Bilanz

Auch mehr als 30 Jahre nach dem Fall der Mauer ist der Einigungsprozess noch nicht abgeschlossen. Insbesondere hinsichtlich der **ökonomischen Lebensverhältnisse** gibt es bis heute merkliche, wenn auch kleiner werdende Unterschiede. Die Wirtschaftskraft der neuen Bundesländer inklusive Berlin beträgt heute ca. 79 % des gesamtdeutschen Durchschnitts, 1990 lag sie bei 30 %. Bei der Ausstattung der Haushalte mit Konsumgütern bestehen keine Unterschiede mehr.

Grund zur Besorgnis ist die Tatsache, dass sich viele Ostdeutsche immer noch als Bürgerinnen und Bürger zweiter Klasse sehen. 2020 waren dies 57%. Sie bemängeln, dass sie im Vergleich zu der Bevölkerung im Westen kein nennenswertes Vermögen aufbauen konnten und auch weniger erben. In Führungspositionen von Verwaltung, Justiz, Wirtschaft, Wissenschaft, Militär und Medien sind ostdeutsche Bürger bis heute unterrepräsentiert. Ihre Löhne und Gehälter liegen noch immer unter dem westdeutschen Durchschnitt.

Ebenso bestehen nach wie vor Unterschiede hinsichtlich der Parteien und des Parteiensystems. Bis heute wird von einem **Parteiensystem Ost** und einem **Parteiensystem West** gesprochen. In Ostdeutschland haben die AfD und Die Linke ein deutlich größeres Klientel. Wäre es bei der Bundestagswahl 2013 nur nach den ostdeutschen Wählenden gegangen, wäre der AfD bereits 2013 der Einzug in den Bundestag gelungen. 2017 bekam die Partei in beiden Landesteilen mehr Zweitstimmen, doch war der Anteil mit 10,7% im Westen nur halb so hoch wie im Osten (21,9%). Hinzu kommt, dass im Osten der Anteil an Wählern mit einer Parteiidentifikation deutlich geringer und der Anteil an Wechselwählern deutlich höher ist. Hier hat sich der Westen in den vergangenen Jahren dem Osten angenähert.

Außenpolitische Herausforderungen nach 1990

Jugoslawienkriege

Als Tito, der Gründer der Sozialistischen Föderativen Republik Jugoslawien, 1980 starb, erstarkten in den Teilrepubliken des Vielvölkerstaates nationalistische Bewegungen. Slowenien, Kroatien, Bosnien-Herzegowina und der Kosovo strebten nach Unabhängigkeit vor allem von Serbien, das als größte der Teilrepubliken eine Vormachtstellung beanspruchte. Die Konflikte auf dem Balkan wurden von 1991 bis 1999 in mehreren Kriegen ausgetragen und führten schließlich zum Zerfall Jugoslawiens.

Die **Jugoslawien-** oder **Balkankriege** waren seit dem Ende des Zweiten Weltkrieges die ersten kriegerischen Auseinandersetzungen in Europa und durch Gräueltaten und Menschenrechtsverletzungen gekennzeichnet. Im Massaker von Srebrenica (1995) töteten bosnisch-serbische Einheiten über 8000 Männer und Jungen – eines der schlimmsten Verbrechen in der europäischen Nachkriegsgeschichte.

Das Massaker veranlasste die internationale Staatengemeinschaft einzugreifen. Mit militärischem Druck und unter Vermittlung der USA wurde **1995** zwischen Serbien, Kroatien und Bosnien-Herzegowina der **Friedensvertrag von Dayton** geschlossen, der die Konflikte auf dem Balkan allerdings nur vorübergehend eindämmen konnte. Als wenig später auch der Kosovo die Unabhängigkeit von Serbien anstrebte, flammten erneut Konflikte auf. Um serbische Übergriffe auf die

Bevölkerung des Kosovo zu stoppen, griffen NATO-Streitkräfte am 24. März 1999 mit Luftschlägen serbische Stellungen an. Dies erfolgte ohne UN-Mandat und ohne Rückgriff auf den Bündnisfall, denn der Kosovo war kein eigenständiger Staat und kein NATO-Mitglied. Auch die **Bundeswehr** war mit Kampfjets an der **Kosovo-Operation** der NATO beteiligt. Es war ihr erster militärischer Einsatz nach dem Zweiten Weltkrieg.

Das **Bundesverfassungsgericht** hatte **1994** erklärt, dass Auslandseinsätze deutscher Truppen im Rahmen eines Militärbündnisses zulässig seien, wenn sie der Friedenssicherung dienen und der Bundestag ihnen zustimmt.

Die Beteiligung am Kosovokrieg war in Deutschland umstritten. Zwar hatte ihr der Bundestag am 16. Oktober 1998 zugestimmt und damit verfassungsrechtliche Bedenken ausgeräumt, doch rissen die Debatten in der deutschen Öffentlichkeit nicht ab. Vor allem die Partei Bündnis 90/Die Grünen, die teils eng mit der Friedensbewegung verbunden war und mit Joschka Fischer den Außenminister stellte, war uneins. Auf ihrem Parteitag im Mai 1999 wurde Fischer, der im Kosovo-Einsatz eine notwendige, weil „humanitäre Intervention" sah, als „Kriegstreiber" diffamiert und mit einem Farbbeutel beworfen.

Der 11. September 2001 und der Afghanistan-Einsatz

Am 11.9.2001 lenkten Terroristen Flugzeuge in die Twin Towers in New York.

Am 11. September 2001 (9/11) brachten Mitglieder des islamistischen Terrornetzwerks Al-Qaida unter Führung von Osama Bin Laden vier Passagierflugzeuge in ihre Gewalt. Zwei Flugzeuge flogen die Terroristen in die Twin Towers des World Trade Centers in New York, eines traf das Pentagon. Im vierten Flugzeug, das wohl das Kapitol treffen sollte, versuchten Passagiere, die Entführer zu überwältigen. Es stürzte in der Nähe von Shanksville/Pennsylvania ab. Bei den Anschlägen kamen fast 3000 Menschen ums Leben, Tausende wurden verletzt. Die Terroristen wollten mit den Anschlägen die Errichtung eines islamischen Gottesstaates vorbereiten und die „ungläubige" westliche Welt treffen, der sie vorwarfen, moralisch verkommen zu sein.

In seiner Regierungserklärung am 12. September 2001 erklärte Bundeskanzler Gerhard Schröder (SPD), dass es sich bei den Terroranschlägen nicht nur um einen „Angriff auf die Vereinigten Staaten von Amerika" handle, sondern auch um eine „Kriegserklärung gegen die gesamte zivilisierte Welt". Er sicherte dem amerikanischen Präsidenten Georg W. Bush „die uneingeschränkte Solidarität Deutschlands" zu. Auch die **NATO** fasste die Anschläge als Kriegserklärung auf und stellte fest, dass ein kollektiver Verteidigungsfall vorliege. Sie rief damit den **ersten Bündnisfall ihrer Geschichte** aus (Art. 5 NATO-Vertrag).

Nachdem auch der UN-Sicherheitsrat das Recht der USA auf Selbstverteidigung anerkannt hatte und ein militärischer Einsatz damit völkerrechtlich legitimiert war, griffen die USA und Großbritannien am 7. Oktober 2001 **Afghanistan** an. Ihre Offensive richtete sich gegen die islamistische Terrorgruppe der **Taliban**, die mit dem Terrornetzwerk Al-Qaida verbündet war und sich geweigert hatte, Osama Bin Laden auszuliefern. Die Bundeswehr beteiligte sich im Rahmen der International Security Assistance Force (**ISAF**) am Einsatz in Afghanistan, später war sie in die Mission „Resolute Support" eingebunden. Sie unterstützte u.a. den Aufbau eines demokratischen Staates und half bei der Ausbildung afghanischer Sicherheitskräfte. Am 29. Juni 2021 endete ihr Einsatz. Bis dahin waren annähernd 100 000 deutsche Soldatinnen und Soldaten in Afghanistan. Viele von ihnen kehrten verwundet und traumatisiert zurück, 59 kamen ums Leben.

Der Bundeswehreinsatz in Afghanistan war ein **Wendepunkt** in der **deutschen Sicherheitspolitik**. Zum ersten Mal nahm die Bundeswehr an einem Kriegseinsatz außerhalb Europas teil. Dies entsprach den Erwartungen der Bündnispartner in der NATO, EU und UN, die nach der Wiedervereinigung und der Auflösung der alten Machtblöcke eine größere deutsche Beteiligung an internationalen Einsätzen gefordert hatten. Verteidigungsminister Peter Struck (SPD) kommentierte die neue sicherheitspolitische Ausrichtung im Dezember 2002 mit den Worten: „Die Sicherheit der Bundesrepublik Deutschland wird auch am Hindukusch verteidigt."

Der Irakkrieg

Wenige Tage nach den Anschlägen vom 11. September 2001 hielt US-Präsident Bush eine Rede im Kongress, in der er erklärte, dass sich der Krieg gegen den Terror nicht nur gegen Al-Qaida richte, sondern auch gegen Nationen, die den Terrorismus unterstützten. Dazu zählte er in einer späteren Rede den Irak, den Iran und Nordkorea, die eine „Achse des Bösen" bildeten und bereit seien, Terroristen mit Waffen zu versorgen. Besonders dem irakischen Diktator Saddam Hussein warf er vor, mit terroristischen Organisationen zusammenzuarbeiten, Massenvernichtungswaffen herzustellen und sich gegen die USA verschworen zu haben. Am 20. März 2003 griffen die USA den Irak an, der Krieg endete am 1. Mai, nachdem Saddam Hussein gestürzt worden war.

Der Irakkrieg spaltete die Europäische Union in eine „Koalition der Willigen" und in jene Länder, die ihn für völkerrechtswidrig hielten. Dazu gehörten u.a. Frankreich, Schweden, Österreich und Deutschland. Vor allem die deutsche Regierung unter Bundeskanzler Schröder (SPD) zweifelte daran, dass es im Irak Massenvernichtungswaffen gab, und hielt die Begründung des Krieges für unglaubwürdig. Im September 2002 erklärte Schröder, dass sich Deutschland an einem Krieg gegen den Irak keinesfalls beteiligen werde, und riskierte damit einen Bruch in den Beziehungen zu den USA.

Die Einschätzung der Bundesregierung war allerdings richtig, wie sich bald zeigte, denn tatsächlich besaß der Irak keine Massenvernichtungswaffen. Auch waren die Folgen des Krieges verheerend: Der Sturz Saddam Husseins führte zu einem Machtvakuum und zu einem Bürgerkrieg, in dem sich religiöse Konflikte verschärften und der zum Entstehen der Terrormiliz Islamischer Staat (IS) beitrug. Das Engagement der USA im Irak, auch ihr Rückzug im Dezember 2011 destabilisierten die Region insgesamt und machten Syrien zu einem Konfliktfeld zwischen Russland, konkurrierenden arabischen Staaten und Islamisten.

Die Ukrainekrise und das Verhältnis zu Russland

Nach dem Zerfall der UdSSR wurde Russland lange Zeit von vielen westlichen Nationen als Partner betrachtet. Der Kalte Krieg schien beendet zu sein. Diese Einschätzung bekam erste Risse, als Russland unter Wladimir Putin 2008 gegen Georgien Krieg führte, sich am Bürgerkrieg in Syrien zugunsten von Präsident Assad beteiligte und durch die völkerrechtswidrige Annexion der Krim-Halbinsel 2014. Dies führte zu einer internationalen Isolation Russlands, z.B. 2014 zum Ausscheiden aus der Gruppe der Acht (G8). Die Situation spitzte sich zu, als das Land, das sich zunehmend an einem russischen Imperialismus alten Stils orientierte, am 24. Februar 2022 einen Angriffskrieg gegen die Ukraine begann. Der russische Einmarsch hat schwerwiegende Folgen für die internationale Sicherheit und markiert den Beginn einer neuen Ära des Kalten Krieges.

Geschichte der Europäischen Einigung

Auch wenn es bereits seit dem Mittelalter und der Frühen Neuzeit Vorstellungen über ein Zusammenwachsen Europas gab, nahmen diese erst Anfang des 20. Jahrhunderts in wirtschaftlicher, politischer und kultureller Hinsicht konkrete Formen an. So gründete beispielsweise der Philosoph und Politiker Richard Coudenhove-Kalergi 1922 unter dem Eindruck des Ersten Weltkrieges die **Paneuropa-Union**, die für ein wirtschaftlich und politisch geeintes Europa eintrat. Unterstützt wurden diese Bestrebungen vom französischen Außenminister Aristide Briand, der im September 1929 vor der Versammlung des Völkerbundes in Genf seine Idee einer europäischen Föderation darlegte (→ S. 142).

Während des Zweiten Weltkrieges wuchs die Überzeugung, dass die Nationalstaaten des 19. Jahrhunderts nicht dauerhaft Frieden, Wohlstand und Demokratie sichern könnten. In den Reihen der Widerstandsbewegungen gegen den Nationalsozialismus entstanden Konzepte für eine überstaatliche europäische Ordnung. Nur durch diese könnte ein Gegengewicht zu den Großmächten USA und UdSSR geschaffen und Deutschland kontrolliert werden, so die Annahme.

Nach dem Zweiten Weltkrieg erstarkten die Europa-Bewegungen erneut, Beispiele sind die „Europa-Liga für wirtschaftliche Zusammenarbeit“, die „Union Europäischer Föderalisten“ in Paris und das „United Europe Movement“ in London. Bereits 1946 forderte der britische Premierminister Winston Churchill die Gründung der Vereinigten Staaten von Europa. Ziel der unterschiedlichen Bewegungen war in erster Linie die Schaffung eines größeren europäischen Marktes und die Einbindung Deutschlands in die europäische Politik.

Am **9. Mai 1950** legte der französische Außenminister Robert Schuman einen Plan vor (**Schuman-Plan**). Die deutsche und französische Kohle- und Stahlindustrie als Grundlagen der Rüstungsindustrie sollten einer gemeinsamen Behörde unterstellt werden, um so den Frieden in Europa zu sichern. Bundeskanzler Adenauer begrüßte diesen Vorschlag, da er sich mit seinem Ziel der Westintegration der BRD deckte. Der Schuman-Plan führte 1951 zur Gründung der **Europäischen Gemeinschaft für Kohle und Stahl** (EGKS, auch Montanunion). Neben Deutschland und Frankreich gehörten Italien, Belgien, Luxemburg und die Niederlande zu den sechs Gründerstaaten. Die EGKS war der erste gemeinsame Markt.

1957 unterzeichneten die sechs Staaten die **Römischen Verträge**, durch die die Europäische Wirtschaftsgemeinschaft (EWG) gegründet und die Nutzung von Atomenergie geregelt wurde (Europäische Atomgemeinschaft/EURATOM). EGKS, EWG und Euratom wurden 1967 zur Europäischen Gemeinschaft (EG) zusammengefasst.

Mit dem **Vertrag von Maastricht**, der 1992 die Römischen Verträge ersetzte, wurde die Europäische Union (EU) gegründet. Sie ist nicht länger eine reine Wirtschaftsunion, sondern auch eine Wertegemeinschaft, die in der Außen- und Sicherheitspolitik gemeinsame Ziele verfolgt und sich zu einer engen innen- und rechtspolitischen Zusammenarbeit verpflichtet.

Der EU traten immer mehr Länder bei, 2022 gehören ihr 27 Länder an. Lediglich Großbritannien ging den entgegengesetzten Weg. Das Land trat erst 1973 der EG bei und erwies sich als schwieriges Mitglied, das Sonderkonditionen forderte. Auch den Euro nahm Großbritannien nie an. Im Juni 2016 ließ der konservative Premierminister David Cameron ein Referendum über die britische Mitgliedschaft in der EU abhalten. Sein Ziel war es, von den europäischen Partnern bessere Bedingungen zu erhalten, wenn sie die britische Euroskepsis erkennen. Cameron selbst warb für den Verbleib in der EU. Für die britische Öffentlichkeit war das Hauptthema des Referendums jedoch die Angst vor einer unkontrollierten Einwanderung. In einer knappen Entscheidung (51,9 % zu 48,1 %) stimmte die britische Bevölkerung für den Austritt aus der Europäischen Union (**Brexit**). Seit dem 31. Januar 2020 ist Großbritannien kein Mitglieder der EU mehr.

Gemäß ihrem Motto „In Vielfalt geeint" sorgt die EU seit ihrem Bestand für Stabilität und Frieden auf einem Kontinent, der in seiner Vergangenheit viele Kriege gesehen hat. Die EU wurde 2012 mit dem Friedensnobelpreis ausgezeichnet.

CHRONOLOGIE

Der europäische Einigungsprozess

1951 Gründung der **Europäischen Gemeinschaft für Kohle und Stahl** (EGKS, auch Montanunion) durch Frankreich, die BRD, die Beneluxstaaten und Italien. Ziel: gemeinsame Verwaltung und Kontrolle der gesamten Kohle- und Stahlproduktion der sechs Länder.

1957 Die **Römischen Verträge** begründen die **Europäische Wirtschaftsgemeinschaft (EWG)**. Ziel: Zollunion und friedliche Nutzung der Atomenergie durch EURATOM (Europäische Atomgemeinschaft).

1967 Zusammenlegung der EGKS, EWG, EURATOM zur **Europäischen Gemeinschaft (EG)**.

1973 **Erste Erweiterung**: Beitritt Großbritanniens, Dänemarks und Irlands

1979 **Erste Direktwahl** des Europaparlaments

1981, 1986 **Süderweiterung**: Beitritt Griechenlands, Spaniens und Portugals

1986 **Einheitliche Europäische Akte** (EEA): Schaffung eines gemeinsamen europäischen Binnenmarkts mit vier Grundfreiheiten: freier Kapital- und Dienstleistungsverkehr, Arbeitnehmerfreizügigkeit, Abbau der Zölle (aber gemeinsame Außenzölle).

1992 **Vertrag von Maastricht** oder **Vertrag über die Europäische Union (EU)**: Vereinbarungen über gemeinsame Außen-, Sicherheits- und Wirtschaftspolitik, über Grundlagen für eine gemeinsame europäische Währung und eine innen- und rechtspolitische Zusammenarbeit.

1993 Beschluss zur Osterweiterung und **Kopenhagener Kriterien** als Aufnahmebedingungen. Zu den Bedingungen gehören vor allem: Wahrung der Menschenrechte, institutionelle Stabilität, demokratische und rechtsstaatliche Grundordnung; funktions- und wettbewerbsfähige Marktwirtschaft; Fähigkeit zur Übernahme des gesamten EU-Rechts (Besitzstand der EU).

1997 **Vertrag von Amsterdam** (z. B. Ausweitung der Rechte des Parlaments)

1999, 2002 Einführung der gemeinsamen europäischen Währung (**Euro**): 1999 als Buchgeld, ab Januar 2002 als Bargeld.

2004 **Osterweiterung**: Beitritt von zehn neuen Mitgliedsstaaten (Estland, Lettland, Litauen, Malta, Polen, Slowakei, Slowenien, Tschechien, Ungarn und Zypern)

2009 **Vertrag von Lissabon** regelt institutionelle Reformen, die für mehr Effizienz, Transparenz und Demokratie in der EU sorgen sollen.

2016 **EU-Referendum** in **Großbritannien (Brexit-Referendum)**: Eine knappe Mehrheit der Wählenden (51,9 %) entscheidet sich am 23. Juni für den Austritt des Vereinigten Königreiches aus der EU.

31.01.2020 Austritt Großbritanniens aus der EU

USA
- Lepore, Jill (2019): These Truths: A History of the United States, Norton & Company.
- Lösche, Peter (1989): Amerika in Perspektive, Wissenschaftliche Buchgesellschaft.

Industrialisierung
- Hobsbawm, Eric J. (1985): Industrie und Empire. Britische Wirtschaftsgeschichte seit 1750, Suhrkamp.
- Smith, Adam (2013): Wohlstand der Nationen, Anaconda Verlag.
- Wehler, Hans-Ulrich (2005): Deutsche Gesellschaftsgeschichte, C.H. Beck.

Deutschland 1800 bis 1848
- Bleek, Wilhelm (2019): Vormärz. Deutschlands Aufbruch in die Moderne, C.H. Beck.

Deutschlands Weg zum Nationalstaat und das Kaiserreich unter Bismarck 1849 bis 1888
- Gall, Lothar (1997): Europa auf dem Weg in die Moderne 1850–1890, Oldenbourg Wissenschaftsverlag.
- Ritter, Gerhard A. (Hrsg.) (1981): Das Deutsche Kaiserreich 1971–1914: ein historisches Lesebuch, Vandenhoeck & Ruprecht.
- Ullmann, Hans-Peter (1995): Das Deutsche Kaiserreich 1871–1918, Suhrkamp.
- Ullmann, Hans-Peter (1999): Politik im Deutschen Kaiserreich, Oldenbourg.
- Ullrich, Volker (2013): Die nervöse Großmacht 1871–1918: Aufstieg und Untergang des deutschen Kaiserreichs, S. Fischer.
- Wehler, Hans-Ulrich (2017): Bismarck und der Imperialismus, Kiepenheuer & Witsch.

Das Wilhelminische Zeitalter 1890 bis 1918
- Almond, Gabriel/Verba, Sidney (1965): The Civic Culture: Political Attitudes and Democracy in Five Nations, Little, Brown & Company
- Clark, Christopher (2015): Die Schlafwandler: Wie Europa in den Ersten Weltkrieg zog, Pantheon.
- Conze, Eckart (2020): Schatten des Kaiserreichs: Die Reichsgründung von 1871 und ihr schwieriges Erbe, dtv.
- Fairbarn, Brett in: Deutsches Kaiserreich: Eine Revolution von unten fegte Monarchie und Monarchen hinweg | ZEIT ONLINE
- Mommsen, Wolfgang J. (2002): War der Kaiser an allem schuld? Wilhelm II. und die preußisch-deutschen Machteliten, Propyläen Verlag.
- Mommsen, Wolfgang J. (1990) Der autoritäre Nationalstaat. Verfassung, Gesellschaft und Kultur im deutschen Kaiserreich, S. Fischer.
- Nipperdey, Thomas (2013): Deutsche Geschichte 1800–1866. Bürgerwelt und starker Staat, C.H. Beck.
- Radkau, Joachim (1998): Das Zeitalter der Nervosität: Deutschland zwischen Bismarck und Hitler, Carl Hanser.
- Richter, Hedwig (2017): Moderne Wahlen. Eine Geschichte der Demokratie in Preußen und den USA im 19. Jahrhundert, Hamburger Edition
- Röhl, Jon C.G. (2018): Wilhelm II.: Der Weg in den Abgrund 1900–1941, C.H. Beck.
- Stürmer, Michael (1998): Das ruhelose Reich. Deutschland 1866–1918, Siedler.
- Ullrich, Volker (2013): Die nervöse Großmacht 1871–1918: Aufstieg und Untergang des deutschen Kaiserreichs, S. Fischer.

Der Erste Weltkrieg 1914 bis 1918
- Leonhardt, Jörn (2018): Die Büchse der Pandora: Geschichte des Ersten Weltkriegs, C.H. Beck.
- Geinitz, Christian/Hinz, Ute (1997): Das Augusterlebnis in Südbaden: Ambivalente Reaktionen der deutschen Öffentlichkeit auf den Kriegsbeginn 1914. In: Hirschfeld, Gerhard/Krumeich, Gerd/Langewiesche, Dieter u.a. (Hrsg.). Kriegserfahrungen. Studien zur Sozial- und Mentalitätsgeschichte des Ersten Weltkriegs (Schriften der Bibliothek für Zeitgeschichte – Neue Folge, 5).
- Kershaw, Ian (2017) Höllensturz: Europa 1914 bis 1949, Pantheon.
- Ullrich, Volker (2013): Die nervöse Großmacht 1871–1918: Aufstieg und Untergang des deutschen Kaiserreichs, S. Fischer.

Die Weimarer Republik 1919 bis 1933
- Kolb, Eberhard (1998): Die Weimarer Republik. Oldenbourg Grundriss der Geschichte, Bd. 16.
- Möller, Horst (2004): Die Weimarer Republik: Eine unvollendete Demokratie, dtv.
- Pyta, Wolfram (2004): Die Weimarer Republik. Beiträge zur Politik und Zeitgeschichte, VS Verlag für Sozialwissenschaften.
- Stürmer, Michael (1998): Das ruhelose Reich. Deutschland 1866–1918, Siedler.
- Winkler, Heinrich August (2000): Der lange Weg nach Westen, Bd. 1: Deutsche Geschichte nach dem Ende des Alten Reichs bis zum Untergang der Weimarer Republik, C.H. Beck.
- Wright, Jonathan (2006): Gustav Stresemann 1878–1929: Weimars größter Staatsmann, Deutsche Verlags-Anstalt.

Nationalsozialismus und Zweiter Weltkrieg 1933 bis 1945
- Aly, Götz (2005): Hitlers Volksstaat: Raub, Rassenkrieg und nationaler Sozialismus, S. Fischer.
- Browning, Christopher (2011): Ganz normale Männer. Das Reserve-Polizeibataillon 101 und die „Endlösung" in Polen, Rowohlt.
- Fest, Joachim C. (1998): Hitler. Eine Biographie, Ullstein.
- Goldhagen, Daniel J. (2012): Hitlers willige Vollstrecker: Ganz gewöhnliche Deutsche und der Holocaust, Pantheon.

- Kershaw, Ian (2015): Höllensturz: Europa 1914 bis 1949, Deutsche Verlagsanstalt.
- Kellerhoff, Sven Felix (2017): Die NSDAP. Eine Partei und ihre Mitglieder, Klett-Cotta.
- Longerich, Peter (2007): „Davon haben wir nichts gewusst!" Die Deutschen und die Judenverfolgung 1933–1945, Pantheon.
- Longerich, Peter (2015): Hitler: Biografie, Siedler.
- McDonough, Frank (1998): Neville Chamberlain, Appeasement, and the British Road to War, Manchester University Press.
- Mommsen, Hans (2010): Zur Geschichte Deutschlands im 20. Jahrhundert. Demokratie, Diktatur, Widerstand, Deutsche Verlagsanstalt.
- Thamer, Hans-Ulrich (1996): Nationalsozialismus – von den Anfängen bis zur Festigung der Macht. Informationen zur politischen Bildung 251.
- Welzer, Harald (2005): Täter. Wie aus ganz normalen Menschen Massenmörder wurden, S. Fischer.
- Wendt, Bernd-Jürgen (1966): Appeasement 1938. Wirtschaftliche Rezession und Mitteleuropa, Europäische Verlagsanstalt.

Die Welt nach 1945
- Beck, Ulrich (2015): Risikogesellschaft. Auf dem Weg in eine andere Moderne, Suhrkamp.
- Herbert, Ulrich (2017): Geschichte Deutschlands im 20. Jahrhundert, C. H. Beck.
- Jarausch, Konrad H.: Fürsorgediktatur, Version: 1.0 in: Docupedia-Zeitgeschichte, 11.2.2010, URL: http://docupedia.de/zg/F.C3.BCrsorgediktatur
- Kleßmann, Christoph: 1945 – welthistorische Zäsur und „Stunde Null", Version: 1.0 in: Docupedia-Zeitgeschichte, 15.10.2010, URL: http://docupedia.de/zg/1945
- Kossert, Andreas (2009): Kalte Heimat: Die Geschichte der deutschen Vertriebenen nach 1945, Pantheon.
- Schulze, Gerhard (2005): Die Erlebnisgesellschaft: Kultursoziologie der Gegenwart, Campus.
- Stöver, Bernd (2017): Der Kalte Krieg, C. H. Beck.
- Wolfrum, Edgar (2006): Die geglückte Demokratie. Geschichte der Bundesrepublik Deutschland von ihren Anfängen bis zur Gegenwart, Klett-Cotta.

Bildnachweise
(c) Bergmoser & Höller Verlag AG **56**, **68**, **138**, **143**, **214**, **235**; (c) Erich Schmidt Verlag **17**, **252**; Adobe Stock, Dublin: **16** (GiorgioMorara); **35** (Archivist); **43** (Max); **129** (Arcady); **176** (Anouk Stricher); **222** (Peter Hermes Furian); akg-images, Berlin: **201** (Fototeca Gilardi); **296** (AP); Bergmoser & Höller Verlag AG **233**; bpk, Berlin: **288** (Hanns Hubmann); Bundesarchiv Koblenz, Koblenz: **179** (Bundesarchiv, Bild 146-1974-121-28A / CC-BY-SA 3.0); Bundesarchiv, B 145 Bild-F004204-0003 / Adrian, Doris / CC-BY-SA 3.0 **239**; Bundesarchiv, B 145 Bild-F057884-0009 / Engelbert Reineke / CC-BY-SA 3.0 **269**; Bundesarchiv, B 145 Bild-F066924-0017 / Wegmann, Ludwig / CC-BY-SA 3.0 **271**; Bundesarchiv, B 145 Bild-F074398-0021 / Engelbert Reineke / CC-BY-SA 3.0 **273**; Bundesarchiv, B 145 Bild-F078072-0004 / Katherine Young / CC-BY-SA 3.0 **238**; Bundesarchiv, Bild 102-17049 / Georg Pahl / CC-BY-SA 3.0 **175**; Bundesarchiv, Bild 183-J1231-1002-002 / Spremberg, Joachim / CC-BY-SA 3.0 **251**; Bundesarchiv, Bild 183-R1220-401 / Unbekannt / CC-BY-SA 3.0 **281**; Bundesarchiv_B_145_Bild-F029237-0007 / Nürburgring,_Bundeswehrparade_zum_NATO-Jubiläum.jpg, derivative work: BartBassist / CC BY-SA 3.0 de **264**; Getty Images, München: **36** (wynnter); **274** (Régis BOSSU / Sygma Premium); https://de.wikipedia.org/wiki/Wilhelm_I._(Deutsches_Reich)#/media/Datei:Bundesarchiv_Bild_146-1970-077-18,_Kaiser_Wilhelm_I..jpg **78**; Shutterstock, New York: **U1** (anyaivanova); **9** (Anadolu_Dizgi); **15**, **28**, **75**, **93**, **122**, **137**, **150**, **165**, **166**, **177**, **215** (Everett Collection); **55** (Morphart Creation); **169** (Elzbieta Sekowska); **197**, **199**, **257** (Everett Historical); **200** (caminoel); **206** (neftali); **224** (chrisdorney); **225** (Prachaya Roekdeethaweesab); **226** (Olga Popova); **280** (mark reinstein); **283** (360b); **290** (Heide Pinkall); Wikimedia Commons, San Francisco: **60** (By caricature: anonymous; scan: James Steakley - Eulenspiegel, Nr. 13, 1849, Public Domain, https://commons.wikimedia.org); **61** (Von Francois Georgin (1801-1863) - www.burschenschaft.de, Gemeinfrei, https://commons.wikimedia.org/w/index.php?); **79** (Von ziegelbrenner - own drawing/Source of Information: Putzger – Historischer Weltatlas, 89. Auflage, 1965, CC BY-SA 3.0, https://commons.wikimedia.org); **85** (Von Wilhelm Scholz - Kladderadatsch 16. Mai 1875; wieder in: Bismarck-Album des Kladderadatsch. Mit dreihundert Zeichnungen von Wilhelm Scholz und vier facsimilierten Briefen des Reichskanzlers. Berlin 91890, S. 86, Gemeinfrei, https://commons.wikimedia.org); **94** (Von John Tenniel - Punch, 29. März 1890, Gemeinfrei, https://commons.wikimedia.org); **102** (Von Chromlithographische Kunstanstalt Wolfrum und Hauptmann, NürnbergUnknown - Deutsches Historisches Museum, Gemeinfrei, https://commons.wikimedia.org); **182** (Von ChickSR - Eigenes Werk, CC BY-SA 4.0, https://commons.wikimedia.org); **191** (By Unknown author - www.airforcemag.com/MagazineArchive/Magazine Documents/2015/August 2015/0815goering.pdf#page=3 (Stan Piet via US National Archives), NARA Reference Number 342-FH-3A49846-K98A, Public Domain, https://commons.wikimedia.org); **205** (By Anonymous - http://www.millennivm.org/millennivm/?p=1207, Public Domain, https://commons.wikimedia.org/); **220** (Von National Archives and Records Administration. Office of Presidential Libraries. Harry S. Truman Library. - NATIONAL ARCHIVES AND RECORDS ADMINISTRATION (NARA) - CATALOG: AUDIOVISUAL MATERIAL (ID. 7865583)., Gemeinfrei, https://commons.wikimedia.org); **268** (No machine-readable source provided. Own work assumed (based on copyright claims).); **310** (By National Park Service - https://web.archive.org/web/20021019052836/http://www.nps.gov/remembrance/statue/index.htmlhttps://seminolelakerotary.org/wp-content/uploads/2015/09/statue_of_liberty.jpg, Public Domain, https://commons.wikimedia.org/w/index.php)